Manual de Historia del Derecho

MANUAL DE HISTORIA DEL DERECHO

Prof. Dr. Rafael Satrústegui y Caruncho

Dykinson, S.L.

Este libro ha sido sometido a evaluación por parte de nuestro Consejo Editorial.
Para mayor información, véase *www.dykinson.com/quienes_somos*

Editorial DYKINSON, S.L. Meléndez Valdés, 61 - 28015 Madrid
Teléfono (+34) 91 544 28 46 - (+34) 91 544 28 69
e-mail: info@dykinson.com
http://www.dykinson.es
http://www.dykinson.com

ISBN: 978-84-1122-793-3
Depósito Legal: M-29867-2022

Preimpresión por:
Besing Servicios Gráficos S.L.
e-mail: besingsg@gmail.com

A mis padres,
por su incansable apoyo y fe en mi.

ÍNDICE

TEMA 1
HISTORIA DEL DERECHO, CONCEPTO, OBJETO Y METODOLOGÍA

I Introducción

En este tema, se presentarán varios conceptos que nos permitirán comprender el particular objeto de conocimiento de esta disciplina (el Hecho Histórico Verdadero y el Derecho), así como de los métodos mediante los cuales se determina su contenido (técnicas de investigación, criterios de delimitación material, espacial y cronológico) y mediante los cuales se articula su exposición (narrativa de los eventos, seriada, cronológica o sistemática). Tras ello, para finalizar, se procederá a hacer una breve revisión de las corrientes historiográficas de esta disciplina.

II Historia del Derecho y Hecho Histórico Verdadero

La Historia del Derecho abarca el estudio de los **fenómenos verdaderamente sucedidos** en el tiempo. Esta afirmación implica valorar la posibilidad de que la tradición histórica recibida, por vía oral o escrita, no se corresponda con lo que en realidad sucedió. Las primeras noticias nítidas de este planteamiento nos han llegado de un pensador jonio del S.VI. a.C., Jenófanes de Colofón, quien cuestionó que las historias en la que intervenían personalmente los dioses pudieran tener, siquiera, algún valor histórico real[1].

---

[1] Fragmentos de Jenófanes 10-16. García-Gual, Carlos, *La mitología: interpretaciones del Pensamiento Mítico*, Montesinos, España, 1997.

III HISTORIA COMO CIENCIA

Una vez planteada la posibilidad de que la historia tal y como nos ha sido presentada sea inexacta o falsa, se comprende que, el conocimiento del fenómeno histórico verdadero, requiere de un método experimental o científico. La primera dificultad viene dada por la condición del propio hecho histórico, que ya ha dejado de ser, por lo que su verificación experimental directa, a través de nuestros sentidos, resulta imposible. Por ello, se concluye que el método científico habrá de pasar por una **actividad investigadora** que tenga por objeto ciertos materiales imperecederos, como la tradición oral, textos, pinturas, restos arqueológicos o arqueo-genéticos.

Por otra parte, cabe decir, que este recurso a los materiales de investigación, en ocasiones, da lugar al registro de acontecimientos inverosímiles, ya sea porque dos o más materiales se hallan en contradicción, o porque, conforme a los paradigmas actuales de la ciencia física, narran sucesos que parecen imposibles. Ello fuerza al historiador a realizar **ejercicios deductivos** a partir de los materiales contradictorios, para así tratar de conciliar las contradicciones y a valerse de técnicas interpretativas[2] que puedan ofrecer una explicación a las narraciones fantásticas.

La elaboración de la primera de estas técnicas se atribuye a Teágenes de Regio, pensador de la Magna Grecia del S. VI, a.C., que sostuvo que cuando en el poema épico *La Ilíada,* se relataba la intervención de algún dios en los asuntos humanos, se estaba haciendo uso de un lenguaje alegórico para referirse a fenómenos naturales[3]. Otra técnica notable parece que fue empleada por el historiador Herodoto de Halicarnaso, apodado *el padre de la historia,* consistente en interpretar que los dioses de los que se hablaba en los mitos habían sido antiguos monarcas, cuyo recuerdo fue tan magnificado tras sus muertes, que inspiraron relatos extremadamente exagerados[4].

---

[2] También conocidas como técnicas hermenéuticas, vocablo derivado del sustantivo Hermes, Dios de la comunicación simbólica del lenguaje hablado y escrito.

[3] técnica hermeneútica conocida como Alegorismo. Esta también sería posteriormente empleada, según Sexto Empírico, por Pródico de Céos (S. V. a.C.) en su obra *Contra los Matemáticos,* 9, 18.

[4] Herodoto tiene el mérito de ser el primer historiador (que no filósofo) que puso en tela de juicio la tradición heredada. Esta óptica escéptica y su afán de hallar los acontecimientos reales, es patente ya en el primer libro de su obra *Los Nueve Libros de la Historia,* cuando a propósito de los enfrentamientos entre griegos y asiáticos dijo: *Así lo cuentan al menos los persas y los fenicios. Yo no voy a decir si pasó de este o del otro modo. Pero después de indicar quién fue, que yo sepa, el primero en cometer injusticia contra los griegos, llevaré adelante mi historia.* Herodoto de Halicarnaso, *Los Nueve Libros de la Historia,* Orbis-Origen, Barcelona, 1983, p.13. A mayor abundancia, en su segundo libro de la señalada obra, con motivo de valorar las discrepancias entre griegos y egipcios acerca de la época en la que habrían nacido unos mismos dioses, Herodoto dijo*: si (…) pudiera decirse con razón en este caso que Dionisio y Pan, dos hombres como los demás, se alzaron* (en

La actividad investigadora condicionada por los mencionados ejercicios deductivos e interpretativos determina, que los hechos históricos admitidos por los investigadores, en ocasiones, sean el fruto de apreciaciones puramente subjetivas y desafortunadas, que los hayan desviado de satisfacer su propósito de señalar la verdad. Este hecho exige del historiador tomar cautelas, tales como hacer el máximo acopio posible de materiales de investigación, y no confundir el hecho seguro con el probable y el posible. De cada una de esas visiones personales, surge lo que se denomina una **corriente historiográfica**, siendo la **Historiografía** el concepto que engloba el conjunto de visiones dispares de la Historia.

Una vez solventadas las dificultades relativas al Hecho Histórico Verdadero, se plantea la cuestión del enfoque narrativo. La Ciencia Histórica tradicional, desarrollada desde la antigüedad hasta el S.XIX[5], pasaba por recoger los acontecimientos políticos de mayor relieve, tales como guerras, conflictos civiles o cambios constitucionales, presentándolos como fruto de la agencia personal de líderes extraordinarios, mientras que las motivaciones psicológicas, culturales y económicas subyacentes en la sociedad, eran mencionados como factores explicativos subalternos. Este planteamiento ha sido calificado peyorativamente como **Historia de los Acontecimientos** (*histoire* événementielle).

La Ciencia Histórica actual, por su parte, tiende a subordinar la agencia, tanto de los líderes como de los colectivos, a un entramado de factores impersonales: motivaciones económicas, antropológicas o psicológicas. Asimismo, toma como punto de referencia el estado de esos factores para establecer periodos, a partir de los cuales desarrollar estudios más meticulosos. Este enfoque sustitutivo de la historia ha sido bautizado como **historia seriada** (*histoire sérielle*), y su máximo exponente es la escuela conocida como la Historia Total o Social, que destaca por su afán de abarcar el análisis de tantos factores causales como sea posible.

IV EL DERECHO EN EL TIEMPO

1.- En relación al otro elemento presente en el nombre de la asignatura, el Derecho, conviene asentar que se alude a un concepto perteneciente a una categoría más amplia, la de **Normas Sociales**[6]. Estas son una particular clase de enun-

---

Grecia) *con el nombre de aquellos dioses (...) las dificultades quedarían allanadas. Ibidem,* biblioteca Edaf, Madrid, 2017, p. 216. Con esta última propuesta, se habría valido de la aludida técnica hermeneútica, llamada Evemerismo. Esta técnica sería empleada, ya de manera sistemática, por Evémero de Mesene en su obra *La Inscripción Sagrada* (S. IV-III a.C.), quedando bautizada con su nombre en reconocimiento de aquel hito.

5 Salvo por honrosas excepciones, entre las que cabe contar a Tucídides.

6 Se añade el adjetivo de sociales para posibilitar una comparativa entre la Moral, el Derecho y los Usos, puesto que las normas morales, evocadas sin mayor precisión, también

ciados desiderativos (no meramente descriptivos como los de la Física), que expresan cómo deben de ser las relaciones sociales. Con ello, persiguen regularlas, de tal modo que quede garantizado el goce de ciertos bienes[7]. De conformidad con lo dicho, estos enunciados tienen una estructura doble: por una parte, cuentan con un "supuesto de hecho", o situación en la que el goce de un determinado bien peligraría para alguna persona; y, por otra, de una "consecuencia", consistente en la imposición de un deber de actuación o de omisión sobre alguien, gracias al cual el goce de ese bien quedaría garantizado. Entre las normas sociales cabe distinguir a las **jurídicas o de Derecho**, a las **morales** y a los **usos**, siendo las normas jurídicas históricas el objeto de análisis central de esta disciplina.

En cuanto a las **Normas Jurídicas o de Derecho**, su elemento distintivo frente al resto, es que los deberes que enuncian, son exigibles ante los órganos judiciales. Estos órganos judiciales son las personas que canalizan las fuerzas de la sociedad para forzar el cumplimiento de los deberes y castigar a quienes las incumplen. Cuando tenemos presente este aspecto forzoso de los deberes jurídicos, decimos que son obligatorios, y cuando tenemos presente el carácter forzoso de las normas jurídicas, nos referimos a ellas como coercitivas.

Dentro de las normas jurídicas cabe distinguir: las **leyes**, a las que también nos referimos como Derecho positivo, en atención a que están "puestas" por escrito (códigos); la **costumbre**, cuyos enunciados son transmitidos oralmente; y a los **principios generales del Derecho,** preceptos jurídicos abstractos que estarían implícitos en la ley y en la costumbre[8]. Estos últimos principios, son actualmente razonados por los jueces para resolver controversias imprevistas, produciendo sentencias conocidas como **jurisprudencia**. Asimismo, estos mismos principios

---

engloban a aquellas en las que, tanto el supuesto de hecho como el consecuente deber, solo aducen a un mismo individuo (*ab egenti*), por contraste a las normas de Derecho y a los Usos, que tienen la condición de conectar a dos individuos. Un ejemplo de norma moral *ab genti* o no social sería: cometer un pecado (supuesto) y expiarlo mediante una penitencia (deber consecuente). Radbruch, *Filosofía del Derecho,* Reus, Zaragoza, pp.95.

[7] Como ejemplos de posibles fines garantizados por las normas sociales, podrían ofrecerse aquellos proclamados como los más fundamentales por John Locke en su obra Dos Tratados Sobre el Gobierno Civil (1689): la vida, la integridad física, la libertad de conciencia y la propiedad. El reconocimiento de este concepto nuclear de las normas, constituye un refrendo de los postulados de Radbruch, quien ya había aclarado que las Reglas de Derecho tienen como elemento intrínseco a una causa final, siendo su variable contenido concretado a través de una "Teoría de los Bienes". Locke, John, *Dos Tratados Sobre el Gobierno Civil,* Austral, Madrid,1997, pp. 293 y 295. Radbruch, *Op.cit.*

[8] Aun podría incluirse en esta categoría de norma jurídica a los contratos, a los que no en vano, una parte de la doctrina se refiere como *normas jurídicas individualizadas.* Tal cosa parece correcta cuando se tiene presente que su contenido comprende, esencialmente, alguna obligación de cuyo cumplimiento se hacen cargo los poderes públicos. Su fuerza obligatoria, unida a que frecuentemente se realicen en forma escrita, dio lugar a que el Código Civil Español, en su artículo 1091, señale su similitud con la ley.

también fueron razonados por los antiguos romanos, estudiosos de las leyes de su época, quienes, a pesar de no tener responsabilidades judiciales, produjeron escritos también llamados **Jurisprudencia Romana**, cuyas conclusiones, no obstante, sí que fueron estudiadas y aplicadas por los jueces de su tiempo[9].

Relacionado con el concepto de Derecho hasta ahora ofrecido, se presenta el de **Institución jurídica**, término polisémico que, entre sus diversas acepciones, cuenta con una, relativamente vulgar, que coincide con la de norma jurídica[10].

Por su parte, las **normas morales** constituyen enunciados que han sido forjados por los elementos más íntimos de la personalidad de los individuos, expresando una opinión subjetiva acerca de cómo deberían de ser, obligatoriamente, las relaciones sociales. Dado que el cumplimiento de estas normas no recibe el respaldo de los órganos judiciales, su cumplimiento queda exclusivamente fiado a la auto-exigencia de los individuos. No obstante, no es menos cierto que sus enunciados contienen todos los elementos esenciales para llegar a convertirse en normas jurídicas en el caso de que tal respaldo judicial llegue a mediar en algún momento, en virtud de lo cual es posible referirnos a las normas sociales morales como Reglas de Derecho. En relación a este último hecho, puede añadirse que, pese a que *a priori* sería posible crear normas jurídicas ajenas a toda moral, la experiencia evidencia que las normas morales operan como una constante fuente de inspiración para las normas jurídicas. Por último, puede añadirse que, históricamente, la fuente de estas normas radicó en las creencias religiosas.

De otro lado, **los Usos Sociales** comparten las características de las normas morales, salvo por el hecho de que no entendemos que los deberes que expresan sean dignos de llegar a ser obligatorios y cumplidos por la fuerza. Es por ello que no las consideramos como reglas de Derecho. Se identifican con modas, protocolos, o, en un sentido amplio, con las llamadas normas de educación.

2.- Por otra parte, en relación al elemento objeto de la disciplina, el Derecho, conviene subrayar su particular relación con el **tiempo**. En este sentido, Escudero

---

9 Se ha recurrido a la concepción hegemónica en el ámbito jurídico continental, postergando la valoración puramente Iusnaturalista, más abstracta y propia del ámbito sajón, para las lecciones de Teoría o de Filosofía del Derecho. Pérez Luño, Antonio-Enrique, *La Peculiaridad Normativa de los Principios Generales del Derecho,* Persona y derecho: Revista de fundamentación de las Instituciones Jurídicas y de Derechos Humanos, N°. 42, 2000, pp. 131-160.

10 El término "institución" irrumpe en la Antigua Roma para aludir a aquellos comportamientos que son establecidos convencionalmente, a partir de una reflexión metódica. La definición más rigurosa fue ofrecida por Maurice Hauriou, en su obra La Teoría de la Institución y de la Fundación (1925). Allí, groso modo, la definió como aquella idea que impulsa una acción social y que, eventualmente, puede dar lugar a la creación de una organización dotada de poderes coercitivos y de un reglamento interno, la cual asume velar por su realización. Aquellas ideas de esta clase y que no engendran una organiación, fueron llamadas por Hauriou institución-cosa; y aquellas que sí lo hacen, institución-persona. Hauriou, Maurice, *La Teoría de la Institución y de la Fundación,* Albredo-Perrot, Buenos Aires, 1968, pp. 39 y 40.

subraya que el Derecho es una realidad que alberga una cierta vocación de encauzar las relaciones sociales de manera estable en el tiempo[11]. Esta rigidez del Derecho es refrendada por el historiador del Derecho García-Gallo, quien mantiene que esta estabilidad tiene un notable reflejo en la perduración de las expresiones jurídicas con las que se articulan los sistemas normativos que se suceden en la historia.

V OBJETO DE LA HISTORIA DEL DERECHO

Tras lo dicho, contamos con un concepto sólido acerca del objeto de estudio de esta disciplina. Sin embargo, aún nos estaríamos situando ante un objeto de estudio extremadamente amplio para ser abordado en un solo curso. Por otra parte, para llevar a cabo este estudio en la manera más eficiente posible, conviene dar con criterios que nos ayuden a fragmentar el objeto en bloques característicos. Ambas problemáticas son resueltas mediante la aplicación de criterios materiales, espaciales y cronológicos. A continuación, se expresarán los criterios de esta índole que han sido empleados para concretar y organizar los contenidos histórico-jurídicos que se estudiará en el presente curso.

A) Delimitación material: mediante este criterio, concretamos los materiales o soportes físicos que han sido empleados para el diseño del curso. Respecto a estos, para resaltar su condición de continentes y resaltar su diferencia conceptual frente al propio **contenido** normativo que extraemos de ellas nos referimos a ellos como **fuentes documentales**. En relación a las fuentes empleadas para diseñar el estudio de este curso, conviene destacar que las fuentes documentales empleadas han sido, mayoritariamente, documentos textuales.

En relación a las fuentes, es preciso distinguir entre las **directas** que son las fuentes documentales a las que se otorgó un valor jurídicamente vinculante; leyes, sentencias, jurisprudencia romana o los contratos, y las **indirectas**; consistentes en testimonios literarios tales como las novelas, teatro o poesía. En relación al recurso de fuentes indirectas, cabe destacar como ejemplos, la recopilación de costumbres a través de la *Ilíada* homérica o, ya en nuestra patria, el estudio de las instituciones jurídicas presentes en el *Cantar del Mio Cid*, realizado por Hinojosa.

B) Delimitación espacial: se examina el Derecho aplicado en el ámbito geográfico del Estado español. Merece la pena mencionar la posibilidad de realizar Historias del Derecho Supranacionales, destacando intentos de acometer Historias del Derecho Universales como la realizada por Leibniz, Montesquieu y

---

[11] Se trata de una vocación que se iría acentuando de manera paralela al desarrollo de la civilización, cuando la multiculturalidad produce el problema de disenso planteado por Radbruch, y el Derecho asimila con firmeza la función de Seguridad Jurídica.

Pastoret; o regionales, como la elaborada por Mitteis en 1891 sobre el Derecho de las provincias Orientales del Imperio Romano. Estas resultan de especial interés a la hora de realizar estudios de **Derecho Comparado**, que se caracterizan por permitir hallar lo que los estudiosos franceses han llamado analogías chocantes.

C) Delimitación Temporal: se estudia desde la Edad Antigua hasta la etapa del Estado Liberal, que dio como frutos jurídicos más característicos el constitucionalismo y la codificación.

Para facilitar la inteligibilidad de tan vasto material histórico-jurídico, en el presente curso se recurre a fragmentar el análisis de la historia jurídica en periodos marcados por importantes acontecimientos que condicionaron el desarrollo del Derecho, dotando a las normas de una cierta homogeneidad. Esta clase de periodificación, que emplea como criterio acontecimientos ajenos al propio desarrollo del Derecho, recibe el nombre de **periodificación cronológica**. La periodificación resultante, a grandes rasgos, se inspira en la elaborada por el historiador germano *Cellarius*, concretándose en la secuencia: a) **Edad Antigua,** fundamentalmente marcada por la aparición de las fuentes documentales textuales y el surgimiento de imperios (hasta el 476 d.C.; b) **Edad Media**, marcada por el vacío de poder romano (hasta 1492 d.C.); c) **Edad Moderna**, marcada por la formación de los Estados Modernos (hasta 1812); y d) **Etapa Liberal**, marcada por los ideales revolucionarios de igualdad y de interdicción de la arbitrariedad (hasta 1931 d.C.) [12].

A partir de esta periodificación, se realiza otra, que a su vez subdivide cada uno de los antedichos periodos en unidades de análisis más concretas y homogéneas que las anteriores. Esta, nueva fragmentación, tan solo atiende a fenómenos puramente jurídicos, los cuales, al impregnar enteramente a un conjunto de normas jurídicas, nos permitiría identificar la existencia de un particular sistema de Derecho. Esta clase de **periodificación** se denomina **sistemática**, y da como resultado que nuestro curso aborde separadamente: a) el Derecho Indígena Colonial, (griego y fenicio-cartaginés) y Romano-Canónico; b) el Derecho Visigodo, Musulmán y Cristiano; c) el Derecho Indiano, de los Austrias y de los Borbones; y d) el Derecho de sendos ordenamientos constitucionales[13].

---

[12] En el siglo XVII dividió la historia en las edades: antigua, abarcando desde el comienzo de la historia hasta el 337 d.C.; media, abarcando hasta el 1453 d.C; y moderna, abarcando hasta la actualidad. Esta periodificación fue alterada por el historiador, también alemán, Gatterer, quien trocaría ambas fechas mencionadas por las de los años 476 y 1492, respectivamente. Posteriormente, el ministro de educación francés Victor Dupuy, basándose en el impacto de la Revolución Francesa, establecería en 1865 un cuarto periodo histórico, la Edad Contemporánea, cuyos efectos no se harían claramente patentes en el suelo español hasta la Revolución Liberal de 1812. Julio Aróstegui Sánchez, *La Contemporaneaidad, Época y Categoría Histórica,* Transiciones políticas y culturales en Europa meridional (siglos XIX-XX), 36-1, 2006.

[13] Los fenómenos jurídicos que permiten identificar los enunciados sistemas de Derecho son, respectivamente, a) la Infiltración del Derecho Colonial, del Romano junto con

En virtud de la superposición de ambos criterios de periodificación, se puede decir que se hace uso de uno mixto.

VI HISTORIA DEL DERECHO COMO CIENCIA

La disciplina que acabamos de delinear, la Historia del Derecho, fue abordada como una ciencia jurídica, por primera vez, gracias al impulso ideológico de la Escuela Histórica Alemana del S.XIX.

En España, la Historia del Derecho comenzó como una rama más de la Ciencia Histórica, siendo su estudio ajeno a los juristas. Esta circunstancia que se reflejó en la periodificación bajo la que se abordaba el estudio de la disciplina y en como los contenidos se enfocaban a solventar las inquietudes características de los historiadores españoles. Posteriormente, en 1952, el historiador del Derecho Alfonso **García-Gallo** juzgó que mediaba una **crisis en el desarrollo de la disciplina**, achacando esta circunstancia a una serie de factores[14]. Entre ellos, destacaría la creciente popularidad del enfoque narrativo de la Historia Total, pues en su opinión, aquel enfoque diluía entre un torrente de datos a aquellos de naturaleza puramente jurídica, obstaculizando el interés de las nuevas generaciones por aprender, investigar y difundir el saber histórico-jurídico. En resumidas cuentas, el enfoque se le antojaba **excesivamente holístico y erudito.** Así, García-Gallo adujo a una serie de elementos singularmente presentes en esta área de conocimiento, que, a su entender, justificaban conferirla autonomía frente a la Ciencia Histórica, y la conveniencia de introducirla en los planes de estudio de Derecho: a) el estudio de los contenidos jurídicos (los sistemas de Derecho de determinados periodos históricos) requiere el empleo de **herramientas conceptuales privativas del Derecho**; b) la **notable perduración que el Derecho** mantiene a lo largo del tiempo, desacoplando su evolución de la lógica que rige al resto de fenómenos característicos de un periodo (en abierto contraste con otros objetos de estudios históricos).

Además, con el afán de despertar el interés de los juristas en la disciplina, subrayó que, la notable perduración del Derecho en el tiempo, redunda en que una

---

el Canónico; b) la introducción de costumbre germánica; c) la aparición de un Derecho indisociable de los preceptos religiosos islámicos; d) la dispersión normativa colmada con una amalgama de costumbres, fueros locales y *Ius Commune*; e) la Recopilaciones de Derecho paralela a una progresiva consagración del poder absoluto del monarca; f) la consagración de constituciones o leyes fundamentales del Estado, con las que se establece la separación de poderes, la igualdad ante la ley y la limitación del poder monárquico.

[14] Masificación de las aulas, la escasa atención que se prestaba a la asignatura en el programa de estudios de 1944, y la orientación historicista que prestaba atención a ideas "metajurídicas".

considerable parte de las instituciones jurídicas de la actualidad, tan solo pueden ser comprendidas en tanto que se estudien como un **legado** del pasado con el que se solucionó una particular preocupación social[15]. Por otra parte, abogó por **aligerar**, tanto como fuera posible, la atención a los fenómenos "metajurídicos", reduciendo el volumen de los contenidos de la nueva asignatura y, por ende, haciendo más asequible su estudio[16].

Todo ello fue sostenido por Alfonso García-Gallo, sin perjuicio de admitir que el contenido material de la Historia del Derecho, se extiende a lo largo de los tiempos pasados, y por tanto, que su conocimiento exigía del uso auxiliar de la metodología característica de la ciencia histórica (investigación y deducciones-interpretaciones). No obstante, puntualizaba que el uso de esta metodología se limitaba a delinear qué fuentes documentales serían fidedignas, siendo para todo lo demás, preciso recurrir a una metodología netamente jurídica. En atención a estas últimas consideraciones, el historiador atribuyó a esta disciplina una **naturaleza dual** (histórica y jurídica).

VII Historiografía Española

S.XVI-XVII: Los primeros textos subsumibles en esta disciplina fueron confeccionados en el S.XVI, siendo el primero el clérigo (arcediano de Ronda) y cronista de Carlos I, Lorenzo de Padilla con su acarreo *Leyes y Fueros de España y Anotaciones Sobre Ellos.* Los sucesivos exponentes de esta etapa trascendieron la mera recopilación para realizar una exposición de las normas, pudiendo mencionarse a Francisco de Espinosa, abogado vallisoletano, del que se conserva un resumen de su obra *Observaciones Sobre las Leyes de España*; o al diplomático danés Gherard Ernst von Franckenau (*Sacra Themidis Hispaniae Arcana*).

S.XVIII: Durante la Ilustración, la exposición de la historia jurídica deja de ser meramente narrativa, y se manifiesta un análisis crítico hacia las fuentes documentales, comenzando a implementarse el método comparado. Los autores españoles de esta época, en general, mantuvieron el común denominador de ser hombres de elevadas responsabilidades políticas y cuyos quehaceres estuvieron inspirados por los ideales del Despotismo Ilustrado. De este modo su obra política

15 Planteamiento "institucionalista". Sánchez-Arcilla Bernal, José, Alfonso García-Gallo: Aportaciones Metodológicas y Conceptuales a la Historia del Derecho, Cuadernos de Historia del Derecho, 2011, 18 13-49.

16 Tal cosa fue facilitada por su negación del Derecho como un sistema sometido a una particular lógica, como proponía el enfoque historicista, de modo que no merecía la pena que el historiador del Derecho se planteara siquiera la utilidad de valerse de la Historia del Derecho para desvelar la dogmática de los sistemas jurídicos pretéritos.

y historiadora se centró en consagrar la autoridad del Estado frente a la Iglesia y en el estímulo del comercio: Enrique Flórez, *España Sagrada (1747-1773)*; Ignacio Jordán de Asso y Miguel de Manuel, *Instituciones del Derecho Civil de Castilla (1771)*; Melchor Gaspar de Jovellanos, *Informe Sobre la Ley Agraria* (1787); Pedro Rodríguez de Campomanes, *Tratado de la Regalía de Amortización (1765)*; y Macanaz, *Discurso Histórico, Jurídico y Político Sobre las Regalías de los Señores Reyes de Aragón*(1711).

S.XVIII-XIX: En esta etapa, a las competencias ya adquiridas por la historiografía española, se añadió el rigor en el acopio de documentación. Destacaron Antonio de Capmany, *Memorias Históricas de la Marina, las Artes y el Comercio de la Antigua Ciudad de Barcelona,* (1792); Juan Sempere y Guarinos, *Historia del Derecho Español,* (1823); Francisco Martínez Marina (*Ensayo Histórico-Crítico* 1808 y *Teoría de las Cortes* 1813); Tomás Muñoz y Romero (*Colección de Fueros Municipales y Cartas Pueblas,* 1847).

VIII ESCUELA HISTÓRICA DEL DERECHO

Paralelo al desarrollo de la última corriente de historiografía española, los alemanes, entonces asociados a través del Sacro Imperio Romano Germánico, padecían las consecuencias del afán imperialista de Napoleón Bonaparte. En 1806, el francés ya había extendido su influencia a lo largo de los diversos territorios germanos mediante políticas matrimoniales y la ocupación militar del territorio. Valiéndose de tales circunstancias: a) propició la disolución del Sacro Imperio Romano Germánico, sustituyéndolo por la llamada Confederación del Rin, una nueva unión germánica, de la cual asumió el gobierno bajo el título de "protector"[17]; y b) logró la aplicación de su **Código Civil** en algunos territorios (elaborado y aplicado en Francia desde 1804). Este último código, se halló parcialmente inspirado en los **principios antropológicos universalistas de la ilustración**, según los cuales, mediante la razón es posible conocer normas jurídicas válidas para todo tiempo y lugar[18].

La situación, desencadenó entre los alemanes un proceso revolucionario nacionalista, es decir, generó el deseo de que su régimen de convivencia estuviera determinado por y para los alemanes. Bajo este anhelo, ya en 1813, algu-

---

[17] Wilson, Peter. H., *El Sacro Imperio Romano Germánico, Mil Años de Historia de Europa,* Desperta Ferro, Madrid, 2020, pp. 643-645 y 652-660.

[18] Se alude al planteamiento según el cual, mediante la razón, es posible conocer normas jurídicas válidas para todo tiempo y lugar. Sin embargo, no es menos cierto que el Código Civil de Napoleón, además de recurrir a planteamientos iusnaturalistas-racionalista de esta clase, también se valió de estudios de la costumbre germánica del norte francés y de otros acerca del Derecho Romano. Carlos Ramos Nüñez, *El Código Napoleónico: Fuentes y Génesis.* Recuperado de: https://www.uv.es/correa/troncal/17.pdf

nos juristas germanos comenzaron a plantear los términos bajo los que habría de desarrollarse su futuro régimen de convivencia. De un lado, se alzó Anton **Thibaut**, quien hallaba aceptable seguir el planteamiento legislativo francés para elaborar un código civil alemán[19]. De otra parte, se alzó la figura de Karl Fiedrich von **Savigny**, quien se alineó con la corriente de pensamiento romántica, que acabaría obteniendo la hegemonía del nacionalismo alemán. Esta corriente de pensamiento partía de la creencia en que el desarrollo de las obras literarias respondía a un proceso creativo artístico, reflejo de la indeterminación del alma humana[20]. Inspirándose en este planteamiento, Savigny defendió que el desarrollo del Derecho también respondía a un proceso regido por una voluntad creativa e indeterminada, la voluntad de la nación, a la que llamó el espíritu del pueblo o ***volkgeist***. A lo cual añadió que, el bienestar de la nación alemana exigía que su ordenamiento jurídico recogiese una normativa respetuosa con este *volkgeist*[21].

Consecuentemente, Savigny defendió postergar la creación de un código civil alemán para, en su lugar, y como paso previo, profundizar en el estudio de la tradición jurídica alemana, hasta que el sentido de ese *volkgeist* hubiera sido convenientemente comprendido, de tal modo que pudiera ser empleado como criterio para dotar de coherencia a todas las áreas de su nuevo Derecho Civil.

Como resultado de esta pugna intelectual, en la que salió airoso Savigny, quedó configurada la Escuela Histórica Alemana. Esta se halló caracterizada por: **a) una metodología extremadamente empírica**, (dado que afrontaba el estudio del Derecho Histórico sin presumir nada *a priori*, ni siquiera que su configuración fuera racional); y **b) la atención a las costumbres populares,** considerando que estas son la más fiel expresión del *volkgeist* de cada nación.

En el seno de esta escuela, destacaron dos **líneas de trabajo**, una era la que ahondaba en las costumbres populares germánicas (germanística) y la otra fue conocida como pandectística. Esta última emprendió un estudio sistemático del *Corpus Iuris Civilis* o Código Justinianéo, bajo la idea de que su notable desarrollo sistemático, ofrecía categorías válidas para afrontar el estudio de las propias tradiciones germanas y codificarlas ordenadamente.

---

19 Thibaut, Anton Friedrich Justus, *Sobre la Necesidad de un Derecho Civil General para Alemania*, Universidad Carlos III de Madrid, Madrid, 2015. Recuperado de: https://core.ac.uk/download/pdf/30047482.pdf,

20 Greenfeld, Liah, Nationalism: Five Roads to Modernity, Harvard University Press, USSA, 1993.

21 Savigny, Friedrich Karl von, *de la Vocación de Nuestro Época para la Legislación y la Ciencia del Derecho*, Universidad Carlos III de Madrid, Madrid, 2015, pp. 36-40. Recuperado de: https://e-archivo.uc3m.es/bitstream/handle/10016/21520/vocacion_savigny_hd38_2015.pdf

La muerte de Savigny en 1861 fue seguida de la constitución de la **Fundación Savigny**, que promovió el estudio del Derecho Romano y Germánico. En 1869 se asoció a esta el Colegio de Abogados de Barcelona, en cuyo seno se hallaban juristas interesados por promover estudios semejantes a los que vino ofreciendo el germano. Por último, puede añadirse que, además del citado Savigny, otros ilustres exponentes de esta escuela fueron Niebuhr, Hugo, Jacob Grimm o Ihering.

IX HISTORIOGRAFÍA EN LA ESPAÑA CONTEMPORÁNEA

Esta última etapa de la historiografía española se halló radicalmente condicionada por el legado metodológico de la Escuela Histórica Alemana. En primer término, puede destacarse que en 1883 se formó la primera cátedra de Historia del Derecho, que fue ocupada por **Pérez-Pujol**, investigador detentador de un enfoque sociológico, destacando su obra *Historia de las Instituciones de la España Goda* (1896); también cabe citar la obra de **Joaquín Costa**, quien empleó el método comparado, siendo una obra destacada el *Colectivismo Agrario en España* (1915), la cual tuvo eco en Alemania. Y sobre todo procede recuperar la memoria de **Eduardo Hinojosa**, católico tradicionalista, quien también se valió del método comparado para realizar su obra más destacada, *Elemento Germánico en el Derecho Español* (1908), en la que estudió el origen del municipio alemán para extrapolarlo al castellano-leonés. Su obra atrajo atención internacional, mostrando la perfecta madurez científica de la historiografía española.

Ya en 1910 se constituyó el Centro de Investigaciones Históricas, aglutinando a jóvenes historiadores del Derecho que se hallaban realizando sus tesis doctorales. El más destacado investigador fue **Claudio Sánchez Albornoz**, quien fue reconocido como un especialista del medievo español. A la muerte de Hinojosa (1919), aquel grupo de investigadores, sintiéndose deudores de su labor científica, convinieron en autodenominarse **Escuela de Historia del Derecho de "Hinojosa"**, caracterizada por el deseo de seguir su método y éxitos. Tal voluntad cristalizó en 1924 en la fundación del *Anuario de Historia del Derecho*, en el que se publicaron rigurosos trabajos de Historia del Derecho Español, cuya labor se vio interrumpida por la Guerra Civil (1936-1939), no siendo renovada hasta 1942, ya con la figura de Sánchez Albornoz en el exilio y asumiendo su dirección **Alfonso García-Gallo**. Este último se distinguió en su tarea por haber dotado de la señalada autonomía frente a la Historia General a esta disciplina, así como por haber realizado una ingente tarea investigadora en los campos del Derecho Visigodo, Medieval e indiano.

BIBLIOGRAFÍA

Aróstegui Sánchez, Julio, *La Contemporaneaidad, Época y Categoría Histórica,* Transiciones políticas y culturales en Europa meridional (siglos XIX-XX), 36-1, 2006.Escudero, José Antonio, *Curso de Historia del Derecho: Fuentes e Instituciones Político-Administrativas,* Madrid 2004.

Díez-Picazo y Gullón, Sistema de Derecho Civil, Vol. 1., Tecnos, Madrid, 2001.

García-Gual, Carlos, *La mitología: interpretaciones del Pensamiento Mítico,* Montesinos, España, 1997.

Greenfeld, Liah, *Nationalim Five Roads to Modernity,* Harvard University Press, USSA, 1993.

Hauriou, Maurie, La Teoría de la Institución y de la Fundación, Abeledo-Perror, Buenos Aires, 1968.

Herodoto de Halicarnaso, *Los Nueve Libros de la Historia,* Orbis-Origen, Barcelona, 1983.

Herodoto de Halicarnaso, biblioteca Edaf, Madrid, 2017.

Locke, John, Dos Tratados Sobre el Gobierno Civil, Austral, Madrid, 1997.

Peláez, Manuel. J., *Estudios Sobre Dos Grandes Historiadores del Derecho Contemporáneos, José Orlandis Rovira (1918-2010) y Ángel López-Amo (1917-1956) con Ocasión del Centenario de su Nacimiento, Revista Europea de Historia de las Ideas Políticas y de las Instituciones,* N°. 13, 2018, págs. 239-320.

Pérez Luño, Antonio-Enrique, *La Peculiaridad Normativa de los Principios Generales del Derecho,* Persona y derecho: Revista de fundamentación de las Instituciones Jurídicas y de Derechos Humanos, N°. 42, 2000, pgs. 131-160.

Radbruch, Gustav, *Filosofía del Derecho,* Reus, España, 2008.

Ramos Nüñez, Carlos, *El Código Napoleónico: Fuentes y Génesis.* Recuperado de: https://www.uv.es/correa/troncal/17.pdf

Sánchez-Arcilla Bernal, José, *Alfonso García-Gallo: Aportaciones Metodológicas y Conceptuales a la Historia del Derecho,* Cuadernos de Historia del Derecho, 2011, 18, 13-49.

Savigny, Friedrich Karl von, *de la Vocación de Nuestro Época para la Legislación y la Ciencia del Derecho,* Universidad Carlos III de Madrid, Madrid, 2015. Recuperado de: https://e-archivo.uc3m.es/bitstream/handle/10016/21520/vocacion_savigny_hd38_2015.pdf

Thibaut, Anton Friedrich Justus, *Sobre la Necesidad de un Derecho Civil General para Alemania,* Universidad Carlos III de Madrid, Madrid, 2015. Recuperado de: https://core.ac.uk/download/pdf/30047482.pdf

Wilson, Peter. H., El Sacro Imperio Romano Germánico, Mil Años de Historia de Europa, Desperta Ferro, Madrid, 2020

TEMA 2
DERECHO PRIMITIVO, DERECHO ROMANO Y DERECHO HISPANORROMANO (I)

I Introducción

A lo largo de este segundo tema, se ofrecerá una panorámica general de ciertos aspectos del Derecho Romano, procurando familiarizar al estudiante con los órganos productores de sus normas jurídicas, con sus correspondientes productos normativos y con los elementos esenciales de su Derecho Civil. Tras ello, se procederá a exponer las particularidades que presentó el orden social de las poblaciones habitantes de la península ibérica (tartessios, íberos, celtas, celtíberos, griegos, fenicios y cartagineses) en el momento de la llegada de los romanos. Todo lo cual aportará los conocimientos básicos para desembocar, ya en el tema 3, en el análisis del proceso de Romanización Jurídica de la Península Ibérica, en el que se produjo la yuxtaposición del ordenamiento romano con el de los pueblos ibéricos, en unos términos que darían como resultado el desarrollo del Derecho Hispanorromano.

II Historia de Roma

Periodificación de la Historia de Roma según Criterio Cronológico:

— Monarquía (753-509 a.C.).

— República (509-27.a.C.).

— Principado (27.a.C.-284.d.C.).

— Dominado (284.d.C.-476.d.C.).

Los órganos productores del Derecho Romano fueron: las Asambleas Ciudadanas (comicios), el Senado, los magistrados, el Emperador y los jurisconsultos.

Los productos normativos (fuentes documentales) fueron, respectivamente: las leyes, los senadoconsultos, los edictos, las constituciones imperiales y la jurisprudencia.

Seguidamente, se irán abordando las sucesivas etapas de la historia romana, desde el comienzo de la República hasta el fin del Dominado, contextualizando la consagración de cada uno de los mencionados órganos productores y de sus productos normativos, y explicando su esencia.

III ÉPOCA REPUBLICANA

El régimen político fue **democrático**, es decir, el poder residía en el pueblo romano, el cual dictaba las **leyes y elegía a los magistrados** (ciudadanos a los que se conferían poderes para cumplir alguna función de interés general bajo la observancia de las leyes vigentes). El pueblo romano, a efectos de ejercer estas facultades, convocaba a los comicios, siendo las más importantes: los Comicios Curiados, consistente en asambleas organizadas por criterios de parentesco que excluían a los plebeyos; los Comicios Centuriados, asambleas organizadas por criterios de riqueza personal que desfavorecían los deseos de los más pobres; y los Comicios Tributos, asambleas organizadas por criterios de residencia.

A medida que avanzaba la República se significaron otras fuentes de Derecho: el **senadoconsulto**, producido por el senado[22], una asamblea de exmagistrados de prestigio, que, si bien en origen tenía un valor meramente consultivo, con el tiempo adquirió la condición práctica de norma jurídica; y el **edicto**, producido por un magistrado para regular su ámbito competencial[23].

IV ÉPOCA DEL PRINCIPADO

El sistema republicano cedió ante las demandas populares de establecer un orden capaz de aplacar los conflictos civiles que azotaban a una Roma dividida entre los partidos popular y optimate. Pese a que se conservó la estructura orgánica

---

22 Este órgano también detentó la función de ratificar las leyes aprobadas por los comicios centuriados.

23 El goce de esta facultad legislativa es conocida como *Ius Edicendi.* Cabe precisar que tal facultad fue fecunda en el desarrollo del Derecho Procesal. Adicionalmente, sobre algunos magistrados (dictadores, cónsules y pretores), recayó la facultad de convocar a los comicios para someter a su aprobación los proyectos legislativos. Este último poder fue llamado *Ius Agendi cum Populo.*

republicana, en la práctica, el poder legislativo residió en el **emperador**, el cual consagró como fuente fundamental de Derecho a las **constituciones imperiales**. Fueron estas constituciones documentos en los que plasmaba su voluntad legislativa, a través de las cuales instituyó derechos novedosos (*Ius Novum*), como el deber de alimentos, el fideicomiso[24] y la apelación judicial.

Asimismo, cabe destacar la labor de los jurisconsultos, que ya venía desarrollándose en la anterior etapa, y que en esta adquirió la condición de fuente de Derecho, la **jurisprudencia**. Ante el supuesto de controversias judiciales para cuya resolución no existían normas jurídicas aplicables, o de casos a los que cabía aplicar varias normas contradictorias, los jurisconsultos razonaron para ofrecer soluciones basadas en los principios implícitos en las normas que conformaban el ordenamiento jurídico. Fue el emperador Octavio Augusto, quien creó un consejo o *consilium*, al que dio entrada a ciertos jurisconsultos, a los que doto del llamado *Ius publice respondendi ex auctoritate principis*, que redundaba en que sus razonamientos, plasmados en los documentos conocidos como jurisprudencia, en lo sucesivo fueran vinculantes para los tribunales.

V ÉPOCA DEL IMPERIO ABSOLUTO O DOMINADO

A finales del S. III d.C., el Imperio Romano se vio sumido en un círculo vicioso de crisis económicas, acumulación de poder de terratenientes, guerras civiles e invasiones bárbaras. La tesitura sería reconducida con la subida al trono imperial de Diocleciano en el 284 d.C. En lo sucesivo, gracias a hábiles maniobras de política religiosa[25] y a importantes reformas constitucionales, el emperador quedaría, prácticamente, consolidado como único órgano productor de normas jurídicas[26], transformando ya el Derecho sin ningún tipo de ataduras

---

[24] Negocio jurídico (emprendido por un fiduciante), consistente en designar como heredero a un segundo sujeto (fiduciario), bajo el encargo de que, cuando se cumpla un cierto término, transmita su parte de la herencia a un tercer individuo (fideicomisario). Tales encargos "transmisorios" fueron hechos obligatorios por el emperador Octavio Augusto (*Institutas*, II, 23, 1).

[25] Heliogábalo (Marco Aurelio Antonino Augusto), instauró en Roma el culto al dios solar sirio El-Gabal, del cual era sacerdote, sugiriendo la supremacía de aquel dios al mandar trasladar las reliquias religiosas romanas a su templo consagrado en Roma; Aureliano, acuñó monedas haciéndose llamar compañero del sol (*sol invito comiti*) y otras denominándose "señor y dios nato" (*dominus et deus natus*), además, según Lactancio, proyectaba establecer el monoteísmo en torno a aquella deidad; Diocleciano, estableció el ceremonial típico persa (*proskynesis*), siendo preciso practicar inclinaciones ante su persona, en atención a su pretendido carácter divino, además, adoptó el título de *iovius* (descendiente de Júpiter).

[26] Cabe destacar que, el emperador Constantino, creo la figura de los gobernadores territoriales llamados prefectos del pretorio, magistrados que recobraron la capacidad de emitir edictos en los asuntos de su competencia, siempre y cuando no contravinieran el Derecho

formales, a través de sus **constituciones imperiales**. Por otra parte, en relación a la **jurisprudencia**, su aplicación quedó restringida a la obra escrita de unos pocos juristas que ya habían fallecido. Ello sucedió en virtud de una constitución imperial producida en **426 d.C.**, por los emperadores Valentiniano III y Teodosio II, que contenía una disposición llamada **Ley de Citas**. En esta disposición se determinaba que tan solo sería vinculante para los tribunales la jurisprudencia de los jurisconsultos **Gayo, Papiniano, Paulo, Ulpiano y Modestino**, aclarando que habría de prevalecer la opinión que fuera respaldada por el mayor número de estos juristas, y que, en caso de empate, se había de optar por la opinión que respaldara Papiniano. En atención al carácter determinante de los razonamientos o "juicios" de aquellos jurisconsultos, recibieron la denominación de **Tribunal de los Muertos**.

También hay que mencionar la redacción de **recopilaciones de constituciones imperiales**, destacando las colecciones privadas efectuadas entre finales del S.III d.C. y principios del IV. d.C., llamadas Código Hermogeniano y Código Gregoriano. Y ya con valor legal, toca señalar al **Código Teodosiano**, adoptado en el año **438.d.C.** por el emperador Teodosio II, el cual contenía las constituciones promulgadas desde el emperador Constantino I hasta las suyas propias. Tal código también sería adoptado al año siguiente por su homólogo occidental, el emperador Valentiniano III.

Por último, puede mencionarse la aparición del fenómeno conocido como la **Vulgarización del Derecho Romano**, enmarcado en el proceso general de decadencia de la cultura romana, y que consistió en una comprensión y aplicación inadecuada de las normas jurídicas. Esta vulgarización, sin duda estuvo relacionada con la concesión de ciudadanía romana otorgada a todos los habitantes del imperio romano en 212 d.C., por el emperador Caracalla.

VI LA PERSONA Y EL SUJETO DE DERECHO

El estudio de las relaciones sociales de la Roma Imperial, revela la consolidación de un concepto de persona, que desde tiempos republicanos habría servido para designar a un individuo, en el cual se daba un atributo esencial, la capacidad

vigente. Hinojosa, Eduardo de, Historia del Derecho Romano, Vol. 2, Imprenta de la Revista de Legislación, Madrid, 1885, p.89. También conviene tener presente que, tales magistrados, vieron adicionalmente limitado su *Ius Edicendi* por la emisión de constituciones *mandata* de los emperadores, en las que se parametraban los límites de su actividad. También existió la ocasional necesidad de que sus normas fueran ratificadas por el senado, el cual ya era manifiestamente controlado por los emperadores (*Código Teodosiano,* XI, 30, 53).

jurídica; y otro eventual, es decir, que podía añadirse al anterior o no, la capacidad de obrar[27].

Capacidad Jurídica: atributo que se dice de quien tiene la aptitud de ser Sujeto de Derecho, esto es, de ser parte -acreedor o deudor- de relaciones jurídicas. Acreedor es aquel que tiene la posibilidad de exigir el cumplimiento de un acto u omisión; y deudor, es aquel que puede ser obligado cumplir una acción u omisión.

Capacidad de obrar: atributo que se dice de quien tiene la aptitud de realizar actos "jurídicos", es decir: a) actos creadores de nuevas relaciones jurídicas en las que quede involucrado como parte; b) actos modificadores de los términos de esas relaciones; o c) actos que las extingan.

La capacidad Jurídica es un atributo derivado de la dignidad humana, que exige que, a cualquier persona, le sean reconocidas ciertas facultades que garanticen su bienestar. Llegado cierto punto de desarrollo de la sociedad de la Antigua Roma, la capacidad jurídica tan solo fue negada a los esclavos, a los que jurídicamente se equiparó con meras cosas[28].

La capacidad de obrar, por su parte, es un atributo más restringido. Su goce depende del particular grado de desarrollo psíquico que ha alcanzado una persona, y más concretamente el de su entendimiento y consecuente aptitud para generar una voluntad, mediante la cual, vincularse a otras personas de manera responsable[29]. La necesidad de este presupuesto psíquico deriva de los peligros que conlleva para la propia persona la posibilidad de realizar actos jurídicos que la obliguen a asumir prestaciones que estén fuera de su alcance o que puedan suponerla un perjuicio inesperado. En la Antigua Roma, esta capacidad de obrar tan solo sería reconocida en términos absolutos al llamado *pater familias*, siendo escaso el número de sujetos que, bajo ciertas circunstancias, podrían gozar de ella. De este hecho, se dará cuenta en el siguiente epígrafe.

---

[27] En las instituciones de Gayo, ya se aprecian algunas referencias que evidencian una realidad social que luego sería explicitado en el *Corpus Iuris Civilis* (2, 83; 2, 90; 2, 106), es decir, la concurrencia de una capacidad jurídica frecuentemente sometida a la omnipresente capacidad de obrar del *pater familias*, o en su defecto, del complemento de capacidad del tutor. Gayo, *Instituciones Jurídicas*, Olejnik, Argentina, 2017, pp. 97, 98 y 101. Cabe añadir que, en la Ley de las XII Tablas, tan solo se alcanza a advertir la íntegra e ilimitada personalidad del *pater familias*, por lo que no se puede considerar como una fuente documental apropiada para discernir la presencia de los dos atributos aquí tratados.

[28] *Servus* (...) *Nullum caput haber. Corpus Iuris Civilis, Institutas*, 1, 16, 4.

[29] Noción implícita en la Ética Nicomaquéa de Aristóteles, cuando habla de los conceptos de entendimiento, voluntariedad, responsabilidad y de culpa como fundamentos del reproche social y del castigo. Aristóteles, Ética a Nicómaco, Alianza Editorial, Madrid, 2014, p.123-126.

VII ORGANIZACIÓN FAMILIAR Y RELACIÓN CON LA CAPACIDAD JURÍDICA Y DE OBRAR

En relación al apuntado concepto de persona, consagrado durante la República, cabe pensar que, en un estadio más primitivo, sus dos atributos característicos estuvieron disociados. Los sujetos de Derecho habrían sido ciertas asociaciones de parentesco, mientras que la capacidad de obrar necesaria para involucrar a estas asociaciones como partes de relaciones jurídicas, habría recaído tan solo en algunos de sus miembros, en los reyezuelos o sacerdotes[30]. De entre aquellas asociaciones, la fundamental fue la **gens**, agrupaciones de familias vinculadas por descender de un mismo antepasado varón, cuyo apellido (*nomen*) llevaban todos sus miembros. A su vez, estas *gens* se agrupaban en **curias**, asociaciones de *gens* vinculadas por descender de un mismo antepasado varón mítico. Por último, a su vez, estas curias se habrían agrupaban en tres **tribus** (ramnes, titios y luceres), asociaciones de curias vinculadas por compartir ciertas afinidades étnicas y culturales, y que, reunidas, **integraban al pueblo romano**.

Andando el tiempo, probablemente entre finales del S. VII y finales del VI a.C., los lazos que unían a estas asociaciones de parentesco se debilitaron[31], apareciendo en su lugar otra clase de asociación, también basada en el parentesco, la **Familia Romana**. Esta asociación estuvo gobernada por un individuo, el *pater familias*, quien alcanzó a aunar los dos mencionados atributos característicos de la persona jurídica[32]. Los integrantes de esta familia fueron: el ***pater familias***, quien,

---

30 En este sentido, las fuentes históricas hablan de cómo las curias fueron entidades titulares de bienes raíces, toda vez que al frente de los asuntos que la incumbían, quedó el curión o decurión máximo. Entre las funciones específicas que se le conocieron, estuvo la de decidir qué día se celebrarían las honras a la diosa de la tuesta del pan y celebrar los demás rituales atinentes a su curia. Dionisio de Halicarnaso, *Historia Antigua de Roma*, Libros I-III, Gredos, Madrid, 2020, p.140, 141 y 192. Ovidio, *Fastos*, Gredos, Madrid, 2020, p. 55. Por otra parte, es posible hablar de cómo la Ley de las XII Tablas nos ofrece un testimonio cierto acerca de cómo las *gens* también podían devenir en titulares de los bienes de particulares carentes de parientes agnados, siempre y cuando muriesen intestados, siendo que Dionisio de Halicarnaso atestiguó que Rómulo determinó que al frente de cada curia estuviera un decurión. Ley de las XII Tablas, Título V. Dionisio de Halicarnaso, *op.cit.* p.140.

31 Cabe atribuir este debilitamiento de las asociaciones de parentesco a la acción ordenadora del Estado. Contamos con sendas evidencias relativas a la existencia de familias romanas desde la misma fundación de la ciudad eterna. No obstante, si atendemos a las evidencias de cuando surgió el *domus* romano, cabe fijar su papel nuclear en las relaciones jurídicas en la señalada orquilla temporal. La fuente empleada para fijar la aparición de los *domus* es la siguiente: Gary Forsythe, *A Critical History of Early Rome: From Prehistory to the First Punic War*, University of California Press, London, 2006, p.91.

32 Sumner Maine consideró que el gobierno del pater familias estuvo inspirado en un principio representativo y en una obligación moral de administración leal. Bajo esta perspectiva, aun podría deducirse que, de hecho, aunque no "de derecho", la capacidad jurídica de las *gens* habría sido heredada por la familia; y que la capacidad de obrar de los reyezuelos y sacerdo-

en el marco de un matrimonio con su esposa (*uxor*), engendraba una descendencia públicamente reconocida. Además, el *pater familias* también pudo aumentar el número de sus descendientes artificialmente mediante la adopción (*adrogatio*). Este complejo de individuos formaba la llamada **familia agnaticia**. Paralelamente, cabe hablar de otro concepto de familia de "menor relevancia" para la vida social, la familia **cognaticia**, integrada por todos los individuos que mantienen un parentesco de sangre, ya sea a través de varones o de hembras.

En estos términos, surgió una red de relaciones jurídicas, esencialmente tramadas entre los diversos *pater familias*. Estas fueron reguladas por un conjunto de normas conocidas como **Derecho Privado**, el cual contrastaría con el resto de normas, llamadas de **Derecho Público**, caracterizadas por regular las relaciones del conjunto del pueblo romano con cualquier otro sujeto de Derecho[33].

Como ya se dijo, durante la República Romana, indubitablemente llegaría a generalizarse la apuntada concepción de la persona analizada en el anterior epígrafe, entendida como individuo que aunaba tanto la capacidad jurídica, como un grado variable de capacidad de obrar con la que hacerse a sí misma parte de relaciones jurídicas. Ahora bien, como también se dijo antes, muy pocas personas gozaron de una plena capacidad de obrar. En relación a la identidad de quienes gozaron de los variables grados de capacidad de obrar, hay que decir que, precisamente, la importancia de la Familia Romana para la Historia del Derecho, radica en que, la posición que cada individuo ocupaba dentro de ella, era un criterio determinante de los límites de la capacidad de obrar de la que gozaría. Como regla general tan solo el *pater familias* tuvo la referida plena capacidad de obrar, en consideración a su posición de sujeto más sabio[34], mientras que la del resto de miembros de la familia (***alieni iuris***) estuvo condicionada al cumplimiento de ciertos requisitos:

Ser **ciudadano varón, púber** (mayor de 14 años) y en pleno uso de sus facultades mentales. En cuyo caso, desde los albores de la época imperial, podría realizar actos jurídicos con ciertos bienes muebles que, o bien les hubieran sido entregados por su *pater familias* para su gestión particular, o bien hubieran obtenido en el

---

tes gentiles, habría sido heredada por el *pater familias*. Sumner Maine, *El Derecho Antiguo*, Tirant Humanidades, Valencia, 2004, p. 146 y 148. Sobre los motivos que llevaron a depositar ambos poderes en los pater familias, trato en mi tesis doctoral Determinismo y Moral: Articulación de una Nueva Toería del Derecho Natural, en el apartado titulado "Famulus versus Populus".

33 Ulpiano dijo: *Publicum ius est quos ad statum rei Romanae spectat, privatum quod ad singulorum utilitatem: sunt enim quaedam publice utilia, quaedam privatim* (es Derecho público el que se refiere al estado de la cosa pública, privado el que atañe a la utilidad de los particulares, pues hay cuestiones de interés público y otras de interés privado). *Digesto*, I, 1, 1, 2.

34 No en vano, las facultades intelectuales del *pater familias* eran compartidas con las de su genio familiar, una entidad espiritual que posiblemente se identificaba con algún antepasado mítico del linaje familiar, y que, como tal principio espiritual, intervendría en los procesos racionales del *pater familias*. Dumezil, *La Réligion Romaine Archaïque*, Pavot, Paris, 1959, p.351.

curso de su actividad castrense (salario y botines), o bien hubieran recibido como retribución a los servicios prestados como magistrados o sacerdotes. Tal conjunto patrimonial fue llamado peculio. Por otra parte, cuando realizaban negocios jurídicos al margen del peculio, los efectos eran absorbidos por la personalidad del *pater familias*. Es decir, si la consecuencia prevista era la adquisición por el hijo de una cosa o de un crédito, tal ventaja acontecería habiendo de imputarse al pater familias. En cambio, si el negocio practicado por el hijo tenía como consecuencia la adquisición de una obligación, como regla general, sí se imputaba al hijo[35]. Otra limitación a la capacidad de los hijos se dio en el ámbito matrimonial, pues era preciso el consentimiento de los correspondientes patriarcas para que el negocio nupcial fuera válidamente realizado. Para concluir con esta sumaria enumeración de factores, procede decir que, en el ámbito del Derecho Público el varón ciudadano, puber y cuerdo, podría hacer pleno uso de sus derechos políticos, tanto de voto (*ius sufragii*), como de cinvertise en magistrado (*ius honorum*).

Procede añadir que era posible salir del estado de dependencia del *alieni iuris*, y adquirir el de *sui iuris*, por varios motivos: muerte del *pater familias*; pérdida de ciudadanía del *pater familias*; esclavitud del *pater familias*; por el acto jurídico agenciado por *pater familias*, conocido como ***emancipatio***; por la adquisición de la condición de sacerdote o sacerdotisa; por alistamiento como ciudadano en colonia latina[36].

Por otra parte, aun cabe citar las **condiciones típicas de incapacitación**, ante cuya concurrencia, a priori, el *pater familias* desplegaría una labor tuitiva más circunspecta sobre los intereses del hijo afectado. Fueron estos supuestos: ser impuber (varones menores de 14 años y mujeres menores de 12); padecer trastornos mentales (*demens* o *furiosi*); mostrarse negligente en la administración del propio patrimonio (prodigalidad); y detentar el sexo femenino (hasta la etapa del Principado). En caso de que tales sujetos carecieran de un pater familias, a efectos de que su labor tuitiva fuera desempeñada por un sustituto, hubo sendos mecanismos para nombrar a un tuto o curador (según el caso).

VIII DERECHO DE LOS CONTRATOS

Normas que regulan los actos de los que nacen ciertas relaciones personales, a las que nos referimos como relaciones **contractuales**; así como las obligaciones que estas relaciones conllevan, a las que nos referimos como **obligaciones contractuales**. Los contratos son **actos bilaterales o plurilaterales** (en los que intervienen dos o más partes), reflejo formal de un acuerdo de voluntades, por los cuales, al menos una de las partes, se **obliga** a realizar una **prestación** (dar, hacer o no hacer algo).

---

[35] Bajo ciertos supuestos, sí nacía la obligación para el pater familias, siendo las acciones procesales para reclamar el cumplimiento de la deuda al pater "acciones adyecticias".

[36] 1,127-132, Gayo, *op.cit.* pp. 69 y 70.

La doctrina destaca que en ellos convivió un elemento subjetivo, el contenido de la **voluntad** de las partes, que se corresponde con las prestaciones comprometidas; y un elemento **formal**, los actos externos a través de los cuales manifiestan ese acuerdo de voluntades[37]. Atendiendo a este elemento formal los romanos distinguieron cuatro clases de contratos: **literales**, perfeccionados mediante la puesta por escrito de la voluntad de las partes (*nomina transcripticia, chirogrpha y synagrapha*), **verbales**, perfeccionado por las palabras verbalizadas por las partes (*stipulatio*), **reales**, perfeccionado por la entrega de una cosa de una de las partes a la otra (mutuo, comodato, depósito y prenda) y **consensuales,** perfeccionado por el recurso a cualquiera de las otras tres formalidades expresadas (compraventa, arrendamiento, mandato y sociedad)[38].

De conformidad con lo apuntado, el sistema de contratos romano fue esencialmente formalista, en tanto que, para que naciera una obligación contractual, era precisa la escrupulosa observancia de las formas prescritas por las leyes civiles. Semejante sistema fue catalogado por la doctrina como ***numerus clausus***. Los acuerdos de voluntades desprovistos de forma, llamados pactos, tan solo producían deberes morales (*nuda pacta*). Esta circunstancia fue juzgada como inadecuada por los magistrados **pretores**, quienes por medio de sus edictos concedieron a las partes algunas acciones procesales, llamadas **honorarias**, con las que, los acreedores de las prestaciones comprometidas mediante algunos pactos, sí podían exigir el cumplimiento de los deudores ante los órganos judiciales ("pactos vestidos"). Como resultado, nació un sistema procesal que distinguía entre tener derechos civiles perseguibles mediante "**acciones civiles**" y tener facultades perseguibles mediante "**acciones honorarias**"[39].

---

[37] En atención a la obra de los iusfilósofos modernos Jean Domat y Robert Joseph Pothier, el Código Civil Español acabaría por considerar como elemento esencial del contrato a "La Causa" (art. 1261). No obstante, si analizamos el trabajo realizado por L. Díez-Picazo acerca del empleo de este vocablo en el seno de la Antigua Roma, se deduce que solo fue posible emplear este término como elemento esencial de los contratos en un sentido: en particular, se planteó como requisito de la validez de todo negocio jurídico que este fuera impulsado por cualquier clase de motivación psicológica siempre que ella fuera ajena al miedo o coacción ejercida por un tercero. Tal elemento no se apunta en el cuerpo del texto para prevenir la posible desorientación del estudiante, pues, en la teoría jurídica española actual, el concepto aquí explicado se entiende subsumido en el requisito de volitivo de las partes contratantes, siendo aludido como "voluntad no viciada" o "libre", mientras que el término causa es reservado para otra idea (art. 1274 CC.). Digesto, Ulpiano, V, 2, 1. Díez-picazo Ponce de León, L., *El Concepto de Causa en el Negocio Jurídico*, recuperado de: https://dialnet.unirioja.es/descarga/articulo/2048661.pdf.

[38] El verbal fue la *stipulatio*. Los literales: *nomina transcripticia, Chirographa y Syngrapha.* Los reales el Mutuo, el Comodato, el Depósito y la Prenda. Consensuales: la compraventa, el arrendamiento, el mandato y la sociedad.

[39] Estos últimos pactos fueron: *Constitutum; receptum argentarii; receptum arbitrii;* y *receptum nautarum, cauponum o stabularum.* Antonio Ortega Carrillo del Albornoz, *Derecho Privado Romano*, Universidad de Málaga, p. 298.

En el S VI d.C., en su obra legislativa, el emperador de Oriente Justiniano, emprendió una reforma de los contratos reales, introduciendo entre ellos a los llamados Contratos Innomiandos[40]. Con ellos, dio paso a un sistema contractual muy flexible, pues preveía sendas posibilidades que permitían perfeccionar contratos sin prestar mucha atención al elemento formal. A la nueva clase de sistema contractual resultante nos referimos como ***numerus apertus***. Por último, cabe añadir que, durante el imperio del mismo Justiniano, la distinción entre las acciones civiles y las honorarias, fundamentalmente creadas por el pretor, fueron equiparadas a efectos prácticos, quedando la distinción como un vestigio con un valor meramente explicativo del proceso de desarrollo del Derecho Procesal Romano[41].

IX DERECHO SOBRE LOS BIENES

Rama del Derecho, también conocida como Derechos Reales, la cual regula las relaciones existentes entre las personas y las **cosas**, concretadas en el **poder** que los primeros tienen sobre aquellas. Estas relaciones, se caracterizan por **no derivar** necesariamente de actos consensuados con terceros, y por estar judicialmente protegidos por acciones procesales que pueden ser dirigidas a cualquier persona que las violente (***erga omnes***)[42]. El derecho real pleno es la propiedad o dominio, que consta de las facultades de uso de la cosa (*ius utendi*), de disposición destructiva o enajenadora de la misma (*ius abutendi*) y de disfrute o adquisición del dominio de los frutos dados por la cosa (*ius fruendi*), siendo la acción procesal característica para su protección la "**acción reivindicatoria**"[43]. Atendiendo al modo en el que se adquieren distinguimos entre:

A) **Originarios**, que son aquellos en los que el derecho real se adquiere tan solo en virtud de la relación que media entre el adquiriente y el objeto, sin la mediación de terceros. Se distinguió entre: **Ocupación**, consistente en que la persona ponga la cosa en su esfera de acción con la intención de retenerla; **Accesión**, consistente en la fortuita incorporación de una cosa a aquella sobre la que la persona ya tenía un derecho real; **Especificación**, consistente en la transformación de materia ajena de buena fe y pagando una indemnización; y **Adquisición de Tesoro**, consistente en el hallazgo casual de un depósito de objetos valiosos sin propietario.

---

[40] La relación contractual nacía cuando una de las partes realizaba una determinada prestación. Hubo cuatro: *do ut des* (doy para que des), *do ut facias* (doy para que hagas), *facio ut des* (haga para que des), *facio ut facias* (hago para que hagas). Para exigir su cumplimiento, todas contaron con la *actio praescriptis verbis*.

[41] Ello fue así en tanto que el plazo de prescripción para ejercer las acciones civiles y pretorias fue equiparado.

[42] A diferencia de las obligaciones contractuales, que tan solo pueden ser dirigidas contra aquellos con los que medio el acuerdo de voluntades.

[43] Concepción tripartita de la propiedad romana propuesta por Bartolo de Sassoferrato durante el S. XIV.

B) **Derivativos**, que son aquellos en los que el derecho real nace como consecuencia del acto de persona ajena al adquiriente. Dentro de estos, se distinguió la *Mancipatio,* consistente en la traslación de la propiedad mediante un rito que exige la presencia del propietario, del adquiriente, de cinco testigos y de un individuo adicional que sostenía una balanza (*librepens*). La *In Iure Cessio,* consistente en fingir un litigio judicial sobre la propiedad de un bien, de modo que el transmitente se allanaba ante la pretensión de propiedad del adquiriente; y la *Traditio,* consistente en transmitir la propiedad mediante la entrega de la cosa.

X Pueblos Hispánicos Prerromanos y sus Derechos

En este epígrafe distinguimos a cinco poblaciones asentadas en la Península Ibérica al momento de la llegada de los romanos, de las cuales se procede, en primer término, a exponer separadamente sus elementos más peculiares. Y en segunda instancia, se procede a exponer los elementos jurídicos que les fueron comunes.

1. Íberos

Pueblo propiamente "**nativo**" de la península ibérica. Se halló asentado a lo largo de la costa levantina, y se caracterizó por un notable desarrollo **urbano**, habitando con frecuencia en urbes amuralladas. Procuró su sustento principalmente mediante la **agricultura**. También merece mención el desarrollo de una **industria** cerámica, gracias al empleo del torno alfarero, y de una industria metalúrgica, siendo ambas rentabilizadas a través del **comercio** con los griegos, actividad esta última atestiguada por la presencia de **monedas** helenas en los poblados ibéricos[44]. Por último, es oportuno señalar su notable desarrollo **cultural**, habiendo contado con un lenguaje escrito (S.V. a.C.), que, aunque compartió caracteres con el griego y el fenicio, también tuvo elementos propios; siendo muy reconocido su arte escultórico, encontrándose entre sus obras, la dama de Elche (S.V-IV.a.C.).

2. Tartessos y sus Mitos

Se trata de un pueblo al que, tradicionalmente, se ha atribuido una condición étnica común a la de los íberos, por lo que se los ha catalogado como a un sub-

---

[44] El primer probable testimonio de esta actividad comercial griega en la península, es una moneda (electro foceo) datado en la primera mitad del S. VI a.C. y localizada en el yacimiento arqueológico de Alcalá del Río. La primera acuñación de moneda griega en tierras hispanas (dracma), se remonta al S. V a.C. teniendo lugar en la colonia de Emporión (Ampurias). Y, finalmente, la primera acuñación genuinamente íbera, sería de comienzos del S. III a.C. en *Kese* (Tarragona) e *Iltirkesken.*

grupo de aquellos[45]. La información que se tiene acerca de esta civilización, que tuvo una importante urbe en el curso de Guadalquivir, nos viene dada por textos más míticos que históricos y algunos restos arqueológicos. El mito de **Gárgoris y Habis**, transmitido por Justino Frontino[46], postula a Gárgoris como primer rey de Tartessos, atribuyéndole la invención de la apicultura y la incestuosa paternidad de Habis. De su hijo y sucesor Habis, nos cuenta que, tras haber vivido entre animales, fue el responsable de la invención de la agricultura y de la ganadería (**transición al Neolítico**); que dividió a su pueblo en **clases sociales**, prohibiendo la realización de trabajos serviles; y que, en suma, lo **sometió a leyes**.

El mito de **Gerión y Herakles**, nos habla de un gigante tricéfalo que habitaba como rey en una isla frente a la desembocadura del río Guadalquivir, que aquel río contaba con una inagotable fuente de plata, así como con un soberbio ganado, el cual fue objeto del robo de Herakles[47]. Algunas versiones del mito añaden que algunas cabezas de ganado fueron entregadas por el semidios a reyes menores de la región, siendo considerado como un obsequio sagrado. En relación a la veracidad de estas informaciones míticas, encontramos evidencias arqueológicas de que en Tartessos se rindió cierto culto a una deidad identificada con el propio *Herakles*, Melkart[48]; así como a toros y bueyes[49]. También consta que los tartessios explotaron las copiosas riquezas minerales de plata y oro que tenían a su disposición en yacimientos como el de Cerro Salomón, manufacturando a partir de ellos productos ornamentales que vendieron preferentemente, a los colonos fenicios que se hallaban asentados en sus inmediaciones.

El primer rey histórico de Tartessos, **Argantonio** (S.VII-VI a.C.), nos es conocido por Herodoto. Las informaciones relativas a él, revelan una estrecha relación

---

[45] De cualquier modo, conviene tener presentes ciertos indicios que apuntarían a una cierta hibridación de este grupo ibérico con elementos tanto celtas (etimología céltica del rey Argantonio propuesta por Schulten y tráfico comercial con los pueblos de las Islas Casitérides) como fenicios (santuarios de Cancho Roano y de Coria del Río, supuestamente asociados al culto de Baal, Melkart y Astarté). Adolf Schulten, *Tartessos: Contribución a la Historia Más Antigua de Occidente*, Renacimiento, Sevilla, 20006, p.88. Estrabón, *Libro III de la Geografía*, Viuda de Ibarra, Hijos y Co., Madrid, 1787, p. 264. Mariano Torres Ortiz, *Tartessos*, Real Academia de la Historia, Madrid, 2002, p.333 y 334.

[46] Justinus, *Epitome of Pompeius Trogus Philippic Histories*, book 44, recuperado de: www.attalus.org/translate/justin7.html#44.1

[47] Versión de Estesiroco de Himera. Estrabón, Geografía, Libros III-IV, Gredos, Madrid, 1992, p.66.

[48] Asociación practicada ya por Herodoto al referirse al dios Melkart de Tiro como Heraklcs. Posteriormente, Estrabón aludirían al culto rendido en la Isla de Sancti Petri como uno instaurado por tirios y dedicado a Herakles. Herodoto, los Nueve Libros de la Historia, Orbis, España, 1982, p.104. Estrabón, *Libro III de la Geografía*, Viuda de Ibarra, Hijos y Co., Madrid, 1787, p. 246-250.

[49] Algunos ejemplos son el altar en forma de piel de toro de Coria del Río y amuletos dorados con la misma forma del Tesoro del Carambolo. Mariano Torres Ortiz, *op. cit*, p. 334.

con los griegos foceos, la cual debió de despertar una honda preocupación en los competidores comerciales de estos últimos, los fenicios, y en particular en la urbe líder de la liga fenicia, Cartago. En aquel contexto, en el año 537 a.C. tuvo lugar la Batalla de Alalia, que enfrentó a los foceos con los cartagineses por el monopolio del comercio del Mediterráneo Occidental. Pese a la victoria griega, los cartagineses debilitaron enormemente su influencia[50], logrando su objetivo, y así, con Tartessos aislada de sus socios griegos, se ha especulado con la posibilidad de que Cartago pudiera haber acometido una **expedición militar de castigo** contra el Reino de Tartessos, que habría borrado a su urbe del mapa. También se ha especulado con la posibilidad de que la gran ciudad tartessia se correspondiera con la legendaria **Atlántida** aludida por Platón, habiendo quedado sepultada por un maremoto. Ambas hipótesis, nos permiten explicarnos las dificultades que atravesamos para identificar la localización de su legendaria ciudad capital.

En todo caso, hay que destacar que, una vez destruida su civilización, los herederos culturales de los tartessios fueron las tribus de los **turdetanos**, que vivieron diseminadas en múltiples urbes a lo largo y ancho del Delta del Guadalquivir. Sobre estos cabe destacar las observaciones hechas por Estrabón (S.I. a.C.), según las cuales se los tenía por los más cultos de los íberos; y que tenían una escritura propia y unas **leyes escritas en verso**, que ellos mismos decían por aquel entonces, que tenían *6000 años de antigüedad*[51], si bien algunos paleógrafos creen que el texto dice de *6000 versos* y no años.

3. Celtas

Según la teoría tradicional, se trata de pueblos que habrían ingresado en la península entre los años 1100 y 500 a.C., en sucesivas oleadas (culturas de los Campos de Urnas, de Hallstatt y de La Tène), habiéndose mezclado una parte de ellos con los habitantes íberos del Valle del Ebro y de la Meseta Central, para dar lugar a los Celtíberos; mientras que el resto habría mantenido su identidad y se habrían asentado a lo largo de la Cornisa Cantábrica, configurando a los pueblos galaicos, astures, cántabros y (en menor medida) a los vascones[52].

---

[50] Herodoto, *Los Nueve Libros de la Historia*, Edaf, Madrid, 2007, p. 117-119.

[51] Estrabón, *op. cit.* p. 45.

[52] El grueso de los celtas estuvo asentado en la Europa Atlántica (Britania, Galia y costa occidental de la Península Ibérica). Todo apunta a que el proceso de etnogénesis de los pueblos "celtas", fue mucho más complejo. Los nativos de la citada región atlántica, ya compartían una tradición religiosa, de comercio marítimo, de metalurgia de bronce y de arquitectura. A partir de esa fecha del 1100 a.C., los pueblos de la cultura centroeuropea de los Campos de Urnas, se habrían adentrado en este territorio, aportando un determinante influjo lingüístico y de industria férrea. En estos términos, habrían aparecido los Celtas. En cuanto a los hispanos, el momento crítico de este influjo se habría producido en torno a principios del S. VII a.C. Por

Destacaron por[53] vivir en castros, pequeños poblados fortificados y emplazados en promontorios llamados **castros**, compuestos por viviendas de planta circular y hechas de piedra. En cuanto a su medio predilecto de subsistencia, fue la **recolección** de frutos, destacando el consumo de bellotas transformadas en pan. Su comerció estuvo ceñido al trueque y al empleo de ciertas láminas de plata como medio de pago. Asimismo, es remarcable su hábito de **sacrificar** cabras, caballos y prisioneros al dios de la guerra (*Tileno*[54] o *Coso*), y cuando se trata de llevar a cabo conflictos bélicos por preferir las **emboscadas**, en las que destacó la caballería astur.

Especialmente llamativa es la vigencia del **Matriarcado o Ginecocracia**. Con este término se alude al hecho de que, en las familias de estos pueblos, los poderes civiles característicos de los *pater familias* romanos recayeron en mujeres. Consiguientemente, esta suerte de "mater familias", detentaba una perfecta capacidad de obrar; autorizaban ciertos actos jurídicos de sus familiares, como los matrimonios; dotaba a los descendientes varones bajo su potestad, para que aportasen sus bienes a las mujeres con las que contraían matrimonio; y heredaban el grueso de las relaciones jurídicas familiares [55]. Otra institución particular asociada a este régimen matriarcal fue el **Avunculado**, el cual consistió en que, en el supuesto de ausencia de la "*mater familias*", la autoridad familiar era asumida por uno de sus hermanos varones. Por otra parte, la discreta autoridad de los progenitores paternos, pudo estar relacionada con el posible hecho de que su condición engendradora viniera siendo tradicionalmente dudosa. En este sentido, como medio para aportar certezas respecto a la paternidad, se dio la institución conocida como la **Covada**, en virtud de la cual la mujer que acaba de dar a luz cedía el lecho conyugal al hombre que habría de ser considerado como su legítimo padre, quien acto seguido recibía cuidados de la madre[56].

Por último, procede examinar las **organizaciones de parentesco propias de los celtas** hispanos. Estas fueron, (obviando a la familia), la *gentilidad*, similar a la

---

su parte, los pueblos de las culturas de Hallstatt y de La Tène habrían tenido un impacto cultural mucho más reducido, en comparación con el que tuvieron en la Galia y en Britania.

53 Tuvieron como común denominador unos ciertos rasgos culturares, de entre los que cabría añadir a los ya mencionados en el cuerpo del texto: una lengua similar, una religión mediatizada por la clase sacerdotal de los druidas, la ausencia de ritos de enterramiento y un sobresaliente manejo del hierro.

54 Identificable con el dios Teutanes de los galos.

55 En estos términos ha de comprenderse la alusión del greco-romano Estrabón a las mujeres cántabras como herederas familiares: *las hijas son herederas (…) las mujeres tienen cierto imperio en los maridos.* Pues como apunta Sumner Maine, ya desde los tiempos de las XII Tablas, y aun en los del jurista Gayo (S. II. d.C.) se entendía que la condición de heredero conllevaba, esencialmente, la adquisición de los poderes de la *patria potestas* que se proyectaba al resto de miembros de la familia, siendo la adquisición de la propiedad material contemplada como un fenómeno de menor calado. Estrabón, *op. cit.*, p. 111. Sumner Maine, *op.cit.*, p. 179 y 180.

56 Estrabón, op. cit. p. 244.

gens romana; y la *gens*, similar a la curia romana. La pertenencia a esas *gentilidades* y *gens* celtas llevaba aparejada la **propiedad comunal** sobre bienes (condominio), **derechos políticos** y **obligaciones militares**. En relación a los derechos y obligaciones inherentes a estas comunidades celtas, puede decirse que fueron extensivos a terceros sujetos mediante los actos jurídicos llamados **Pactos de hospitalidad**. Hubo dos modalidades de estos:

A) Tuvo como parte a una determinada **comunidad de parentesco** celta, (normalmente a la *gens*), y de otra, a **un individuo**, al cual se comunicaban los derechos y obligaciones propios de la comunidad, convirtiéndolo *de facto* en miembro de ella. Tales pactos fueron puestos por escrito por un magistrado de la comunidad de parentesco, existiendo la posibilidad de que la formalización por escrito de tales pactos fuera practicada en pequeños soportes portátiles, que servirían al beneficiario como documento acreditativo de su membresía (**téseras**)[57].

B) Lo integraron como partes, al menos, **dos *gentilidades***, que por medio del pacto se restituían mutuamente los derechos y obligaciones característicos de la comunidad de parentesco comprensiva, la ***gens***. Tal acto presuponía una previa quiebra de los vínculos jurídicos nacidos de su afinidad sanguínea, lo cual estuvo presumiblemente motivado por discrepancias acerca de qué posturas adoptar frente al trastorno que supuso la invasión romana[58].

4. Celtíberos

Belicosos pueblos asentados en la meseta castellana y el Valle del Ebro. Habitaron en poblados con un grado de desarrollo dispar, en ocasiones también en castros con viviendas de planta circular. Su economía estuvo fundamentalmente basada en el pastoreo; destacó su producción metalúrgica de espadas; y, como manifestación cultural, destacaron los verracos, ciertas estatuas que representaban a porcinos o bovinos, posiblemente deidades situadas en los límites territoriales de sus comunidades a las que se atribuía una actividad protectora.

Al igual que sus vecinos del norte, practicaron pactos de hospitalidad, recogidos en téseras.

En el seno de la comunidad celtíbera se distinguieron los **vacceos**, pueblo que habitaba en los aledaños de la actual Valladolid, que contrastó con el resto por de-

---

[57] Xulio González Rodríguez, *Tabla de Castromao*, Museo Arqueológico Provincial de Ourense, 2003. Tabla de Castromao (132 d.c.) y segundo pacto de la tabla de Astorga o de los zoelas (152 d.c.)

[58] Primer pacto de la Tabla de Astorga o de los Zoelas (27 d.c.). El Bronce de Benbibre (15. a.C.) da testimonio de desencuentros entre las gentilidades astures, con motivo de la postura a adoptar frente a la invasión romana, siendo de esperar la ruptura de algunas *gens* celtas.

dicarse a una copiosa producción agrícola de trigo, la cual era objeto de constantes intentos de saqueo por sus vecinos astures y cántabros. Asimismo, merece destacarse el testimonio que Diodoro de Sicilia dejó relativo al sistema de administración de sus bienes agrícolas, que ha sido calificado de **colectivismo agrario**[59]. En virtud de este, las tierras serían comunales y cada año serían sorteadas entre sus ciudadanos, quienes tras haberlas trabajado y obtenido los frutos los pondrían en común, para que fueran repartidos según las necesidades de cada uno. También añade que quien contravenía este sistema era penado con la muerte.

5. Sistemas Políticos

5.1.- Regímenes Prerromanos. Los sistemas políticos de los pueblos prerromanos, a grandes rasgos, oscilaron entre dos procedimientos:

A) Regímenes aristocráticos, en los que una élite social minoritaria integraba una asamblea de notables o senado, órgano que ejercitaba un ambiguo papel rector de la comunidad. También elegía periódicamente, de entre ellos, a magistrados que ejecutaran sus designios, entre los que destacaba uno con mando supremo al que los romanos se referían como reyezuelo (*regulus*) o príncipe (*princeps*). Por debajo de estas instituciones aristocráticas se hallaban las asambleas populares o *consilium*, ejerciendo un papel pasivo. Parece que este sistema abundó entre los pueblos celtíberos y entre los íberos, como fue el caso de los turdetanos y saguntinos[60].

B) Monarquía autoritarias, en las que, sin perjuicio de la existencia de las anteriores instituciones, había un rey autoritario que ejercía un poder supremo. Caso que parece fue el de la monarquía tartessia de Argantonio (S.VII.-VI. a.C.).

5.2.- Colonias y Sociedad Política Bajo Dominio Cartaginés. Los **griegos** focenses, establecieron una primera colonia hacia el 600 a.C. en *Marsilia* (Marsella), la cual sería empleada como base para fundar otras tantas en el litoral levantino (Emporio, Rodo y Hemeroskopeion). El régimen de estas colonias habría sido de un corte aristocrático, análogo al de íberos y celtíberos[61].

Por otra parte, los **fenicios**, nativos de Oriente Medio, fundaron establecimientos comerciales y colonias en la costa andaluza desde el S.XII. a.C., destacan-

---

[59] Diodoro Siculo, *Biblioteca Histórica*, Libro IV, Gredos, Madrid, 2004, p. 193.

[60] Tito Livio, *Historia de Roma Desde su Fundación, Libros XXVI-XXX*, Gredos, Madrid, 1993, p. 199. *Ibidem*, Libros XXXI-XXXV, Gredos, Madrid, 1993, p.179.

[61] En Marsilia los asuntos públicos fueron llevados por un senado llamado Timoughoi, compuesto por 600 ciudadanos que ostentaron el cargo de manera vitalicia. De entre ellos elegían a un órgano ejecutivo de 15 senadores, que a su vez era presidido por otros 3 de entre estos, de entre los que, a su vez, había uno al que pertenecía la supremacía. Consta cómo los sistemas coloniales de los focenses se fusionaron con los íberos, adquiriendo una constitución mixta. Estrabón, Geografía, Libros III-IV, Gredos, Madrid, 1992, p. 149 y 99.

do *Gadir* (Cádiz), *Malaka* (Málaga), *Sexi* (Almuñecar) y *Abdera* (Adra). El sistema de autogobierno de aquellas colonias hubo de estar basado en el gobierno de un magistrado, el ***sufete*** (gobernador militar, juez, jefe de la administración y presidente de la cámara senatorial) y de una asamblea senatorial consultiva. Por su parte, la administración hacendística se confió al ***sofer***. Sin embargo, conviene tener presente que aquel autogobierno hubo de estar limitado por las órdenes dadas por el **rey de Tiro**, sumo sacerdote de la religión fenicia[62].

En el S.VI, a. C., tras la conquista de Tiro por los persas, la colonia fenicia emplazada en Cartago (Túnez), asumió la jefatura de las colonias fenicias del Mediterráneo Occidental. De este modo nació el llamado **Imperio Cartaginés**, que vino asociado a reformas democratizantes en el sistema de autogobierno de cada una de las colonias fenicias bajo influencia cartaginesa. Apareció una **asamblea popular** encargada de la elección del **senado** y de **dos sufetes** simultáneos (a semejanza de los cónsules romanos), ciñéndose sus elecciones a criterios de nobleza, mérito personal y riqueza. Estas asambleas populares, también pudieron adoptar decisiones vinculantes en aquellos temas que los sufetes y senadores consideraran convenientes, o bien, y en todo caso, en aquellos temas en los que existiera desacuerdo entre ambos órganos. Por último, puede añadirse que, en el seno del senado, nació una comisión con atribuciones judiciales, que fue conocida como **Tribunal de los Ciento Cuatro**[63]. En cuanto a la relación de Cartago con el resto de *polis* de su imperio, cabe decir que las decisiones producidas por sus órganos de gobierno, habían de primar sobre las adoptadas en el ámbito local. Sin embargo, es notable la tensión que hubo con las polis hispánicas, en las que, sus órganos locales, fueron proclives a seguir los dictados de la poderosa familia de los bárcidas[64]. Por otra parte, en relación a la influencia que ejercieron en las poblaciones ibéricas, toca decir que fue irregular, basándose tanto en la conquista como en pactos de hospitalidad y de sumisión (clientela y *devotio*) contraídos entre un general cartaginés y tribus íberas.

6. Vínculos de Sumisión

Se trató de pactos que tuvieron como presupuesto una situación de notable **precariedad económica** entre la población hispana, de modo que fijaban sus esperanzas en **líderes militares carismáticos** (a veces también llamados *regulus*), quie-

---

62 El apuntado entramado institucional de las colonias fenicias se desprende de las tablillas Ugaríticas. Nielson Pierroti, *La Organización del Sistema Político Fenicio (Siglos XII a.C. al I E. C.)*, Biblioteca Virtual Miguel de Cervantes, Alicante 2007. Mientras que los poderes absolutos del rey fenicio de Tiro, quedaron plasmados en la propia Biblia. Ezequiel, 28, 2.

63 Electos por los pentarcas, una magistratura colegiada compuesta por cinco sujetos electos por cooptación. Aristóteles, *Política*, Alianza, Madrid, 2007, p. 110-112.

64 José María Blázquez, Mª Paz García Gelabert, *Los Bárquidas en la Península Ibérica*, p. 40. recuperado de: ww.cervantesvirtual.com › los-brquidas-en-espaa-0.

nes les ofrecían la expectativa de poder hacerse con **botines** que mejorasen su situación. Tales pactos tuvieron el efecto de **debilitar los vínculos jurídicos** que entrañaban las comunidades de parentesco tribales, dado que, lo común, era que aquellos líderes, a cambio de tales expectativas, adquirieran la lealtad de una constelación de guerreros pertenecientes a múltiples comunidades gentilicias. En relación a este fenómeno, en Hispania identificamos el llamado pacto de clientela y, dentro de este, a una particular subespecie, la *devotio* ibérica.

6.1.- Clientela: pacto de sumisión de persona a persona en el que una parte, el **cliente**, promete sus servicios de armas; mientras que la otra parte, el **patrono**, a cambio promete al cliente protección, sustento y suministro de armas. Como garantía tan solo existía el juramento, siendo el pacto, ante el supuesto de incumplimiento, susceptible de ruptura por cualquiera de las partes.

6.2.- *Devotio* Ibérica: pacto de clientela caracterizado por la concurrencia de dos garantías ofrecidas por el cliente a su patrono como muestra de su lealtad: a) la ofrenda de la propia vida a los dioses infernales, para que, llegado el caso de que el patrono fuera a sufrir una muerte violenta, cambiaran el curso de los acontecimientos de modo que, en su lugar cobraran la vida del cliente. b) la promesa de acompañar al patrono en todas sus penurias, suicidándose ante el caso de que el patrono llegara a padecer una muerte violenta[65]. Ilustre beneficiario de esta clase de pactos fue el líder popular romano Quinto **Sertorio** (al que seguían miles de devotos)[66].

BIBLIOGRAFÍA

Aristóteles, *Ética a Nicómaco*, Alianza Editorial, Madrid, 2014.

Aristóteles, *Política*, Alianza, Madrid, 2007.

Blázquez, José María y García Gelabert, Mª Paz, *Los Bárquidas en la Península Ibérica*, p. 40. recuperado de: ww.cervantesvirtual.com › los-brquidas-en-espaa-0

Díez-Picazo Ponce de León, L., *El Concepto de Causa en el Negocio Jurídico*, recuperado de: https://dialnet.unirioja.es/descarga/articulo/2048661.pdf.

Diodoro Sículo, *Biblioteca Histórica*, Libro IV, Gredos, Madrid, 2004.

Dionisio de Halicarnaso, *Historia Antigua de Roma*, Libros I-III, Gredos, Madrid, 2020

Dumezil, La Réligion Romaine Archaïque, Pavot, Paris, 1959.

Escudero, José Antonio, *Historia del Derecho, Fuentes e Instituciones Político-administrativas*, Madrid, 2003.

---

[65] Garantía, a veces, también presente en los pactos de clientela galos, recibiendo los clientes que la practicaban el nombre de *solduros*. Julio César, *Comentarios de Cayo Julio Cesar de la Guerra de las Galias*, Imprenta Real, Madrid, 1798, p. 316.

[66] Plutarco, Amazon, Great Britain, 2008, p. 379.

Engels, Friedrich, *El Origen de la Familia, la Propiedad Privada y el Estado*, recuperado de: https://www.marxists.org/espanol/m-e/1880s/origen/el_origen_de_la_familia.pdf
Estrabón, *Libro III de la Geografía*, Viuda de Ibarra, Hijos y Co., Madrid, 1787.
Estrabón, *Geografía, Libros III-IV*, Gredos, Madrid, 1992.
Fernández de Buján, Antonio, *Derecho Público Romano: Recepción, Jurisdicción y Arbitraje*, Thomson Civitas, Madrid, 2008.
Forsythe, Gary, *A Critical History of Early Rome: From Prehistory to the First Punic War*, University of California Press, London, 2006.
Gayo, *Instituciones Jurídicas*, Olejnik, Argentina, 2017.
González Rodríguez, Xulio, *Tabla de Castromao*, Museo Arqueológico Provincial de Ourense, 2003.
Herodoto, *Los Nueve Libros de la Historia*, Edaf, Madrid, 2007.
Hinojosa, Eduarado de, *Historia del Derecho Romano, Vol. 2*, Imprenta de la Revista de Legislación, Madrid, 1885, p.89.
Julio César, *Comentarios de Cayo Julio Cesar de la Guerra de las Galias*, Imprenta Real, Madrid, 1798.
Justinus, *Epitome of Pompeius Trogus Philippic Histories*, book 44, recuperado de: www.attalus.org/translate/justin7.html#44.1
Ortega Carrillo de Albornoz, Antonio, *Derecho Privado Romano*, del Genal, Pamplona, 2010.
Ovidio Nason, *Fastos*, Gredos, Madrid, 2020.
Plutarco, *Vidas Paralelas*, Amazon, Great Britain, 2008.
Ramos y Loscertales, José María, *La "Devotio" Ibérica*, recuperado de: https://www.boe.es/publicaciones/anuarios_derecho/abrir_pdf.php?id=ANU-H-1924-10000700026
Schulten, Adolf, *Tartessos: Contribución a la Historia Más Antigua de Occidente*, Renacimiento, Sevilla, 2006.
Tito Livio, *Historia de Roma Desde su Fundación*, Libros XXVI-XXX, Gredos, Madrid, 1993.
Tito Livio, *Historia de Roma Desde su Fundación*, Libros XXXI-XXXV, Gredos, Madrid, 1993.
Torres Ortiz, Mariano, *Tartessos*, Real Academia de la Historia, Madrid, 2002.
Vázques Hoys Ana Mª, *Diana en la Religiosidad Hispanorromana. II (Diana de Segóbriga)*, UNED, 2017.

Legislación Consultada

Código Teodosiano.

El Digesto.

Las Institutas.

Ley de las XII Tablas.

TEMA 3
DERECHO PRIMITIVO, DERECHO ROMANO Y DERECHO HISPANORROMANO (II)

I Introducción

En este tema, se abordarán las implicaciones del proceso conocido como Romanización Jurídica de la Península Ibérica. Sobre este fenómeno, conviene aclarar que se trató de una ramificación de un proceso más amplio, la Romanización, que comportó la proyección de todas las manifestaciones culturales propias de Roma sobre la mencionada península. Esta dinámica se desencadenó como consecuencia de un conflicto bélico, la **II Guerra Púnica** (219-201 a.C.), durante el curso del cual, en el año 217 a.C., desembarcaron las primeras tropas romanas con el afán de sujetar ciertas regiones ibéricas a su control. Tal objetivo fue adoptado, primero, con vistas a privar a su potencia enemiga, Cartago, de los recursos materiales y humanos que obtenían de nuestras tierras; y después, una vez despojada Cartago de aquellos recursos, se prolongó con el afán de sacar provecho de esos mismos recursos.

El motor de la difusión cultural romana descansó en el asentamiento de **colonos romanos**. Por lo común, se trató de veteranos que habían participado en las conquistas del territorio peninsular. Estos, cumplido su compromiso militar, obtenían su retiro y eran retribuidos con tierras hispanas adscritas a una nueva población (fundada por algún magistrado autorizado al efecto). Esta nueva población hispana, de una parte, engendró descendencia con los nativos, es decir, dio lugar a generaciones de habitantes mestizos que eran, parcialmente, educados como romanos[67]; y de otra, estos colonos, como habitantes bajo la protección de un

[67] La primera noticia del mestizaje hispano-romano nos llegó a través de Tito Livio, cuando habló acerca del origen étnico de los autorizados a poblar *Carteia* en el año 171 a.C.

Estado más rico y poderoso que cualquier otro, popularizaron su cultura entre la población nativa.

Bajo aquella dinámica, puede hablarse de otros dos eventos, probablemente críticos para la intensificación de la romanización. El primero, aunque aparentemente efímero, tuvo lugar entre los años 82-72 a.C. cuando el general popular romano Quinto Sertorio, fundó una **escuela** para jóvenes pertenecientes a todas las élites indígenas hispanas, a las cuales se instruyó en las ciencias que conocían los romanos[68]. El otro, tuvo lugar a finales del S. I a.C., cuando el primer emperador romano, Octavio Augusto, completó la conquista de la península, y emprendió un programa de obras públicas para la reforma y la creación de **vías** que conectasen todo el territorio[69]. De este modo, apenas hubo algunos rincones de nuestro suelo que pudieran permanecer enteramente ajenos a la cultura romana.

Como consecuencia de todo lo indicado, ya en el S I d.C., se habló de los ***togatoi***, nativos hispanos, quienes compartieron con los romanos elementos como: su lengua; su religión, (pagana primero y cristiana después); su literatura; sus arte plásticas; su filosofía de inspiración griega; sus productos comerciales; y su arte de la guerra. En ese mismo punto fue cuando, en las urbes hispanas que gozaban del estatuto de latinidad o ciudadanía romana, se materializaron algunas de las manifestaciones culturales romanas más visibles, los **acueductos**[70], los foros, los teatros o las termas.

Sin perjuicio de todo esto, aquí atenderemos a los términos en los que se propagó el Derecho de Roma, dando lugar al fenómeno de la Romanización Jurídica. Sobre este último proceso, conviene apuntar su especial importancia, por cuanto la introducción del Derecho Romano en Hispania, depararía a los españoles la familiarización con un instrumento regulador de las relaciones sociales con un **logrado afán integrador**, que serviría como **punto de encuentro y de fructíferos intercambios entre gentes de distintos credos religiosos y opiniones**[71]. Asimismo, puede decirse que, a través de la impronta de este Derecho, España fue

---

(término municipal de San Roque). Casos de poblaciones mixtas de indígenas y romanos, y en los que, previsiblemente, también se hubo de producir cierto grado de mestizaje, fueron: *Emporion, Caesarauguta, Corduba* o *Emerita Augusta.*

68 Cabe lamentar la muerte y esclavización muchos de estos estudiantes por parte del propio Sertorio al hacia el final de sus días. Plutarco, *Vidas Paralelas,* Amazon, p. 379 y 383.

69 Blázquez, José María, *La Romanización, Vol. 2.*, Istmo, Madrid, 1986, p. 90. El autor alude a un "Programa de prosperidad material".

70 Sánchez Lopez, Elena; Martínez Jiménez, Javier, *Los Acueductos de Hispania. Construcción y Abandono,* Fundación Juanelo Turriano, Madrid, 2016, p. 68 y 69. En la citada obra se relaciona la construcción de los acueductos con el goce de la condición cívica del poblado, salvo por escasas excepciones.

71 De este modo se alude al Derecho Romano nacido durante la etapa clásica, a la cual cabe atribuir un notable cuño utilitario derivado de los planteamientos filosóficos platónico-aristotélicos.

puesta en la senda de una convergencia cultural europea, cuyos pilares serían tanto el Derecho Romano, como la Filosofía Griega, el Cristianismo y la Costumbre Germánica.

En relación a este proceso de Romanización Jurídica que nos ocupe este tema, puede adelantarse que abordaremos los siguientes aspectos: los términos de las Relaciones Internacionales que los romanos entablaron con los pueblos ibéricos; los límites de la personalidad jurídica que fue reconocida a los hispanos; los regímenes de gobierno provinciales y de autogobierno municipal que les fueron concedidos; la administración de la Justicia; la hacienda, el ejército; y la regulación de su Iglesia.

II CONQUISTA MILITAR DE HISPANIA

Respondió a la siguiente estructura:

1.- **II Guerra Púnica** (219-201 a.C.). Durante este conflicto, Hispania, tuvo una enorme importancia geoestratégica, dado que, aquí, los cartagineses extrajeron cuantiosas riquezas y mercenarios que invirtieron en su lucha contra Roma. Esta circunstancia, se hizo especialmente notoria a partir de la invasión de la península itálica perpetrada por Hannibal Barca en el año 218 a.C., la cual partió desde la propia Hispania, cruzando los Pirineos y los Alpes. En vista de ello, en el año 211 a.C., el general romano Publio Cornelio Escipión, desembarcó en Ampurias, dirigiendo una exitosa campaña militar que culminó con la victoria de Ilipa (206 a.C.), tras la cual los púnicos fueron definitivamente desalojados de Hispania.

2.- **Guerras Celtíberas** (197-133.a.C.). Una vez logrado el dominio del próspero territorio íbero-turdetano, sus nuevos dueños comprobaron cómo los celtíberos tenían la audacia de adentrarse en aquellos territorios en busca de botines. Ante ello, la República se decidió a pacificar la región mediante el uso de la fuerza. Logrado el objetivo, ya en el año 154 a.C., bajo el pretexto de que algunos celtíberos incumplían los acuerdos de paz, se reabrieron las hostilidades, sufriendo los romanos duros reveses apenas compensados con los aciertos del -por aquel entonces- cuestor Tiberio Sempronio Graco. La tesitura suscitó un acuerdo de paz entre las partes que, para los romanos, fue percibido como rayano en la humillación. En el 143 a.C., tras sendas victorias logradas por un belicoso caudillo celtíbero-lusitano, Viriato, el común de los celtíberos se enardeció y se negaron a confirmar la vigencia de sus tratados de paz, desatando con ello una última guerra. Esta culminó con la conquista de Numancia, población fortificada que presentó una prolongada y heroica resistencia, hasta su toma por Escipión Emiliano en el año 133 a.C.

3.- **Guerras Cántabras** (29-19.a.C.). En el año 29 a.C., bajo el pretexto de ciertas incursiones de cántabros en territorio dominado por Roma, los quirites se decidieron a emprender la conquista de los territorios norteños. Si bien, probablemente, el mayor aliciente para tal empresa fue el conocimiento acerca de los apetecibles yacimientos áureos de la región. Los esfuerzos romanos se multiplicaron cuando, el sobrino y heredero del dictador Julio César, Cayo Octavio, fue nombrado *prínceps* y *augusto* (*de facto* emperador), pasando a ser conocido como Octavio Augusto. Aquel deseaba obtener un triunfo que revistiera su figura de las virtudes guerreras, tan valoradas entre su pueblo. La campaña se desarrolló a lo largo de diez años, siendo el principal teatro de operaciones las escarpadas montañas asturianas y cántabras, en donde los nativos supieron maniobrar hábilmente para retrasar su sometimiento al naciente imperio.

III Romanización Jurídica de Hispania

1. Estatus Internacional de los Pueblos Prerromanos

La presencia de los ejércitos romanos en la Península Ibérica motivó su contacto con los pueblos prerromanos de Hispania. Tal eventualidad dio lugar a que los romanos entablasen ciertas relaciones internacionales. En este sentido, cupo entablar tres posibles clases de relaciones con cada uno de esos pueblos, a los que calificarían en atención a las mismas como:

A) Pueblos Federados: se trató de aquellos pueblos que habían consensuado un tratado de Derecho Internacional, o *foedus*, con los romanos. Dentro de estos distinguimos dos clases: *foedus aequum*, o tratados en igualdad, en virtud de los cuales los romanos y los nativos peninsulares se obligaban mutuamente a prestarse auxilio militar. Si bien en la práctica esta obligación implicó el sometimiento de la política internacional de los pueblos peninsulares a los designios de los romanos. Y el *foedus iniquum*, o tratados en desigualdad, por los que ambas partes contraían las mismas obligaciones típicas del *foedus aequum*, con la añadidura de que, además, el pueblo peninsular en cuestión asumía algunas obligaciones adicionales que restringían su margen de maniobra en la gestión de sus asuntos internos. El elemento esencial de un *foedus iniquum* fue la obligación de pagar a Roma un tributo llamado *stipendium*, que daba lugar a que el pueblo en cuestión fuera conocido como estipendiario. Si bien, también cupieron más obligaciones, como la prohibición de edificar nuevas ciudades y fortalezas o la exigencia de entregar rehenes[72].

---

[72] Caso de Segeta. Apiano, *Guerras Ibéricas*, José de Orga, Valencia, 1892. p.80-82.

B) Pueblos libres-inmunes: se trató de aquellos pueblos a los que, unilateralmente, por medio de una ley senatorial, se les impusieron los mismos términos de relación que asumían los pueblos federados en igualdad[73].

C) Pueblos Dediticios: se trató de aquellos pueblos a los que los romanos habían exigido su rendición incondicional (*deditio*). Tal exigencia tuvo como presupuesto una actitud contraria a los intereses romanos o bien el incumplimiento de un *foedus*. Una vez cumplida la exigencia de *deditio* por los nativos, tras haber sido vencida su resistencia armada, quedaban abiertas dos posibilidades: a) recibían un *foedus iniquum*, o b) su poblado o urbe resultaba destruida y sus gentes esclavizadas[74].

2. Estatus Personal de los Individuos Prerromanos

En cuanto a la capacidad jurídica de los habitantes prerromanos, es decir, considerados individualmente como personas jurídicas, en un principio, todos ellos tuvieron el *status* de ***peregrinos***, o sea, de individuos pertenecientes a una comunidad política extranjera, por lo cual los romanos entendían que el reconocimiento y garantía del ejercicio de sus derechos era un asunto de sus propias comunidades nativas. A medida que las relaciones entre nativos y romanos, especialmente comerciales, se hicieron más estrechas, los romanos contemplaron la posibilidad de concederles un nuevo *status* jurídico que implicase el reconocimiento y protección de ciertos derechos. Tales concesiones[75], generalmente, se afrontaron como una recompensa a aquellos peregrinos que habían prestado algún servicio a Roma (*virtutis causa*). Estas concesiones eran la **latinidad**, que entrañaba el *Ius Comercii* o derecho de entablar relaciones contractuales y el *Ius*

---

[73] Tales pueblos fueron conocidos por los romanos como *civitates sine foedere inmunes et liberae*. Se encontraron en esta situación: Astigi Vetus, Ostippo, Singilia Barba, Cartima y Tarraco.

[74] Gayo, Instituciones Jurídicas, Ediciones Olejnik, 2017, p.49, (1, 14).

[75] Se cree que la *lex Iulia de civitates latinis et socii danda*, promulgada en el 90 a.C., además de conceder la ciudadanía a todos los itálicos que no se habían alzado contra Roma durante la Guerra Social, también habría habilitado a los magistrados *cum imperio* para conceder la ciudadanía romana a quienes hubieran contraído ciertos méritos de guerra en este particular conflicto. Parece que otra *Lex Calpurina* promulgada en el 89 a.C., habría otorgado esta misma facultad a los magistrados cum *imperium*, en atención a su participación en cualquier suerte de conflicto. Y que otra *lex Gellia Cornelia*, producida en el año 72 a.C., la cual habilitó particularmente a Pompeyo para hacer concesiones discrecionales de ciudadanía con la asistencia de su consejo (si bien no se llegó a precisar la necesidad de méritos militares para ser beneficiario de la concesión). Mención aparte merecen la *lex Appuleia* del 100 a.C., que habilitó para hacer tres concesiones por colonia fundada al general Cayo Mario; y la *lex munatia Aemilia* del 42 a.C., que otorgó esta potestad a los triunviros Octavio Augusto y a Marco Antonio, para su uso discrecional. Perpiñán Gómez, Bernardo, *op. cit.*, pp. 143. Y 144

Testamenti Faciendi o derecho de hacer testamento [76] y la **ciudadanía**; que entrañaba los dos referidos derechos, junto con el *Ius Connubii* o derecho a contraer matrimonio reconocido, *Ius Suffragii* o derecho al voto en los comicios, y el *Ius Honorum* o derecho de ejercer magistraturas.

Es preciso evocar tres concesiones generales de estos estatutos personales privilegiados:

A) Concesión del *Ius Latii Minus*: otorgada por el emperador Vespasiano en 73-74, d.C.: por la cual todos los habitantes de Hispania adquirieron el estatuto de latinos. A mayor abundancia, Vespasiano determinó que aquellos hispanos que ejercieran ciertas magistraturas locales (por lo común dunviro, edil o cuestor[77]), adquirieran la ciudadanía romana junto con su esposa, descendientes y ascendientes.

B) Concesión del *Ius Latii Maius*: otorgada por el emperador Adriano en 123 d.C., por la cual las condiciones de acceso a la ciudadanía de los hispanos y sus familias eran ampliadas, bastando en lo sucesivo el desempeño de cualquier cargo municipal[78].

C) Concesión Universal de la Ciudadanía: otorgada por el emperador Caracalla en 212 d.C., por la cual todos los habitantes del imperio adquirieron la condición de ciudadanos, con sus respectivos derechos.

IV ORGANIZACIÓN TERRITORIAL DE HISPANIA

De ordinario, la organización del **sistema de gobierno de los territorios conquistados** (*ager publicus* o propiedad del pueblo romano), corrió a cargo del senado, el cual formaba una comisión de diez miembros encargados de emitir un senadoconsulto con la naturaleza de ***lex provincial***[79]. Mediante este senadoconsulto,

---

[76] Escudero, op. cit. p. 112. Este particular estatus, sería una categoría propia a la que cabría referirse como latinos *municeps*, frente a los latini veteres, latini coloniarii y latini iuniani. Bernardo Periñán Gómez, *Derecho, Persona y Ciudadanía*, Marcial Pons, Madrid, 2010, p.76.

[77] En las Instituciones de Gayo, tan solo se especifica que, el *Ius Latium minus* sobreviene por el ejercicio de una magistratura o cargo. Más concreta es la disposición 21 de la *Lex Salpensae*, según la cual la condición era el previo ejercicio de alguna de las magistraturas arriba especificadas.

[78] Este criterio, validó el ejercicio del oficio de decurión o senador local como condición de acceso a la latinidad. Gayo, *op. cit.*, (1, 96).

[79] *El senado romano, en lo que respecta a la organización de territorios recién conquistados, actuaba con un modelo que se repetía.* En cuanto a los territorios formalmente conquistados por Roma, pero en los que aun valoraban la posibilidad de nuevos enfrentamientos, se establecía un sistema de gobierno provincial provisional, formado por: un pretor; y por un *consilium* senatorial, el cual transmitía al primero las directrices dictadas por el senado romano mediante senadoconsultos y también lo asesoraba. Tal fue el caso de la Hispania Citerior y de la Hispania

establecía una **demarcación** territorial llamada provincia, al tiempo que **preveía el otorgamiento de determinados poderes de gobierno sobre ella a un magistrado**. Tal cosa sucedió en Hispania en el **año 133 a.C.**, año en el que consta que se personó una comisión senatorial. El senadoconsulto producido al efecto dividió el territorio en dos provincias, la Hispania **Citerior** (la más cercana, que comprendía el Valle del Ebro) y la Hispania **Ulterior** (la más alejada que comprendía el Delta del Guadalquivir). Y asignó el gobierno de cada una de ellas a un magistrado **pretor**, cuyo nombramiento habría de ser concretado por los comicios o por el senado[80].

En el año **27 a.C.** el emperador Octavio Augusto, comenzó a implementar cambios en la organización provincial de Hispania. A las anteriores provincias sumó la **Lusitania**, en el extremo oriental de la península; rebautizó a la Citerior como **Citerior-Tarraconense** y a la Ulterior como **Bética**; y además estableció la distinción entre provincias senatoriales e imperiales. Calificó como **senatoriales** a aquellas que habían alcanzado un aceptable grado de pacificación, en virtud de su adecuada asimilación de la cultura romana. Y conservó para el senado la potestad de nombrar a los magistrados que las gobernarían, los procónsules, tal fue el caso de la Bética. Por otra parte, calificó como **imperiales** a aquellas en las que la asimilación de la cultura romana era mínima, mediando riesgo de rebeliones. De estas se atribuyó la potestad de nombrar a los magistrados que las gobernarían, los legados augustos (*legatus augusti*), tal fue el caso de la Citerior-Tarraconense y de la Lusitania.

Seguidamente, procede hablar de la reorganización provincial de **Diocleciano (284-305)**. Este eliminó la distinción entre provincias senatoriales e imperiales, reservándose el derecho de nombrar a todos los gobernadores provinciales, los cuales serían llamados **presidentes**[81]. Además, separó los territorios del sur y del oeste de la provincia Citerior-Tarraconense para crear respectivamente las nuevas provincias **Cartaginense** y ***Galletia***. Reunió a todas las provincias peninsulares, junto con la provincia que comprendía el norte de la costa marroquí, la **Mauritana-Tingitana**, en una demarcación común llamada **Diócesis Hispana**. Y asignó el gobierno de esta diócesis a un gobernador, superior jerárquico de los presidentes, llamado el **vicario**[82].

Ulterior entre los años 197 a.C. y 133 a.C. Pina Polo, Francisco, *Las Comisiones Senatoriales para la Reorganización de Hispania*, DHA 23/2, 1997.

80 Cupo referirse a esto magistrados como propretores cuando su mandato, una vez finalizado, era prorrogado. Esta nombradía se generalizó debido a lo común que fue que el pretor localizado en la provincia, debido a la lejanía de Roma y a los sendos imprevistos, comprensiblemente precisara extender en el tiempo sus labores. También se generalizó la alusión a estos magistrados como procónsules, debido a que, en la práctica, desempeñaban el *imperium* consular. Perpiñán Gómez, Bernardo, *Derecho, Persona y Ciudadanía*, Marcial Pons, Madrid, 2016, p. 62.

81 También fueron llamados rectores.

82 También fueron llamados *agens iucens praefectorum pretorio*. Parece aceptable considerar que tal reforma se acometió entre los años 297 y 298 d.C. Díaz Martínez, Pablo; Martínez

Por último, entre los años 305 y 336 (probablemente en el año 326), el emperador **Constantino,** creo una demarcación territorial superior a la diócesis hispana, llamada la **prefectura** de las Galias, que aglutinó a la diócesis hispana junto con la de las Galias (Francia) y la de Britania (Inglaterra). Siendo puesta esta diócesis bajo el gobierno directo de un **prefecto del pretorio**[83], que tan solo rendía cuentas al emperador y que hallaba como magistrado directamente subordinado, al vicario de Hispania.

V DERECHO PROVINCIAL HISPANORROMANO

Sin perjuicio del poder atribuido a gobernadores en las provincias, hay que precisar que, en el interior de estas, se hallaron comprendidas numerosas urbes, a las que los romanos dotaron de un ordenamiento jurídico que establecía un régimen de autogobierno, a imagen y semejanza del de la propia ciudad de Roma.

1. Sistema de Concesión de Régimen de Autogobierno Local

El sistema de concesión era el siguiente: presentó la siguiente secuencia: a) los **comicios** romanos aprobaban una **ley comicial** (*lex rogata*), revestida de dos características que, respectivamente, nos permiten adjetivarlas como "autorizante" y "marco". Decimos que era autorizante, porque autorizaba a los **magistrados** para producir una ley, mediante la cual establecer la regulación de cada urbe; y decimos que era marco, porque establecía las pautas con las que tendría que cumplir esa ley. Y b) un magistrado producía una ley, llamada *lex data*, con la cual quedaba establecido el régimen de autogobierno. Pudo distinguirse entre dos clases de poblaciones:

2. Clases de Poblaciones

A) Las colonias, que, en general, fueron creadas por los propios romanos de la nada (*deductio*), con la intención de asentar en ellas a veteranos de guerra romanos con sus familias[84]. Como ejemplo de normativa reguladora de una co-

---

Maza, Celia; Sanz Huesma, Francisco Javier; *Hispania Tardoantigua y Visigoda*, Istmo, Madrid, 2007, pp. 74-78.

[83] Cabe destacar que estos magistrados recobraron la capacidad de emitir edictos en los asuntos de su competencia, siempre y cuando no contravinieran el Derecho vigente. Hinojosa, Eduardo de, *Historia del Derecho Romano, Vol. 2*, Imprenta de la Revista de Legislación, Madrid, 1885, p.89.

[84] Para que la fundación de la colonia fuera efectiva, habían de seguirse sendos formalismos dotados de un carácter más o menos religioso: consulta de **augurios** (*ex avibus, ex caelo* o

lonia conservamos la *lex Coloniae Genetivae Iuliae*[85], dada en el 44 a.C. por Marco Antonio a la colonia de *Urso* (actual Osuna).

B) Los municipios, que, en general, fueron urbes de los nativos prerromanos, cuyos habitantes habían sido agraciados con el *status* latino o ciudadano. La concesión del régimen municipal de los municipios hispanos se amparó en una ley comicial del año 17 a.C., llamada ***Lex Iulia Municipalis***, que, si bien se limitaba a establecer el marco para la regulación de las urbes de Italia, fue reformada por el emperador Domiciano entre los años 80-84 d.C., con vistas a su aplicación a los municipios hispanos. El resultado de esta reforma es conocido como ***Lex Flavia Municipalis***, en virtud de la cual los magistrados quedaban facultados para producir *leges datae* con las que regular el régimen de los municipios hispanos. Esta norma preveía un ordenamiento casi idéntico para aquellos municipios, de modo que las leyes municipales hispanas tan solo variarían en elementos anecdóticos. Las *leges datae* municipales de las que conservamos fragmentos son: la **Ley de Salpensa** 81-84 d.C., la **Ley de Málaga** 81-86 d.C. y la **Ley de Irni** 91 d.C., todas las cuales contienen las disposiciones acerca de las magistraturas de gobierno local, las condiciones de acceso a las mismas y las condiciones de acceso a la ciudadanía romana (entre otros temas).

VI Gobierno Local

La institución de autogobierno fundamental fue el **senado o curia municipal**, integrada por los más prestigiosos y ricos miembros de la élite social de la urbe (decuriones). Su composición solía ser de cien miembros, y la pertenencia era vitalicia (de por vida). El sistema de elección era la cooptación, es decir, cuando había una plaza vacante los propios decuriones que conformaban la curia

---

extispicium); cavar y sellar el ***mundus*** u ombligo de la nueva urbe; realizar la ***Inauguratio*** o arado circular que marcaría el perímetro urbano; realizar la ***Limitatio*** o división del terreno en parcelas (*insulae-sortes*) mediante trazos norte-sur (*cardo*) y este-oeste (*decumanus*); y realizar **sacrificios** en honor de la triada capitolina (Júpiter, Juno y Minerva). Vitruvio, *Arquitectura, Libros I-V*, Gredos, Madrid, 2008.

85 También conocida como *Lex Ursonensis*. La condición de lex data fue afirmada por Álvaro D'ors, si bien Mommsen había expresado algunas dudas al respecto. Esta ley fue proyectada por Julio César, siendo póstumamente promulgada por Marco Antonio. Bravo Bosch, María José, La Reoganización Administrativa de Hispania, *Revue Internationale des Droits de l'Antiquité*, LV, (2008). La ley comicial que habría habilitado a su confección, nos es desconocida. No obstante, antes de buscarla, no ha de olvidarse que, cuando César manejaba este proyecto, detentaba el cargo de dictador, pudiendo prescindir de la exigencia de una previa *lex rogata*. Y que, tras el asesinato de César, Marco Antonio exigió como condición para la amnistía de sus verdugos, la aprobación de la legislación pendiente de César (proyectos recogidos en el *acta caesaris*).

escogían desde dentro al sustituto, siendo requisito para optar al cargo ser varón mayor de 30 años. Esta institución constituía la máxima instancia ejecutiva, legislativa y judicial de la urbe, y operaba tan solo cuando sus reuniones cumplían con un *quorum* mínimo y las medidas propuestas eran votadas favorablemente por mayoría simple[86].

Frente al senado se encontraban los **comicios locales**, integrados por todos los hombres libres de la urbe, que votaban para elegir a los magistrados locales encargados de cumplir los designios del senado local.

Las condiciones para poder ser elegido **magistrado** por los comicios locales eran: tener los **25 años** cumplidos, y poseer una ***summa honoraria*** o cuantía patrimonial mínima. Las principales fueron: el **dunviro** o *duoviro*, magistratura duple, asumiendo sus titulares los mayores poderes ejecutivos y judiciales tras el senado, cuyas sesiones convocaban y presidían; los **ediles**, quienes asumían la tarea de velar por el orden público de la urbe, y la jurisdicción para mediar en pleitos menores relacionados con el tráfico mercantil; y los **cuestores**, quienes asumían la gestión de los recursos públicos de la urbe[87].

Cabe destacar que durante la etapa del Dominado, ante la extendida percepción de corrupción y abusos de las autoridades imperiales, sobre todo en el plano tributario, surgió el *defensor civitatis*. Se trató de una magistratura local, inicialmente designada por el prefecto del pretorio y más tarde elegida por los vecinos de la localidad, con el fin de que mediara con cualquier suerte de autoridad política susceptible de incurrir en abusos sobre la población[88].

---

[86] El cargo devino en indeseable durante el Bajo Imperio Romano, pues se cargaron sobre sus espaldas severas responsabilidades: primero, Diocleciano hizo a este oficio hereditario, junto a muchos otros; Constantino estableció en el año 318 que, en caso de que un decurión muriera *ab intesatio*, su patrimonio iría a la curia (Código Teodosiano, 5, 2, 1); Constantino en los años 324 y 325, prohibió a los decuriones abandonar su población sin autorización (Código Teodosiano 12, 1, 9 y 12, 1, 12); Constantino, en el año 319, y luego Graciano y Valentiniano, en el 383, establecieron el deber de estos de responder por la cuantía tributaria impagada en su localidad (Código Teodosiano 11, 7, 2 y 11, 7, 12); los emperadores Arcadio y Honorio en el año 396, establecieron que el decurión que abandonase su población para trasladarse al ámbito rural, sufriría la confiscación del fundo en el que se hubiera asentado (Código Teodosiano, 12, 18, 2).

[87] También cabría mencionar al prefecto municipal, representante y depositario de los poderes de los dunviros en caso de ausencia o *interregno*. También puede añadirse que, hubo ocasiones en las que la ciudadanía municipal eligió como su gobernador directo al propio emperador, ante lo cual este delegaba el gobierno de la urbe en el mismo.

[88] Adicionalmente, durante el Bajo Imperio, apareció la figura del *Curator municipalis*, un magistrado municipal electo por los comicios locales para el desempeño de misiones especiales (*comiitis facto curatoris*). Asimismo, también existió una magistratura homónima, los *curatores rei publicae*, tratándose de sujetos nombrados por el emperador con plenos poderes para intervenir en la vida municipal y dar solución a alguna problemática.

VII ROMANIZACIÓN ECONÓMICA DE HISPANIA

La ocupación romana de la Península Ibérica, estuvo íntimamente relacionada con la explotación de sus recursos económicos. En particular, los romanos centraron su atención en la explotación de los recursos minerales, lo cual motivó la reforma del sistema de vías que, hasta entonces, articulaban pobremente la geografía ibérica. En este sentido destacó la reforma de la vía Heraclea (luego rebautizada como Vía Augusta), que conectaba los Pirineos con Cartago Nova, para luego ascender a Jaén y descender a Sevilla (*Hispalis*) y a Cádiz (*Gades*). Y la ampliación de la Vía de la Plata, que conectaba a Sevilla con los yacimientos de oro de León y Asturias.

La explotación minera de Hispania también fue objeto de regulación jurídica. Consta la producción de una ley comicial entre los años 117 y 138, la ***Lex Metallis Dicta*** (parcialmente comprendida en el "Bronce Vipasca II"), la cual suministró la autorización y el marco regulatorio a partir del cual los magistrados produjeron las *leges datae*, concretando el específico régimen de explotación de cada mina. En virtud de esta *lex metallis dicta*, posteriormente, en algún momento del S.II. d.C., se promulgó la *lex data* que concretó las condiciones de explotación de la mina de Vipasca, (actual Aljustre, en Portugal), de la cual se extraía cobre, plata y oro. Esta ley es conocida como la ***lex metallis vispacensis***. Sobre ella, puede añadirse que fue redactada en dos bronces, conteniendo: la condición jurídica del yacimiento mineral, que fue la de *ager publicus* o propiedad del pueblo romano; la cesión de la mina a compañías arrendatarias para su explotación; los derechos de las compañías arrendatarias; las medidas de supervisión públicas a las que estaba sometida la actividad explotadora; y una serie de pormenores técnicos relativos al método de explotación que habían de seguir.

Constan testimonios escritos acerca de cómo los trabajadores que extraían los recursos eran en su mayoría esclavos y reos, los cuales eran forzados a trabajar hasta la extenuación. Tan solo una minoría habría estado compuesta por hombres libres trabajando bajo condiciones contractuales.

VIII ADMINISTRACIÓN DE JUSTICIA

Inicialmente, la administración de justicia[89] corrió a cargo del **gobernador provincial** (pretor)[90]. Contra las decisiones de este cupo recurso (***appellare***) pri-

---

[89] Impartida conforme a la *lex provincialis*, a la *lex data* de cada población, al *edictum provinciale* (luego *edictum perpetuum*) y a la jurisprudencia. A estas fuentes, posteriormente se añadirían las constituciones imperiales.

[90] Cuando se estudia el Derecho Procesal Romano, conviene tener presente que, hasta los albores del Principado, la impartición de la justicia en el ámbito privado (o civil) pasaba por

mero a un **tribuno de la plebe**[91] y luego, durante la etapa del Principado, ante el propio emperador[92]. En este último periodo, al menos desde el año 74 d.C., existieron ciertas demarcaciones territoriales, intermedias entre la provincia y la

---

dos momentos procesales. Primero, la fase *Apud Iudicem*, consistente en que las partes implicadas en la controversia compareciesen ante el magistrado para fijar los términos del litigio, y que, si este lo hallaba apropiado, ordenase que un tercer sujeto elegido por las partes ejerciera como juez, resolviendo la cuestión mediante la emisión de una sentencia; y segundo, la fase *In Iure*, en la cual tenía lugar la practica de las pruebas ante el juez, para que luego este decidiera la controversia mediante sentencia. A efectos de dirigir el momento *in iure*, los pretores pudieron nombrar a delegados llamados *praefecti iure dicundo*. Por otra parte, el estudio de la Ley Irnitana llevada a cabo por Manuel Jesús García Garrido, lo llevó a concluir que existen fundadas dudas de que (allí) existiera una verdadera bipartición del proceso. De cualquier modo, aquella estructura procesal habría comenzado un lenta decadencia a partir de la etapa del Principado en beneficio del sistema llamado *Cognitio Extra Ordinem*, en el cual el magistrado instruye y resuelve la causa. Pastor Alvira, *Manual de Derecho Romano Según el Orden de las Instituciones de Justiniano*, recuperado de: https://www.derechoromano.es/2013/07/organos-judiciales-roma.html. Olmo López, Rubén, *La Actividad de los Gobernadores Provinciales a Partir de las Actas de los Mártires*, Antesteria, N° 1 (2012), 183-189. García Garrido, Manuel Jesús, *Derecho Privado Romano*, UNED, Madrid, 2015, p. 100.

91 Para que este interpusiera su *intercessio* y anulase sus resoluciones judiciales. También cupo que, en el caso de que un justiciable que gozara de la condición de ciudadano fuera condenado a penas de cierta gravedad, como la capital, este apelase a los Comicios Centuriados, acogiéndose a la acción llamada *provocatio ad populum*. En tal supuesto, habría sido prerrogativa de los tribunos de la plebe prestarles un cierto "auxilio", para garantizar que fuera llevado ante esa misma instancia judicial. También cabe precisar que, desde la promulgación de la *Lex Calpurnia de Repetundis* (146 a.C.), los diversos comicios se valieron de sus prerrogativas punitivas para producir leyes creadoras de tribunales penales llamados *Quaestione Perpetuae*, a los cuales reservaban el entendimiento de ciertos delitos, así como juzgar si procedía la aplicación de las penas que establecían al efecto. Hay que matizar que, tales casos de apelación, no procedían cuando el ciudadano había sido sentenciado por un magistrado con imperio militar y se hallaba integrado en las fuerzas militares bajo el mando de este. Finalmente, el creciente número de ciudadanos provinciales repartidos en los confines del naciente imperio, hizo difícilmente practicable su constante traslado a Roma para ser juzgados ante las *quaestiones* o Comicios Centuriados, mientras que, el fundamento no centuriado de muchas de las novedosas *quaestiones* había condicionado el desarrollo del Derecho Penal Romano en unos términos excesivamente laxos. Tales dificultades serían paliadas en la siguiente etapa mediante el ejercicio de una jurisdicción penal absoluta por parte del emperador. Ello, acontecería sin perjuicio de que delegaran la potestad de entender de causas criminales y de sentenciar a muerte (*ius gladii*), una facultad de la que hicieron un uso discrecional, consultando previamente al emperador toda vez que se trató de acusados de una cierta relevancia social. Sumner Maine, *op. cit.*, p. 312 y 313. Thomas, J.A.C.M, *Desarrollo del Derecho Criminal Romano*, Anuario de Historia del Derecho Español, N° 32, 1962, p.21. Olmo López, Rubén, *op. cit.*

92 Durante la etapa imperial, cuando se trataba de una provincia imperial, su gobernador era un *legatus augusti*, mientras que, cuando se trataba de una senatorial, su gobierno correspondía a un procónsul. En cualquiera de los casos, ambas clases de gobernadores pudieron designar a los llamados *legati iuridici*, sujetos a los que delegaban sus poderes jurisdiccionales para que, en su nombre, impartiesen justicia en la metrópoli del *convetus* en cuestión. Por otra parte, durante el primer siglo del Principado, en los casos que comportaron una gran trascen-

urbe, llamadas ***Conventus Iuridici***, con las que se persiguió facilitar la administración de justicia a los hispanos y romanos de la península[93]. Así, cuando los habitantes de una demarcación precisaban tal administración, habían de acudir a tal efecto a la urbe fijada como capital del "convento" en unos días prefijados, durante los cuales estaría presente el dicho gobernador provincial para cumplir con tal responsabilidad[94]. Hubo 14 de estos conventos: 7 en la tarraconense, 4 en la Bética y 3 en la Lusitania.

Con la reforma de **Diocleciano** desapareció el sistema de los conventos[95]. Y la vía jurisdiccional a recorrer por los hispanos para agotar sus posibilidades de obtener justicia, pasó a ser la siguiente: 1° **magistrados municipales** (*dunviros, assertoris pacis* o *defensor civitatis*); 2° **gobernador** provincial (presidente); 3° **vicario** de Hispania; y 4°, tras la reforma de Constantino, el **prefecto** de las Galias.

Paralelamente, existieron **jurisdicciones especiales**. Es decir, órganos judiciales al margen de la expresada vía jurisdiccional. Los cuales impartieron justicia en consideración a la específica materia sobre la que versaba la controversia. Los temas que motivaron la intervención de tales órganos fueron: los militares (jefes militares), mercantiles (ediles), eclesiásticos (obispos) y financieros (cuestores).

IX Hacienda

Nos referimos a la Hacienda como el conjunto de órganos sociales que se encargan de la planificación y recaudación de los tributos, así como de la gestión de los recursos obtenidos.

En relación a estos órganos, se comienza por mencionar a aquellos que asumieron simultáneamente planificar la recaudación y gestionar los recursos. Durante la etapa republicana estas funciones fueron monopolizadas por el **senado**, que atesoraba la recaudación en un depósito llamado ***Aerarium Saturni***, contaban como subordinados jerárquicos con los **cuestores**, los cuales se hallaban diseminados en las provincias. Durante el Principado, tras la creación de las

---

dencia para la vida política o que implicaron a personas de gran relieve, el Senado, por medio de su prínceps, se reservó su avocación para resolverlos a su arbitrio.

93 Plinio el Viejo, *Historia Natural*, 3, 4, 23. y 3, 4, 28 La fecha proviene de la fecha de publicación de la obra referenciada.

94 El gobernador provincial pudo contar con subalternos llamados *pedanei*, quienes se encargaron de cuestiones procesales como la recepción de pruebas e informar al gobernador de las costumbres locales. En ocasiones, sentenciaron en nombre del propio magistrado. Perpiñán Gómez, Bernardo, *op. cit.*, pp. 63 y 64.

95 Ozcariz Gil, Pablo, *Administración de la Provincia de Hispania Citerior Durante el Alto Imperio*, Publicacions i Edicions de la Universitat de Barcelona, Barcelona, 2013, p. 75.

novedosas provincias imperiales, los emperadores detrajeron aquellas funciones del senado para ejercerlas ellos[96], contando como subordinados directos con los ***procuratores augusti***. En este caso, los recursos obtenidos fueron depositados en el ***Fiscus Ceasaris***. Ambos sistemas senatorial e imperial convivieron hasta llegada la etapa del Dominado, cuando desapareció la distinción, siendo enteramente asumidas las funciones de planificación y gestión por el emperador, y tras este como subordinado directo el **prefecto del pretorio**, tras él los **gobernadores** provinciales y en última instancia por los **cuestores**.

En segunda instancia, se trata a los órganos que asumieron la función recaudatoria. Fue esta esencialmente asumida por los **publicanos**, sujetos que satisfacían a título particular la recaudación tributaria prevista por la hacienda romana, de modo que esta les delegaba la facultad de resarcirse cobrando los tributos. Durante la etapa del Dominado siguieron existiendo los publicanos, pero el peso de la actividad recayó sobre los **senados** o curias municipales y sobre unos funcionarios llamados *villici*, que desempeñaban la labor en el ámbito rural. Como apunte puede añadirse que los propios **gremios** de trabajadores (*collegia*) se encargaban de recaudar los tributos que pesaban sobre ellos mediante un sistema interno.

En cuanto a los tributos romanos, cabe hablar de: el ***stipendium***, tributo que debían de satisfacer los pueblos conquistados o dediticios; el ***vectigal***, tributo que debían satisfacer los colonos romanos que habitaban en las provincias, en consideración a que estaban haciendo uso privado de unas tierras que pertenecían a todo el pueblo romano (*ager publicus*[97]); el ***tributum capitis***, que gravaba una cuantía del conjunto de bienes muebles del que era titular el ciudadano; el ***tributum soli***, que gravaba el conjunto de bienes inmuebles de los que era titular el ciudadano; la ***vicesima libertatis***, que gravaba un 2%-2,5% del valor del esclavo manumitido; la ***vicesima hereditarium***, que gravaba un 2%-2,5% de la cuantía del patrimonio a trasmitir mediante herencia; y el **portorium**, que gravaba el paso de mercancías por las aduanas.

X EJÉRCITO

El ejército romano fue en origen una **milicia ciudadana**. Es decir, la participación en las empresas bélicas era una de las obligaciones constitutivas del *status* ciudadano, y por ello tan solo estos engrosaban sus filas. Sin embargo, hallamos una excepción en los *proletarii*, aquellos ciudadanos modestos que no alcanzaban a contar con un patrimonio de una valía mínima. En efecto, estos estuvieron exentos de prestar el servicio militar, exención que se justificaba por ser responsabilidad de cada ciudadano costearse su propio equipo militar.

---

[96] El documento-norma que recogía los presupuestos a recaudar por la administración era la *indictio*.

[97] Estas tierras públicas empleadas como colonias recibían el nombre de *agri vectigales*.

A finales de la República, el prestigioso político popular y militar Cayo Mario, comprobando el creciente disgusto y escasa preparación con la que los ciudadanos romanos pudientes asumían aquella obligación, se decidió a introducir una reforma, la cual entró en vigor en el 107 a.C.[98]. En virtud de esta, el ejército romano pasaba a ser **profesional**, militando en él los ciudadanos que se prestaran voluntariamente a ello. Además, permitió a los *proletarii* acceder a él, ofreciéndoles mejorar su modesta situación económica mediante la obtención de botines de guerra, y una vez que se licenciaran en calidad de **colonos,** mediante la entrega de las tierras que hubiesen ayudado a conquistar.

El primer emperador, Octavio Augusto, a finales del S I a.C., implementó una nueva reforma. Los ejércitos romanos se dividirían en a) **Legiones**, integradas por ciudadanos romanos; en b) **Tropas Auxiliares**, integradas por peregrinos y latinos, bajo mandos y disciplina romana. Y en c) ***Numeri***, tropas peregrinas bajo mandos y disciplina indígenas. Militar en este último cuerpo del ejército, constituyó para los hispanos un medio de promoción social, dado que, tras haber prestado servicios de armas en él por un tiempo, podían adquirir el estatuto ciudadano[99].

Por último, cabe aludir a la reforma de Diocleciano, operada en momentos en los que había mediado la ciudadanía universal para los habitantes del imperio, y en los que se sufrían intentos de invasión en las fronteras. En virtud de esta reforma los ejércitos romanos fueron divididos en dos cuerpos. Por una parte, estuvieron los ***limitanei***, tropas estacionadas en los *limes* o fronteras del imperio bajo el mando de un *duce.* Y por otra, estaban los ***comitatenses***, tropas que se hallaban asentadas en las provincias y que, en caso de ataque a las fronteras, se movilizaban bajo el mando de un *comes* o conde hasta el foco del conflicto.

XI Derecho Romano Vulgar y Cristianismo

A raíz de la concesión de **ciudadanía universal del emperador Caracalla** (212 d.C.), una ingente cantidad de habitantes provinciales, ajenos al conocimiento

---

[98] Según Salustiano.

[99] Los auxiliares lo hacían en todo caso tras veinticinco años de servicio. Tenemos constancia de este punto, gracias a varios diplomas de licenciamiento (*honesta missio*), de entre los que pueden destacarse los de: un jinete de la II cohorte montada de los tracios, otorgado en el año 86 d.C.; y de varios infantes de la II cohorte cántabra, otorgados en los años 86, 87 y 90 d.C. Los *numeri*, por su parte, para obtener esta distinción, precisaban de la particular valoración favorable de algún magistrado habilitado para tales concesiones, (a la usanza tradicional). Peralta Labrador, Eduardo, *Las Cohortes Cántabras del Ejército Romano: Cohors II Cantabrorum*, recuperado de: https://uvadoc.uva.es/bitstream/handle/10324/27806/HispaniaAntiqua-2017-41-LascohortescantabrasdelejercitoromanocohorsII.pdf;jsessionid=AF6EDE8230B0D1CDD2EA56A65DFE530B?sequence=1.

del sofisticado sistema de Derecho romano, se encontró en la tesitura de tener que vivir bajo él y de aplicarlo. Tal situación dio lugar a un recurso defectuoso del mismo, propiciando una realidad jurídica que ha sido catalogada como el "Derecho Romano Vulgar". Esta se caracterizó por: la tendencia a **confundir** a algunas figuras jurídicas, (como dar con transmitir o la posesión con la propiedad); la **interpretación** de la jurisprudencia fue errónea; una renovada **visión moralizante** que introdujo principios adversos a los que inspiraban el ordenamiento heredado; y la **simplificación de los procesos** judiciales. Con el afán de responder a las necesidades de aquella nueva ciudadanía, se elaboraron algunas obras didácticas que, en mayor o menor medida, contuvieron algunas de las citadas notas características: Epítome de Ulpiano (mediados del S. III d. C.); Sentencias de Paulo (finales S. III) [100], Fragmentos Vaticanos (principios S. IV d.C.), el Dictamen de un Antiguo Jurisconsulto (o *Consultatio veteris cuiusdam iurisconsulti* de finales del S. IV d. C.) y la Comparación de Leyes Mosaicas y Romanas (*Collatio legum mosaicarum et romanorum* de finales de del S. IV). Partiendo de que el Derecho positivo es un instrumento puesto a disposición de la ciudadanía para la satisfacción de sus necesidades cotidianas, este fenómeno de la vulgarización ha sido optimistamente concebido como el resultado de un **factor correctivo** aplicado por la ciudadanía del imperio[101].

En cuanto a la infiltración de la religión cristiana en Hispania, muy probablemente ocurrió a través de los legionarios de la Legión *VII Gemina*, cuyo campamento estuvo en el territorio de la actual León[102]. A mayor abundancia, consta cómo a principios del S.IV d.C. ya se había extendido entre las capas más altas de la sociedad hispana[103]. El credo cristiano contrastó ampliamente con

---

[100] La autoría de esta obra, ajena al propio Paulo, fue defendida por Levy y por Laurita, habiendo actualmente un cierto consenso al respecto en la historiografía acerca de este punto. Se trataría de una síntesis de la obra de Paulo que reflejaría la práctica judicial en Occidente durante el imperio de Diocleciano. Deflet Liebs va aun más lejos y afirma que habría sido elaborada antes del año 293, en algún lugar de Numidia, y que las fuentes empleadas, en realidad, habrían sido: obras de Ulpiano y el Código Gregoriano. Asimismo, se considera que la obra que nos ha llegado es el resultado de sucesivas rediciones, siendo la última correspondiente a la primera mitad del S. VI. [Trabajo sobe las Sentencias de Paulo extraído de la Biblioteca Jurídica del Instituto de Investigaciones Jurídicas de la UNAM], recuperado de: https://archivos.juridicas.unam.mx/www/bjv/libros/6/2777/4.pdf.

[101] Fuentes Campos, Adrián, *La Vulgarización del Derecho Legislado*, Revista chilena de derecho, ISSN 0716-0747, Vol. 27, Nº 4, 2000.

[102] La conversión al Cristianismo de sus legionarios habría acaecido a raíz de haber estado eventualmente destacados a lo largo del S.II d.C. en Lambaeisis, una urbe tunecina de notable fervor cristiano. José María Blazquez Martínez, *Posible origen africano del cristianismo español*, recuperado de: http://www.cervantesvirtual.com/descargaPdf/posible-origen-africano-del-cristianismo-espaol-0/

[103] Los Cánones del concilio de Elvira, datados en 303. d.C. *aprox.*, dan testimonio de este hecho.

el romano, pues según el de estos últimos, el mayor premio sería obtener glorias militares e imperar sobre otros pueblos, recompensas que cabía esperar de Júpiter por quienes tuvieran una conducta plenamente patriótica[104]; mientras que para el Cristianismo el ideal era alcanzar la **vida eterna**, como recompensa a una vida de **humildad**, soportando toda clase de penurias al tiempo que se daba **testimonio del Evangelio**[105]. A mayor abundancia, la religión cristiana no solo chocó con el culto oficial del Imperio en cuanto a **afirmar la inexistencia o carácter demoníaco del panteón politeísta**, sino que, además, defendió un principio ordenador de la vida política distinto al inicialmente abrazado por los emperadores del Dominado. Se trataba de la **Laicidad**, consistente en separar el orden político (temporal), del religioso (espiritual), de modo que, desde su mutua independencia, el orden religioso se pronunciara sin establecer ningún tipo de obligación, acerca de la acción política más conveniente para la salvación de las almas de los ciudadanos[106].

Los fieles cristianos padecieron la **persecución** de los emperadores romanos, destacando las orquestadas por Nerón[107], Diocleciano y Licinio. Sin embargo, a la postre su **expansión acabaría imponiéndose** pese a la voluntad imperial. Ante esta situación los emperadores prefirieron dejar a un lado la política del enfrentamiento, para valerse de su popularidad, mostrándose como los protectores de aquella religión. En este sentido destacó el **Edicto de Milán de 313 d.C.**, por el cual los emperadores Constantino y Licinio toleraron la práctica del Cristianismo, permitiendo al poco tiempo que la Iglesia fuera beneficiaria de donaciones de sus fieles[108]. Finalmente, hay que mencionar al **Edicto de Tesalónica de 380**. d.C. del emperador Teodosio I, por el cual la religión cristiana fue consagrada como religión oficial del imperio, quedando las demás prohibidas.

---

[104] En este sentido, son elocuentes los mitos de la cabeza hallada en el monte Capitolino y la negativa de *Juventas* y *Terminus* a retirarse del mismo monte. Tito Livio, *Historia de Roma Desde su Fundación*, Libros I-X, Google, España, 2016, p.232; Dionisio de Halicarnado, Historia Antigua de Roma, Libros I-III, p.297. Dionisio de Halicarnaso, *Historia Antigua de Roma*, Libros I-III, Gredos, Madrid, 1984, p.297. Por otra parte, un testimonio directo de que la ética señalada sería recompensada por Júpiter en los apuntados términos nos viene de la mano de San Agustín. San Agustín de Hipona, Amazon, Poland, 2020, p.149 y 177.

[105] San Agustín, *op. cit.*, p. 178. Por otra parte, cabe recordar que en la Biblia se explicita el planteamiento, según el cual, los últimos serán los primeros en el Reino de los Cielos. Biblia, Mat., 19, 23-30.

[106] Al Cesar lo que es del Cesar y a Dios lo que es de Dios. Biblia, Mat. 22, 15-21.

[107] La persecución del emperador Nerón fue atestiguada por Tácito. Sin embargo, se ha especulado con la posibilidad de que la atribución de este hecho respondiera a un anacronismo del historiador romano. Tal tesis ha sido defendida por Brent D. Shaw.

[108] Conforme a una constitución imperial del año 321 d.C. A esta eventualidad se habría sumado la cesión de tierras y la consiguiente construcción de la Basílica de San Pedro sobre ellas, por donaciones del mismo emperador.

XII IGLESIA

Iglesia es un término que proviene del vocablo griego *ekklesia*, el cual fue empleado por los griegos para aludir a la asamblea democrática de todos los ciudadanos de una *polis*. Originalmente, el término fue puesto en relación con la religión cristiana para aludir a toda la comunidad de creyentes cristianos, si bien es vulgarmente empleado para aludir únicamente a aquellos miembros de la comunidad encargados de la guía espiritual de los fieles, el clero. Haciendo uso de esta última acepción, procede exponer a las figuras principales de la jerarquía de sujetos que acometía esta función: como suprema autoridad encargada de aquella actividad de guía espiritual, se hallaba el **papa**, residiendo en la Santa Sede de Roma. Como subalternos directos contaba con los **obispos metropolitanos o arzobispos**, quienes coordinaban las actividades de los clérigos presentes en una demarcación territorial llamada provincia eclesiástica, cuyos límites coincidían con los de las provincias imperiales romanas. Su sede se hallaba en la ciudad más importante de la provincia (la metrópoli). Finalmente, como subalternos de estos últimos, estaban los **obispos**, quienes ejercían su labor en unas demarcaciones menores llamadas diócesis[109].

La Iglesia desarrolló un Derecho propio, a fin de regular las relaciones sociales de modo que quedase garantizada la salvación de las almas de los hombres. Tal Derecho contó como fuente principal con las **Sagradas Escrituras**, y en particular con el Nuevo Testamento. Más allá de esta fuente fundamental, cabe destacar otras tres: la **patrística**, que consistió en un conjunto de escritos elaborados por doctores de la Iglesia (como Tertuliano, San Agustín o San Isidoro de Sevilla), en los que, valiéndose de conceptos filosóficos griegos, interpretaban las Sagradas Escrituras, facilitando la comprensión del mensaje de Dios a los fieles; las **decretales**, que fueron epístolas o cartas papales en las que los sumos pontífices aclaraban ciertos puntos doctrinales; y los **cánones conciliares**, acuerdos doctrinales acerca de puntos controvertidos de la fe cristiana, resultado de las reuniones de todos los obispos de un determinado territorio y puestos por escrito. Estos concilios podían ser provinciales, como el Concilio de Elvira que medió la actual Granada, acogiendo a obispos de la Bética y Cartaginense en el 303 d.C. *aprox*; o ecuménicos, acogiendo a todos los jerarcas de la Iglesia, incluido el papa, como el Concilio de Nicea de 325 d.C. convocado por el emperador Constantino. Sobre todas estas fuentes, cabe añadir que, a partir de su recopilación conjunta, se elaboraron los

---

[109] Cabe precisar que un arzobispo no tuvo mayor autoridad espiritual que un obispo, hallándose ambos en la misma jerarquía a estos efectos. La autoridad propiamente espiritual del arzobispo se limitó al territorio llamado archidiócesis, comprensivo de la metrópoli. Asistentes de los obispos fueron los presbíteros; a su vez, asistentes de estos últimos, fueron los diáconos, quienes solo podían administrar un número limitado de sacramentos. *La Santa Biblia*, Primera Carta a Timoteo 3 y 5.

compendios de normas a los que, informalmente[110], podemos referirnos como **Códigos Canónicos**, los cuales contuvieron el Derecho aplicable a las comunidades cristianas.

En relación a la **materia que regulaban**, se concretaba en: la jerarquía de los ministros de la Iglesia, la administración de los sacramentos, la liturgia, el matrimonio de los fieles o las penas a aplicar a los infractores [111].

Por último, cabe decir que las comunidades cristianas contaban con tribunales eclesiásticos especiales, presididos por obispos, en los que se dirimía cualquier clase de conflictos entre los cristianos[112]. La creciente percepción de las autoridades judiciales romanas cómo corruptas, despertó un creciente rechazo que contrastó con el prestigio que, paralelamente, ganaban los obispos. Por lo que el común de la población del imperio sometería sus conflictos de naturaleza civil ordinaria, de manera voluntaria, al arbitraje de estos. Si bien las sentencias producidas en estos tribunales, originalmente, para los no creyentes, carecieron de valor obligatorio[113], el emperador Constantino, a través de una **Constitución Imperial dada en el año 318** d.C., las otorgó aquel valor[114]. A estos tribunales obispales con facultades de jurisdicción tanto eclesiástica como civil se los conoció como ***Episcopalis Audientia***.

---

[110] Esta terminología supone un anacronismo para las recopilaciones de Derecho anteriores al año de 1917.

[111] Como la excomunión, consistente en expulsar de la comunidad cristiana y en negarle la administración de los sacramentos que facilitan la salvación del alma; o la privación de cargos o de bienes eclesiásticos. Conforme a los Códigos Canónicos de 1917 y 1983, las penas pueden ser clasificadas cómo: censuras, penas vindicativas, remedios y penitencias.

[112] La Santa Biblia, Corintos I, 6.

[113] Para los creyentes católicos, las observaciones de los jerarcas de la Iglesia siempre revistieron un valor obligatorio, puesto que apartarse de aquellas supuso contradecir a los intérpretes de Cristo y acercarse a la condena de su alma. Al Derecho que presenta un valor obligatorio por medio de una coerción meramente espiritual, nos referimos como Derecho Confesional.

[114] Código Teodosiano 1, 27, 1. A mayor abundancia, cabe añadir que, esta constitución, solo permitía llevar las controversias ante la jurisdicción eclesiástica a condición de que ambas partes convinieran en ello. Con la promulgación de la llamada "Constitución Sirmondiana 1" en el año 333 d.C. por el mismo emperador, las controversias ya podrían haber sido unilateralmente llevadas a tales tribunales por una sola de las partes. El hecho de que esta última constitución no fuera incluida en la edición original del Código Teodosiano, dio lugar a que se dudara de su autenticidad. De cualquier modo, la constitución sí fue recogida en colecciones privadas de constituciones elaboradas por clérigos galo-romanos y, posteriormente, tras la publicación en el S. XVII del jesuita francés Jacques Sirmond (*Constitutiones Sirmondiae*), fue interpolada en sucesivas ediciones del Código Teodosiano, sin que haya podido ser refutada la autenticidad del documento.

BIBLIOGRAFÍA

Apiano, *Guerras Ibéricas*, José de Orga, Valencia, 1892.

Blázquez, José María, *La Romanización, Vol. 2.*, Istmo, Madrid, 1986.

Blazquez Martínez, José María, Posible origen africano del cristianismo español, recuperado de: http://www.cervantesvirtual.com/descargaPdf/posible-origen-africano-del-cristianismo-espaol-0/

Díaz Martínez, Pablo; Martínez Maza, Celia; Sanz Huesma, Francisco Javier; *Hispania Tardoantigua y Visigoda*, Istmo, Madrid, 2007.

D'ors, Álvaro, *La Nueva Copia Irnitana de la Lex Flavia Municipalis*, 1983, Anuario de Historia del Derecho Español. 1983, 53, p. 5-15.

Dionisio de Halicarnaso, *Historia Antigua de Roma, Libros I-III*, Gredos, Madrid, 1984.

Escudero, José Antonio, *Curso de Historia del Derecho: Fuentes e Instituciones Político-administrativas*, Madrid, 2003.

Fuentes Campos, Adrián, *La Vulgarización del Derecho Legislado*, Revista chilena de derecho, ISSN 0716-0747, Vol. 27, Nº 4, 2000.

Gayo, *Instituciones Jurídicas*, Colección Olejnik, Madrid, 2017.

García Gárate, Alfredo, *Introducción al Estudio del Derecho Canónico*, Dykinson, Madrid, 2006.

García Garrido, Manuel Jesús, *Derecho Privado Romano*, UNED, Madrid, 2015.

Hinojosa, Eduardo de, *Historia del Derecho Romano, Vol. 2*, Imprenta de la Revista de Legislación, Madrid, 1885, p.89.

Pastor Alvira, *Manual de Derecho Romano Según el Orden de las Instituciones de Justiniano*, recuperado de: https://www.derechoromano.es/2013/07/organos-judiciales-roma.html.

Olmo López, Rubén, *La Actividad de los Gobernadores Provinciales a Partir de las Actas de los Mártires*, Antesteria, Nº 1 (2012), 183-189.

Ozcariz Gil, Pablo, *Administración de la Provincia de Hispania Citerior Durante el Alto Imperio*, Publicacions i Edicions de la Universitat de Barcelona, Barcelona, 2013.

Perpiñán Gómez, Bernardo, *Derecho, Persona y Ciudadanía*, Marcial Pons, Madrid, 2010.

Peralta Labrador, Eduardo, *Las Cohortes Cántabras del Ejército Romano: Cohors II Cantabrorum*, recuperado de: https://uvadoc.uva.es/bitstream/handle/10324/27806/HispaniaAntiqua-2017-41-LascohortescantabrasdelejercitoromanocohorsII.pdf;jsessionid=AF6EDE8230B0D1CDD2EA56A65DFE530B?sequence=1.

Pina Polo, Francisco, *Las Comisiones Senatoriales para la Reorganización de Hispania*, DHA 23/2, 1997.

Plutarco, *Vidas Paralelas*, Amazon.

San Agustín de Hipona, *La Ciudad de Dios*, Amazon, Poland, 2020.

Sánchez Lopez, Elena; Martínez Jiménez, Javier, *Los Acueductos de Hispania. Construcción y Abandono*, Fundación Juanelo Turriano, Madrid, 2016.

Sumner Maine, *El Derecho Antiguo*, Tirant Humanidades, Valencia, 2004.

Tito Livio, *Historia de Roma Desde su Fundación*, Libros I-X, Google, España, 2016.

Thomas, J.A.C.M, *Desarrollo del Derecho Criminal Romano*, Anuario de Historia del Derecho Español, Nº 32, 1962.

[Trabajo sobe las Sentencias de Paulo extraído de la Biblioteca Jurídica del Instituto de Investigaciones Jurídicas de la UNAM], recuperado de: https://archivos.juridicas.unam.mx/www/bjv/libros/6/2777/4.pdf.

Vitruvio, *Arquitectura*, Libros I-V, Gredos, Madrid, 2008.

TEMA 4
EL DERECHO VISIGODO

I Introducción

En este tema se analizará el Derecho característico del pueblo visigodo, desde sus orígenes hasta que se disolvió su régimen hispano. Dado que las primeras noticias que tenemos de él nos remiten, en unos términos genéricos, al conjunto de los pueblos germanos, se comenzará por exponer las instituciones comunes de todo este grupo étnico. Posteriormente, se reseñarán, sucintamente, ciertas eventualidades acaecidas en el periplo visigodo, que abarcaron desde su salida del área germánica hacia el S. III d.C., hasta su asentamiento en la península Ibérica y fundación del Reino de Toledo en el S. VI d. C. Solo tras ese ejercicio de recapitulación, se contará con los datos contextuales necesarios para abordar tanto el sistema económico, como las instituciones de gobierno que, a su llegada a nuestro territorio, implantaron en él. Tras ello, se examinará la naturaleza del Derecho que, ya en España, produjeron los órganos legislativos de su reino. A partir de aquí, se expondrán las particulares soluciones que el Reino Visigodo de Toledo ofreció a las típicas problemáticas jurídicas: la organización territorial y local, los términos de las relaciones sociales en un contexto jerárquico, la organización hacendística, militar y la eclesiástica.

II Pueblos y Derecho Germánicos

Los pueblos germanos que irrumpieron en la Hispania Romana entre los años 409 y 416 fueron los suevos, los vándalos y los visigodos (los alanos eran nómadas indoiranios, si bien compartieron costumbres con los germanos). En relación a su Derecho, cabe centrarse en los siguientes aspectos.

1.- Organización política: la soberanía de los pueblos germanos residió en la **asamblea** que reunía a todos sus hombres libres. Además, tenían por costumbre elegir a **príncipes** para que propusieran las votaciones con motivo de cualquier cuestión importante, mientras que dirigían a la comunidad en los asuntos de menor importancia que se presentaban en el día a día. En ocasiones, varias comunidades germánicas se unían poniéndose bajo el común gobierno de un **rey**, los cuales podían ser depuestos[115].

2.- Contratos clientelares: los germanos, especialmente en tiempos de paz, practicaban contratos clientelares en virtud de los cuales, de una parte, un príncipe se comprometía a facilitar a un cliente **sustento** y **ocasiones de demostrar su valor en batallas**; mientras que, de otra parte, un joven guerrero referido como "**compañero**", se comprometía a prestarle **servicio de armas** y a **defender su vida**. El aludido sustento procurado por el rey era fundamentalmente garantizado en forma de botines de guerra y de donaciones entre las que tenía un destacado papel el caballo[116]. Los guerreros que contraían este contrato con el rey conformaban el llamado **Séquito** o ***Gefolge***.

3.- Comunidad de parentesco: los germanos contaban con una organización social basada en el parentesco llamada ***Sippe*** (o *fara*). Esta aglutinaba a los individuos que tenían un antepasado común por línea de ascendencia masculina (similar a la *gens* romana). Los miembros de una de estas comunidades compartieron ciertos derechos: a) todos los miembros eran **cojuradores**, es decir, el ordenamiento preveía que, ante el caso de que algún miembro se viera envuelto en una controversia judicial, los demás podían prestar, bajo juramento, un testimonio favorable para él, resultado que si un determinado número lo alcanzaba a dar, se consideraba probada su inocencia; b) todos estaban legitimados para infligir penas a quien causara un perjuicio a un miembro de la comunidad, concretándose estas, primero en el cobro de la ***wergeld***, o composición económica que resarciera el daño, y en su defecto, en *la* ***blutrache*** o venganza de la sangre[117];

---

115 Si atendemos a la *Germania* de Tácito, se puede entender que la organización política podía desenvolverse a partir de una simple *sippe*. No obstante, lo común fue la asociación de varias sippes, dando lugar a un *hundertschaft*. Sobre ambos tipos de comunidades, gobernó un príncipe (parágrafos 12 y 25). Por su parte, la asociación de varios *hunderschaft*, daba lugar a una nación, cuyo gobierno correspondía a un rey (parágrafo 25). Por lo común, la administración de la justicia corrió a cargo de los príncipes.

116 Tácito, *la Germania*, recuperado de: https://www.biblioteca.org.ar/libros/155267.pdf, p. 5. (fragmentos 13 y 14). Julio César, Comentarios de Cayo Julio Cesar de la Guerra de las Galias, Imprenta Real, Madrid, 1798, p. 269

117 La ausencia de una compensación que satisficiera a la *sippe* del ofendido, daba pie a la llamada *faida* o guerra privada entre dos o más *sippes*, en cuyo marco se producían las enun-

c) podían compartir la **responsabilidad penal**, de modo que, ante el perjuicio causado por el miembro de una *sippe*, cupiera aplicar una pena a varios miembros de la comunidad del infractor (*sippenhaft*)[118]; d) detentaban la **propiedad comunal de ciertas tierras**, la marca; e) por último, de manera análoga a lo que sucedía con las gentilidades ibéricas y sus pactos de hospitalidad, los derechos privativos de los miembros de la *sippe*, eran extensibles a tercero mediante un **pacto de fraternidad artificial**. Con la diferencia de que la forma de ejecutar este contrato requería mezclar simbólicamente la sangre de quienes se hermanaban.

4.- Proceso probatorio: la práctica más característica fueron las **ordalías**. Tuvieron como presupuesto la duda acerca de la autoría de un crimen, en cuyo caso, el sospechoso era sometido a riesgos para su integridad física, procediendo luego al examen del resultado obtenido para deducir su posible autoría. Algunas de estas pruebas fueron: el duelo armado ante la parte acusadora (juicio de Dios), introducir la mano en un caldero lleno de agua hirviente, caminar sobre un arado de hierro candente, y la inmersión del cuerpo atado en el agua[119].

5.- Familia y Matrimonio: sobre este particular, procede decir que practicaban la **monogamia**, formando familias. La **dote** matrimonial era aportada por el varón[120], concretándose generalmente en armas, bueyes o caballos. Asimismo, puede destacarse la eficacia del matrimonio por "**rapto**", consistente en que ante el supuesto de que los progenitores de la novia dieran su negativa al enlace, el novio tomara a la mujer con el consentimiento de esta, para ponerla fuera del alcance de sus progenitores y contraer matrimonio con ella[121]. En tales

---

ciadas venganzas. En principio, ante el surgimiento de un conflicto de esta clase, los poderes públicos carecían de un soporte legítimo-moral para reprimir a los vengadores, dando paso al riesgo de una posible división o disolución del pueblo germano en cuestión.

[118] Ley de los Sajones, leyes XVIII y XIX Ley de los Francos Salios, LVIII. Ley de Gundobad, B, II, 7, Este último precepto se hace eco de tal práctica, al prohibir que tenga lugar a la hora de castigar los supuestos de homicidio.

[119] Ley de los Turingios, ley XXXVI, XL, XLI, LII; Ley de los Francos Salios, XIV, LIII y Ley de los Alamanes, LXXXVI, LIV, LXXXI, XIC; Ley de los Burgundios (Ley de Gundobad), VIII, 2. *Libre Iudiciorum*, VI, 1, 3.

[120] Esta dote era entregada por el novio a quien ejercía el *mundium* o "patria potestas germánica" sobre la novia, es decir, por lo general al padre. Posteriormente esta dote, o al menos una parte sustantiva de esta, sería transmitida a la hija y puesta bajo la administración del nuevo titular de su *mundium*, su marido. *Lex Burgundionum 24, 1 y 66, 1; Lex Saxonum* 43 y 47; *Lex Longobardorum* 179; y *Liber Iudiciorum* 3, 2, 8. Si bien, en este último código se establece que los padres de ella tienen derecho de administrar los bienes dotales (3, 1, 6, referido como *pretium* en algunos preceptos). *Liber Iudiciorum*, recuperado de https://www.boe.es/biblioteca_juridica/abrir_pdf.php?id=PUB-LH-2015-2.

[121] *Lex Frisionum* 9, 11; *Lex Burgundionum* 12, 5 relativa solo a raptos de romanas por burgundios; *Lex Saxonum* 40; *Lex Sálica Francorum* 13. Esta permisibilidad, generalizada en el grueso de los pueblos germánicos, no aparece reflejada en la legislación visigoda del Reino de Toledo, en cuyo *Liber Iudiciorum*, como señaló Gibert, no se tolera que el pretendiente aparte

casos, la mujer dejaba de formar parte de su *sippe* y pasaría a formar parte de la de su marido[122].

6.- Economía: los germanos vivieron en las ***haufendörfer***, una aldea generalmente edificada por una *sippe* sobre una planicie, la cual estaba compuesta por viviendas de construcción tosca y distribución irregular en las que habitarían durante un año, para después proceder a abandonarlas[123]. Las tierras colindantes cultivables se repartían entre las familias vecinas (***Gewanndörfer***)[124], procediendo cada una de ellas a explotarlas para su particular sustento[125]. El resto de las tierras colindantes quedaban bajo un régimen de explotación comunal llamado marca (***markgenossenschaft***), siendo fundamentalmente empleadas como pastos de su bien más preciado y fundamento de su economía, el ganado atesorado por cada familia[126].

---

a la novia del ambiente familiar (3,1,2 y 3,3,1), sino que, en todo caso, es esta la que ha marcharse por sus propios medios y libre de todo compromiso con terceros varones para que sí pueda mediar un matrimonio ajeno al consentimiento parental (3, 2, 8; 3, 4, 7). *Lex Frisionum, Lex Angliorum et Werinorum,* Gebhard et Socios, Amsterdam, 1801, P.16. *Leyes de los Burgundios,* Introducción de Carlos Asla y Traducción de Carlos R. Domínguez, Universidad de Mar del Plata, 2017. *Lex Frisionum, Lex Angliorum et Werinorum, Gebhard et Socios, Amsterdam, 1801. Leyes de los Francos Sálicos y Ley Sálica Carolina,* Introducción de Carlos Asla y Traducción de Carlos R. Domínguez, Universidad de Mar del Plata, 2017. *Leyes de los Sajones y los Turingios, Introducción de Carlos Asla y Traducción de Carlos R. Domínguez, Universidad de Mar del Plata, 2019.* Gibert, Rafael, *El Consentimiento Familiar en el Matrimonio Según el Derecho Medieval Español,* Anuario de historia del derecho español, Nº 18, 1947, p.720 y 726.

[122] Este extremo es afirmado por Planitz en su obra *Principios de Derecho Privado Germánico,* Ediciones Olejnik, Argentina, 2019, p.283. Parece tratarse de una deducción correcta, en tanto que hay sendas disposiciones que indican que, en el caso de rapto, se producía una quiebra de los vínculos jurídicos de la novia con su familia. Ello era manifiesto en el hecho de que, por defecto, ella quedaría desheredada (Lex Burgundionum 12, 5 y *Liber Iudiciorum* 3,2,8). La ruptura de tal vínculo familiar habría sido decisiva, pues la familia era la rama que comunicaba a los sujetos con una *sippe.* A mayor abundancia, conviene tener en cuenta el notable papel que tenía la *sippe* a la hora de acordar matrimonios, enervando a este respecto los poderes decisorios del eventual titular del *mundium* (*Lex Salía Francorum* 67, *Lex Saxonum* 43 y *Liber Iudiciorum* 3, 4, 2).

[123] Tácito, *ibidem,* p. 26 (framento 26). Julio César, *ibidem,* p. 267.

[124] Término acuñado por Meitzen. W. J., Ashley, *Historic and Economic Surveys, Longmans, Green and Co., New York & Bombay, 1900,* p. 118.

[125] Pese a que Julio César niegue su dedicación a la agricultura, conforme al texto de Tácito ha de suponerse que el cultivo fue reservado a los ancianos, mujeres, esclavos y quizá ocasionalmente a los infantes. Tácito, *ibidem,* p. 5 (fragmento 15) y 8 (fragmento 25). Julio Césas, *ibidem,* p 267.

[126] Roscher, Brunner y Lamprechet conformaron esta opinión de la esencia de la marca y de su aprovechamiento comunal. W. J., Ashley, *op. cit.,* p. 161-167

III REINO DE TOLEDO

Los acontecimientos históricos más relevantes de los visigodos fueron los siguientes:

En 378, se convirtieron al Cristianismo Arriano y al poco fueron asentados como federados en el Imperio Romano Oriental[127].

En 410, el rey Alarico I condujo a su pueblo al saqueo de Roma.

En 415, el rey Ataúlfo internó a su pueblo en la provincia Tarraconense y, entre el 416 y el 418, aliados los visigodos con Roma, hostigaron a los vándalos y alanos hasta expulsarlos de la península.

En 418, el rey Walia contrajo un *foedus* con el emperador romano de occidente, por el cual su pueblo quedó asentado en las tierras de Aquitania (sur de Francia).

En 439, el rey Teodorico I conquistó a la Galia Narbonense (sur de Francia) a los romanos.

En 453-466, el rey Teodorico II comenzó a controlar territorios de Hispania.

En 478, tras la caída del Imperio Romano de Occidente, el rey Eurico se convirtió en soberano. Sometió a toda Hispania salvo los territorios suevos y dio leyes en forma de código a su pueblo.

En 506, el rey Alarico II dio leyes en forma de código a los hispanorromanos, y en 507 murió luchando en la Batalla de Vouillé contra los francos, dejando como funesto legado a su pueblo la pérdida del control sobre los territorios de la Galia. En vista de lo cual, los visigodos se replegarían hacia Hispania.

En 531-548, el rey Teudis estableció la capital del reino en Toledo, naciendo formalmente el Reino Visigodo de Toledo.

En 586, el rey Leovigildo conquistó el Reino Suevo. También permitió los matrimonios entre visigodos e hispanorromanos, profundizando en la unificación de sus súbditos.

En 589, el rey Recaredo presidió el III Concilio de Toledo, por el cual se produjo la conversión de pueblo visigodo al catolicismo, fe mayoritaria de los hispanorromanos.

En 623, el rey Suintila venció a los bizantinos asentados en el sur de la península, unificándola enteramente bajo su poder.

---

[127] José Orlandis, *la Doble Conversión Religiosa de los Pueblos Germánicos (S. IV-VIII)*, Anuario de Historia de la Iglesia, núm. 9, 2000, pp. 69-84.

En 654, el rey Recesvinto promulgó el *Liber Iudiciorum*, código que sometió a unas mismas leyes a todos los súbditos de la monarquía.

IV ORGANIZACIÓN ECONÓMICA

La economía visigoda fue esencialmente agropecuaria, siendo probable que hubiera una cierta predilección por la explotación ganadera[128]. La obtención de las tierras que precisaron para entregarse a aquella dedicación les vino dada mediante un pacto o ***foedus* contraído en el año 418 entre el emperador romano de Occidente Honorio y el rey de los visigodos Walia**. Se trató de un *foedus* en virtud del cual, el nominado emperador, además de plantear los términos típicos del *foedus aequum*, permitió a los visigodos asentarse en la región gala de Aquitania[129]. Ahora bien, debido a que aquellas tierras ya estaban pobladas por ciudadanos galo-romanos, esta concesión requirió un **reparto** de los recursos agrarios disponibles entre **visigodos y galo-romanos**[130]. En este sentido, consta cómo el hijo y sucesor de Walia, el rey Teodorico I, llegó a promulgar ciertas leyes que influyeron, eficazmente, en los términos de tales repartos[131] en algún momento entre los años 418 y 427[132].

Una vez que los visigodos descendieron al sur conquistando tierras hispanas, optaron por beneficiarse de sus recursos agrarios mediante una nueva

[128] Montesquieu, subrayó este punto, fiel a los rasgos culturales germánicos atestiguados por Tácito. Montesquieu, *El Espíritu de las Leyes*, Alianza, Madrid, 2003, p. 706.

[129] Orosio, *Historia Contra Paganos*. Recuperado de: https://sites.google.com/site/demontortoise2000/orosius_book7, fragmento 43. Jornandes, *De la Succession Des Royaumes et des Temps et de l'Origine et des Actes des Goths, Histioire des Goths*, C. L. F. Panckoucke, Paris, 1842, p. 315-319. San Isidoro de Sevilla, *Historia de Regibus Gothorum, Vandalorum et Suevorum*. Recuperado de: https://tools.wmflabs.org/wsexport/tool/book.php?lang=la&format=pdf-a4&page=Historia_de_regibus_Gothorum%2C_Vandalorum_et_Suevorum, p. 9.

[130] Muy probablemente, en un primer momento, quedaron asentados bajo los términos previstos en la ley de hospitalidad de los emperadores Arcadio y Honorio (398), o al menos bajo unos muy similares, los cuales exigían la división de las casas de los romanos en tercios, para proceder a la entrega de uno de esos tercios a los militares que se hallaran presentes en la región con motivos de sus deberes castrenses. Ante el supuesto de que las cuadras de la vivienda quedaran fuera del tercio bajo posesión del militar, o bien, si el huésped era alguien ilustre. Se contemplaban normas más específicas.

[131] Este extremo es aclarado por el capítulo 277 del Código de Eurico. Álvaro D'Ors, *El Código de Eurico: Edición, Palingenesia e Índices*, BOE, Madrid, 2014.

[132] En el Código de Eurico, se aclara que los repartos de tierras fueron practicados por Teodorico I, al menos cincuenta años antes de la promulgación del Código de Eurico. Y dado que la datación de este código, conforme a una de las epístolas de Sidonio Apolinar, ha de situarse entre el 476 y 477; y que Teodorico I ascendió al trono en el 418, para la datación de los repartos de tierras obtenemos la horquilla temporal ofrecida en el cuerpo del texto.

distribución de las tierras, que, en este caso, naturalmente vinculó a la población hispanorromana. En relación al alcance de este reparto, se considera que afectó a los grandes latifundios de los *potentes*, así como a bosques y a prados. Sobre los **criterios de reparto**, cabe suponer que se reprodujeron los mismos que Teodorico I había establecido en Aquitania. De cualquier modo, las fuentes indican que las tierras a repartir fueron divididas en tercios, de manera que dos tercios de cada latifundio fueron entregados a visigodos, siendo este lote designado ***sortes goticae***; mientras que el terrateniente romano conservó el tercio restante sobre el total, siendo este lote llamado ***tertia romanorum***[133]. Por último, la cuestión acerca de qué visigodos fueron beneficiarios de aquellas *sortes*, procede advertir que se trata de un asunto controvertido. No obstante, cabe pensar que el sujeto beneficiado era la *sippe*, sin perjuicio de que, andando el tiempo, la propiedad de esas *sortes* acabase concentrándose en unos pocos visigodos pertenecientes a la nobleza[134].

En otro orden de asuntos, se puede hablar de una regulación de los contratos de préstamo de dinero, ya efectuada por el rey Eurico entre los años 476 y 477, mediante la cual quedó establecido que el tipo de interés máximo permitido sería del 12,5 %[135].

---

[133] Se tiene constancia de este asunto por el propio *Liber Iudiciorum* (X, 1, 8 y X, 2, 1). Cabe añadir que Lot acometió un estudio de la *Lex Burgundionum* que tuvo como punto de partida la detección de supuestas inconsistencias de su artículo 52, alusivo a los repartos de tierras practicados por los burgundios. A partir de las pretendidas inconsistencias, que aquí no se comparten, realizó una interpretación extensivas del mismo artículo, la cual fue extrapolada por García-Gallo al reparto visigótico de Hispania. Ello llevó a este último investigador a hablar de: una *terra indominicata*, de la que los visigodos recibirían dos tercios; y de una *terra dominicata* con sus siervos, de las que los visigodos recibirían un tercio. *Liber Iudiciorum, op. cit.* Lot Ferdinand. *Du régime de l'hospitalité. In: Revue belge de philologie et d'histoire*, tome 7, fasc. 3, 1928. pp. 975-1011, p.989. Escudero, José Antonio, *Curso de Historia del Derecho: Fuentes e Instituciones Político Administrativas*, Madrid, 2003, p. 178 y 179.

[134] En relación a las tierras que pudieran haber quedado como de titularidad colectiva, Sumner Maine plantea que, durante el Alto Medievo, pudo darse la circunstancia de que la posesión en calidad de administrador de primogénitos de clanes o *sippes*, diera lugar a una confusión registral que los consagrarse como nudos propietarios. Sumner Maine, *El Derecho Antiguo*, Tirant Humanidades, Valencia, 2014, p. 210-212. Por otra parte, en cuanto a la propiedad privada de las familias, el capítulo 310 del Código de Eurico, deja constancia de ciertas condiciones inherentes a los contratos de patrocinio, que penalizaban al patrocinado que abandonaba a su señor con la entrega de la mita de sus bienes al magnate. Asimismo, es comúnmente admitido que, durante la etapa del Reino de Toledo, mediaron cesiones a señores influyentes a través de puros contratos de *incommunicatio*, es decir, entregas de la propiedad fundiaria con la sola intención de quedar bajo su protección (especialmente desde el reinado de Ervigio).

[135] El capítulo 285 del Código de Eurico fija el máximo de intereses en la novena parte de cada ocho sueldos.

V MONARQUÍA VISIGODA

1. Influjos Culturales

La "constitución" política del Pueblo Visigodo estuvo informada por los tres **influjos culturales que se expresan a continuación:**

A) Por la condición germana del pueblo visigodo, la cual se manifiesta en la inclinación de solventar los asuntos de interés mediante asambleas deliberativas y en atribuir el gobierno a monarcas electivos.

B) Por la disyuntiva romana bajo-imperial, que entrañó, de una parte, una tendencia al éxodo urbano y a la consiguiente fuga de poder del emperador en favor de *potentes* latifundistas; y de otra, un intento de revertir aquella tendencia mediante la divinización del emperador.

C) Por el Cristianismo, que, reconociendo dos fuentes de influencia social, la espiritual y la política, propone una recíproca autonomía, atribuyendo a los agentes espirituales la tarea de orientar la acción política, de modo que los gobernantes elijan aplicar voluntariamente tales apreciaciones.

De esta conjunción, se obtuvieron tres órganos fundamentales del régimen del régimen visigodo, cuyas características se proceden a exponer a continuación.

2. El Monarca

Se trató de una **Monarquía Electiva**, siendo los **requisitos para que un candidato pudiera optar** al trono (adoptados sucesivamente en los Concilios V, VI, y VII de Toledo) fueron: a) ser godo de linaje noble; b) no haber sido sometido a penas infamantes, como la decalvación; c) no haber participado directamente en la conspiración que derrocó al anterior monarca; y d) no ser clérigo.

En cuanto a los **requisitos formales** para que el candidato quedara investido con el poder regio: A) en origen existió la **elevación** del candidato a un escudo, que fue tempranamente sustituida por la elevación al trono; B) prestación de **juramentos**, de una parte, el elegido había de jurar defender a la religión católica, a la Iglesia, al reino que recibía y gobernarlo justamente, y de otra, los súbditos debían jurarle fidelidad, ya fuera directamente o a través de representante, y C) la **unción**, consistente en establecer una íntima relación entre el elegido y Dios mediante la aplicación a aquel de unos oleos consagrados conforme a los cánones previstos en el Antiguo Testamento para los monarcas de Israel[136].

---

[136] *La Santa Biblia*, Samuel, 10, 1, 1. Tal ritual, según Juan Tejada y Ramiro, habría sido principado con la coronación de Recaredo, en torno al año 586. Díaz, por su parte, retrasó esta

Los **electores**, originalmente, habrían sido los varones visigodos armados y reunidos en asamblea (elección popular). Posteriormente se reguló (en el IV Concilio de Toledo) que esta función quedaba reservada a la nobleza visigoda (*magnates*) y a los obispos del reino.

Sobre su poder, puede decirse que fue casi **absoluto**. Se consideró que derivaba de Dios, equivaliendo oponerse al rey, hasta cierto punto, a oponerse a la divinidad. Los reyes trataron de reforzar esta creencia al instaurar el ritual de la unción, a imitación de los reyes de Israel, pues conforme a la tradición hebraica, con los oleos se adquiría una cierta capacidad para interpretar la voluntad de Dios (condición **cuasi-sacerdotal**)[137]. Por otra parte, pese a las mencionadas consideraciones, toca decir que, como rey cristiano, había de gobernar con ciertos límites. Hubo de tener como fines la salud espiritual y corporal de sus súbditos (Bien Común), cabiendo la posibilidad de que los **obispos del reino cuestionaran** sus interpretaciones de la voluntad de Dios y que criticaran su gobierno[138].

3. El Senado o Aula Regia

Se trató de un órgano **asesor** del monarca en su tarea de gobierno. También desempeñó una labor colaboradora en su **actividad legislativa**, y junto con el rey, constituyó el **tribunal supremo** del reino.

En general, estuvo integrado por magnates o nobles a los que el rey había concedido algún cargo público previo. En concreto por: los miembros del **Oficio Palatino**, compuesto a su vez por ocho funcionarios reales intitulados como condes (*comes thesarorum, patrimonii, spatatorum, scanciarum, stabuli, cubiculi, notariorum y civitatis toletanae*); por los **gobernadores provinciales y de las ciudades** (duques y condes territoriales y de las ciudades); por los llamados **gardingos**, jóvenes nobles que habían jurado prestar servicio de armas al monarca, recibiendo como contraprestación la entrega de grandes extensiones de tierra[139]; y ya excepcionalmente, por **condes honoríficos** (sujetos que habían recibido aquel título sin un

---

posibilidad a la coronación de Sisenando. De cualquier modo, Julián de Toledo en su *Historia Wambae Regis*, nos ofrece un firme testimonio acerca de como el rey Wamba fue coronado en estos términos en el año 672. Tejada y Ramiro, Juan, Colección de Cánones y de Todos los Concilios de la Historia de España y de América, Tomo II, Imprenta de D. Pedro Montero, Madrid, 1861, p. 17. Díaz, P.C., *Rey y Poder*, Iberia, 1 (1998), pp. 175-195, p. 189.

[137] Idea reflejada que transluce en el propio quehacer legislativo del monarca, como quedó reflejado en el *Liber Iudiciorum* (2, 1, 5) cuando se dice que el monarca recibe a tal efecto la inspiración de Dios.

[138] En este sentido, San Isidoro de Sevilla, obispo metropolitano de Sevilla dijo: *Rex eres si recte facies, si non facies non eris.*

[139] Tierras concedidas en régimen de precario, es decir, por un plazo indeterminado y revocables.

cargo anejo) y por otros, que ni siquiera contaban con esta distinción, llamados **próceres**.

4. El Concilio de Toledo

Con este término se alude a un órgano asambleario, por lo general, congregado en Toledo. Estuvo compuesto por todos los obispos del reino visigodo, junto con el rey, cuya presencia fue más que una mera formalidad. La **convocatoria** era realizada por este último; y una vez reunidos, en un discurso llamado ***tomo regio***, procedía a exponer tanto el motivo que lo había llevado a realizarla, así como su parecer respecto de la cuestión problemática. Una vez que los obispos se habían pronunciado acerca del asunto, plasmando su resolución por escrito como cánones conciliares, el rey promulgaba la llamada ***lex in confirmatione concilii***, ley en virtud de la cual aquellos cánones adquirían rango de ley civil, derivándose penas impuestas por la jurisdicción ordinaria en caso de su incumplimiento.

Los temas tratados por estos concilios abarcaban, como es propio de los concilios canónicos, **asuntos de organización eclesiástica y de fe**. No obstante, adicionalmente trataron **temas de la máxima importancia política**, tales como los requisitos para ser rey, quienes tenían derecho a participar en su elección, o la legitimidad de las comunes sublevaciones contra los monarcas reinantes.

Ante la consideración de que estos concilios, de una parte, versaban sobre temas de naturaleza puramente espiritual; pero que, de otra, eran convocados por el monarca, y este otorgaba a sus resoluciones valor de ley civil, se considera que tenían una **naturaleza híbrida**, la cual abarcó tanto lo espiritual como lo político.

VI DERECHO VISIGODO

Los monarcas visigodos, desde su establecimiento en las Galias, promulgaron una copiosa legislación. De conformidad con la teoría tradicional, aquella legislación es clasificada en los cinco bloques, cuyas características se procede a exponer a continuación.

1.- Leyes Teodoricianas: integradas, de una parte, por las leyes de Teodorico I (producidas entre 418 y 427), con las que este monarca estableció los términos del reparto de las tierras aquitanas entre los galo-romanos y los visigodos que habían quedado asentados en ellas a raíz del *foedus* del 418[140]. Por otra parte, consta

[140] Conforme al capítulo 305 del Código de Eurico, puede apreciarse que sus actos legales trascendieron el ámbito de los inmuebles, haciéndose alusión a unas donaciones que, basándonos en la *lex burgundionum*, probablemente alcanzaron a los siervos de potentes galo-

la existencia de otro cuerpo de leyes promulgado por Teodorico II, si bien se desconoce su contenido.

2.- Código de Eurico (476-477). Se trataría de un **ordenamiento jurídico personal**, es decir, que tenía como único destinatario a una parte específica de su población. Como tal, en este caso, el código afectó exclusivamente a la **población visigoda**. Según Álvaro D'Ors, Eurico lo habría sancionado bajo la forma de un edicto del prefecto, postulándose así como un magistrado del imperio y, por ende, mostrando su disposición de reconocerse bajo la teórica supremacía de un emperador[141]. En cuanto a su contenido, fue una mezcla de Derecho Romano Vulgar y Derecho Consuetudinario germano[142]. Constó de 350 capítulos, de los que conservamos 47 gracias al hallazgo del palimpsesto de *Saint-Germain-des-Près.*

3.- Breviaro de Alarico II o *Lex Romana Visighotorum* (506): se trataría de un ordenamiento jurídico **personal**, en este caso, para galo-romanos e **hispano-romanos**[143]. Su contenido fue una mezcla de *leges* directamente inspiradas del **Código Teodosiano**, y jurisprudencia o *iuras* procedente de las Instituciones de **Gayo** y las Sentencias de **Paulo**. En cuanto a la jurisprudencia, cabe señalar que prohibió la invocación ante los tribunales de toda jurisprudencia distinta de la que se recogía en el breviario. Gozó de una inequívoca condición jurídica, por cuanto contiene un *conmonitorium*, o nota informativa en la que se advertía a uno de los condes del reino, un tal conde Timoteo, de que, si no cuidaba celosamente de la aplicación del código, se le aplicarían las penas de muerte y de confiscación de sus bienes. Por último, hay que añadir que, en el año 546, el rey Teudis incorporó al código una **ley de costas procesales**, cuya aplicación, en contraste con el resto del código, sí era **de carácter territorial** (aplicable a todos los súbditos del reino).

---

rromanos, teniendo como beneficiarios a visigodos. *Código de Eurico, op. cit. Ley de los Burgundios, op. cit.*

[141] Tal condición de edicto, según Álvato D'Ors, se colige de las alusiones que de él harían los *Fragmenta Gaudeziana*, particularmente en los fragmentos 7, 10 y 11, en los que se hablaría del código como un *edictum*. La inclinación de Eurico por esta fórmula vino dada por la falta de perspectiva para comprender que el Imperio Romano de Occidente había llegado a su fin, por detentar una ambición meramente regionalista y por ser costumbre que la Galia fuera gobernada por su prefecto con una gran autonomía frente a los emperadores. D'Ors, Álvaro, El Código de Eurico: Edición, Palingenesia e Índices, BOE, Madrid, 2014, pp. 3-5.

[142] En relación a esta apreciación, Álvaro D'Ors defendió el carácter esencialmente romano-vulgar de este código, subrayando: la a) influencia de juristas romanos en el quehacer legislativo de los monarcas visigodos de Tolosa (Avitus y Magno de Narbona); b) en la declaración abiertamente continuista del régimen imperial romano al promulgar su código mediante un edicto de prefecto; y c) a su propio análisis de las instituciones recogidas en los capítulos de este código. Por otra parte, sin despreciar la presencia de ciertas influencias consuetudinarias germánicas, las otorga una significación residual en la composición del código.

[143] Conviene no olvidar que también contiene algunas disposiciones relativas a los judíos.

4.- Código de Leovigildo o *Codex Revisus* (568-586): el rey Leovigildo emprendió una actividad legislativa consistente en **revisar** el Código de Eurico, y "mejorarlo" de tal manera que no hubiera elementos confusos ni superfluos. Asimismo, se dice que añadió algunas leyes[144].

5.- Liber Iudiciorum o *Lex Visighotorum* (654): promulgado por **Recesvinto** tras su revisión por el VIII Concilio de Toledo. Se trataría del primer código de leyes de plena aplicación **territorial**, completando el proceso de integración de las poblaciones hispanorromana y visigoda. Su contenido, en relación al del Código de Eurico, continuó siendo una combinación de **Derecho Romano Vulgar** y de **Derecho Consuetudinario Germano**, si bien, novedosamente, integró **Derecho Canónico** (procedente de los Concilios de Toledo). En cuanto a su estructura, consta de 12 libros, estando cada uno de ellos subdivididos en capítulos y estos en leyes. Sobre estas leyes, llama la atención que algunas están precedidas por la inscripción ***antiquae*** y otras por ***antiquae enmendatae***, lo cual ha dado lugar a especulaciones que guardan, como común denominador, afirmar que, las normas precedidas por *antiquae* son leyes rescatadas del Código de Eurico; mientras que las otras, son las leyes euricianas "revisadas" por Leovigildo. Asimismo, también rescató otras leyes de monarcas que fueron desde el reinado de Leovigildo hasta llegar al suyo propio, indicando la autoría de las mismas. En cuanto a cualquier otro vestigio de legislación romana que pudieran conservar los súbditos del reino, la deroga enteramente, aunque autoriza su estudio. Como colofón de su obra, estableció que, en caso de que el código no ofreciera solución a alguna controversia presentada ante un juez, este habría de **acudir directamente al rey**[145].

Aun podría añadirse que, si bien el *Liber Iudiciorum* fue promulgado como código en la época señalada, su factura definitiva vendría dada por algunas **adiciones posteriores**, realizadas entre finales del S. VII y principios del VIII, las cuales fueron fundamentalmente autoría del rey **Ervigio**. Por otra parte, algunas **copias, propiedad privada de juristas** del reino visigodo, fueron objeto de aclaraciones, adiciones de leyes posteriores[146] y modificaciones. Todo ello sin carácter oficial, y con el mero fin de contar con un instrumento que les facilitara su labor en los tribunales. Estos ejemplares integraron las llamadas ediciones **vulgata**, cuya conservación jugó un papel crucial en la Historia del Derecho Español, pues cuando se produjo el colapso del reino visigodo a raíz de la invasión musulmana, aquellas ediciones serían esgrimidas por algunos focos de resistencia cristianos para ordenar la vida social de sus nacientes estructuras políticas (Reino Astur-leonés y Marca Hispánica carolingia).

---

[144] Elimino la prohibición de matrimonios mixtos, la cual, quizá hubiera sido establecida mediante el Código de Eurico.

[145] *Liber Iudiciorum* 2, 1, 11.

[146] Leyes de Égica y Witiza.

VII Organización Territorial y Local

La organización territorial del Reino Visigodo de Toledo fue semejante a la de la Hispania Romana. Se mantuvieron las **provincias**, Tarraconense, Bética, Cartaginense, Lusitana y *Gallaecia*; apareciendo como novedosas *Asturica*, *Cantrabria* y *Septimania*, (esta última localizada en la actual Francia). Al frente del gobierno militar y como máxima instancia judicial de cada provincia, se encontraron los ***dux*** o duques. A su vez, estas provincias se subdividieron en **territorios**, en los que ejercían esos mismos, añadiendo los tributarios, los ***comes***, o condes territoriales, cuya labor estuvo sometida a la inspección de los duques.

En relación a las instituciones de gobierno municipal, hay que señalar que, debido a que se prolongaba el éxodo urbano iniciado en el Bajo Imperio, estas experimentarían alteraciones. Como punto de partida, puede hablarse de la subsistencia de la **curia o senado municipal**, concentrando lo máximos poderes de la localidad. Junto a esta se hallaba el ***defensor civitatis***, quien, siendo elegido, o bien por los hombres libres residentes, o bien por el obispo de la diócesis de entre los curiales, asumía la ejecución de los designios de la curia[147]. No obstante, hay que decir que, durante esta etapa fue frecuente la desaparición de los miembros de la curia, por lo que el monarca, a fin de prevenir el desgobierno local, otorgaba a los condes territoriales poderes de gobierno, nombrándolos al efecto ***comes civitatis***. En tales casos, el *defensor civitatis* se convirtió en un mero asistente de aquel y juez de pleitos menores (*iudex mediocris*) de índole criminal y probablemente relacionados con abusos en el cobro de tributos.

Por otra parte, la concentración de habitantes en zonas rurales, dio lugar al nacimiento del ***Conventus rusticorum*** o *Conventus publicus vicinorum*. Asambleas de habitantes de demarcaciones rurales, que se reunían para **regular y dirimir controversias** relativas al ganado, la explotación de los pastos y cultivos. Sobre estos cabe señalar que llegaron a asumir **jurisdicción penal**, aplicando castigos[148].

VIII Sociedad

1.- Aristocracia, este segmento de la sociedad fue inicialmente conformado por la nobleza visigoda, poseedora de villas y latifundios (*magnates* o *seniores*). A este núcleo se incorporaron los *potentes* hispanorromanos. Todos ellos fueron frecuentes acreedores de los cargos de gobernador, oficios palatinos y beneficios territoriales dispensados por el monarca. Además, se considera que gozaron de un

---

[147] También pudo recibir el nombre de curator civitatis, y su elección por los obispos fue posible a partir del III Concilio de Toledo (589).

[148] *Liber Iudiciorum, op. cit.*, 8, 5, 6.

estatus jurídico privilegiado, quizá en relación a su régimen tributario, y sin duda en cuanto a gozar de exención de penas y de medios de prueba que conllevasen el tormento[149].

2.- Libres, que se subdividían en tres grupos: a) ***privates***, integrados por los sujetos que vivían en las urbes, ya fuera elaborando manufacturas o ejerciendo el comercio. Dependiendo del oficio desempeñado, se agrupaban en *collegia* o gremios, asociaciones en cuyo seno se llevaba a cabo una actividad reguladora de las condiciones de trabajo y estándares de calidad de los servicios prestados. b) ***possesores***, segmento de habitantes rurales, mayoritariamente integrado por pequeños propietarios hispanorromanos que habrían quedado exentos de los repartos de tierras entre los invasores visigodos. Y c) ***iuniores***, también segmento de habitantes rurales, en este caso conformado por sujetos libres que habitaban en entornos rurales, carentes de propiedades agrarias.

En general, los libres estuvieron expuestos a la inseguridad motivada por continuas guerras civiles, bandidaje, eventuales extorsiones de los poderosos, y a una mala situación económica. En vista del panorama, lo frecuente fue que los libres satisficieran sus inquietudes contrayendo ciertos contratos con magnates latifundistas, llamados **contratos de patrocinio**. Estos tuvieron, de una parte, a un magnate que recibía el nombre de ***patrón***, quien garantizaba protección y sustento mediante la entrega de tierras para su cultivo; y de otra a un libre (normalmente *iunior*), llamado **patrocinado o encomendado**, quien se comprometía al pago anual de un censo. Adicionalmente, dado que los magnates latifundistas solían tener interés en formar ejércitos privados con los que intervenir en la política del reino, cabía añadir al contrato de patrocinio otras dos clausulas. En virtud de estas el patrón facilitaría armas al patrocinado, mientras que este se comprometería a prestarle servicios de armas, en cuyo caso el patrocinado adquiría la condición de **bucelario**[150].

3.- Siervos: en efecto, la Monarquía Visigoda de Toledo y su clero cristiano toleraron la esclavitud, si bien este último elemento animaba a sus propietarios a darles buen trato y a emanciparlos. Es reseñable la incidencia acaecida con motivo del XVII Concilio de Toledo (694), en cuyos cánones se ordenó la esclavitud de la población judía de todo el reino junto con la confiscación de sus bienes. Asimismo, hay que añadir que, desde finales del S.VII, se produjo una oleada de fugas de esclavos que causaron una honda preocupación en el reino, por lo que el rey Égica estableció penas al efecto para castigar severamente a quienes les prestaran auxilio, y así disuadir al resto con el ejemplo[151].

---

[149] *Liber Iudiciorum, op. cit.* 2, 3, 4.

[150] *Liber Iudiciorum, op. cit.* 5, 3, 1.

[151] *Ley de Egica, la ley dada en Córdoba en el 702, la* (...) *IX, 1, 21. Estamos ante una extensa norma.*

IX ORGANIZACIÓN FINANCIERA

Consta como, al menos desde el reinado de Leovigildo (569-586), la cabeza de la Hacienda visigoda fue el propio **monarca**, quien tuvo el **derecho de establecer y suprimir libremente los tributos**, así como de eximir de su pago a las personas que estimase oportuno[152]. A sus órdenes directas estuvieron dos miembros del Oficio Palatino: el *comes thesarorum*, empleado en la custodia de los recursos recaudados; y el *comes patrimonii*, sobre el que recayó la planificación de la recaudación y la gestión de los tributos obtenidos. El Régimen Tributario del Reino de Toledo, contempló impuestos personales (*capitatio humana*); reales (*capitatio terrena*), conservando, en este último sentido, la práctica vigencia del *vectigal* romano[153]; e impuestos indirectos que grabaron la adquisición comercial de bienes y su tránsito aduanero (*telonia*). En cuanto al desempeño directo de la recaudación, fue acometido por ciertos funcionarios: en los municipios, los *exactores* (cuando hubo senado local, respondiendo estos últimos subsidiariamente de sus negligencias[154]) o por los *numerarii*; en el ámbito rural la tarea recayó sobre los *villici*; mientras que los impuestos indirectos, con mucha probabilidad fueron recaudados en los mercados por los llamados *telonarii*[155].

A raíz del IV Concilio de Toledo (633) se establecieron exenciones fiscales para **el clero** relativas a los tributos personales (*capitatio humana*). En cuanto a la aristocracia, ciertamente se ha planteado la posibilidad de que mediara alguna suerte de privilegio, aunque no hay evidencias claras de tal cosa[156]. Por otra parte,

---

que se enfrenta al problema general de la existencia de los fugitivos. En la exposición de motivos vuelven a aparecer dos "tópicos" (...): la ineficacia de las leyes antiguas y la dimensión del problema. Establece el principio de que si se halla un fugitivo se devuelva o se entregue al juez. Si tal cosa no se hiciere, el que lo acogiere, si es servus o libertus, habría de sufrir ciento cincuenta latigazos y, si es libre, recibiría cien y habría de pagar una libra de oro y, en caso de que no la tuviese, recaerían sobre él otros cien azotes. Amancio Isla Frez, *Los fugitivos y el título sobre ellos del Liber Iudicum*, recuperado de: http://www.ujaen.es/revista/arqytm/PDF/R8/R8_6_Isla2.pdf.

152 En este sentido, es significativo como Ervigio, en el canon 3 del XIII Concilio de Toledo (683), perdonó los impuestos debidos por el común del pueblo al fisco real, apelando únicamente a su autoridad regia. *María del Rosario Valverde Castro, Monarquía y Tributación en la España Visigoda: El Marco Teórico, Hant XXXI-2007, 235-251. Liber Iudiciorum, op. cit.*, 12, 1, 3.

153 *Liber Iudiciorum, op. cit*, 5, 4, 19. Ley introducida por Chindasvinto (642-653), que alude a la vigencia de un impuesto territorial anterior a ella.

154 Thompson, Edward Arthur, *Los godos en España*, Alianza, Madrid, 1979.

155 Álvaro D'Ors, *Homenaje al profesor Camilo Barcia Trelles*, Santiago de Compostela, 1958, pp. 467-483.

156 Las exenciones del clero (impuestos personales y fonsadera) se consagraron en el Concilio de Toledo IV, canon 47. Sobre los indicios de exención fiscales a magnates, tan solo hay alusiones durante el VIII Concilio de Toledo (653) acerca del escaso lucro que las arcas reales obtuvieron de ellos. María del Rosario Valverde Castro, *Monarquía y Tributación en la España Visigoda: El Marco Teórico, op. cit.*

consta que la población judía fue sometida a impuestos especiales[157], hasta que, llegado el XVII Concilio de Toledo (694), junto con el ya mencionado llamamiento a su esclavitud, se estableció la ejecución de todos sus bienes. Finalmente, en cuando a la forma de recaudación, puede señalarse que durante esta etapa fue preferible la recaudación en especie.

X JUSTICIA, EJÉRCITO E IGLESIA

Como suprema instancia judicial se hallaba el rey reunido con el Aula Regia, tras esta estaban de una parte los gobernadores provinciales (duques y condes) y paralelamente, para las ciudades, los *comes civitatis* o en su defecto los *defesores civitatis*. Como jurisdicciones especiales, cabe mencionar a la militar, ejercida por el *thiuphadus*; la eclesiástica, ejercida por el obispo, siendo, desde el III Concilio de Toledo (589) los únicos sujetos competentes para juzgar las controversias del clero, de sus siervos y libertos[158]; la fiscal ejercida por el *numerarii;* y la mercantil, ejercida por el *telonarii*[159].

Sobre el ejército del Reino Visigodo de Toledo, toca decir que evolucionó desde una **milicia gentilicia**, en la que solo militaban los miembros del pueblo godo, a un **ejército popular**, que obligaba a prestar el servicio de armas a todos los súbditos del monarca, aunque fueran esclavos. En este sentido, consta como el rey Wamba estableció en 673 la obligación de acudir a las eventuales batallas para todos los pobladores en un radio de **cien kilómetros**. A tal efecto existían unos funcionarios llamados *compulsores exercitus*, que se encargaban de efectuar los reclutamientos. Asimismo consta que la incomparecencia podía acarrear **penas** de destierro, ejecución de bienes y privación del derecho de prestar testimonio judicial.

En cuanto a la jerarquía del ejército del reino, el mando supremo correspondió al rey. Tras este se hallaban como responsables subsidiarios, sucesivamente, los *dux* y los llamados *thiufadus*.

---

157 *Liber Iudiciorum, op.cit.*, 12, 2, 18. Este precepto alude a los tributos extras que habían de satisfacer. El mismo precisó que, cuando un judío se convirtiera al catolicismo, su antigua cuota habría de ser prorrateada entre sus semejantes.

158 III Concilio de Toledo, los cánones VI y XIII, permiten sostener cabalmente el establecimiento del llamado Privilegio del Fuero. Apreciación coincidente con la de José Escudero, quien afirmó tal extremo en su manual.

159 *Liber Iudiciorum,* (11, 1, 27 y 11, 3, 2). Aun podría hacerse mención de otras autoridades militares inferiores al tiufado (milenario, quingentenario y centenario); a los jueces de paz, que eran nombrados *ad hoc* por el monarca para la resolución de asuntos concretos (11, 1, 17). También cabe matizar que los obispos tuvieron jurisdicción ordinaria en los casos que involucrasen a un justiciable pobre (11, 1, 30).

De la Iglesia, cabe destacar la mediación del **III Concilio de Toledo**, convocado en el año 589 por el rey Recaredo, el cual supuso el abandono de la herejía arriana y la **conversión de los visigodos al catolicismo**[160]. Sobre el nombramiento de los obispos, el monarca detentó inicialmente el derecho de presentación de su candidato ante los obispos de la provincia en la que se había de proveer la vacante[161]. Sería a partir del XII Concilio de Toledo, celebrado en el año 681, cuando se comenzó a hablar de un **derecho regio de elección**, si bien, el obispo metropolitano de Toledo se reservaba examinar al elegido antes de nombrarlo, para, en caso de flagrante incumplimiento de los requisitos, abstenerse de realizar su voluntad[162]. Sobre las demarcaciones territoriales a las que se circunscribían sus actividades, la cuestión fue solventada por el **Principio de Acomodación Territorial**, por medio del cual se distribuyó un obispo metropolitano por cada una de las provincias del orden secular. Finalmente, en el seno de cada una de las provincias se desarrollaron **Concilios provinciales**, en los que se trataban y dirimían controversias relativas a temas de jerarquía eclesiástica y de fe, si bien también es digno de mención que los altos funcionarios y gobernadores recurrieron con frecuencia a ellos para que orientasen su gestión.

Bibliografía

Álvarez de Cora, Enrique, *Derecho Sexual Visigótico*, Historia. Instituciones. Documentos, 1997, (24): 1-51.

Ashley, W. J., *Historic and Economic Surveys*, Longmans, Green and Co., New York & Bombay, 1900.

Binding, Karl; und Wilhelm Wackernagel, Karl Heinrich. *Geschichte des burgundischromanischen Königreichs. Mit einer Beilage Sprache und Sprachdenkmäler der Burgunden, von W. Wackernagel*", W. Engelmann, Leipzig, 1868.

Díaz, P.C., Rey y Poder, Iberia, 1 (1998), pp. 175-195, p. 189.

D'Ors, Álvaro, *El Código de Eurico: Edición, Palingenesia e Índices*, BOE, Madrid, 2014.

D'Ors, Álvaro, *Homenaje al profesor Camilo Barcia Trelles*, Santiago de Compostela, 1958, pp. 467-483.

---

160 Las actas del concilio reflejan una profesión de fe católica de los obispos, presbíteros, proceres y del propio monarca. Luego se establece la pena de anatema para quien profese alguno de los dogmas arrianos. Más adelante, en el canon I, se establece la vigencia de las penas canónicas contra los herejes ya consagradas en las actas conciliares y decretales católica. Tejada y Ramiro, Juan, *op.cit.*, Madrid, 1861, p. 213 y *ss.*

161 También se contempló la posibilidad de que el candidato fuera presentado por consenso del clero y de los habitantes de la jurisdicción del obispado; o su elección directa por los propios obispos de la provincia eclesiástica. Canon III del II Concilio de Barcelona.

162 Canon VI del XII Concilio de Toledo.

Escudero, José Antonio, *Curso de Historia del Derecho: Fuentes e Instituciones Político Administrativas*, Madrid, 2003.

Gibert, Rafael, *El Consentimiento Familiar en el Matrimonio Según el Derecho Medieval Español*, Anuario de historia del derecho español, Nº 18, 1947, págs. 706-761.

Isla Frez, Amancio, *Los fugitivos y el título sobre ellos del Liber Iudicum*, recuperado de: http://www.ujaen.es/revista/arqytm/PDF/R8/R8_6_Isla2.pdf.

Jornandes, *De la Succession Des Royaumes et des Temps et de l'Origine et des Actes des Goths*, Histioire des Goths, C. L. F. Panckoucke, Paris, 1842.

Julio César, *Comentarios de Cayo Julio Cesar de la Guerra de las Galias*, Imprenta Real, Madrid, 1798.

Lot Ferdinand. *Du régime de l'hospitalité*. In: Revue belge de philologie et d'histoire, tome 7, fasc. 3, 1928. pp. 975-1011.

Montesquieu, *El Espíritu de las Leyes*, Alianza, Madrid, 2003.

Orlandis, José, *la Doble Conversión Religiosa de los Pueblos Germánicos (S. IV-VIII)*, Anuario de Historia de la Iglesia, núm. 9, 2000.

Orosio, *Historia Contra Paganos*. Recuperado de: https://sites.google.com/site/demontortoise2000/orosius_book7.Tácito, *La Germania*, recuperado de: https://www.biblioteca.org.ar/libros/155267.pdf.

Planitz, Hans, *Principios de Derecho Privado Germánico*, Ediciones Olejnik, Argentina, 2019.

San Isidoro de Sevilla, *Historia de Regibus Gothorum, Vandalorum et Suevorum*. Recuperado de: https://tools.wmflabs.org/wsexport/tool/book.php?lang=la&format=pdf-a4&page=Historia_de_regibus_Gothorum%2C_Vandalorum_et_Suevorum

Tejada y Ramiro, Juan, *Colección de Cánones y de Todos los Concilios de la Historia de España y de América, Tomo II*, Imprenta de D. Pedro Montero, Madrid, 1861.

Thompson, Edward Arthur, *Los godos en España*, Alianza, Madrid, 1979.

LEGISLACIÓN CONSULTADA

Código de Eurico.

Leyes de los Burgundios, Introducción de Carlos Asla y Traducción de Carlos R. Domínguez, Universidad de Mar del Plata, 2017.

Lex Frisionum Lex Frisionum, Lex Angliorum et Werinorum, Gebhard et Socios, Amsterdam, 1801.

Leyes de los Francos Sálicos y Ley Sálica Carolina, Introducción de Carlos Asla y Traducción de Carlos R. Domínguez, Universidad de Mar del Plata, 2017.

Leyes de los Longobardos, Introducción de Carlos Asla y Traducción de Carlos R. Domínguez, Universidad de Mar del Plata, 2018.

Leyes de los Sajones y los Turingios, Introducción de Carlos Asla y Traducción de Carlos R. Domínguez, Universidad de Mar del Plata, 2019.

Lex Saxonum, Herausgegeben von Johannes Merkel, Verlag von Whilhelm Hertz, Berlin, 1853.

Liber Iudiciorum, recuperado de: https://www.boe.es/biblioteca_juridica/abrir_pdf.php?id=PUB-LH-2015-2.

TEMA 5
EL DERECHO MUSULMÁN

I Introducción

A principios del S. VIII, el orden político del Reino Visigodo de Toledo atravesaba un frágil equilibrio como consecuencia del conflicto civil entre dos partidos. En aquel contexto, la oportuna invasión afro-asiática del año 711, en principio para colaborar con uno de aquellos partidos, provocó el derrumbamiento del régimen visigodo y su sustitución por uno nuevo de cuño arábigo. Este último evento sería el punto de partida de la aparición de un nuevo sistema jurídico, de inspiración netamente religiosa (musulmana) en la península ibérica. Este tema, comienza abordando los fundamentos de su Derecho y de su Régimen político. Una vez ofrecida esta perspectiva, se procede a examinar la solución que los invasores afro-asiáticos ofrecieron al elenco de problemas jurídicos típicos: reparto de los recursos peninsulares; instituciones de gobierno central, territorial y local; Hacienda, Administración de Justicia y Ejército.

II Derecho Musulmán o *Sharia*

Se trata de un Derecho netamente inspirado por la religión islámica. A continuación, examinamos las cuatro fuentes a partir de las cuales se derivaron sus normas jurídicas.

1.- El Corán (recitación): fuente fundamental del Derecho Musulmán. Su contenido se corresponde con la revelación que Dios (*Allah*) hizo a los hombres a través de su profeta Mahoma, para ponerlos en el camino de la salvación. Su predicación fue transcrita tras su muerte (632 d.C.) durante la década de 650 d.C., dando lugar al libro homónimo, el cual se divide en capítulos (*suras*) y en versículos (*aleyas*). Entre sus muchos preceptos, se incluyen los llamados **Cinco Pilares del Islam**, conductas obligatorias características de los creyentes en la revelación mahometana, y cuya observancia por cualquier individuo le merece el apelativo de musulmán. Estos pilares son los que se exponen a continuación.

A) Testificar (*shahadah*): afirmar que no hay más Dios que *Allah* y que Mahoma es su profeta[163].

B) Oración (*salat*): realizar de modo diario ciertas oraciones[164].

C) Purificación (*zakat*): donar limosna a los pobres[165].

D) Ayuno (*sawm*): abstenerse de consumir alimentos a lo largo del día, durante el periodo llamado Ramadán[166].

E) Peregrinación (*hach*): peregrinar al menos una vez en la vida a la Meca[167].

2.- La *Sunnah* (forma de actuar o ética): se trata de un libro sagrado que presenta carácter **subsidiario frente al Corán**. Recoge todos los **hechos y dichos** que han podido ser atribuidos a Mahoma y que no fueron reflejados en el Corán. Su razón de ser es doble. Por una parte, tras la muerte de Mahoma se advirtió que su mensaje coránico era insuficiente a la hora de resolver todas sus controversias. Siendo esto así, se advirtió que en el Corán había ciertos preceptos que señalaban a Mahoma como un ejemplo de conducta perfecta, siempre agradable a los ojos de *Allah*[168], de lo cual se dedujo que la clave para completar el ordenamiento musulmán, era recopilar los ejemplares hechos del profeta. Para llevar a cabo tal pretensión, los fieles tan solo contaron con una tradición oral dispersa, consistente en breves narraciones llamadas **hadizes** (hadiz en singular). Los *hadizes* tenían como origen a quienes habían convivido con el profeta, no obstante, la sospecha de posible fraude en relación a estas historias, dio lugar al desarrollo de la llamada **Ciencia del Hadiz**, una disciplina consistente en narrar cada *hadiz* en unos términos que ayudarían a juzgar y a garantizar su veracidad. Conforme a las exigencias de la Ciencia del Hadiz, para que los testimonios de la conducta de Mahoma fueran tenidos en cuenta, el narrador, había de acompañar el *hadiz* añadiendo los nombres de las personas a través de las que había tenido conocimiento del episodio aludido, de modo que aquel quedara unido mediante una cadena de testimonios a quien había estado ante Mahoma cuando el episodio tuvo lugar,

---

163 47, 19; 48, 29. *El Corán*, Traducción de M. Isa García, Bogotá, 2013.

164 Ibidem, 23, 2 y 9; 70, 22-23 y 34; 17, 79.

165 Ibidem, 9, 103; 70, 24-25.

166 *Ibidem*, 2, 183-187.

167 *Ibidem*, 2, 196-197.

168 *Ibidem*, 33, 21; 53, 2-6.

dando inicio a la transmisión oral. Por último, cabe añadir que los sabios expertos en valorar la veracidad de los *hadizes* generalmente fueron llamados ulemas[169].

3.- **El *Ijma*** (consenso): Unánime asentimiento de la comunidad musulmana (la *Ummah*) respecto de alguna cuestión. Se trataría de una tercera fuente del Derecho Musulmán subsidiaria de las dos anteriores. Su condición de tal fuente se sostiene en virtud de un particular *hadiz*, el cual cuenta que, en una ocasión, Mahoma dijo: *mi comunidad nunca estará de acuerdo en un error*. Es comúnmente señalado como el fundamento de un ámbito democrático de creación del Derecho Islámico[170].

4.- **El *Fiqh***: ciencia del Derecho desarrollada por los **alfaquíes**, es decir, por los jurisconsultos del Derecho Islámico, consistente en el razonamiento de ciertos principios generales del Derecho, que estarían implícitos en el Corán y en la Sunnah[171]. Esta actividad, está esencialmente enfocada a dar una solución (o consecuencia jurídica) a supuestos de hecho imprevistos en el ordenamiento, y que, además, entrañan un perjuicio para la sociedad. La actividad racional de los alfaquíes es conocida como **analogía**. Esta consiste en relacionar un supuesto de hecho imprevisto con una norma jurídica que presente un supuesto de hecho similar, para, así, transferir al primer enunciado la consecuencia jurídica del segundo enunciado. De este modo llegan a formar reglas de Derecho llamada ***qiyas***.

Un sencillo ejercicio de analogía[172], vino dado por la duda acerca de la imprevista consecuencia que correspondía al consumo de hachís, supuesto de hecho

---

[169] Diego Melo Carrasco y Francisco Vidal Castro, *A 1300 años de la conquista de al-Andalus (711-2011): Historia, cultura y legado del Islam en la Península Ibérica*, Centro Mohammed VI para el Dialogo de Civilizaciones, Chile, 2012, p. 368.

[170] 42, 36-38. *La recompensa que Dios tiene reservada* (en el paraíso) *será mejor y más duradera, para quienes crean y* (…) *se consultan para resolver sus asuntos.* 3,159. *Pide perdón por ellos, y consulta con ellos los asuntos. El Corán, op. cit.* Sunnah de Ibn Mahah, hadiz 3950.

[171] Esta afirmación, resulta útil a nivel pedagógico para el jurista occidental. No obstante, el que tenga interés en profundizar en el conocimiento del Derecho Musulmán, ha de saber que esta afirmación está sujeta a importantes matices. En efecto, pese a que la trasposición de una consecuencia jurídica a un supuesto de hecho que no es el suyo, tan solo puede justificarse mediante la previa inducción de una máxima general, la jurisprudencia musulmana se caracteriza por enunciar tales máximas con pretensiones limitadas al caso objeto de la controversia, es decir, los principios razonados no tendrían vocación de ser generales. El Ouazzani Chahdi, Loubna, *Teoría y Práctica en el Derecho Penal Andalusí*, Cuadernos de Historia del Derecho, 2003, 10 363-384. Este fenómeno parece derivarse del carácter cauteloso del jurisconsulto musulmán, temeroso de ser demasiado audaz a la hora de atribuir máximas que no han sido explicitadas por *Allah*, y por ende de ser condenado.

[172] Sin duda, los ejercicios jurisprudenciales islámicos pueden alcanzar una complejidad que convierte al término analogía en un calificativo excesivamente simplista. En este sentido, cabe apreciar la fatwa de Al-Wansarisi, acerca de qué ha de hacer el musulmán en caso de habitar un territorio bajo dominio cristiano. En ella se aprecia una minuciosa deconstrucción del supuesto de hecho que implicaría su incompatibilidad con el cumplimiento de los deberes islámicos, resolviendo *ad hoc* el deber de emigrar. Maíllo, Salgado Felipe, Consideraciones

que se entendía comprometía la salud mental de la población. Así, en tanto que en el Corán y en un hadiz Mahoma condenaba el consumo de un producto que despertaba los mismos efectos, el alcohol[173], llegó a razonarse una particular *qiya*. Conforme a esta, el consumo de hachís había de ser castigado en los mismos términos que el consumo de alcohol[174].

Tanto la ***qiya***, como el razonamiento o ejercicio de analogía que condujo a su formulación, fueron plasmados en textos llamados ***fatwas***, que ciertos alfaquíes, (asistentes de jueces o abogados llamados *muftíes*), aportaban a los jueces (cadíes) cuando precisaban resolver una controversia problemática. Asimismo, cabe señalar que las sentencias judiciales fueron registradas en un depósito jurisprudencial llamado ***diwan*** (registro), al cual recurrirían los jueces para buscar orientación, resolviendo los casos similares de igual manera (jurisprudencia vinculante).

Por último, procede añadir que hubo varias **corrientes doctrinales** de *Fiqh* (*madhhab*), alcanzando la hegemonía en Al-Ándalus la llamada Doctrina **Malequí**. Esta se caracterizó por permitir integrar en sus ejercicios de analogía a los usos y costumbres locales extraislámicos (*urf*) [175].

III ORGANIZACIÓN POLÍTICA PRIMITIVA

1.- El eje de la organización política islámica, fue el profeta Mahoma. Desaparecido este, los fieles coincidieron en la necesidad de nombrar a un sustitu-

---

Acerca de una Fatwa de Al-Wansarisi, recuperado de: https://www.researchgate.net/publication/41018903_Consideraciones_acerca_de_una_fatwa_de_Al-Wansarisi/fulltext/0e60812ef0c46d4f0acb6db0/Consideraciones-acerca-de-una-fatwa-de-Al-Wansarisi.pdf

173 *El Corán, op. cit.*, 5, 90.

174 López Pita, Paulina, *El vino en el Islam: Rechazo y Alabanza*, Espacio. Tiempo y Forma, Serie III, H.ª Medieval, t. 17, 2004, págs. 305-323, 319. En cuanto al castigo correspondiente al consumo de vino, esta habría sido fijada por el primer califa Abu Bakr un cierto número de azotes, en base a un controvertido *hadiz*. El número de azotes establecido por el mismo Abu Bakr y respaldado por Malik, fue de ochenta azotes. Marín, Manuela, *En los Márgenes de la Ley: Consumo de Alcohol en Al-Ándalus*, CSIC, Estudios onomástico-biográficos de al-Andalus (Identidades marginales) XIII, editados por Cristina de la Puente, 2003, p. 271-328, p. 311 y 315. López Pita, Paulina. *El vino en el Islam: Rechazo y Alabanza, op. cit.*, p. 313.

175 Correctivo de adecuación a la realidad local en pro de la utilidad pública. *Cuando un uso es el vigente, tanto el qadí como el muftí se apartarán de la normativa generalmente admitida/mashur, para amoldarse a los preceptos locales anómalos/sadd. Ello siempre que lo requieran las circunstancias/mugtbat: tales como los cambios sufridos por el uso/urf, el que sea de manifiesta utilidad o erradique un abuso, ya que la praxis/amal requiere la existencia de la causa que la ha originado. En consecuencia, la praxis varía según los países y, dentro de una misma comarca, con el transcurso del tiempo".* Chalmeta, Pedro, *Acerca del Amal en Al-Ándalus: Algunos Casos Concretos*, Anuario de historia del derecho español, Nº 57, 1987, p. 339-364.

to[176] referido como **califa** (representante) o *imam* (el que predica la fe), de suerte que pudieron conservar la misma estructura política monolítica. La figura del califa consagra una **organización social monista**, pues concentra la máxima potestad política y la autoridad religiosa en un mismo sujeto[177], si bien, en relación a sus atribuciones religiosas, se entendió que el papel de estos califas ya no consistiría en hacer nuevas revelaciones, sino tan solo en aclarar a los fieles los preceptos que ya habían sido revelados por el definitivo profeta de *Allah,* Mahoma.

2.- La mayoría de los musulmanes (sunnitas) fueron de la opinión de que, el sustituto de Mahoma, había de ser electo por la **shura**, es decir, por una asamblea de fieles (en la práctica por una minoría de poderosos). Los primeros cuatro califas de la comunidad islámica, electos, gozaron de una excepcional aceptación que les permitió ejercer el gobierno supremo, por lo que se los conoce como los **Cuatro Califas Bien Guiados**. Estos fueron los siguientes:

632-634 Abu Bakr.

634-644 Omar.

645-656 Osmán.

656-661 Alí.

A la muerte del cuarto, Alí, se consolidó una fractura en torno a los hadizes que concretaban la sucesión del califato, las cual llegaría a hacerse insalvable entre los musulmanes, dando lugar a tres corrientes: la **sunní**, que sería la mayoritaria y que arraigaría en Al-Ándalus; la Chií (que arraigó en Persia); y la Jariyí (que arraigó en Omán). En cuanto a la primera, preconizó que los califas habían de ser electos por la *shura* de entre los miembros de la tribu de Mahoma, la *quraishí*; la **chií**, defendió que los califas habían de ser nombrados por el propio califa dentro del linaje conformado por los descendientes de Alí[178]; y la **jariyí**, sostuvo que cualquier musulmán virtuoso podría ser designado por la *shura.*

---

176 Al-Mawardi se remite al Corán para señalar el carácter canónico de este cargo (apunta a 4, 62. Si bien la aleya referida se halla en 4, 64 en las ediciones que se han consultado). Al-Mawardi, *Al-Ahkam al-Sultania w'al-Wilayat al-Diniyya,* recuperado de: https://www.kalamullah.com/ahkam-sultaniyyah.html, p. 10.

177 a) aclarar los preceptos del Corán, b) aclarar la sharía, c) evitar desviaciones en el credo, d) responder preguntas sobre la doctrina, e) educar; f) hacer cumplir los preceptos con equidad, garantizar la seguridad interna y externa de la comunidad islámica; g) y velar por su economía.

178 Para sostener este sistema de designación, los chiíes se remiten a dos hadizes *mutawatir* o de universal aceptación entre los musulmanes: el hadiz del Ghadir Jum, en el que Mahoma habría señalado como su sucesor a Alí; y el hadiz de Az-Zaqalain, en el que Mahoma afirmó que dejaba entre los musulmanes dos tesoros, el Corán y a sus descendientes, para que se aferraran a ellos. También cabe añadir que los chiíes se escindieron en el 765 entre los llamados ismaelitas y los duodecimanos, en base a discrepancias acerca de qué ramas del linaje de Alí detentaban la legitimidad para acceder al califato (o imamato), la rama de Ismail ibn Ya'far o la

IV AL-ÁNDALUS

1. Waliato (714-756)

Muza, gobernador (*walí*) del Magreb, se benefició de las discordias que se vivían en el Reino Visigodo de Toledo, motivadas por: a) la elección de Don Rodrigo como monarca, privando de la sucesión al trono a los miembros del linaje de Witiza; y b) por la ofensa que Don Rodrigo profirió a la hija del conde de Ceuta, Don Julián, al haber mantenido una relación carnal con ella, para después desentenderse. Los agraviados se conjuraron para destronar al rey, e invitaron a Muza a cruzar el estrecho con tropas, comprometiéndose a concurrir en su auxilio durante la batalla que presumiblemente habría de entablar contra los ejércitos del rey Rodrigo. Tal cosa sucedió en el 711, cuando Tariq Ibn Ziyad presentó batalla en las inmediaciones del río Guadalete junto al conde Don Julián y al obispo Opas. Tras la victoria, Tariq y Muza procedieron de consuno a la exitosa conquista de la mayoría de la Península Ibérica. Fue de este modo que Muza pasó a ser el primer gobernador de la Península Ibérica[179].

El freno a la expansión islámica llegaría con las batallas de: a) Covadonga, que tuvo lugar en el 722 en Asturias, ante un foco de resistencia cristiano comandado por el antiguo *comes spatatorum* don Pelayo; y b) de Poitiers, que tuvo lugar en el 732 en Francia, ante las tropas comandadas por el progenitor de la dinastía carolingia, Carlos Martel.

En el año 744, el mundo islámico contempló el advenimiento de la Gran Fitna o Tercera Guerra Civil del Islam, en la que, bajo el pretexto de impiedad de la dinastía califal Omeya, la dinastía Abasí les disputó el gobierno del Imperio. Concluyó en el 750, tras haber tenido lugar la Batalla del Gran Zab y el subsiguiente banquete de reconciliación (en Abu-Futrus), durante el cual los abasíes perpetraron el asesinato de los omeyas. Su éxito sería parcial, dado que se produjo la huida del príncipe Abderramán, quien seguidamente acometería la conquista de Al-Ándalus, proclamándose su gobierno en lo político con el título de emir.

2. Emirato (756-929)

Tras los convulsos reinados de Hisham I y de Al-Hakem I, accedió al emirato **Abderramán II** (822-852), quien asentó un Gobierno centralizado y acometió la represión de los no creyentes al forzar su conversión por medios violentos.

---

de Musa al-Kazim. También cabe añadir que los ismaelitas se distinguieron por el desarrollo de una teología neoplatónica.

179 Al-Razi, Ahmad Ibn Muhammad, *Crónica del Moro Rasis*, Gredos, Madrid, 1975.

El próspero y estable emirato de Abderramán II fue seguido de un periodo de crisis económica e inestabilidad política que se extendió entre los años 852 y 929 (emiratos de **Muhammad I, Al-Munidir I** y **Abdallah I**), la cual coincidió con una escasa recaudación de la hacienda andalusí (agravada por las masivas conversiones logradas por Abderramán II) y con sublevaciones de las poblaciones más desfavorecidas (liderados por Omar Ben Hafsún). Tales actos subversivos fueron propiciados y apoyados tanto por del Califato Fatimí asentado en Túnez como por los Reinos Cristianos del norte peninsular. Además, se produjo la conquista de territorios del norte por parte de estos últimos.

3. Califato (929-1009)

Abderramán III puso fin a guerras civiles, contuvo el avance cristiano y se proclamó Califa. Su nieto, el joven califa Hisham II, puso al frente del gobierno a **Almanzor** (el victorioso), quien cosechó numerosas victorias frente a los Reinos Cristianos. Tras un califato pasivo, empequeñecido ante las figuras de Almanzor y de su hijo Abderramán Sanchuelo, abdicaría en el año 1009 a favor de Muhammad II Al-Mahdi, dando lugar a un ciclo de conflictos civiles que desintegraron la unidad política islámica peninsular.

4. Reinos de taifas (1009-1492)

Al concluir el califato de Hisham II en 1009, se produjo la desmembración de la unidad política islámica, apareciendo los llamados Reinos de Taifas. Estos experimentarían sucesivas derrotas antes los Reinos Cristianos, hasta desembocar en la desaparición de todo dominio musulmán sobre el territorio peninsular en 1492. De cualquier modo, hay que señalar que en este periodo se produjeron algunos momentos de aparente reunificación del poder islámico. Ello fue fruto de sucesivas invasiones de pueblos bereberes magrebíes, que acaecieron entre los S. XI y XIV, y que alcanzaron a unir fugazmente ciertos territorios meridionales de la península bajo un mismo gobierno de signo islámico. Estos fueron: los **almorávides**, quienes establecieron un emirato y arribaron a la península en 1086; los **almohades** quienes establecieron un califato, y arribaron a la península en 1145; y, en menor medida, los **benimerines**, quienes instauraron un sultanato[180]

[180] Las implicaciones del título de sultán, fueron variando a lo largo de la historia. Inicialmente, fue valorado como un cargo de naturaleza netamente político-coercitiva, correspondiendo a su titular la función de gobernar con vistas a garantizar la vigencia de la Sharía y la protección de la persona del califa abasí. Posteriormente, el sultanato otomano adquiriría también una significación de guía espiritual, análoga a la que había detentado el propio califa. Ello fue claramente así a partir de la conquista otomana y extinción del Califato Abasí del Cairo en 1517. Al mismo tiempo, en Persia, fue empleado para designar a ciertos gobernadores regionales.

y arribaron a la península en 1275. Asimismo, puede destacarse que en 1238, se produjo el nacimiento y consolidación del Reino o Sultanato Nazarí de **Granada**, el cual se mantuvo como un régimen estable hasta su capitulación ante los Reyes Católicos en 1492.

V ECONOMÍA: EL RÉGIMEN JURÍDICO DE LA CONQUISTA

Al producirse el contacto de alguna población con el Imperio Musulmán, cabían dos posibilidades: a) contraer un tratado "amistoso" (***ahd***), el cual implicaba una cierta autonomía política interna, el mantenimiento de la propiedad de las tierras y la libertad de culto. Si bien, como contrapartida, se establecían las obligaciones de satisfacer un tributo anual[181], de no prestar ayuda a los enemigos del imperio musulmán, ni ocultar sus planes. O bien, b) presentar resistencia armada, lo cual pudo concluir con la muerte y esclavización de toda la población, además de con la destrucción de las iglesias; o con un acuerdo de capitulación (***suhl)***, que, en general, comportó el total sometimiento de la política local, la **pérdida de la propiedad territorial** de los habitantes y el despliegue de un **régimen tributario más gravoso** sobre las espaldas de los hispano-godos.

Sobre el botín (***ganima***) obtenido por los invasores, este fue dividido en quintos (***jums***): uno para el **jefe** de la expedición militar; y otro a dividir para el **culto**, la **familia de Mahoma, los pobres y los peregrinos de la Meca**. Además, todo lo adquirido sin necesidad de violencia sería íntegramente para el mencionado jefe.

Los bienes raíces conquistados, fueron considerados como propiedad indivisa de la comunidad musulmana (***fai*** o *uacf*). No obstante, ello no fue impedimento para el uso y disfrute privado de las tierras, pues fueron distribuidas para su cultivo (***iqtá***) a cambio de un pago anual[182]. La distribución resultante, inicialmente, habría dado lugar latifundios análogos a los hispano-godos, sin embargo, cuando quedaron patentes los inconvenientes de aquel sistema, se procedió a una **parcelación** más modesta en benefició de una producción agrícola más eficiente[183]. Asimismo, se introdujo un sistema de riego que permitió un cultivo continuo.

En cuanto a los cultivos, la **triada** mediterránea continuó teniendo un papel fundamental. Sobre este particular, puede añadirse que, el califa **Al-Hakem II**,

---

[181] La *chizya* o impuesto personal. En el caso del *ahd* signado en el 714 entre el hijo de Muza (Abdelaziz) y el conde visigodo Teodomiro de Orihuela (Tudmir), esta *chizya* consistió en el pago anual de: *un dinar en metálico, cuatro medidas de trigo, cebada, zumo de uva, y vinagre, dos de miel y dos de aceite de oliva; para los siervos, sólo una medida.* Miranda García, Fermín; Guerrero Navarrete, Yolanda. Medieval: Sociedades, Territorios y Cultura, Silex, Madrid, 2008, p.50.

[182] Parte integrante del *zaqat* de los musulmanes.

[183] Tesis de García Tolsá.

debido a su rigorismo, se planteó arrancar todas las vides de sus dominios, pretensión que le fue desaconsejada en consideración a la existencia de otros cuantiosos productos en el interior de sus dominios, que, del mismo modo, podrían producir idénticos efectos embriagadores. Además, le recordaron que contaba con súbditos cristianos cuya subsistencia dependía de la exportación de vinos, y la medida podría acarrearle una innecesaria impopularidad. Por otra parte, de entre los novedosos cultivos que aportaron los invasores, pueden mención de algunos como: el algodón, la caña de azúcar, la berenjena, el coco, la sandía o la naranja.

En el ámbito ganadero, puede destacarse la continuidad de la **cría porcina**, bajo el pretexto de satisfacer la demanda cristiana. Así como la cría caballar, destacando como resultado de esta actividad el nacimiento del **caballo español**, raza originada mediante el cruce de equinos andaluces con árabes y berberiscos.

Otros aspectos económicos a destacar, fueron las suntuosas **alhajas** y textiles fabricados en Córdoba; la proverbial metalurgia **armamentística** que comenzó a despuntar en Toledo (cuyos productos eran demandados por los Reinos Cristianos); y los artículos de **lujo** de toda clase arribados a Sevilla y a Almería desde lugares tan distantes como Irak o Bizancio.

VI SOCIEDAD

Árabes: minoría divididos fundamentalmente en dos grupos. Yemeníes, del sur arábigo (cuya principal tribu fue la de los kalbíes), de cultura sedentaria y hortelana; y los maadíes o qaisíes del norte, de cultura pastoral-nomádica (entre los que se encontraba la tribu quraishí, a la que perteneció Mahoma). Fueron beneficiarios de la cesión de las **tierras más ricas** (Valle del Ebro, Delta de Guadalquivir, Valencia), asimismo, conformaron el grueso de la aristocracia palaciega (***jassa***) que copó los cargos de gobernadores provinciales y de ministros.

Bereberes: nativos del África noroccidental. Fue el grupo invasor más numeroso y que formó el grueso de los ejércitos. Sin embargo, recibió las tierras más baldías y fueron objeto de un trato por parte de las élites árabes percibido como displicente. Ello dio lugar a que protagonizaran notables **revueltas** y a facilitar las invasiones reformistas de sus congéneres norteafricanos. Fue común que se ocuparan en el comercio, la artesanía, el pastoreo; o en la labranza de sus parcelas o en las de algún señor árabe latifundista a cambio del pago de un censo anual[184].

[184] Contrato de Istina o benefactoría, apreciado en Al-Andalus por Lévy-Provençal. Esta relación de patronazgo, pudo darse en un marco de una relación más amplia derivada de la manumisión de un siervo por su amo, conocida como *mawla* (parentesco). Esta última relación podía ser perpetuado por la voluntad de los herederos de ambas partes. Su contenido fue una suerte de autoridad moral de contenidos difusos, quizá semejantes a una patria potestad, que

***Musalima*-muladíes**: hispano-godos conversos al Islam. Pese a ser percibido como el sector menos honorable entre los antiguos musulmanes, también fueron beneficiarios de cesiones de algunas tierras, de cuyo aprovechamiento pudieron obtener suficiente lucro como para formar a la prole como alfaquíes. Además, recibirían ciertos cargos en consideración a su conocimiento de la cultura hispánica y capacidad para abordar las relaciones con los cristianos del norte. Al margen de estas apreciaciones, lo común fue que se ocuparan en actividades análogas a las de los bereberes y, de igual modo, que protagonizaran revueltas.

Eslavos y sudaneses: se trató de dos grupos sociales presentes de manera notable a partir del reinado de Abderramán III. Los primeros fueron venidos desde Europa Central o del Este a tierras andalusíes como mercenarios o como esclavos. Los segundos del Sudán centro-africano, normalmente como esclavos. Ambos grupos fueron altamente valorados como tropas de choque y como servicio doméstico y palaciego, siendo común que, en tales casos, si eran esclavos (*saqaliba*), fueran convertidos en eunucos. Además, pese a las críticas de los integristas árabes y bereberes, pudieron llegar a compatibilizar su *status* de esclavo con recibir altas responsabilidades políticas. Por último, cabe decir que las eslavas, junto con las vasconas, fueron altamente valoradas y demandadas como concubinas de la élite andalusí.

Dhimmies: término que alude tanto a los cristianos como a los judíos que conservaron su confesión religiosa. Sin embargo, cabe señalar que el apego a su fe los llevó a soportar una gran presión fiscal. A mayor abundancia, hay que decir que, en momentos puntuales del S. IX (reinado de Abderramán II), y durante los periodos de reunificación política de los taifas por obra de los invasores magrebíes, sí sufrieron represión religiosa. No obstante, fuera de estos episodios, gozaron de libertad de culto y de la posibilidad de desplegar sus relaciones privadas conforme a sus costumbres civiles[185]. En este sentido, los cristianos continuaron aplicando su Derecho Canónico y el *Liber Iudiciorum*; mientras que los judíos aplicaron la Torá y el Talmud.

---

el señor (*sayyid*) ejerció sobre su cliente (*mawali* o pariente), la cual fue conocida como *wala*. Oliver Pérez, Dolores, *Sobre el Significado de Mawlà en la Historia Omeya de Al-Ándalus*, recuperado de: http://al-qantara.revistas.csic.es/index.php/al-qantara/article/view/213/206.

[185] En este sentido, los judío rigieron sus relaciones privadas por la Torá (pentateuco cristiano) y el Talmud. Los cristianos, por su parte, pudieron hacer uso del *Liber Iudiciorum*. Según Simonet, padecieron ciertas limitaciones: prohibición de venta de tierras y de esclavos a otro *dhimmi*; prohibición de comprar tierras a un musulmán; deber de hospitalidad (alojar durante tres días) a viajeros musulmanes. Por último, cabe mencionar los términos humillantes en los que habían de pagar la *chyzia*, estos fueron: acudir personalmente ante el exactor para hacerle entrega del tributo, quien cogía por el cuello al contribuyente pronunciado *oh dhimmi, enemigo de Allah, paga la chyzia*. Respecto a esta formalidad, parece que el resto de musulmanes presentes en la escena, también tenían la potestad de realizar esta acción.

VII Organización del Estado

Consolidada la independencia del Al-Andalus del resto del Imperio Musulmán, la **forma de gobierno** fue el Emirato. Es decir, la cabeza de los asuntos públicos mundanos, con carácter absoluto, paso a ser el emir; mientras que, en los temas de fe, si bien reclamó la máxima autoridad religiosa, no dejó de reconocer la supremacía del califa abasí residente en Bagdad a este respecto. Posteriormente, en el 929, Abderramán III asumiría unilateralmente los poderes califales, naciendo la unidad política conocida como el **Califato Omeya de Córdoba**. Como consecuencia, los omeyas lograron aunar la suprema potestad política y la suprema autoridad espiritual.

En relación a los criterios de **acceso al Califato** andalusí, los **fundamentos Teóricos** fueron fijados por las *Ordenanzas de Gobierno* del alfaquí Al-Mawardi, también conocido como Alboacén. Este afirmó que el **acceso al califato es un contrato** practicado entre: de una parte, la ***shura***, concretada en varones "poderosos e influentes", justos y capacitados para escoger a un candidato de excelentes virtudes morales y políticas al que ofrecer el califato; y, de otra parte, al **candidato** señalado por estos[186], quien siendo perteneciente a la tribu ***quraishí***, paralelamente, había de ser capaz de ejercer la guía espiritual y política de la comunidad musulmana, y aceptar tal designación[187]. Tras esto, para que el contrato concluyera eficazmente, había de producirse el juramento de lealtad (***baia***) de los miembros de la *shura*[188]. Por otra parte, previó que el contrato de acceso al califato también pudiera ser practicado teniendo como parte electora al anterior califa, siempre y cuando no señalara a su hijo o a su padre. Si se daba este último caso, indicó que se incurría en riesgo de que mediara una indeseable elección parcial, en la que primase el afecto personal frente a la valoración de la aptitud para ejercer tal responsabilidad. Ante este supuesto, señaló como medio de prevención que la *shura* tomara parte validando tal elección, como condición para que adquiriera eficacia[189]. Tras haberse efectuado eficazmente el contrato, desde el primer califa Abu Bakr, también fue costumbre aceptada que, tras la *shura*, el **pueblo** prestara la *baia* al califa mediante ciertos representantes[190]. En cuanto a los criterios de acceso al **emirato**

---

186 Fue posible realizar la elección mediante el envío de actas a la shura o al candidato.

187 Al Mawardi, *Al-Ahkam al-Sultania w'al-Wilayat al-Diniyya*, *op.cit.* p. 11-16.

188 Consistente en posar la palma de la mano diestra sobre la palma de la mano siniestra del candidato electo, pronunciando palabras de sometimiento a su autoridad. Ritual inspirado en el episodio de la Jura de Acaba.

189 *Ibidem*, p. 18 y 19.

190 También se llamaba a concurrir al acto a los aristócratas que no hubiesen concurrido a la *shura* de electores. En tal acto se comenzaba por leer un documento redactado por el canciller, en el que se proclamaba el título por el cual se había producido el acceso al cargo (elección o designación). Tras lo cual, el elegido pronunciaba un discurso (*jotba*) pronunciado, preferen-

andalusí, hay que decir que tal cargo, formalmente, se acomodó a las mismas condiciones de acceso.

Sin embargo, en la **práctica**, el acceso al gobierno andalusí estuvo informado por lo que Martínez Antuña llamó el **Principio del Mal Menor**[191], término con el que alude al hecho de que, pese a que el pretendiente a emir-califa empleara métodos coactivos con los que beneficiarse de la elección de la *shura* o incumpliera con alguno de los requisitos, si este contaba con una fuerza eficaz que lo respaldara, tales vicios contractuales quedarían subsanados. Conforme a lo dicho, puede afirmarse la existencia de **presiones a los aristócratas** que integraron la *shura*[192]; así como la práctica instauración de un sistema de **sucesión hereditaria**[193], ya fuera por designación directa del anterior gobernante[194] o por "elección"[195]. El primer mecanismo de esta sucesión fue la proclamación del efectivo acceso al califato del pretendiente, tras lo cual la aristocracia y los representantes de las diversas poblaciones acudían personalmente a prestar juramentos de fidelidad impregnados de alabanzas a *Allah* y a Mahoma.

Como símbolos distintivos de poder absoluto, emires y califas andalusíes, portaron un anillo, un cetro, un sello personal, eran acompañados de cierto estandarte, recibían audiencias recostados, se desplazaban bajo palio y presidían la oración *Yumu'ah* (que tiene lugar los viernes, poco después del mediodía).

VIII ADMINISTRACIÓN DEL ESTADO

Abderramán II (822-858), introdujo en Al-Ándalus un sistema de gobierno de corte oriental, inspirado en el califato abasí[196].

Este consistió en clasificar los asuntos públicos por materias y en distribuir la gestión de cada materia respectivamente a un órgano o ministerio (***diwan***), que

---

temente, desde el mimbar de una mezquita. Este consistía en un sermón en el cual expresaba las altas responsabilidades que habían asumido.

[191] Martínez Antuña, P. Melchor, La Jura en el Califato de Córdoba, Anuario de Historia del Derecho Español, 1929, Vol. VI, pp. 108-144, p. 112.

[192] Quizá los casos más manifiestos fueran los procederes de Abderramán III y de Al-hakem II.

[193] Desde el inicio del emirato de Abderramán I hasta el fin del califato de Hisham II, todos los sucesores fueron descendientes directos del gobernante anterior, con la salvedad de Abdallah I, que asumió los poderes emirales de su hermano Al-Mundir I.

[194] En estos términos accedieron al emirato Hisham I, Abderramán II y Abderramán III; y al califato Al-hakem II e Hisham II.

[195] En estos términos (*groso modo*) accedieron al emirato Abderramán I, Al-hakem I, Muhamad I, Al-mundir I, Abdallah I; y al califato Abderramán V.

[196] Dato aportado por el cronista andalusí del S. XI Ibn Haiyan, autor de *kitab al-Muktabis fi Ta'rikh Ridjal al-Andalus.*

tuvo sus oficinas en el palacio del emir-califa. Estos ministerios estuvieron integrados por especialistas en aquellos temas, jerárquicamente ordenados y designados por los emires o califas para que cumplieran sus órdenes (funcionarios o ***jutta***).

El *diwan* nuclear en el organigrama califal cordobés fue la cancillería (***kitaba***), especializado en registrar, autenticar (sellar) y distribuir las órdenes que el mandatario de Al-Ándalus daba a sus subordinados. Esta cancillería fue dividida por Abderramán III en cuatro diwanes: dos se encargarían de la correspondencia del califa (asuntos internos y fronterizos); uno verificaba la correcta aplicación de las órdenes administrativas dadas por el califa a sus correspondientes subordinados de la *jutta*; y uno último atendía las quejas y ruegos que los súbditos elevaban al califa.

Al frente de cada *diwan* se halló un ministro dotado del título honorífico de ***visir***[197]. Estos mantuvieron reuniones, formando consejos de ministros (***maswar***), que fueron presididos por un primer ministro (***hachib***) al que se le atribuyeron labores de dirección y coordinación. Procede añadir que el *hachib*, durante algunos momentos del califato, se convirtió en un individuo extremadamente poderosos, eclipsando al mismo califa. Este fue el caso de Almanzor, quien en la práctica gobernó en lugar de Hisham II.

IX ADMINISTRACIÓN TERRITORIAL Y LOCAL

La organización provincial, según Leví-Provençal, constó de 21 demarcaciones de tamaños irregulares llamadas **coras**. Al frente de ellas, residiendo en un palacio de la capital, se halló un gobernador (***walí***) designado por el emir o califa, sobre el que recayeron responsabilidades: militares, de orden público y tributarias. En aquel palacio, el *walí* también tuvo a su servicio a un cuerpo de funcionarios propios organizados en ministerios (*diwan*)[198]. Por otra parte, cada provincia tuvo a un cadí, también designado por el califa.

Adicionalmente, existieron otras demarcaciones territoriales fronterizas llamadas marcas (***tagr***), en las que, debido a las circunstancias extraordinariamente

---

[197] Inicialmente, la *Kitaba* sirvió para designar a lo que se ha llamado la "secretaría de Estado". Esta estuvo integrada por dos *diwanes*: la cancillería, dirigida por un solo visir, específicamente llamado *katib al-rasa'il*; y la Hacienda, dirigida por un solo visir, específicamente llamado *katib al-ziman*. El cronista Ibn Idari, en 1312, dejó constancia de la reforma ministerial practicada por Abderraman III, consistente en la aludida separación ministerial, mediante la cual la secretaría de Estado quedó dividida en 5 diwanes (uno hacendístico y 4 cancillerescos) y cada uno de ellos dirigidos por un visir. Marín Guzmán, Roberto, *Sociedad, Política y Protesta Popular en la España Musulmana*, UCR, Costa Rica, 2006, p. 62.

[198] En relación a la administración tributaria, los funcionarios de este ramo recibieron el nombre de *ummal*. Cupo distinguir entre los tesoreros o inspectores (*mushrif*) y los contadores o cajernos (*umana*). Lévi-Provençal, *España Musulmana* (...) *Vol. 5*, Espasa-Calpe, 1957, p. 23.

conflictivas con los Reinos Cristianos, estuvieron bajo el gobierno de un gobernador especializado en asuntos militares, el llamado *qa'id*.

En cuanto a la organización local, desde Abderramán II cada urbe tuvo su gobierno encomendado a un **zalmedina** (*sahibal-madina* o señor de la ciudad), con las destacables responsabilidades de velar por el cumplimiento de las órdenes del príncipe y de mantener el orden público. Por otra parte, la vigilancia del orden público en los mercados y la resolución de los pleitos mercantiles, estuvo encomendada a los magistrados llamados **zabazoque** y **almotacén.**

X JUSTICIA, HACIENDA Y EJÉRCITO

1. Justicia

El poder judicial residió esencialmente en el emir o califa andalusí, quien delegó facultades jurisdiccionales a algunos de sus súbditos. La jurisdicción ordinaria estuvo estructurada en torno a la figura de los cadíes, jueces designados por los soberanos para cada cora. De entre todos ellos destacó el gran cadí de Córdoba, quien gozó de un sobresaliente prestigio, sin que este le reportara facultades extraordinarias. Estos cadíes fueron auxiliados por un órgano colegiado también referido como *shura*, integrado por jurisconsultos (*muftíes*) que les hacían entrega de sus dictámenes acerca de las controversias que llegaban al tribunal.

En cuando a **la jurisdicción especial**, Al-Ándalus contó con una magistratura nacida durante el S. X, el **señor de las injusticias** (*sahib al-mazalim*), juez encargado de entender acerca de controversias suscitadas por un presunto abuso de poder de cualquier otro cargo público, incluidos los palaciegos. Durante la época de los Reinos Taifas, lo común fue que este tipo de asuntos fueran atendidos directamente por el soberano del reino. El **zalmedina** entendió de las alteraciones del orden público y del quebrantamiento de las ordenanzas del príncipe. Por su parte, las particulares alteraciones del orden acaecidas en los mercados, así como sus controversias transaccionales, fueron asunto del **zabazoque** o del almotacén. Y, por último, los asuntos relacionados con la disciplina militar fueron solventados por los **cadíes castrenses**.

2. Hacienda

La recaudación de los tributos fue potestad ostentada por una rama de la administración, el *diwan* de Hacienda, a cuyo frente se halló el visir correspondiente, junto con sus funcionarios subalternos[199]. Este órgano asumió la recaudación de caudales que engrosaron el **tesoro público** y de otros que pasaron a hacerlo en relación al patrimonio **privado** del soberano.

Paralelamente, el gran cadí de Córdoba administró el ***tesoro de la comunidad*** *de los fieles*. Un conjunto de caudales voluntariamente aportados por los musulmanes, destinados al sostenimiento de las mezquitas, ayudas a los pobres o financiación de la *yihad*.

Sobre los tributos, cabe distinguirlos atendiendo a la confesión religiosa de los sujetos a los que estaban destinados. Comenzando por los **musulmanes**, sobre ellos pesaron: el *zakat*, consistente en abonar anualmente la décima parte de los bienes muebles de los que se es titular, así como de la producción obtenida de los predios rústicos de cuya cesión gozaban (*iqtá*). Los ***dhimmies***, por su parte, satisficieron: el *jarach* o impuesto territorial anual, en razón de la conservación de sus tierras, que normalmente consistió en el 20% de la producción total. Cabe precisar que, en caso de conversión al Islam del titular del inmueble, su conservación continuaría requiriendo el pago de tal tributo, manteniéndose igualmente la obligación como servidumbre del predio en el caso de que su usufructo fuese transmitido a un musulmán[200]. Y la *chizya* o impuesto anual que, generalmente, consistió en el pago de una cuota fija a satisfacer por cada varón adulto[201].

Junto a estos tributos, existieron con un carácter más o menos estable, otros tributos puramente "legales", es decir, ajenos a cualquier disposición coránica. Estos tributos extraordinarios fueron conocidos como ***magarim*** y pesaron sobre el total de los súbditos andalusíes. Fueron objeto de condena por los musulmanes más rigoristas, siendo abolidos por almohades y almorávides. Fueron estos: *al-qati*, o impuesto personal mensual que gravaba todos los bienes de los que era titular el súbdito; la *dariba* o impuesto sobre bestias y colmenas, consistiendo en un pago fijo por cada cabeza de ganado; el *zakat-al-suq*, o impuesto indirecto para todas las transacciones comerciales acaecidas en los *zokos*[202], el cual fue establecido por

---

[199] Tesoreros (*umana jizanat al-mal*), intendentes (*qaharima*) y contadores (*umana*). Abellán Pérez, Juan, *Poblamiento y Administración Provincial en Al-Andalus: La Cora de Sidonia*, Sarriá, 2004, p. 117.

[200] Tal es la opinión de Escudero y de Valdeavellano. Discrepó a este respecto Simonet, para quien la conversión al islam del titular usufructuario de la tierra o bien su transmisión a un musulmán, extinguía el deber de satisfacer el *jarach*. García de Valdeavellano, Luis, Historia de las Instituciones Españolas, Revista de Occidente, Madrid, 1973, p. 673. Simonet, Francisco Javier, *Historia de los Mozárabes de España, Tomo I*, Maxtor, Valladolid, 2005, p. 90

[201] Simonet registró ocasiones en las que el sujeto tributario de la chyzia era una comunidad mozárabe, habiendo de prorratearse el montante total entre los miembros.

[202] Referido como *al-qabala* por Ibn Hazm. *Ibidem*.

Abderramán III y engrosó notablemente su tesoro privado; y el impuesto indirecto particularmente abonado por la compraventa del vino[203].

3. Ejército

Un concepto central en el Derecho Musulmán es el de *Yihad* (esfuerzo). Se trata del derecho, de todo musulmán de tomar parte en cierta clase de conflictos armados. El supuesto para el surgimiento de esta clase de facultad-deber consiste en que la "causa de *Allah*" (que sus fieles le rindan culto y observen sus preceptos) sea menoscabada mediante un ataque armado por parte de una tercera comunidad. Respecto a este precepto, se recalca que de no existir esta agresión, no cabe la *yihad*. En tales casos, han de combatir a la comunidad agresora, matando a sus adversarios o bien esclavizándolos. En cuanto a la eventual esclavización, en algún momento han de proceder a liberarlos, pudiendo pedir al pueblo del cautivo un rescate por su libertad. El conflicto habrá de perpetuarse hasta que los agresores sean expulsados del territorio musulmán o bien hasta que cesen en su intención agresora. Sin embargo, en cierta aleya del Corán, se prescribe que para que cese el deber de *yihad*, también sería preciso que los agresores pagaran tributo a la comunidad musulmana (tal es el fundamento de la *chyzia*)[204].

La composición de los ejércitos andalusíes fue la siguiente: a) **yihadistas** o voluntarios comprometidos con la llamada a cumplir con el deber de hacer la guerra santa; ciertos fieles obligados a la prestación de servicios militares, en concepto de pago a las tierras adjudicadas (*iqtá*) en zonas fronterizas;b) mercenarios, los cuales fueron incorporados al ejército emiral con carácter permanente a partir de Al-Hakem I, pues sus dos antecesores ya habían contado intermitentemente con tropas de esta clase; y c) esclavos de diversa procedencia, destacando eslavos, francos y gallegos como guardia palatina del soberano.

A partir de esta estructura tuvieron lugar algunas reformas reseñables. Al-Hakem II y Almanzor incorporaron masivamente a tropas berberiscas, restando con ello peso a los más orgullosos y menos controlables árabes. Asimismo, este

---

[203] Ibn Hazm señaló, que tras la caída del califato que los soberanos de los taifas incluyeron tributos adicionales no conforme a lo prescrito por la religión (*magarim*), mencionando los dichos *Al-qatí*, *dariba*, zaqat-al-suq e impuesto sobre el vino. Barceló, M., *Un Estudio Sobre la Estructura Fiscal y Procedimientos Contables del Emirato Omeya de Córdoba (138-300/755-912) y del Califato (300-366/912-976)*, Acta historica et archaeologica mediaevalia, 1984, Núm. 5, pp. 45-72, p. 67. Asimismo, cabe la posibilidad de que Abderramán introdujera en Al-Ándalus otros dos impuestos no canónicos: *al-'ushûr*, que gravó la entrada y salida de mercancías de determinadas circunscripciones territoriales; y el *al-hashd*, que gravó extraordinariamente la producción agrícola a cambio de otorgar la exención del servicio militar. Abboud-Haggar, Soha, *Precedentes andalusíes en la fiscalidad de las comunidades mudéjares*, En la España Medieval Vol. 31 (2008), pp. 475-512.

[204] El Corán, *op.cit*, 2, 190-196; 9, 29; y 47, 4-6.

último *hachib* organizó unidades militares de etnia diversa, evitando que el común sentir cultural de las agrupaciones guerreras pudiera arrastrarlos a insurrecciones. En el ámbito naval sería Abderramán III quien adoptara la determinación de formar una poderosa armada con la que frenar las incursiones vikingas y las provocaciones de fatimíes e italianos, llegando así a contar con 200 navíos de guerra.

Por lo general, el *modus operandi* de los ejércitos fue emprender operaciones de castigo en territorios cristianos con la llegada del verano (razias o aceifas), concluyendo con la realización de su propósito. Por otra parte, hubo tropas fronterizas permanentemente prestas a hacer frente a cualquier amenaza, cabiendo destacar a los llamados morabitos, guerreros bereberes que se alojaban en fortalezas llamadas rábidas, sobrellevando una vida de meditación y estudio del Corán que compaginaban con una constante preparación para comprometerse con la *yihad*.

BIBLIOGRAFÍA

Al-Mawardi, *Al-Ahkam al-Sultania w'al-Wilayat al-Diniyya*, recuperado de: https://www.kalamullah.com/ahkam-sultaniyyah.html*El Corán*, Traducción de M. Isa García, Bogotá, 2013.

Al-Razi, Ahmad Ibn Muhammad, *Crónica del Moro Rasis*, Gredos, Madrid, 1975.

Abboud-Haggar, Soha, *Precedentes andalusíes en la fiscalidad de las comunidades mudéjares*, En la España Medieval Vol. 31 (2008), pp. 475-512.

Barceló, M., *Un Estudio Sobre la Estructura Fiscal y Procedimientos Contables del Emirato Omeya de Córdoba (138-300/755-912) y del Califato (300-366/912-976)*, Acta historica et archaeologica mediaevalia, 1984, Núm. 5, pp. 45-72.

Chalmeta, Pedro, *Acerca del Amal en Al-Ándalus: Algunos Casos Concretos*, Anuario de historia del derecho español, Nº 57, 1987, p. 339-364.

El Ouazzani Chahdi, Loubna, *Teoría y Práctica en el Derecho Penal Andalusí*, Cuadernos de Historia del Derecho, 2003, 10 363-384.

Escudero, José Antonio, *Curso de Historia del Derecho: Fuentes e Instituciones Político-administrativas*, Madrid, 2003.

Martínez Antuña, P. Melchor, *La Jura en el Califato de Córdoba, Anuario de Historia del Derecho Español*, 1929, Vol. VI, pp. 108-144.

Miranda García, Fermín; Guerrero Navarrete, Yolanda. *Medieval: Sociedades, Territorios y Cultura*, Silex, Madrid, 2008.

López Pita, Paulina, El vino en el Islam: *Rechazo y Alabanza, Espacio.* Tiempo y Forma, Serie III, H.ª Medieval, t. 17, 2004, págs. 305-323.

Marín, Manuela, *En los Márgenes de la Ley: Consumo de Alcohol en Al-Ándalus*, CSIC, Estudios onomástico-biográficos de al Andalus (Identidades marginales) XIII, editados por Cristina de la Puente, 2003, p. 271-328.

Melo Carrasco, Diego y Vidal Castro, Francisco; *A 1300 años de la conquista de al-Andalus (711-2011): Historia, cultura y legado del Islam en la Península Ibérica, Centro Mohammed VI para el Dialogo de Civilizaciones*, Chile, 2012, p. 368.

Maíllo, Salgado Felipe, *Consideraciones Acerca de una Fatwa de Al-Wansarisi*, recuperado de: https://www.researchgate.net/publication/41018903_Consideraciones_acerca_de_una_fatwa_de_Al-Wansarisi/fulltext/0e60812ef0c46d4f0acb6db0/Consideraciones-acerca-de-una-fatwa-de-Al-Wansarisi.pdf

Oliver Pérez, Dolores, *Sobre el Significado de Mawlà en la Historia Omeya de Al-Ándalus*, recuperado de: http://al-qantara.revistas.csic.es/index.php/al-qantara/article/view/213/206.

Pérez Marcos, Regina María; Sánchez González, María Dolores del Mar; *Historia de la Administración en España*, UNED, Madrid, 2001.

García de Valdeavellano, Luis, *Historia de las Instituciones Españolas*, Revista de Occidente, Madrid, 1973.

LEGISLACIÓN CONSULTADA

El Corán

TEMA 6
EL DERECHO MEDIEVAL (I)

I INTRODUCCIÓN

Con este tema se inicia el estudio de un bloque de cuatro temas dedicado al Derecho Medieval propio de los "Estados" cristianos peninsulares. A lo largo de ellos, se examinarán las soluciones jurídicas aportadas por estas entidades a los problemas sociales típicos. El primer elemento que permite dotar de unidad, desde un punto de vista jurídico a esta etapa es, paradójicamente, la **acusada fragmentación del panorama jurídico**, es decir, la existencia de múltiples sistemas de Derecho que tuvieron una vigencia limitada a concretas áreas del territorio español. Por otra parte, otra característica definitiva a la hora de dotar de unidad conceptual a estos ordenamientos coetáneos, reside en que estuvieron inspiradas por un elenco limitado de **fuentes**: Fazañas, Fueros y *Ius Commune,* (cuyo estudio se abordará en el tema 7).

En cuanto a este concreto tema, se comenzará por abordar la Reconquista y, posteriormente, las relaciones económicas derivadas de tal fenómeno: la distribución de los recursos agrarios, el Régimen Señorial derivado de los contratos que tuvieron por objeto el goce compartido de las tierras distribuidas; la economía ganadera surgida en el ámbito rural y la mercantil surgida en los espacios urbanos; el agravamiento del Régimen Señorial que soportó el campesinado (abusos y malos usos), propiciado por el propio auge de la economía mercantil; y finalmente la estructura social resultante de todas estas relaciones.

II RECONQUISTA

Empresa bélica librada por los Reinos Cristianos peninsulares contra los Estados Islámicos, a fin de suplantar su poder. El prefijo "re-", que integra el término en cuestión, conlleva la presunción de que los aludidos Reinos Cristianos guardaban identidad jurídica con el Reino Visigodo de Toledo, vistiendo las reclamaciones territoriales de sus monarcas con la apariencia de una acción reivindicatoria, ante la cual, cualquier clase de resistencia, habría justificado recurrir a la guerra como mecanismo de ejecución forzosa. Se cree que este concepto fue acuñado por los mozárabes refugiados en Asturias tras las persecuciones sufridas a mediados del S. IX, apreciándose implícitamente en la *Crónica Albeldense* (881)[205], en la que se trasluce por primera vez esa pretendida identidad entre el Reino de Asturias y el Reino Visigodo de Toledo[206]. Mucho más tímida fue la pretensión de otros reinos cristianos de identificarse con el toledano[207]. Pese a todo, hay que matizar que, el vocablo "reconquista", no apareció hasta siglos más tarde, en el XVII[208].

Los **reinos cristianos que la protagonizaron** fueron: el **Reino de Asturias**, nacido en el año 718 (llamado de León desde el año 910); el **Reino de Pamplona** nacido en el año 824 (llamado de Navarra desde 1162[209]); los **Condados Catalanes**

---

205 Juan Gil Fernández, José L. Moralejo, Juan I. Ruiz de la Peña, *Crónicas Asturianas*, Universidad de Oviedo, Oviedo, 1985, p. 15 y 16. Esta datación de la Crónica Albeldense es la indicada por Menéndez-Pidal y Manuel Díaz y Díaz, si bien matizan que un par de párrafos fueron añadidos en el 883, fecha en la que el texto adquirió su actual configuración. *Ibidem*, p. 33 y 34.

206 Se comienza la narración de la creación del Reino de Asturias con el encabezamiento *ordo gotorum obetensiu regum*, tras lo cual se relatan sobriamente los hechos de Don Pelayo y de sus sucesores, hasta llegar a Alfonso II *el Casto*, de quien se afirma que, *todo el orden de los godos, tal como había estado en Toledo, lo estableció en Oviedo, en todas partes, así en la iglesia como en el palacio.* A este texto, se añadió en el 883 un nuevo fragmento llamado Crónica Profética, en la cual se toma la profecía del libro de Ezequiel, atinente al rey Gog y a su pueblo Magog, para identificarlos con Alfonso II y el pueblo godo, a los que hace abatidos y refugiados en el norte astur, atribuyendo a este último la futura consumación de una venganza logrando reinar en toda España. Luego en la Crónica Rotense (887-888), Don Pelayo es presentado como antiguo espatario de Witiza y Don Rodrigo, e indirectamente como miembro de linaje real (en tanto que primo del obispo Oppas). Por último, la Crónica Sebastianense (887-888), afirma que la mayoría de miembros de linaje real godo, se refugiaron en Asturias, siendo Don Pelayo hijo del duque Favila, de linaje real. Crónica Rotense, recuperado de: https://www.condadodecastilla.es/cultura-sociedad/fuentes-historicas/cronica-rotense/. Crónica Sebastianense, recuperado de: https://www.condadodecastilla.es/cultura-sociedad/fuentes-historicas/cronica-ad-sebastianum/.

207 El Fuero General de Navarra (1238), el Poema de Fernán Gozález (década de 1260) o Crónica de San Juan de la Peña (1342), se limitaron a indicar que, otros refugiados godos se establecieron en territorios alternativos, como los de Navarra, Castilla y Aragón, desde donde procedieron a combatir a los musulmanes. Martín, José Luis, *La Pérdida y la Reconquista de España a la Luz de las Crónicas y del Romancero, en Repoblación y Reconquista*, Seminario. Actas del III Curso de Cultura Medieval. Aguilar de Campoo, septiembre de 1991.

208 Año 1646 en la obra: Histórica relación del Reyno de Chile y de las misiones y ministerios que exercita la Compañía de Jesús, del jesuita Alonso del Ovalle. Martín Federico Río Saloma, La Reconquista: una construcción historiográfica (siglos XVI-XIX), Marcial-Pons, Madrid, 2011.

209 Su primer acto de soberanía claro fue su enfrentamiento con el emirato cordobés en Usunáriz Garayoa, Jesús María, Historia Breve de Navarra, Silex, Madrid, 2006, p. 60.

nacidos en 785 (unificados como Principado de Cataluña en 1162); el Reino de Aragón, nacido en 1063 (*de facto* como condado soberano en 1035); el Reino de Castilla, nacido en 1065 (*de facto* como condado soberano en 1037[210]). A lo largo del medievo, el gobierno de algunos de estos "Estados" se concentraría en un mismo monarca, dando lugar a las entidades políticas que en términos genéricos fueron conocidas como **coronas**. En este sentido, puede hablarse de la Corona Castellano-Leonesa, que aunó a los reinos de Castilla y de León junto a otros tantos de reinos de taifas que sucumbieron a su dominio; y la Corona de Aragón, que vinculó al Reino de Aragón, al Principado de Cataluña, y más tarde a los conquistados Reinos de Mallorca, Valencia, Sicilia, Cerdeña y Nápoles. Dicho esto, cabe especificar que, cuando se hace uso de un lenguaje técnico, el término corona es reservado a uniones de reinos que cumplieron un requisito adicional: la conservación de sus respectivos órganos de gobierno. Tal requisito se cumplió en el caso de la Corona Aragonesa[211], no así en el de la castellano-leonesa, que los fundió.

Las **batallas** más destacadas de la Reconquista fueron: Covadonga (722), que permitió consolidar el reducto de resistencia asturiano; Clavijo (834), sobre la que versa la leyenda que se apareció el apóstol Santiago armado en un caballo blanco para ayudar a las tropas del reino astur, siendo en lo sucesivo reconocido como patrón de España[212]; la Batalla de Polvoraria o Polvorosa (878), que consolidó la Reconquista hasta el río Duero; la Batalla de Simancas (939), que permitió rebasar la línea de Duero; La Toma de Toledo (1085), que consolidó la Reconquista hasta el río Tajo; y la Batalla de las Navas de Tolosa (1212), que asentó la Reconquista hasta el río Guadiana, permitiendo emprender sucesivas incursiones en Andalucía.

III REPOBLACIÓN Y DISTRIBUCIÓN

La Repoblación es un proceso paralelo a la Reconquista, por el cual los núcleos de población cristianos del norte fueron **asentándose** en los territorios militarmente ocupados. Esta Repoblación, también entrañó la necesidad de **distribuir los recursos** agrarios disponibles, lo cual aconteció mediante el empleo de diversos sistemas de apropiación que, a grandes rasgos, se sucedieron en distintas épocas, aplicándose a áreas geográficas definidas. En atención a ello, puede adoptarse un criterio expositivo del fenómeno repoblador cronológico, dando como

---

[210] En esta fecha se produjo la Batalla de Tamarón, en la que Fernando I de Castilla se enfrentó a su señor el rey Bermudo III de León, provocando su muerte.

[211] Manteniendo cada entidad política sus propias cortes, consejos y audiencias.

[212] Córnica General de Alfonso X.

resultado las siguientes dos **etapas**, cada una de las cuales, a su vez, dividida en otras dos.

1.- Primera Etapa: Se caracteriza por que todos los cristianos que protagonizaron la repoblación tuvieron ocasión de ser **igualmente beneficiarios** de la distribución de las tierras conquistadas. Esta etapa puede ser, a su vez, subdividida en otras dos.

A) Primera subetapa: medió entre los siglos IX y XI, realizándose en el área geográfica que abarca el área pirenaica y la cornisa cantábrica hasta las riberas del río Duero. La distribución consistió en la implementación del sistema de ***presura*** (*aprissio* en Cataluña y *escalio* en Aragón), por el cual adquiría la propiedad del suelo aquel individuo que la cultivara en primer lugar. Esta repoblación-distribución, pudo ser **oficial**, de modo que estuviera organizada por condes o monarcas, en cuyo caso los actos que aquí nos ocupan eran llevados a cabo mediante ciertas formalidades, entre las que cabe destacar plantar el estandarte real en el área conquistada, y poner por escrito la distribución de propiedades efectuada mediante la presura, así como la concreción de relaciones de índole económica[213]. Esta clase de documento es conocida como **cartas pueblas o vecinales**. Por otra parte, la repoblación-distribución de los territorios también pudo mediar por **iniciativa privada** de individuos y familias, en cuyo caso existía la posibilidad de que los pobladores promovieran la elaboración de una carta puebla, que presentarían ante eventuales condes o monarcas para su **confirmación**.

B) Segunda subetapa: medió entre los siglos XI y XII, ocupando el espacio comprendido entre el río Duero y el Tajo en el occidente peninsular y las Riberas del Ebro en el oriente peninsular. En esta área, los cristianos ganaron villas o ciudades que normalmente habían sido considerablemente desalojadas por la mayoría de la población musulmana, siendo la parte restante reducida a la servidumbre (Sepúlveda, Zamora, Soria). Ante aquel contexto urbano, los monarcas o condes que organizaron las operaciones de reconquista, resolvieron otorgar cartas de población más extensas conocidas como **fueros**, en los que, además de contemplar el régimen de la propiedad agraria, establecieron un sistema de autogobierno municipal, cuyo poder se proyectaría sobre el recinto urbano y las tierras colindantes, área esta última llamada el **alfoz**[214]. El particular sistema municipal de las poblaciones preveía a la figura funcionarial del **sesmero**[215], que sería encargado de repartir las tierras adyacentes a la villa entre los repobladores.

---

[213] Concretaba el régimen tributario y prestaciones de los hombres de señorío, y para ser más exactos, con el fin de propiciar el proceso de repoblación, las exenciones atinentes a ambos asuntos. Una carta puebla paradigmática fue la de Brañosera (824).

[214] A mayor abundancia, cabe adelantar que los fueros de esta etapa regularon temas atinentes a diversas ramas del Derecho, tales como la civil, mercantil, penal y procesal.

[215] La división del alfoz de las villas en sesmos (cabe entender que con sus correspondientes sesmeros) está presente en el Fuero de Sepúlveda (1076), de Palencia (1161), de Cuenca

2.- Segunda Etapa: Se caracteriza por que, de entre todos los cristianos que protagonizaron la repoblación, tan solo tuvo ocasión de ser beneficiaria de la distribución de las tierras conquistadas una **minoría privilegiada**. Esta etapa puede ser, a su vez, subdividida en otras dos.

A) Primera subetapa: medió entre los siglos XII y XIII, teniendo lugar entre los ríos Tajo y Guadiana, en lo que atañó al occidente peninsular; y en las riberas del río Ebro, en el oriente peninsular. Sucedió que las tierras conquistadas fueron adquiridas por una minoría de privilegiados, destacando entre ellos las novedosas Órdenes Militares Españolas. Estos sujetos llevaron a cabo con el resto de repobladores los llamados **contratos de prestimonio agrario**, por los cuales los últimos recibieron con carácter temporal, o vitalicio, tierras con las que subsistir, a cambio de obligarse: al pago de un censo, de prestar servicio de armas, o a ambas cosas[216].

B) Segunda Subetapa: se extendió desde el siglo XIII hasta el fin de la Reconquista acaecido en 1492, siendo su ámbito geográfico el sur del río Guadiana (toda Andalucía) en lo que incumbe a la Corona de Castilla-León; y las tierras al sur del Ebro en lo que incumbe a la Corona de Aragón (Valencia, Mallorca y Murcia). En esta etapa, la Reconquista se proyectó sobre grandes

---

(1189), de Madrid (1202) y de Coria (1222-1227). Mangas Navas, José Manuel, *El Régimen Comunal Agrario de los Concejos de Castilla*, Ministerio de Agricultura, Madrid, 1981, p. 39-45.

216 Cuando esta suerte de contratos tuvieron como parte cesionaria a una Orden Militar, recibieron el nombre de encomienda. Ruiz Gómez, Francisco, *Los Hijos de Marta Las Órdenes Militares y las Tierras de la Mancha en el S. XIII*, Hispania, LXII/1, num. 210 (2002), p. 27. En relación al aludido carácter oneroso de este contrato y a su temporalidad, cabría referirse a él como arrendamiento, de no ser porque, la doctrina, aprecia que la contraprestación del cesionario se enmarca en un ambiente cultural "germanizado", acostumbrado a asociar a los contratos de ánimo gratuito una contraprestación con un valor meramente simbólico, meramente representativo de un cierto agradecimiento (*vicissitudo*). No obstante, ya a principios del S. XIII: el pago del censo adquirió un claro valor oneroso; asimismo, la condición temporal finita de tales contratos fue disolviéndose, tal y como testimonian las Cortes de Benavente (1202) y de León (1208), dando paso en territorios de la Castilla al norte del Duero y en lugares de León, a una frecuente heredabilidad de los predios cedidos. Así, en suma, los aludidos contratos de prestimonio agrario darían paso a un cierto Régimen Enfitéutico. Bedera Bravo, Mario, *Infurción y Fórmulas Campesinas de Apropiación Campesina de la Tierra en la Edad Media*, AHDE, tomo LXXXVI, 2016, p. 16-20. La **Enfiteusis** también devendría en el sistema de explotación agraria ordinario en Galicia, Asturias, Cataluña, Valencia y Baleares. Los elementos esenciales de la Enfiteusis ya aparecieron recogidos en el Digesto (VI, 3, 1), siendo simplemente caracterizada como la entrega a perpetuidad de una tierra, a cambio del pago de un censo anual al cedente. En el Código de Justiniano (IV, 66, 1-3) se añadieron algunas notas adicionales: como la capacidad del enfiteuta de enajenar su derecho de explotación del predio, la imposibilidad de transmitir a terceros que hubieran sido vetados por el señor, y el deber de pagar al señor un porcentaje de los recursos obtenidos por la enajenación onerosa del predio (laudemio). Tal institución fue recogida con particularidades por los *Furs de Valencia* de Jaime I (IV, 23), por *Las Siete Partidas de Alfonso X* (I, 14, 3). Asimismo, fue comentada por Bartolo de Sassoferrato, quien la explicó a través de la Teoría del *Duplex Dominium*.

ciudades densamente pobladas por musulmanes, quienes en algunos casos continuarían residiendo en ellas[217]. Paralela a la concesión de **fueros** que establecían los derechos de los repobladores y antiguos pobladores, aconteció la designación de funcionarios reales, los **repartidores** o partidores, quienes recibieron el mandato de inventariar los bienes inmobiliarios, para proceder a entregárselos a los nobles y hombres de armas que participaron militarmente en la Reconquista[218]. Las asignaciones fueron recogidas en los llamados **libros de repartimiento**[219].

IV ECONOMÍA AGRARIA Y RÉGIMEN SEÑORIAL

Los Reinos Cristianos, hasta bien entrado el S. XIII, tuvieron una economía esencialmente agraria, basada en sistemas de rotación de cultivos. Se especula con que tal sistema tan solo habría bastado para el mantenimiento de una muy estrecha economía de subsistencia, por lo que la producción habría sido complementada con la importación de otros bienes de *Al-Andalus.*

---

[217] En los grandes núcleos de población que presentaron resistencia, se impusieron condiciones de rendición llamadas capitulaciones, que determinaron la obligación de la gran mayoría de los musulmanes de abandonarlas. Caso de Baeza, Sevilla y de Córdoba. Mientras que, en poblaciones andaluzas pequeñas, rurales; y en Levante, las condiciones ofrecieron a los musulmanes la posibilidad de permanecer con sus propiedades, sistemas fiscal y tributario y libertad de culto intactos. Caso este último de Jerez, Arcos de la Frontera y el Reino de Murcia (incluidos Lorca, Alicante y Chinchilla), en donde fueron la población mayoritaria. En esos lugares se produciría la Revuelta Mudéjar de 1264-1266. Tras esto vinieron represalias que redujeron la presencia musulmana a valores residuales. Laurent Feller, Ana Rodríguez, *Expertise et valeur des choses au Moyen Âge. II: Savoirs, écritures, pratiques,* Casa Velázquez, Madrid, 2016. Miguel Ángel Borrego Soto, *La Conquista de Heréz y la Revuelta Mudejar (1261-1267),* Estudios Sobre Patrimonio, Cultura y Ciencias Medievales, 18 (2016), pp. 131-194. González Jiménez, Manuel y Montes Romero-Camacho, *los Mudéjares Andaluces (Siglos XIII-XV),* Revista de historia medieval, Nº 12, 2001-2002, págs. 47-78.

[218] Cupo distinguir entre *donadíos* y *heredamientos. las primeras no conllevan en la práctica obligaciones de ningún tipo; en cambio los heredamientos se daban con la condición de establecerse en la región como poblador y cumplir con las obligaciones militares propias de su categoría social.* Asimismo, consta que el tamaño de los donadíos fue mayor. Miguel Ángel Chamocho Cantudo, *Los Fueros de los Reinos de Andalucía: de Fernando III a los Reyes Católicos*, Universidad de Jaén y BOE, Madrid, 2017, p. 15. Expósito Martín, Francisco, *recuperado de: https://www.feandalucia.ccoo.es/docu/p5sd8740.pdf;

[219] En el caso de la urbe de Sevilla, se advierte la intervención de una llamada Junta de Consolidación, órgano funcionarial de la monarquía que veló por la permanencia de los concesionarios. Esta institución estuvo en relación con la crisis económico-social y estancamiento del proceso repoblador de Andalucía, derivado de la Revuelta Mudéjar (1262-1264).

A mayor abundancia, procede señalar que, a partir del S. XI, los **recursos agrarios comenzaron a concentrarse en pocas manos.** En primer lugar, porque la constelación de pequeños propietarios que habitaban al norte de los ríos Tajo y Ebro, comenzó a transmitir sus bienes raíces a nobles y organizaciones eclesiásticas mediante: **a) contratos** en los que requerían como contrapartida la protección de los nobles, o bien que los eclesiásticos favorecieran la salvación de sus almas[220]; **b) donaciones** simples motivadas por la coacción o fuerza ejercida por los beneficiarios; y **c) pagos** de penas o costas judiciales. Y en segundo lugar, porque, como se ha visto, el sistema de apropiación de las tierras al sur de los ríos Tajo y Ebro, implementado a partir del S. XII, tan solo **benefició a una minoría de nobles y militares.** Los conjuntos patrimoniales de estos sujetos medievales recibieron el nombre de **señoríos**[221].

Como consecuencia de esta concentración de la propiedad agraria, una gran mayoría de campesinos se vio **despojada de medios con los que subsistir**. Ello, sumado al gran clima de **inseguridad**, motivó que el campesinado recurriera a los guerreros-propietarios a fin de obtener de ellos las prestaciones que precisaban. El **contrato** más usual mediante el cual se relacionaron las partes fue el referido contrato de **prestimonio agrario**[222], ahora en su vertiente vitalicia o bien por un tiempo indefinido. Como resultado de estos, el guerrero-propietario, en lo sucesivo llamado **señor**, se obligaba a facilitar protección y sustento del campesino, en lo sucesivo "**hombre de señorío**", mediante la entregar de una tierra para su cultivo. Mientras que, su contraparte, el hombre de señorío, asumía una serie de obligaciones más extensa que la que habíamos visto anteriormente:

a) **Censo**: consistente en la realización de un pago anual, generalmente en especie. En Castilla fue conocido como *pectum* o infurción, y en Cataluña como *accapitum*.

b) **Sernas**: consistentes en la prestación de diversos servicios personales. Entre ellos se contaban la *fazendería*, que comportaba el deber de reparar los caminos del señorío; la *castellanía*, que consistía en hacer lo propio con el castillo del señor; la *mandadería*, que pasaba por hacer de mensajero del señor; y el *yantar* (o *conducho*) y *hospedaje*, consistente respecti-

---

220 *Donationes pro anima, donationes pro obitum, donationes reservato usucfructu, traditio corporis et animae, oblatio puerorum.*

221 Durante la Edad Moderna, esta clase de señoríos, consistentes en derechos reales sobre inmuebles, serían conocidos como señorío solariego o territorial. De este modo, tales derechos fueron diferenciándolos de las potestades jurisdiccionales que en ocasiones los acompañaron, siendo estas llamadas señorío jurisdiccional.

222 A mayor abundancia cabe mencionar la *precaria remuneratoria*, en la que un pequeño propietario hacía donación de sus bienes raíces a cambio de recibir la expresada protección del señor, pero también a cambio de que le fueran devueltas las tierras donadas junto con otras del señor para su explotación, asumiendo las obligaciones características del hombre de señorío.

vamente en las obligaciones de alimentar y alojar al señor cuando fuese preciso[223].

c) **Gabelas**: se trató de ciertas tasas que había de satisfacer el hombre de señorío para valerse de elementos emplazados en el señorío. La *maquila*, que se pagaba por el uso del molino; *fornático*, por el uso del horno; *llosol*, por el uso de la fragua; *montazgo*, por cortar leña; y el *herbazgo*, por apacentar el ganado.

d) **Cargas relativas al estado civil y transmisiones patrimoniales**: la ***ossa*** consistió en el pago que debía de realizar el hombre de señorío por su matrimonio o el de sus hijos; la ***luctuosa***, fue un pago a satisfacer para que los descendientes del hombre de señorío heredaran su derecho al cultivo; y la ***mañería***, que fue el derecho de reversión sobre el predio del señor, en caso de que el hombre de señorío falleciera sin descendencia[224].

A los efectos de la difusión de estos contratos nos referimos como **Régimen Señorial**. Sus consecuencias fueron esencialmente de **índole socio-económica**, (por contraste al sistema derivado del contrato de feudo o feudalismo, al que, como veremos en el próximo tema, atribuimos consecuencias fundamentalmente de naturaleza política).

V ECONOMÍA GANADERA, URBANA Y COMERCIAL

1. Ganadera

La actividad ganadera comenzó a hacerse notar a partir del S. IX, cuando la reconquista de los márgenes del Duero hizo posible la explotación de los pastos de la meseta castellana, a cuyos efectos se generalizó el tránsito de determinados caminos que recibieron el nombre de **cañadas**. En el S. XIII, momento en el cual las cabañas de ganado se hallaban concentradas en manos de nobles, surgieron las **mestas**. Cada mesta fue una asociación de propietarios de ganado residentes

---

[223] Estas dos últimas prestaciones fueron indistintamente conocidas como *conducho*.

[224] En Francia, en paralelo a la *ossa*, existió el *formariage*, consistente en el pago que había de satisfacer un siervo a su señor para poder contraer matrimonio con alguien externo a la gleba señorial. Por otra parte, en paralelo a la mañería, en el reino francés existió la *mainmorte*, término de aparente similitud etimológica que designó a la herencia yacente de un siervo carente de descendientes directos, o bien carente de descendientes directos bajo su control parental, el cual era adquirido por el señor (nótese que al incluir toda clase de posesiones, guardó mayor similitud con el abuso señorial catalán llamado "exorquia"). Bloch, Marc, *Reyes y Siervos y Otros Escritos Sobre la Servidumbre*, Universidad de Granada-Universitat de Valencia, Granada, 2006, pp. 46-49.

en una demarcación geográfica, la cual se congregaba en asamblea para dirimir controversias relativas a la custodia, conducción, apacentamiento y devolución de las cabezas de ganado extraviadas a sus propietarios. Fueron por tanto **órganos judiciales** de una materia específica.

Estas asociaciones fueron confirmadas por el rey castellano-leonés **Alfonso X**, quien en 1273 iría más lejos en su regulación, al fundir a todas aquellas mestas locales en una sola, llamada el **Honrado Concejo de la Mesta** (H.C.M.) la cual adquirió como función adicional legislar acerca de los asuntos de su interés. A esta pudieron pertenecer todos los propietarios de ganado que pagasen el impuesto llamado **servicio de ganado**[225]. Las juntas generales del H.C.M., agrupaban a los asociados considerando en cual de las cuatro demarcaciones territoriales (**cuadrilla**) desarrollaba sus actividades (León, Soria, Segovia o Cuenca), siendo que los miembros de cada cuadrilla debían ponerse de acuerdo para emitir un voto acerca de la norma propuesta. Para que tales juntas tuvieran efectos jurídicos era preciso que se satisficiera un *quorum* de al menos cuarenta miembros. Tales acuerdos fueron sistemáticamente recogidos en los llamados **cuadernos de leyes u ordenanzas** del H.C.M., de entre los cuales algunos fueron directamente sancionados por los monarcas[226].

Al frente de la organización estuvo el **presidente**, quien dirigía la administración interna de la organización y la representaba ante otras instituciones del reino o internacionales. En relación a las controversias suscitadas en torno a una particular cabaña de ganado, su resolución dependió de un llamado **alcalde de cuadrilla**, que habría sido elegido por los ganaderos de su circunscripción territorial (inferior a las cuatro cuadrillas mencionadas), para que les administraran justicia conforme a las leyes del H. C. M.[227]. Por último, cabe mencionar la exis-

---

[225] Desde 1300, fue sistemáticamente cobrado en los distintos puertos situados a lo largo de las cañadas. En 1341, evolucionó al llamado impuesto de servicio y montazgo, el cual se abonaba en concepto de tránsito por las cañadas y, además, en concepto de uso de los pastos a disposición de la mesta. Marie-Claude, Gerbert, *La Orden de San Jerónimo y la Ganadería en el Reino de Castilla Desde su Fundación a Principios del Siglo XVI*, p. 257, en Boletin de la Real Academia de la Historia, Tomo 79, cuaderno N° II, año 1982, pp. 219-314.

[226] Es sabida la aprobación por Juan I de Castilla y de León de uno de estos cuadernos en Burgo en el año 1379. Klein, Julius, *Los Privilegios de la Mesta de 1273 y 1276, Boletín de la Real Academia de la Historia*, LXIV. (1914), 202-219, p. 205.

[227] Marín Barriguete, Fermín, *Análisis Institucional del Honrado Concejo de la Mesta: Los Alcaldes de Cuadrilla (S. XVI-XVII)*, Cuadernos de Historia Moderna,1995, N°16 : 293-314. Estos alcaldes de cuadrilla estuvieron facultados para juzgar las causas de los hermanos mesteños de la localidad, y las de aquellos otros que casualmente se hallasen dentro de su circunscripción jurisdiccional. Durante la Edad Moderna, esa circunscripción fue de tres leguas a la redonda de la sede del tribunal. García Martín, Pedro, *La Ganadería Mesteña en la España Borbónica*, Secretaría General Técnica, Ministerio de Agricultura, Pesca y Alimentación, Madrid, 1988, p. 157. Asimismo, a efectos de dar curso a las apelaciones, hubo dos alcaldes de alzada por cada una de las grandes cuadrillas, quienes tramitaban la demanda y recibían las alegaciones

tencia de unos **alcaldes mayores entregadores**, que asumían la tarea de velar por el buen hacer de los alcaldes de cuadrilla, y por el respeto a los privilegios del H. C.M., acudiendo a las localidades en las que se violentaban para restablecerlos e imponer multas a los infractores.

Se ha especulado con que la creación de esta institución respondió a los **intereses financieros** de la monarquía, si bien los ganaderos habrían aceptado tal organización de buena gana, por cuanto suponía que sus acuerdos serían garantizados por el poder del monarca. La **riqueza** que adquirió aquel reducido número de propietarios ganaderos fue inconmensurable, pues a comienzos del S. XIV hubo una crisis de producción lanera inglesa que desabasteció los mercados europeos, siendo aquella coyuntura bien aprovechada por los castellano-leoneses para situar su producción en el mercado internacional. Para su mayor suerte, la Gran Peste de 1348 dejó un gran número de tierras sin propietarios, pudiendo la asociación alimentar y multiplicar más fácilmente sus reses y, así, incrementar su producción lanar hasta satisfacer eficazmente la demanda europea.

2. Comercial

A) Comercio Urbano

Crédito (fin S. XII): préstamo de dinero que ha de ser devuelto en un plazo determinado, junto con una cuantía adicional, el llamado interés. Fue una actividad prohibida por el papa Alejandro III en 1179 bajo riesgo de pena de excomunión, por lo que, en general, fue desempeñada por judíos[228].

Sociedades mercantiles (fin S. XIII): Las Siete Partidas de Alfonso X recogen una clase de sociedad mercantil, es decir, de asociación de personas físicas con ánimo de lucro. Esta es llamada compañía, en ella, los asociados contraían derechos solidarios respecto de las pérdidas y ganancias (repartidas a partes iguales) y su responsabilidad era ilimitada (habían de responder a las deudas con sus bienes personales presentes y futuros)[229].

---

y pruebas. Por último, hubo un solo alcalde de apelaciones, quien resolvía el recurso. Esriche, Joaquín, *Diccionario razonado de legislación y jurisprudencia*, Viuda e Hijos de Don Antonio Calleja, Madrid, 1847, p. 155.

[228] *Liber Extra Decretalium*,V 19, 7. No sería hasta 1808 cuando Pio VII, consultado por la posibilidad de realizar préstamos, esgrimió una decretal enviada por Benedicto XIV (*Vix Pervenit*) a los esclavos cristianos del norte de África, para establecer dos pretextos para solicitar un interés moderado: el lucro cesante y daño emergente. Anónimo, *Don Cristóforo y el Cura,* Respuestas a Varios Argumentos (...),Tipografía de Narciso Parga, Guadalajara, 1875, p. 75 y ss. Pese a todo, durante el Medievo, no faltaron los contratos de crédito fraudulentos. El medio preferido fue estipular el préstamo de una cuantía mayor a la realmente consensuada, de modo que, la diferencia que había de ser devuelta conformaba el interés.

[229] Las Siete Partidas, V, 10, 1 y ss.

Letra de cambio (S. XIV): documento de garantía del pago de una deuda en un tiempo y lugar concretos. En él intervienen el **librador**, quien es el titular del derecho de cobro, produciendo o "girando" la letra; el **librado**, que es la persona que reconoce la deuda; y el **tenedor** (también llamado beneficiario o tomador), quien pudiendo ser persona distinta del librador, tiene tanto la facultad para exigir el pago de la deuda en los términos establecidos, como para transferir su titularidad del derecho de cobro a terceras personas mediante un acto llamado endoso.

Mercados (S. XIV): espacios habilitados por monarcas, señores inmunes o autoridades municipales para los acuerdos comerciales. Su razón de ser reside en el clima de inseguridad de la época. A efectos de mitigarlo, estos mercados contaban con la protección de hombres armados comisionados por las autoridades habilitantes y con un sistema de protección jurídica llamado **paz del mercado**. Este garantizaba al mercader que acudía, los derechos de acceso y de retorno (*conductus*), así como un clima propicio para el negocio, multando a los que perturbasen el orden.

B) Comercio Marítimo

Contratos de Seguro marítimo (S. XIV): contrato por el cual una parte, una persona que desea transportar por mar una determinada mercancía, el **asegurado**, paga una cuantía a la otra, el **asegurador**, quien se obliga a que, en caso de que la mercancía en cuestión se pierda, este le hará entrega de una suma económica en concepto de compensación por tal pérdida.

Colonias (S. XIV): Particularmente comerciantes catalanes y aragoneses fundaron colonias a lo largo de toda la costa mediterránea y en algunos enclaves de la atlántica[230], es decir, viviendas y establecimientos comerciales en los que realizar sus negocios.

Códigos mercantiles: La creciente intensificación del tráfico mercantil por vía marítima, dio lugar a **usos y costumbres** entre sus practicantes. En relación a este fenómeno, ha de señalarse como en el ámbito mediterráneo, entre 1350 y 1358, se llevó a cabo una recopilación de usos y costumbres mercantiles observados en el puerto de Barcelona, junto con ciertas leyes que habían regulado su actividad portuaria[231], naciendo así el **Libro del Consulado del Mar**, código que pasó a regular las relaciones marítimo-mercantiles[232] de sendos puertos del indicado espacio geográfico. Paralelamente, también en el ámbito mediterráneo,

---

[230] Sevilla, Lisboa o Brujas.

[231] *Carta Consulatus Riparie Barchinone* otorgada en 1258 por Jaime I de Aragón a la Ribera de Barcelona, relativa a carga y descarga de mercancías y a vigilancia de las naves. *Ibidem.*

[232] En 1401 el rey de Aragón Martín el Humano amplió la Jurisdicción de los consulados del Mar para conocer de cualquier pleito de índole mercantil-terrestre.

surgieron los **consulados del mar**, instancias judiciales integradas por mercaderes electos por sus semejantes, que con el beneplácito de los reyes de Aragón[233], dirimieron sus controversias conforme a sus costumbres y la mayor de las veces por el mencionado Libro del Consulado del Mar. Se debe añadir que el dicho libro mantendría su vigencia en territorio español hasta la promulgación del Código Mercantil Español de 1829.

De otra parte, en el ámbito atlántico, es destacable la recopilación de jurisprudencia judicial de ámbito marítimo-mercantil, producidas por el tribunal de la isla francesa de Oleron. Esta recopilación recibió el nombre de *Rôles d'Oléron*, y fue objeto de una traducción castellana en la primera mitad del S. XIV, dando lugar a la versión que sería conocida en España como el *Fuero de Layrón*. Tal recopilación reguló las relaciones mercantiles de algunos castellano-leoneses, pues consta como devino en Derecho vinculante, al menos ante las autoridades judiciales de ciertas villas del norte peninsular y de Sevilla[234].

VI USOS Y ABUSOS SEÑORIALES

Como consecuencia de la Peste Negra y de la gran mortandad que esta desencadenó a lo largo y ancho del territorio europeo, los campos asistieron al fa-

---

233 Pedro III de Aragón el Grande, otorgó en 1283 un privilegio jurisdiccional a Valencia para que dos cónsules del mar, electos por los *prudhoms* de la mar, juzgasen tales controversias. Este privilegio sería confirmado y ampliado al año siguiente, determinando que el rey o su procurador elegirían anualmente a un juez de apelaciones para que conociera de los recursos (en la práctica propuesto por los *prudhoms* y confirmado por la autoridad real). En este punto aun cupo una segunda apelación ante la jurisdicción ordinaria, la cual no desaparecería hasta 1332, cuando Alfonso IV de Aragón otorgó en 1332 un privilegio al consulado valenciano en este sentido, de suerte que en tal fecha quedó configurado como un órgano judicial con plena independencia jurisdiccional. Chiner Gimeno, J.J. y Galiana Chacón, J.P., *Del Consolat del Mar al Libro Llamado Consulado del Mar: Aproximación Histórica*, Cámara Oficial de Comercio, Industria y Navegación de Valencia, Valencia, 2003.

234 Consta su vigencia legal en San Vicente de la Barquera (recogidos en un *cuaderno de ordenanzas* de su cofradía de mareantes fechada en 1660, siendo que tales ordenanzas fueron vinculantes para la justicia ordinaria de la villa, al menos desde el privilegio concedido a aquella cofradía por Alfonso XI en 1341 y Enrique III en 1397; y en Sevilla, dado que el documento conservado en la Biblioteca Nacional llamado Códice de Ordenanzas y Privilegios de Sevilla, incluye una copia manuscrita del "fuero" fechada entre 1348 y 1364 en cuyo encabezamiento se afirma que contiene las leyes por las que se juzgan los pleitos de la mar. También consta su observancia en Bilbao, según se deduce a partir de un contrato de fletamiento realizado en 1463 por un patrón de navío vasco con tripulantes recogidos en Barcelona. Margarita Serna Vallejo, *La historiografía sobre los Roles d'Oleron (siglos xv a xx)*, Anuario de historia del derecho español, ISSN 0304-4319, Nº 70, 2000, págs. 471-498; *Ibidem, Los Rôles d'Olerón: El Coutumier Marítimo del Atlántico y del Báltico*, Caja Cantabria, Santander, 2004, p. 115 y 127.Jesus Ángel Solórzano Telechea, *Las ordenanzas de la Cofradía de Mareantes de San Vicente de la Barquera (1330-1537)*, Anuario de historia del derecho español, ISSN 0304-4319, Nº 81, 2011, págs. 1029-1050, p. 1032 y 1035.

llecimiento de muchos de sus propietarios señoriales, de modo que sus hombres de señorío se vieron en la encrucijada de, o bien optar por comenzar a poseer las tierras de labor en calidad de titulares exentos de toda carga; o bien, aprovechar la disolución de los vínculos que lo ataban al mundo rural para emigrar a las boyantes villas en las que florecía el comercio. Desde la perspectiva señorial, tal coyuntura acarreó la drástica **reducción** de la demanda de contratos de prestimonio agrario y por ende de **la mano de obra** sobre la que se apoyaba su *modus vivendi* guerrero.

De otro lado, la reducción demográfica supuso una oferta de productos agrícolas muy superior a la demandada, con lo que **bajaron los precios** del principal activo señorial. Paralela a la pérdida de importancia de los bienes agrícolas, el buen abastecimiento de los productos de necesidad y la reactivación del comercio internacional, incentivaron la **monetización de la economía**. Esta tesitura arrastró a los señores a comprender que la conservación de su *status* hegemónico en el nuevo panorama social dependía, no solo de frenar la hemorragia migratoria hacia las ciudades, si no de conseguir la percepción de rentas, preferentemente, en forma de dinero. Como resultado de todo, la nobleza señorial ofreció una respuesta conocida como **Reacción Señorial**, consistente: de una parte, desplegar medios de **coacción** que disuadieran al hombre de señorío de abandonar su predio (*Ius Maletractandi*); y de otra, en desplegar medios de **exacción**, con los que asegurarse la percepción de rentas con las que paliar su pérdida de poder socio-económico. Procedemos a examinar estos elementos que conjuntamente considerados, reciben la nombradía de Usos y Abusos Señoriales.

A) ***Ius Maletractandi***: este derecho consistió en que el señor podía menoscabar la integridad física y adueñarse de la propiedad del hombre de señorío. Semejante institución queda recogida en la Corona Castellano-Leonesa por el llamado Pseudo Ordenamiento de Nájera II (1138 o 1185) [235] y luego en el Fuero Viejo de Castilla[236] (1356), si bien no hay constancia de que este precepto fuera realmente promulgado o de que en tiempo alguno haya alcanzado validez jurídi-

---

[235] Título 93 de la versión del ordenamiento recogida en el manuscrito de la Biblioteca Nacional 431. Fue recogido en el Fuero Viejo de Castilla (I, 7, 1).

[236] Fuero Viejo de Castilla, 1, 7, 1. Esta ley del maltrato, precisa la exención de los hombres de señorío emplazados al norte del Duero. Ante las dudas relativas a su posible promulgación, creo que conviene destacar que, la documentación relativa a este "derecho", cuanto menos, testimonia la pretensión del estamento noble castellano acerca de su existencia. Por lo que cabe esperar que semejante relación se llevase a la práctica. El asunto hubo de ser origen de tiranteces entre el poder regio y el de los nobles. Así, en el Ordenamiento de Alcalá, se recogieron algunos de los derechos del estamento noble aprobados en las Cortes de Nájera, cabiendo señalar que una de las leyes (32, 13) abordó la posibilidad de que el señor de un solar en el que se enmarcaran libres propietarios (solariegos), pudiera adueñarse de las tierras de estos si luego procedía a indemnizarlos. Ante la suscitación de un planteamiento tan arbitrario, ciertamente, no se aprovechó ni esta ley, ni en ninguna de las subsiguientes, para limitar las conduc-

ca. En el Reino de Aragón, en las Cortes de Zaragoza (1380)[237]; y en el Principado de Cataluña, fue reconocido personalmente por Juan II de Aragón (1474)[238].

B) ***Seis Malos Usos***: por otra parte, en Cataluña[239] surgió otra serie de obligaciones jurídicas que, con un manifiesto afán recaudatorio, se sumaron a las típicas prestaciones señoriales.

a) *Remensa*: pago que había de satisfacer el campesino **para poder abandonar la tierra** del señor y residir en otro lugar.

b) *Intestia*: entrega de una fracción de los bienes del fallecido, si este **no había testado**.

c) *Exorquia*: entrega de una fracción de los bienes muebles del campesino fallecido **sin descendencia**. (En caso de concurrir junto a la *intestia*, solo se cobrara uno de estos derechos).

d) *Cugucia*: multa por **infidelidad** conyugal de la mujer. Pagada con los bienes de esta en caso de haberla realizado voluntariamente, o con los del marido, en caso de haberla coaccionado al efecto.

e) *Arsina*: entrega de un tercio de los bienes muebles por **incendio** del predio entregado por el señor, en el supuesto de que hubiera sido involuntario pero imputable a una negligencia de la parte agricultora.

---

tas análogas que podrían desplegar sobre sus propios hombres de señorío. Si bien es cierto que tampoco se amparó tal posibilidad, quizá aquí pudiera aplicarse el dicho: "el que calla otorga".

237 Incluyó la facultad de *matarlos de hambre y de sed y en prisiones.*

238 Ya se habían dado antecedentes en las Cortes de Cervera (1202) y el Fuero de Tortosa, conocido como *Costums* de Tortosa (1279). Juan II, al ser interrogado acerca de legitimidad de ejecutar esta práctica, respondió: *e que en la mal trachtament nols atlegen los senyors rao perque o fan, sino solamente quels volen maltrachtar.*

239 La específica secuencia de hechos que condujo al campesinado catalán a asumir todas las cargas a las que aquí se alude, puede sintetizarse del siguiente modo: 1° a finales del S. XII, como consecuencia de las cartas de franquezas favorables a los nuevos vecinos de la reconquistada Cataluña Nueva, se produce un flujo migratorio hacia el sur, el cual ofreció una perspectiva alarmante para los señores territoriales. 2° a comienzos del S. XIII, se generalizaron contratos de prestimonio agrario que restringían la libertad de movimiento del campesinado y se promulgan leyes coactivas que obligan a su observancia. 3° desde la peste de 1347, la progresiva disminución de mano de obra agraria desembocó en nuevas condiciones contractuales, generalizándose una tendencia a la entrega adicional a cada hombre de señorío de los predios (*mansos rònecs*) cuyos agricultores habían fallecido o bien abandonado su puesto, al mismo tiempo que el *Ius Maletractandi* y los Malos Usos eran conmutados por el pago de un censo monetario. 4° a partir de la década de 1380, el declive del comercio catalán devolvió un gran peso a la economía agraria, siendo la demanda de trabajo en este ámbito aprovechada por muchos señores para realizar apeos de sus tierras, en los cuales alegaban que su concesión se había efectuado bajo las condiciones típicas del S. XIII. Jordà Fernández, Antoni, *Los remensas: evolución de un conflicto jurídico y social del campesinado catalán en la Edad Media,* Boletín de la Real Academia de la Historia, 187 (1990), pp. 217-297, pp 22-224 y 249-258.

f) *Firma de Spoli Forsada*: pago al señor, por ofrecer (**hipotecar**), como garantía de pago de una dote, la explotación cedida por el señor. Esta práctica fue considerada un mal uso cuando se forzó su contratación.

Aun cabría mencionar a otros dos pretendidos derechos señoriales, también considerados abusivos. Uno fue la obligación de las mujeres de los payeses de servir como **nodrizas** de la prole del señor (*dret de didatge*); y otro, el llamado ***ius primae noctis***, o supuesta facultad del señor de yacer con la campesina en su primera noche de bodas[240]. Sobre esta última facultad, cabe aclarar que nunca estuvo jurídicamente respaldada, siendo rechazado por los propios señores catalanes siquiera el haberlo sostenido así[241]. Ante lo cual, tan solo cabe pensar en que semejante acto acaeciera, o bien como un uso anecdóticamente aceptado, o bien como una conducta plenamente antijurídica.

La vigencia de los señalados derechos, desencadenó vivaces protestas del campesinado catalán entre finales del S. XIV y del XV. En aquel contexto, en 1448 Alfonso V de Aragón confirmó la creación del llamado **Gran Sindicato Remensa**, una asociación que acogía a todos los hombres de señorío catalán, la cual promovió, no solo la abolición de los Abusos Señoriales, sino también de las prestaciones a las que previamente nos referimos como "sernas" y como "cargas sobre el estado civil y transmisiones patrimoniales"[242]. Estos objetivos serían logrados tras haber

---

[240] Igualmente, la documentación que acusaba de tal abuso, registró el pretendido derecho del señor a caminar por encima del lecho sobre el que yacía la esposa. Esta última práctica, parece enmarcarse en el ceremonial matrimonial germánico medieval (*beilager*). Este ceremonial, ante el supuesto de que el novio fuera un siervo, incluía que su señor ocupara momentáneamente el lecho junto a la novia, sin la facultad de tener trato carnal. Parece que el fundamento jurídico de la práctica habría residido en una cierta incapacidad jurídica del siervo, correspondiendo al señor, como titular de la *dominica potestas*, interceder mediante este mero formalismo para que el matrimonio se considerara vinculante a efectos civiles. Por otra parte, esta formalidad, también fue presentada como una contrapartida derivada de la necesidad del novio servil de recurrir a su señor para aportar la tradicional dote germánica. Wettlaufer, Jörg; *The Ius Primae Noctis as a Male Power Display: a Review of Historic Sources with Evolutionary Interpretation*, Evolution and Human Behaviour 21 (2000), 111-123, pp. 113 y 114.

[241] Respuesta de señores catalanes al Proyecto de Concordia de 1462: *no sabren ne crehen que tal suvitut sia en lo present principat, ni sia may per algun seyor exhigida Si axi es veritat com en lo dit Capitol es contengut, renuncien, cassen e anullen los dits senyors tal servitut com sie cose molt injusta e deshonesta.* Hinojosa y Naveros, Eduardo de, Obras, Vol. 2, Ministerio de Justicia y CSIC, Madrid, 1955, p. 267.

[242] Como precedente, el 3 de octubre de 1455, Alfonso V de Aragón promulgó una "sentencia interlocutoria", mediante la cual suspendió provisionalmente los Malos Usos, pretendiendo que los payeses se limitasen a pagar a sus señores por la explotación de sus tierras en concepto de arrendamiento. Jordà Fernández, Antoni, *op. cit.*, p. 275. Por otra parte, cabe observar que la Sentencia Arbitral de Guadalupe fue vinculante para las relaciones jurídicas que mediaban entre señores territoriales (es decir, con el dominio directo sobre el territorio labrado) y los payeses. Por lo que, técnicamente, no habría sido de obligado cumplimiento para los señores jurisdiccionales, (es decir, con poder jurisdiccional sobre un territorio dado, pero sin

protagonizado ciertas guerras civiles conocidas como I Guerra de Remensa (o Civil Catalana de 1462-1472[243]) y la II Guerra de Remensa (1484-1485), pues desembocaron en la producción de la **Sentencia Arbitral de Guadalupe**, dada por los Reyes Católicos en 1486, la cual estableció tales términos[244].

De otra parte, en relación al reino castellano-leonés, los Reyes Católicos promulgaron la pragmática de Libertad de Movimiento de Medina del Campo en 1480. Por medio de esta, los hombres de señorío de tal reino también tuvieron garantizada su libertad de movimiento, denegando a los señores la interposición de cualquier obstáculo.

VII SOCIEDAD ESTAMENTAL

En la práctica, la sociedad de la época aquí tratada se dividió en tres segmentos, dentro de los cuales, aun cabe reconocer a otros subsegmentos.

1. Privilegiados

A) Magnates o ricoshombres, fueron los nobles que poseyeron grandes propiedades territoriales con el título de barones, condes, marqueses o duques. Coparon altos cargos funcionariales de la monarquía y, a partir del S. XIII, alcanzaron un cierto refinamiento cultural produciendo escritores de la talla de Juan Manuel de Castilla, el marqués de Santillana o Jorge Manrique.

B) Hidalgos o infanzones: segundones de ramas familiares de los anteriores, quienes, por lo general, se entregaban a la vida militar en las fronteras an-

---

contar con el dominio directo sobre este). Jordà Fernández, Antoni, *op. cit.*, p. 290. En cuanto a las sernas abolidas, cabe destacar la alusión al llosol (*lloçol*) y las castellanías (*caslanias*); mientras que en cuanto a las cargas sobre el estado civil y transmisiones patrimoniales, cabe hablar de la necesidad de autorización del señor para enajenar bienes muebles (si bien persisitió en relación al *cup major*). Finalmente, la abolición de las sernas *capbrevadas* (recogidas en apeos) quedó condicionada a que los payeses demostrasen, en el plazo de 5 años, como estas habían sido registradas de manera engañosa. *Ibidem*, p. 289.

[243] En ella, el Sindicato de Remensa apoyó a Juan II contra los pretendientes al Principado de Cataluña castellanos y franceses, con la expectativa de propiciar un equilibrio de poder distinto del consagrado en el Compromiso de Villafranca (1461), el cual había consolidado el sistema pactista de 1283, tan favorable a la aristocracia terrateniente y burguesa (partido de la Biga), y tan ajena a las inquietudes campesinas y de los pequeños artesanos y proletariado urbano (partido de la Busca).

[244] Procede aclara que supeditó la extinción de los Seis Malos Usos al pago de una indemnización a los señores. Asimismo, conviene destacar que también abrogo explícitamente el *ius maletractandi*, el *dret de didatge* y, preventivamente, el *ius primae noctis*.

dalusíes (*extremaduras*) con la esperanza de ser beneficiarios de distribuciones de tierras.

Todos estos compartieron el deber moral de prepararse para prestar el servicio de armas en las guerras[245]. Asimismo, gozaron de exención **fiscal** y de otros privilegios de índole penal y **procesal.** En este último sentido, su **testimonio** se valoraba como un medio de prueba superior frente al de otros. Pudieron resolver sus controversias mediante el **duelo**[246] y el ***riepto***[247]. El riepto consistió en la acusación que un noble dirigía a otro, ante la curia regia, de haber incurrido en aleve o en traición al rey. El aleve consistió en el daño causado por un noble a otro (herido, perseguido, forzado o deshonrado), sin haberlo desafiado previamente. En tales casos, cuando el acusado negaba el crimen, se podía recurrir a cuatro medios de prueba: pesquisas de los oficiales reales, testimonio de testigos, cartas incriminatorias o duelo judicial entre el acusador y el acusado[248]. En cuanto al ámbito procesal, salvo acusación de traición, no pudieron ser **torturados** para extraerles confesiones[249]. Por último, en relación a sus privilegios penales, atentar contra sus derechos comportó la obligación de satisfacer **multas** de una cuantía superior a la exigida por hacerla con otros grupos de población, y su ejecución habría de acontecer mediante decapitación[250].

C) **Clero**: en la cúspide estuvieron los obispos, quienes a menudo ocuparon cargos de la administración central y accedieron a diócesis dotadas con considerables propiedades territoriales, sobre las cuales desplegaban su propio régimen señorial (señoríos de abadengo). Por otra parte, podemos hablar de clérigos simples (sacerdotes o diáconos), cuya labor social se limitó a la cura de almas. Todos ellos contaron con una jurisdicción propia (Privilegio del Fuero,

---

[245] Las Siete Partidas, II; 21; 2 y 7. A tal efecto, habían de comenzar su instrucción como escuderos, siendo nombrados caballeros, o bien por alguien que ya lo fuera, siempre y cuando apreciara que reunía ciertas condiciones, como ser hidalgo; o bien podían ser nombrados por el príncipe, quien naturalmente podría pasar por alto que el aspirante no reuniera el requisito de la hidalguía. II; 21; 11, 12, 13 y 14. Los mismos extremos son regulados en el Vidal Mayor de Aragón (libro VII, capítulo 19). Andando el tiempo, en 1447, el rey Juan II emitió una pragmática, conforme a la cual tan solo el rey castellano-leonés podría armar como caballeros a sus súbditos (Ordenanzas Reales de Castilla, IV, 7).

[246] Fuero Viejo de Castilla, I, 5, 1-4. Fuero General del Reino de Navarra, V, 2, 4.

[247] Las Siete Partidas, VII, 3, 1-3. Ordenamiento de Alcalá, 32, 5.

[248] Las Siete Partidas, VII, 3, 4. La necesidad del desafío entre nobles como condición previa a perjudicarse legítimamente, vino dada por una paz o amistad interpuesta entre todos los hidalgos del reino de Castilla-León por el rey Alfonso VII el emperador en las Cortes de Nájera. Ordenamiento de Alcalá, 32, 46.

[249] Las Siete Partidas, II, 21, 24. Pese a que es general la interpretación de que la norma aquí reseñada alude a los nobles, en sentido estricto, tan solo alude a los caballeros.

[250] *Ibidem*, valga lo dicho en la anterior nota al pie de página.

ver en tema VIII, 8. 1.2., B.), exenciones tributarias[251] y exenciones del servicio militar[252].

2. Libres

A) propietarios rurales o villanos: dueños de tierras en las zonas de frontera castellano-leonesa, quienes al alcanzar un determinado grado de riqueza contaban con la capacidad de mantener caballos con los que prestar servicios militares. En caso de realizar esta posibilidad, en ocasiones, quedaban *de facto* jurídicamente igualados a los hidalgos mientras se mantuvieran en aquella situación. En otras ocasiones, incluso podían acceder perpetuamente junto con su descendencia al estamento noble, como un hidalgo más[253].

B) Hombres de Benefactoría: integrado por individuos que poseían pequeñas propiedades agrarias, con motivo de haberse beneficiado del sistema de repartos por presura (solariegos). Estos, sobre todo a partir del S. XI, las entregaron total o parcialmente a un guerrero noble, o bien las gravaron con la obligación de pagarle un censo y otras prestaciones típicamente señoriales, a cambio de la garantía de contar con su protección. En el segundo caso se habla de la constitución de un **Señorío de Behetría**, caracterizado por la libertad del propietario de la tierra para, cumplido un término, elegir a un nuevo señor[254]. La duración del contrato fue variable, pudiendo prolongarse durante la vida de las partes, o

---

[251] No debían contribuir por sus bienes raíces personales, más que en el caso de que los hubieran adquirido mediante contrato de compraventa a una persona del estamento llano, la cual tributaba por ella (no se aplicaba a las donaciones). Las Siete Partidas, I, 6, 50.

[252] Las Siete Partidas I, 6, 51.

[253] Tal parece que hizo el Fuero de Castrojeriz otorgado por el conde de Castilla Fernán González en 974, en el cual se dice: *damos buenos fueros a aquellos que fueron caballeros y los elevamos a infanzones.*

[254] Frente a Claudio Sánchez-Albornoz, que hizo hincapié en que el señorío de behetría fue el resultado del poder de negociación de libres propietarios, Martínez García sostiene que el presupuesto típico de la constitución de tales señoríos fue que el señor de unas tierras renunciara, graciosamente, en una parte o en su totalidad, a raíz de: contar con varios herederos que se lo disputaran, carecer de herederos, desear retribuir servicios prestados a sus hombres de señorío, o desear hacer méritos religiosos. Otorgando a los hombres de señorío de predios enajenados el derecho de designar a su nuevo señor, en ocasiones bajo ciertas condiciones, como que restringieran la elección a personas de su linaje. Martínez García, Luis, *Los Pactos de Benefactoría en la Formación de la Red Feudal Leonesa y Castellana (S. X-XII),* Hispania: Revista Española de Historia, Vol, 70, Nº 235, 2010, pgs. 225-258, p. 354 y 355. La *Crónica del Rey Don Pedro,* de Pedro Pérez de Ayala, narró un origen distinto, afirmando que se debía a que los caballeros, en ocasiones formaban compañías, y tras participar en expediciones de conquista se hacían mancomunadamente con el dominio de tierras, y que luego las ponían bajo el régimen de behetría, permitiendo que uno solo fuera el señor, siempre que se respetasen ciertos derechos a los demás caballeros y a sus descendientes, entre los que se contaba el derecho de sufragio pasivo para convertirse en nuevo señor. Sempere y Guarinos, Juan, *Historia de los Vínculos y*

bien perpetuándose en el tiempo al preverse que fuera sucesivamente heredada por los descendientes de las partes[255]. El Señorío de Behetría estuvo asociado a la sociedad castellano-leonesa de los siglos XI y XII[256].

C) **Burgueses**: alude a los sujetos refugiados en los burgos o ciudades, quienes disfrutaron de la integridad de todos los Derechos Civiles (libertad de movimiento, libertad de disponer de sus bienes y de contraer matrimonio)[257]. Su visión igualitaria de la sociedad los movió al desarrollo de un Derecho de autogobierno municipal. Debido a su medio de subsistencia, la artesanía y el comercio, también desarrollaron el Derecho Mercantil. Por otra parte, se agruparon espontáneamente en asociaciones profesionales llamadas gremios, las cuales contaban con una jerarquía que regulaba el ejercicio de su común actividad laboral. El medio de ascenso en esta jerarquía pasaba por valorar el correcto ejercicio de la profesión. La aludida actividad reguladora de los gremios fue perseguida durante el S. XIII por los reyes Fernando III y Alfonso X de Castilla y León, quienes exigirían que tales asociaciones se limitasen a congregarse con el único fin de dar cauce a sus habituales actividades de rendir culto religioso y realizar acciones benéficas.

En relación a la composición de la burguesía, cabe destacar que, a partir del S. XIII, su fisionomía igualitaria dejó paso al surgimiento del llamado **patriciado urbano**, segmento de población integrado por los ciudadanos más ricos y por algunos hidalgos que, careciendo de propiedades rurales, probaron suerte en las villas. Estos "patricios" coparían las magistraturas municipales y recibirían formación jurídica deviniendo en *letrados*.

3. Clases inferiores

Conformada por cuatro grupos, de entre los cuales, en el S. XIV comenzaron a confundirse.

Mayorazgos, recuperado de: http://www.cervantesvirtual.com/obra-visor/historia-de-los-vinculos-y-mayorazgos-1-ed-1805–0/html/fef0d354-82b1-11df-acc7-002185ce6064_30.htm.

[255] Respecto a esta cuestión, es de notar que los eventuales señores agraciados por estos contratos procuraron introducir condiciones que amortiguasen las consecuencias del fin de la relación, tales como asegurarse la propiedad de una fracción del suelo urbano del solar, aforar los censos, o prohibir la transmisión del solar a un tercero que no asumiera las prestaciones señoriales del anterior titular. *Ibidem*, p. 352 y 353.

[256] Surgido primero en León, como testimonia su fuero. *Ibidem*.

[257] Este extremo fue garantizado en los fueros municipales, haciéndose extensible incluso a aquellos forasteros que fijasen su residencia en el término urbano por un cierto periodo. Generalmente, el espíritu de tales normas era atraer a cualquier costa a nuevos habitantes, consolidando núcleos de población capaces de resistir intentos de conquista. Ejemplos de ordenamientos que ofrecieron estas condiciones son el Fuero de Sepúlveda y *Consuetudines Diócesis Gerundensis*. Como consecuencia de esta práctica extendida por el continente europeo, cupo aplicar a la España medieval el dicho germano *Stadluft Macht Frei* (el aire de la ciudad hace libre).

A) ***hombres de señorío***, mayormente identificados con los repobladores que no pudieron beneficiarse de la presura, convirtiéndose en hombres de señorío en el marco de los contratos de prestimonio agrario. En la práctica, pudieron encontrar ciertas restricciones a su libertad de movimiento[258]. Respecto a este inconveniente, puede decirse que, desde la segunda mitad del S. XIV y hasta 1480, se agravó en mucho, pues se vieron **de hecho**, aunque no de derecho, **adscritos al predio** que labraban, sin posibilidades reales de abandonarlo. Tal situación cesó en el señalado año, cuando los reyes católicos atajaron este mal mediante una **Pragmática de Libertad de Residencia.**

B) ***iuniores ex capite***, en el siglo XIII aparecieron individuos libres que vivían bajo la autoridad de un señor, al cual prestaban servicios de índole doméstica (previsiblemente retribuidos mediante su manutención). Se cree que en su mayoría fueron los hijos de hombres de señorío[259], cabiendo enmarcar su relación en el concepto del clientelismo.

C) siervos, quienes debieron su condición a ser: a) cautivos de guerra, principalmente musulmanes (pero también cupieron mercenarios cristianos), b) a la insolvencia para hacer frente a sus deudas (multas y préstamos), c) ser hijo natural de siervo y d) quizá por entrega voluntaria a monasterios por devoción religiosa[260]. Se trató de esclavos que sí estuvieron formalmente adscritos a la tierra que trabajaban, con la que formaban un conjunto patrimonial, siendo por tanto **adquiridos y enajenados conjuntamente**. También los hubo domésticos, hallándose algunos en el palacio regio. A partir del S. XIII, cuando los siervos rurales se

---

[258] Entre los siglos XI y XII se registra, en Galicia y en León, a los llamados *iuniores per hereditatem*, a los cuales García-Gallo atribuyó la condición de hombres de señorío (en *El Hombre y la Tierra en la Edad Media Leonesa*). Señala que estos estuvieron vinculados por una clausula contractual, según la cual, para abandonar la relación habían de transmitir sus derechos laborales a un tercer sujeto, y que, en casó de abandonar la relación sin hacerlo, habrían de indemnizar al señor, generalmente, con la entrega de la mitad de sus bienes muebles e inmuebles. Paralelamente, en Navarra y Aragón, aparecieron los mezquinos y exaricos, sujetos cuya fuerza de trabajo se enajena junto con el predio, considerándolos como una misma unidad patrimonial. precisar que los exaricos fueron hombres de señorío musulmanes. Para rematar el elenco de denominaciones, cabe añadir que también fueron conocidos como collazos, y desde la segunda mitad del S. XIII, en ocasiones, de forma impropia, fueron llamados solariegos.

[259] García de Valdeavellano, Luis, *Historia de España: I de los Orígenes a la Edad Media*, Revista de Occidente, Madrid, 1972, p.74. Cabe apuntar que los *iuvenis homo*, hijos varones de los remensa titulares de un predio, constituyeron una categoría próxima a esta, pues, como reflejó el capítulo 9 del Proyecto de Concordia Remensa (1462), el señor se reservaba la posibilidad de reclamarlos para la prestación de servicios. La diferencia principal con los *iuniores ex capite* estriba en que, estos últimos, para romper sus vínculos con el señor, precisaban del pago de la remensa, y que sus eventuales servicios sin duda no tenían por qué ser retribuidos. Jordà Fernández, Antoni, *op. cit.*, 225-226, 232 y 244.

[260] Hipótesis planteada por Muñoz y Romero en torno a la figura de los *oblati*, desmentida por Sánchez Albornoz al verificar que estos tuvieron siervos musulmanes.

equiparaban a los hombres de señorío, la esclavitud se hizo patente en los espacios urbanos, siendo empleados como domésticos y también como mano de obra barata para cualquier suerte de artesanía.

D) Libertos: en la monarquía astur-leonesa, cupo distinguir a distintas clases de libertos por el grado de obligaciones que pesaron sobre ellos, recordando su pasada condición de siervos[261].

Bibliografía

Anónimo, *Don Cristóforo y el Cura, Respuestas a Varios Argumentos* (...),Tipografía de Narciso Parga, Guadalajara, 1875.

Bedera Bravo, Mario, *Infurción y Fórmulas Campesinas de Apropiación Campesina de la Tierra en la Edad Media,* AHDE, tomo LXXXVI, 2016.

Bloch, Marc, Reyes y Siervos y Otros Escritos Sobre la Servidumbre, Universidad de Granada-Universitat de Valencia, Granada, 2006.

Chamocho Cantudo, Miguel Angel, Los Fueros de los Reinos de Andalucía: de Fernando III a los Reyes Católicos, Universidad de Jaén y BOE, Madrid, 2017, recuperado de: https://www.boe.es/biblioteca_juridica/abrir_pdf.php?id=PUB-LH-2017-4

Chiner Gimeno, J.J. y Galiana Chacón, J.P., *Del Consolat del Mar al Libro Llamado Consulado del Mar: Aproximación Histórica,* Cámara Oficial de Comercio, Industria y Navegación de Valencia, Valencia, 2003.

Crónica de Alfonso III, versión Rotense, recuperado de: https://www.condadodecastilla.es/cultura-sociedad/fuentes-historicas/cronica-rotense/.

Crónica de Alfonso III, versión Sebastianense, recuperado de: https://www.condadodecastilla.es/cultura-sociedad/fuentes-historicas/cronica-ad-sebastianum/.

Escudero, José Antonio, Curso de Historia del Derecho: Fuentes e Instituciones Político Administrativas, Madrid, 2003Expósito Martín, Francisco Javier, *Reconquista y Repoblación del Sur Peninsular en el Siglo XIII: el Nacimiento de la Andalucía Cristiana,* recuperado de: https://www.feandalucia.ccoo.es/docu/p5sd8740.pdf.

Esriche, Joaquín, *Diccionario razonado de legislación y jurisprudencia,* Viuda e Hijos de Don Antonio Calleja, Madrid, 1847, p. 155.

---

261 Los hubo "sin restricciones", los *cerarii,* quienes habían de realizar ofrendas de cirios y limosnas durante algunas festividades cristianas; y *casati o adscipticios,* quienes inmediatamente adquirían la condición de hombres de señorío en el predio al que habían estado jurídicamente adscritos.

Marie-Claude, Gerbert, La Orden de San Jerónimo y la Ganadería en el Reino de Castilla Desde su Fundación a Principios del Siglo XVI, p. 257, en Boletin de la Real Academia de la Historia, Tomo 79, cuaderno Nº II, año 1982, pp. 219-314.

Gil Fernández, Juan; Moralejo, José L.; Ruiz de la Peña, Juan I.; *Crónicas Asturianas,* Universidad de Oviedo, Oviedo, 1985.

González Jiménez, Manuel y Montes Romero-Camacho, *los Mudéjares Andaluces (Siglos XIII-XV),* Revista d'historia medieval, Nº 12, 2001-2002, págs. 47-78.

Hinojosa y Naveros, Eduardo de, *Obras, Vol. 2,* Ministerio de Justicia y CSIC, Madrid, 1955.

Jordà Fernández, Antoni, *Los remensas: evolución de un conflicto jurídico y social del campesinado catalán en la Edad Media,* Boletín de la Real Academia de la Historia, 187 (1990), pp. 217-297.

Klein, Julius, *Los Privilegios de la Mesta de 1273 y 1276,* Boletín de la Real Academia de la Historia, LXIV. (1914), 202-219.

Laurent Feller, Ana Rodríguez, *Expertise et valeur des choses au Moyen Âge. II: Savoirs, Ecritures, Pratiques,* Casa Velázquez, Madrid, 2016. Miguel Ángel Borrego Soto, La Conquista de Jeréz y la Revuelta Mudejar (1261-1267), Estudios Sobre Patrimonio, Cultura y Ciencias Medievales, 18 (2016), pp. 131-194.

Mangas Navas, José Manuel, El Régimen Comunal Agrario de los Concejos de Castilla, Ministerio de Agricultura, Madrid, 1981.

Marín Barriguete, Fermín, *Análisis Institucional del Honrado Concejo de la Mesta: Los Alcaldes de Cuadrilla (S. XVI-XVII),* Cuadernos de Historia Moderna,1995, Nº16: 293-314.

Martín, José Luis, La Pérdida y la Reconquista de España a la Luz de las Crónicas y del Romancero, en Repoblación y Reconquista, Seminario. Actas del III Curso de Cultura Medieval. Aguilar de Campoo, septiembre de 1991.

Martínez García, Luis, *Los Pactos de Benefactoría en la Formación de la Red Feudal Leonesa y Castellana (S. X-XII),* Hispania: Revista Española de Historia, Vol, 70, Nº 235, 2010, pgs. 225-258.

Río Saloma, Martín Federico, *La Reconquista: una construcción historiográfica (siglos XVI-XIX),* Marcial-Pons, Madrid, 2011.

Ruiz Gómez, Francisco, *Los Hijos de Marta Las Órdenes Militares y las Tierras de la Mancha en el S. XIII, Hispania,* LXII/1, num. 210 (2002).

Sempere y Guarinos, Juan, *Historia de los Vínculos y Mayorazgos,* recuperado de: http://www.cervantesvirtual.com/obra-visor/historia-de-los-vinculos-y-mayorazgos-1-ed-1805–0/html/fef0d354-82b1-11df-acc7-002185ce6064_30.htm.

Serna Vallejo, Margarita, La historiografia sobre los Roles d'Oleron (siglos xv a xx), Anuario de historia del derecho español, ISSN 0304-4319, Nº 70, 2000, págs. 471-498.

Serna Vallejo, Margarita, *Los Rôles d'Olerón: El Coutumier Marítimo del Atlántico y del Báltico,* Caja Cantabria, Santander, 2004.

Solórzano Telechea, Jesús Ángel, *Las ordenanzas de la Cofradía de Mareantes de San Vicente de la Barquera (1330-1537)*, Anuario de historia del derecho español, ISSN 0304-4319, Nº 81, 2011, págs. 1029-1050.

Wettlaufer, Jörg; *The Ius Primae Noctis as a Male Power Display: a Review of Historic Sources with Evolutionary Interpretation*, Evolution and Human Behaviour 21 (2000), 111-123.

TEMA 7
EL DERECHO MEDIEVAL (II)

I El Contrato Feudal

El contrato de feudo tuvo como partes a dos nobles, recibiendo uno la calificación de vasallo y el otro la de señor. De una parte, el **vasallo**, se comprometía a prestar **servicio militar** (*auxilium* o servicio de *hueste*); a **aconsejarle** en sus quehaceres políticos (*consilium*); y asumía prestar testimonio judicial favorable en sus procesos la condición (**cojurador solidario**). De otra parte, el **señor**, se comprometía a garantizarle **protección y sustento**. Además, ambas partes asumían velar por el honor del otro, estando facultados para ***reptar*** a quien lo dañase; y en el caso de que alguna de las partes fuera expulsada del reino por su monarca, la parte desafortunada podía exigir a la exenta de aquel castigo a que la acompañase a tal **exilio**. El elemento a través del cual el señor garantizaba el sustento del vasallo recibía el nombre de **feudo**, el cual, normalmente se concretó en una tierra (*tenencia*) de la que el vasallo tendría la posibilidad de valerse para contratar con campesinos a los que convertir en sus hombres de señorío. No obstante, el feudo también pudo tener por objeto otros bienes, como una fortaleza o una renta monetaria (llamada feudo de bolsa).

El perfeccionamiento del contrato se producía mediante una ceremonia llamada **homenaje**, que constaba de cuatro elementos formales: a) el vasallo se arrodilla, b) expresa deseo de ser hombre del señor, c) el señor toma sus manos entre las suyas (in *mixtio manum*), u ofrece una de las suyas para que su futuro vasallo la bese (*osculum);* y e) el señor entrega un objeto al vasallo que simboliza el feudo (*investidura*)[262].

---

[262] Boutruche, Robert, *Señorío y Feudalismo: 1. Los Vínculos de Dependencia,* Siglo XXI, España, 2004, p. 172. Este autor sitúa como un elemento formal paralelo la llamada fidelidad, consistente en un jurar por las sagradas escrituras que cumplirá con su compromiso. *Ibidem.*

En cuanto a la duración, si bien el contrato de feudo comenzó estando sujeto a un término temporal o vitalicio, a partir del S. XI, por regla general, su vigencia se extendería más allá de la vida del vasallo contratante, pues se reconoció a los descendientes del vasallo el **derecho hereditario de renovar** el contrato mediante el correspondiente *homenaje*[263]. En cualquier caso, la finalización de la relación contractual podía tener lugar a instancia de cualquiera de ambas partes. Por un lado, el vasallo podía simplemente "despedirse" sin ni siquiera tener que justificar un incumplimiento del señor, tras lo cual dejaba de disponer del feudo. No obstante, en tal caso mantendría por le resto de su vida la obligación de no herir o matar a su antiguo señor[264]. El señor, en cambio, había de justificar la ruptura de la relación en algún incumplimiento del vasallo.

El contrato de feudo dio lugar a dos fenómenos igualmente conocidos como Feudalismo, los cuales es preciso distinguir nítidamente. Podemos hablar de a) Feudalismo entendido como la propia generalización de los contratos de feudo[265]; y b) **Feudalismo** entendido como el régimen político propiciado por la generalización de los aludidos contratos, que es el que nos interesa en este epígrafe[266]. En cuanto a esta última acepción, el Feudalismo consistió en el **debilitamiento del poder** de los Estados Cristianos, construidos en torno a la figura del monarca. En efecto, los **vasallos feudales se "entregaban"** a los señores con los que contrataban, con lo que, en lo sucesivo, ya no acataban más órdenes políticas que las suyas. Esto dio lugar a que, si un vasallo escogía como señor a un individuo distinto del monarca, consecuentemente quedaría sustraído a las órdenes de su dignatario regio.

Tal régimen político dio lugar a la formación de **cadenas de relaciones feudo-vasalláticas**, en las que, los vasallos de un señor, se convertían en los señores

---

263 Boutruche, Robert, *Señorío y Feudalismo: 2. El Apogeo*, Siglo XII, España, 2007, pp. 174 y 175. Por lo común, el derecho de tanteo para realizar el homenaje, recaía sobre el primogénito varón (sistema de mayorazgo). Si bien se contempló la posibilidad de que el vínculo fuera renovado por un segundón, una hija u otro pariente a falta de estos. Boutruche, Robert, Señorío y Feudalismo: 1. Los Vínculos de Dependencia, *op. cit.*, pp 176 y 177. Excepcionalmente, en los territorios de Bretaña y Normandía, se admitió que, cuando el feudo fuera un territorio y tan solo hubiera herederas del vasallo pertenecientes al sexo femenino, que el compromiso fuera renovado por cada una de ellas (hasta alcanzar el número de ocho), quedando el feudo dividido en tantas partes como herederas. Asimismo, en los dichos territorios y en otros adicionales, se admitió que, bajo ciertas condiciones, el vasallo distribuyera sus derechos sobre el feudo territorial, dividiéndolo mediante una partición testamentaria (*fief préciputaire*).

264 *Las Siete Partidas*, IV, 25, 8.

265 Concepción del Feudalismo que encajaría en el "tipo C", o *jurídico-institucional*, postulado por Ignacio Álvarez Borge. Álvarez Borge, Ignacio, *Feudalismo y Señorío en Castilla*: Estudios sobre señorío y feudalismo. Homenage a Julio Valdeón, Estudios, 2010, pp. 107-196.

266 Concepción del Feudalismo que encajaría en el"tipo B", feudalismo como sistema social, planteado por el mismo autor arriba mencionado. *Ibidem.*

de otros[267] De este modo, el sistema no impidió la pervivencia de importantes **reyes o príncipes feudales**, individuos a los que cabe referirse en estos términos en tanto que se hallaron en la cúspide de las cadenas feudo-vasalláticas, teniendo la posibilidad de dar a sus vasallos directos determinadas órdenes, con la expectativa de que se fueran transmitiendo de manera indirecta a los vasallos de sus vasallos ("vavasallos"), y así, estas llegaran a hacerse efectivas. Esta posibilidad es la que nos permite identificar a vastas entidades territoriales como vinculadas por un mismo poder, a las que nos referimos como **Estados Feudales**[268], sin que, por tanto, esta acepción del Feudalismo llegue a significar una total disolución de la vida política[269].

II Origen del Contrato Feudal

Durante el S. VIII, el rey franco Pipino el Breve comenzó a dispensar cargos de gobierno territorial (condados y ducados) a algunos de sus súbditos mediante la ceremonia del homenaje. Además, hizo entrega vitalicia de grandes extensiones de tierras a guerreros[270]. Ello fue con el probable objetivo de que los beneficiarios pudieran costearse una montura y un equipo militar de caballería pesada, y por ende fomentar el desarrollo de unas tropas ecuestres que hicieran adecuadamente frente a las de los bizantinos y a las de los musulmanes.

Durante el mandato del emperador Luis el Piadoso, hubo un clima de inestabilidad política que lo arrastró a entrar en una dinámica de competición con otros grandes señores, tratando de granjearse la lealtad de contingentes de guerreros mediante la realización de contratos de feudo. Esta política no pudo evitar el progresivo **hundimiento del Imperio Carolingio**, claramente escenificado con la división del imperio en tres reinos, asignados cada uno de ellos a sus respectivos hijos (Tratado de Verdún del 843). Cada uno de estos monarcas continuó practi-

---

267 En caso de que un contrato de feudo postulara a un vasallo como señor de un nuevo vasallo mediante la entre a este último de tierras que poseía en calidad de feudo, el pretendiente a nuevo señor habría de solicitar autorización al suyo. Boutruche, Robert, Señorío y Feudalismo: 1. Los Vínculos de Dependencia, *op. cit.*, *Ibidem*, p. 178.

268 Caso de la Francia, del Sacro Imperio Romano Germánico o del Principado de Cataluña medievales.

269 Panorama ficticio, al que erróneamente puede remitirnos la confusa expresión "privatización de la vida pública", frecuentemente empleada para dar cuenta del Feudalismo.

270 Las condiciones de cesión de las tierras fueron generalmente vitalicias o bien en precario, (es decir, unilateralmente revocables por su propietario). Los términos extintivos de la cesión fueron fruto de las presiones de la Iglesia, que no en vano era la titular de los predios, y que solo admitió la traslación de su dominio directo tras haber alcanzado acuerdos con la monarquía franca. Durante el imperio de Luis el Piadoso, estas tierras sí serían expropiadas y entregadas a guerreros en términos vitalicios. Boutruche, Robert, *Ibidem*. Pp., 146, 147, 152 y 153.

cando la política de cultivar lealtades mediante **la contratación con guerreros que contribuyesen a asentar su poder**.

De cualquier modo, es común apuntar como el punto de partida de la generalización del contrato de feudo y de sus consecuencias políticas, la promulgación de las **Capitulares de Quierzy en 877**, signadas por uno de los hijos de Luis el Piadoso, Carlos el Calvo, cuando este gozaba momentáneamente de la condición de emperador. En ellas, establecía que tanto los cargos condales como otros cargos políticos del imperio cedidos mediante un contrato de feudo, en lo sucesivo, devendrían en hereditarios; y que esto mismo valdría para las relaciones análogas que los vasallos del monarca, a su vez, tuvieran contratadas con sus propios vasallos (*sus hombres*)[271].

III FEUDALISMO EN ESPAÑA

Como vimos previamente, cabe hablar de **Feudalismo en dos sentidos**. En cuanto a la acepción "A", que alude a la generalización del **contrato de feudo**, la historiografía española ha llegado al consenso de que no llegó a desarrollarse plenamente, a excepción de Cataluña (parte integrante del Imperio Carolingio). Cabe pensar que este desarrollo defectuoso habría estado íntimamente relacionado con las particulares circunstancias de los cristianos peninsulares, quienes, ajenos a las del resto de Occidente, hasta el S. X habitaron mayormente agolpados en las estrecheces de los montes de la cornisa cantábrica, quedando abiertos a compartir los escasos recursos disponibles y enfocados en obedecer marcialmente y sin interferencias a sus primeros reyes, para así evitar ser subyugados por un enemigo externo común. Este escenario, claramente menos propicio para el desarrollo del Feudalismo fue, en cierta medida, "corregido" a partir del S. XI, cuando los cristianos peninsulares ya gozaban de unas mayores extensiones territoriales y comenzaron a recibir la generalizada afluencia de extranjeros europeos, los cuales facilitaron un cierto contagio cultural propicio al desarrollo de relaciones similares.

En cuanto a la imperfección del contrato de feudo, sucedió en España que, ciertamente, el bien del que el señor hacía entrega al vasallo, rara vez habría adquirido la condición formal de feudo, mereciendo sus características la designación de *beneficio, honor* o *préstamo*. Ello justifica que hablemos en su lugar de un **contrato de beneficio**. Este beneficio, se diferenció del feudo europeo en que el bien era entregado con un término temporal, normalmente cumplido con la muerte del vasallo y, de modo más determinante, porque la concesión solía ser **unilateralmente revocable por el señor** (*precarium*). Sin embargo, hay que destacar que, incluso desde antes, en el S. X, algunos de estos *honores*, aunque **excepcionalmente**, en la práctica sí comenzaron a hacerse perfectamente transmisibles

---

271 *Ibidem.*, p. 155.

por herencia ("**patrimonialización**"), sin que cupiera ya pensar en tales revocaciones unilaterales. Fue este el caso de tenencias como: los condados de Castilla, de Portugal y de Aragón; los señoríos de Molina, de Vizcaya o de Yanguas; y, quizá, de ciertas baronías pirenaicas aragonesas.

En cuanto a la existencia de la otra acepción de Feudalismo, la "B", que alude a los **regímenes políticos** propiciados por las relaciones contractuales feudales, una importante corriente historiográfica, encabezada por Claudio Sánchez Albornoz, lo niega, estableciendo de nuevo a Cataluña como la única excepción. En este sentido, en general, aprecia la **inexistencia de las cadenas feudo-vasalláticas**, que, en los territorios ultrapirenaicos sí dieron lugar a ese notable grupo de nobles que escaparon a las directrices del monarca o príncipe[272]. Por otra parte, esta postura negadora reconoce que los reyes hicieron entrega de sendos "*beneficios*" territoriales, en la práctica patrimonializados, y consintieron a sus señores la *inmunidad*, es decir, privándose los propios monarcas del ejercicio de su poder regio (ejecutivo, legislativo, judicial, tributario y nombramiento de oficiales) dentro de los límites del territorio entregado (**coto**), y permitiendo que sus poderes característicos fueran ejercidos por el *tenente*. Sin embargo, apunta a que, tal inmunidad, habría estado condicionada por importantes excepciones que conllevaban la capacidad del monarca para condicionar la política de los *tenentes*. Señalan, en este sentido, que los monarcas castellano-leoneses, siempre tuvieron, frente a todos sus súbditos, la posibilidad de forzar su marcha del reino (**Ira Regia**[273]); y que, desde 1274, pudieron reservarse el enjuiciamiento de ciertas controversias en detrimento del poder jurisdiccional de esos *tenentes* (**Casos de Corte**).

En síntesis, puede decirse que, para una corriente mayoritaria de la **historiografía**, en España (exceptuando a Cataluña) **no se dio formalmente el contrato de feudo**. Y que no se **conoció el Feudalismo como fenómeno político**[274].

---

272 El probable motivo, fue el, generalmente, carácter volátil de los honores hispánicos. Es decir, en caso de que un vasallo no disponga de manera estable de su beneficio, no podrá sub-enfeudarlo dando lugar al surgimiento de lealtades remotas para el poder real.

273 *El Cantar del Mío Cid*, según el estudio de Hilda Grassoti, el texto trasluce como sus causas la traición, la malfetría o la malquerencia; el Fuero Viejo de Castilla, IV, 4, 2, estipula el derecho del noble que incurre en este castigo a avituallarse antes de abandonar el reino; Las Siete Partidas, II, 5, 9, hacen mención a la posibilidad de que el monarca sufra abscesos de ira. A mayor abundancia de la cuestión, Grassoti estudió un amplio elenco de normas del bajo y alto medievo hispano, especificando otras causas adicionales de la ira regia, como las asonadas y el incumplimiento de las órdenes del monarca (o *iussio regis*). Para más precisiones, leer: Grassoti, Hilda, *La Ira Regia en León y Castilla*, 1965.

274 Conviene tener presente que, incluso el caso catalán, la detección del Feudalismo Político puede resultar controvertido, dependiendo de la época a la que se ciña el análisis. Así, a finales del S. XII, se produjo la creación del oficio de veguer (*vicarius*), oficial al cual los condes de Barcelona pretendieron atribuir el monopolio de la jurisdicción penal. Tal pretensión, fue objeto de notables resistencias, hasta que en las Cortes de Barcelona de 1283, Pedro III de Aragón devolvió esta competencia a los señores que pudieran justificar haberla detentado en el pasado. Pese a

Sin embargo, frente a esta visión ampliamente aceptada, aquí se señalan ciertas circunstancias que respaldarían el desarrollo de un panorama feudal, tanto en el plano contractual como en el político, las cuales habrían mediado en ciertos lapsos espacio-temporales. En primer lugar, procede apuntar a la Castilla de la primera mitad del S. XV, durante el periodo conocido como las Guerras Civiles Castellanas, y muy especialmente en ámbito territorial vasco[275];en segundo, a los reinos de Aragón y Valencia, tras la formación de la Unión de Aragón; y en tercero al Reino de Mallorca, al menos durante los reinados de Alfonso IV y de Pedro IV de Aragón.

El caldo de cultivo de ese **"feudalismo" político castellano**, bien pudo estar en las llamadas **Mercedes Enriqueñas**. El rey Enrique II de Castilla y de León accedió en 1369 al trono, únicamente tras dar, personalmente, muerte a su hermano Pedro I. La ocasión fue creada gracias a una cruenta guerra civil, la cual pudo sostener gracias al gran apoyo cosechado por las numerosas promesas que hizo a sus posibles seguidores de recompensarlos en cuanto dispusiera del poder necesario. Una vez finalizada la contienda, este monarca honró sus compromisos con una inusitada generosidad, pues les entregó tierras, fortalezas y ciudades pertenecientes al patrimonio real, junto con su jurisdicción y gobierno civil y militar (con títulos de señor, barón, vizconde, conde, marqués o duque). Tal concesión fue realizada mediante la figura del donadío, que conllevaba la propiedad, sin que, teóricamente, fuera precisa la realización de ninguna clase de homenaje para que los sucesores del titular pudieran acceder a aquellos bienes. Todo lo concedido mediante tales donadíos, devenía en bienes vinculares, es decir, no-enajenables o "vendibles"; y la sucesión hereditaria debía producirse bajo el régimen del mayorazgo, es decir, de modo que los bienes habían de ser íntegramente heredados por uno de los hijos del titular, prefiriendo al varón frente a la hembra y al de mayor edad frente al de menor[276]. Esta clase de concesiones, fueron reiteradamente reproducidas por sus sucesores Enrique III, Juan II y Enrique IV[277].

---

ello, quedaron obligados a aplicar los *Usatges* y constituciones generales del príncipe, y se previó que, ante posibles negligencias en la administración de justicia, intervinieran los vegueres. Otro extremo problemático vino dado por la imposición de las Constituciones de Paz y Tregua, cuya vigencia fue prácticamente abolida en los señoríos en las Cortes de Cervera de 1202. Marichalar, Amalio y Manrique, Cayetano, *Historia de la Legislación y Recitaciones del Derecho Civil de España, Tomo VII*, Imprenta Nacional, Madrid, 1863, p. 359 y ss. Portela Comas, Jaume, *Cómo se Exporta el Feudalismo: El Caso de Mallorca, en L'Incastillamiento: Actes des Rencontres de Gérone (26-27 novembre 1992) et de Rome (5-7 mai 1994)*, École Française de Rome, 1998, pp. 85-98.

275 Se alude a las Guerras de los Infantes de Aragón (1429-1430 y 1437-1445) y a la Guerra Civil Castellana que enfrentó a los partidarios del proclamado Alfonso XII frente a los leales a Enrique IV (1465-1468).

276 Estos particulares fueron especificados por Enrique II en su testamento, otorgado el 29 de mayo de 1374.

277 Sempere y Guarinos, Juan, *Historia de los Vínculos y Mayorazgos*, recuperado de: http://www.cervantesvirtual.com/obra-visor/historia-de-los-vinculos-y-mayorazgos-1-ed-1805–0/html/fef0d354-82b1-11df-acc7-002185ce6064_30.htm.

Tales mercedes, conllevaron un considerable debilitamiento del poder monárquico y del propio Estado medieval castellano-leonés por dos motivos. Primero, porque acarrearon expresamente ciertas inmunidades, reflejadas en: el nombramiento de oficiales propios, en la promulgación de ordenanzas señoriales y en un poder jurisdiccional absoluto, intermitentemente prolongado hasta 1442[278]. Y, segundo, porque comportaron una importante inyección de tierras y de rentas monetarias, con las cuales, muchos nobles estuvieron en disposición de poder articular relaciones políticas típicamente feudales, a través de contratos de feudo de bolsa[279], así como de beneficios de fortalezas[280].

---

[278] Desde finales del S. XIV, se produjeron pragmáticas regulando la apelación de las sentencias señoriales ante los tribunales reales (Juan I en las Cortes de Burgos de 1379 y Juan II en las Cortes de Ocaña de 1442). Asimismo, las Cortes Castellano-Leonesas, exigieron que se legislara en tal sentido y que se hicieran cumplir eficazmente tales leyes (Cortes de Valladolid de 1325, Cortes de Toro de 1371, Cortes de Burgos de 1379, Cortes de Guadalajara 1390, Cortes de Ocaña de 1442). López Díaz, María, *La Administración Señorial de la Justicia en el Antiguo Régimen*, Anuario de Historia del Derecho Español, Nº 76, 2006, págs. 557-588. Ordenamiento de Montalvo, III, 16, 10. Novísima Recopilación, XI, 20, 7.

[279] Se logró la coordinación de un gran número de guerreros nobles, que llegaron a formar ciertas cadenas de lealtades. Fue este fenómeno conocido como Feudalismo Bastardo, consistiendo en la extensión de un régimen de contratos de feudo, en los que el feudo entregado por el señor al vasallo se correspondió con una renta y un alojamiento (Feudo de Bolsa). De la proyección de este feudalismo en tierras castellanas da cuenta la Crónica de Don Álvaro de Luna, la cual relata cómo encabezó una estructura de este tipo el condestable de Juan II Álvaro de Luna. En cuanto al específico contenido de los contratos que tejieron su cadena feudo-vasallática, contamos con el que Martín de Guzmán contrajo como vasallo ante el mencionado D. Álvaro, el cual parece ser de naturaleza vitalicia: *juro y prometo* (...) *de ser y que de aquí adelante seré todos tiempos de vos el dicho señor Maestre y Condestable y non de otro alguno, y que veviré con vos e tomaré y resciviré vuestro acostamiento y non de otro alguno* (...) *guardaré vuestro servicio y honor contra todas y qualesquier personas que nonbrar se puedan de qualquier estado o condición, preheminencia o dignidad que sean o ser puedan.* Ninguna suerte de dudas, ofrece, por otra parte, el caso de los bandos o treguas, redes clientelares encabezadas por los llamados Parientes Mayores de linajes vascongados, quienes, durante el S. XV, engrosaron sus filas mediante esta clase de acuerdos. Contamos como referencia con el contrato realizado por el señor de Loyola, quien recibió como vasallo al señor de Emparan, al que prometió una renta anual; mientras que este se comprometió a servirle personalmente y con todos sus vasallos en cualquier conflicto (incluso con el rey) y a respetar sus directrices políticas en estos asuntos. Además, las partes hicieron los efectos del contrato extensible a sus sucesores. Foronda, François, Patronazgo, Relación de Clientela y Estructura Clientelar. Hispania, Revista Española de Historia, 2010, vol. LXX, núm. 235, mayo-agosto, págs. 431-460. La familia en la Edad Media : XI Semana de Estudios Medievales, Nájera, del 31 de julio al 4 de agosto de 2000 : 253-284 (2001): Díaz de Durana, José Ramón, Linajes y Bandos en el País Vasco Durante los Siglos XIV y XV, p. 16 y 17.

[280] Muchos contratos beneficiales de tenencias de fortalezas fueron contraídos expresando la voluntad de que, el beneficiario y sus herederos, gozaran de la posesión vitalicia, e incluso hereditaria, de tales fortalezas. Sin embargo, hubo ciertas leyes que, al menos formalmente, limitaron tales garantías, proclamando un sistema de tenencias de castellanías en precario. En este sentido, cabe aludir al Ordenamiento de Alcalá. XXII, 5. Lo cual implicó hablar de un sistema de enfeudación y sub-enfeudación de fortalezas, pero no del potenciamiento de las re-

En cuanto a los reinos **de Aragón y de Valencia**, parece acertado señalar que, en virtud del Privilegio General de la Unión otorgado por Pedro III de Aragón en 1283, los beneficios u honores quedaron formalmente homologados con los feudos, pues, en lo sucesivo, no pudieron ser arrebatados a los vasallos si no era alegando una justa causa[281]. Mientras que, en relación al Feudalismo político, se aprecia como los territorios disfrutados por los vasallos, llevarían aparejados poderes jurisdiccionales absolutos[282], siendo con bastante probabilidad, desde la misma década de 1280, ajenos al peligro de la ira regia[283]. Por si fuera poco, en

laciones políticas de tipo feudal, pues consta como algunos de los beneficiarios de estas tenencias, se resistieron a entregarlas a los monarcas, en atención a su particular compromiso de lealtad hacia el noble que eventualmente se la había entregado (caso del castellano de Chinchilla en deferencia a su señor directo, el marqués de Villena, en 1476). Quintanilla Raso, María Concepción, *La Tenencia de Fortalezas en Castilla Durante la Baja Edad Media*, La España Medieval, 9°, 1986, pp.861-895.

281 Esta había de ser alegada ante el justicia mayor. *Que honor non seya collida ni emparada por el señor rey a ningún ricohombre de Aragón si donques el rich omne non fiziesse por qué; encara apuesto primerament que sea visto, iutgado e conossido por cort general, es asaber por la Iusticia de Aragón de conceyllo de los ricos omnes e otros ondrados cavalleros, infançones, ciudadanos e otros de las ondradas villas de Aragón.*

282 *Que el senyor rey non meta iusticias nin faga iutgar en nenguna villa ni en nengún lugar que suyo propio non seya.* En cuanto al Reino de Valencia, hay ciertas manifestaciones de como tal potestas comportaba poderes legislativos (véase el caso de las cartas pueblas otorgadas por el linaje Urrea en la tenencia de Alcalatén entre finales del S. XIII y comienzos del XIV). Por otra parte, en virtud del compromiso alcanzado en las Cortes de Valencia en 1329, la mayoría de sus señores territoriales se comprometieron a aplicar el derecho preferido por el monarca, los *Furs* de Valencia, viendo recortadas sus potestades jurisdiccionales. Tal recorte vino dado porque, en los *Furs*, se recogieron ciertos supuestos de apelación ante el tribunal real de la Corona Aragonesa, como la traición, lesa majestad y crímenes contra el Real Patrimonio (libro II, rúbrica 18; libro IX, rúbricas 9 y 10). Asimismo, por un privilegio de 1378, quedó institucionalizado que los gobernadores del reino podrían operar como tribunal de apelaciones, procediendo estos a instaurar ciertas costumbres procesales *contra legem*, como avocar causas en detrimento de los señores por razón de: pobreza, viudedad o pupilaje de un litigante; y *fadiga de dret* o *prorrescencia* (alegación de falta de jurisdicción señorial). Por último, el reconocido jurista del cuatrocientos valenciano, Pere Belluga, sostuvo que el monarca podía violar las jurisdicciones señoriales valencianas bajo los pretextos de hacer justicia y liberar a los oprimidos. Sin embargo, aun quedaron algunos señores en Valencia que no se acogieron a aquel compromiso. Y así, no fue hasta las Cortes de Monzón de 1627 (Edad Moderna), que se alcanzó la unidad de fueros en Valencia. En efecto, fue en la ley 27 de su correspondiente ordenamiento de cortes que quedó establecido que ya no cabría alegar derecho aragonés alguno en territorio valenciano. Marichalar, Amalio; Manrique, Cayetano, *Historia de la Legislación y Recitaciones del Derecho Civil de España, Tomo VIII*, Imprenta Nacional, Madrid, 1865, p. 20. López Rodríguez, Carlos, *La Corona y la Jurisdicción en el Reino de Valencia Durante el Reinado del Magnánimo*, La España Medieval, 2003, n°26, pp. 127-166.

283 En Privilegio General de la Unión otorgado por Pedro III en 1283 previó que el rey no pudiera iniciar procedimientos por inquisición contra la nobleza, ni tampoco embargar sus bienes por razón de ir a servir a un señor en el extranjero. El Privilegio General de la Unión otorgado por Alfonso III en 1287, previó que el rey no pudiera aplicarles pena de muerte o

el mismo documentó se acordó que los beneficiarios de estos "feudos" otorgados por los monarcas, a su vez, habrían de ser distribuidos entre ciertos caballeros[284], evidenciando la formación de las aludidas cadenas feudo-vasalláticas.

Por último, en relación al **Reino de Mallorca**, procede comenzar asentando que, los términos de su futura conquista, fueron asentados en las Cortes de Barcelona de 1228. Conforme a su correspondiente ordenamiento de Cortes, el peso de la empresa bélica sería asumido por el monarca aragonés y por sus magnates catalanes, de modo que, ante los progresos de la misma, habrían de seguirse unos repartos del botín obtenido en unos términos proporcionales a las aportaciones que cada uno de aquellos participantes hubiera realizado en forma de caballeros y hombres de armas. Consecuentemente, entre los años 1232 y 1268, se fue confeccionando *el Libre del Repartiment*, consignando una distribución de bienes raíces que recogió como beneficiario-propietarios al rey y a algunos de sus magnates.

Ahora bien, resulta ser que, en las aludidas Cortes de Barcelona también quedó determinado que el monarca aragonés, mediante esos repartos, contraía una relación de señor feudal para con aquellos magnates que habían recibido los repartimientos, habiendo de regirse su relación conforme a los términos reflejados en los *Usatges*[285] (ver siguiente epígrafe). Y, a mayor abundancia, hay que decir que, tales tierras entregadas a los magnates en calidad de feudos (allí llamados "caballerías"), a su vez, fueron entregadas por los magnates a otros caballeros mediante contratos feudales llamados "concordias".

A raíz de la propagación de esas "concordias", sí se habría producido el desarrollo del feudalismo político, si bien cabe realizar ciertos matices que menoscabarían la pureza de este fenómeno. En las citadas Cortes de Barcelona de 1228, se había determinado que los nuevos señores feudales isleños gozarían de poderes jurisdiccionales, pero también que, en caso de que fueran negligentes en su ejercicio, habrían de admitir la intromisión de ciertos oficiales reales (los vegueres), para que estos impartieran justicia en su lugar[286]. En tales términos, también sucedía que quienes devenían en vasallos feudales como resultado de un contrato, carecían de jurisdicción para castigar los crímenes graves con castigos corporales. No sería hasta la 1329 que el monarca Jaime III confirmó la vigencia en el reino de Mallorca de una cierta costumbre, conforme a la cual los señores feudales go-

---

prisión sin sentencia del justicia mayor, tomando los nobles como garantía de este privilegio varias fortalezas reales como prenda. Semejante régimen garantista, sin duda, son rasgos de una nobleza poderosa y difícil de doblegar.

[284] *Que las onores e la tierra quel synor rey dará a los ricos omnes, que la partan a los cavalleros.*

[285] *Portiones autem vestras quas ibi habebitis vos et vestri, teneatis per nos et sucesores nosotros et ad nostram fidelitatem et consuetudinem Barchinone* (...).

[286] Marichalar, Amalio y Manrique, Cayetano, *Historia de la Legislación y Recitaciones del Derecho Civil de España, Tomo VII*, Imprenta Nacional, Madrid, 1863, p. 359 y ss.

zaban de plenos poderes jurisdiccionales[287]. Tal acontecimiento habría abierto un lapso temporal de feudalismo político perfecto, hasta que, por una pragmática de Jaime III otorgada en 1341 quedó establecido: que los oficiales de los señores que estuvieran acusados de resistencia ilegítima al monarca habrían de ser juzgados por los oficiales reales; y que correspondería a tales oficiales regios conocer las causas enumeradas como monopolio del príncipe en los *Usatges* y en el Derecho Común. Esta última norma abrió una importante brecha en el poder jurisdiccional de los señores mallorquines, la cual fue susceptible de acrecentarse mediante las eventuales interpretaciones jurisprudenciales del aludido Derecho Común[288]. Por lo demás, también consta cómo señores feudales nombraron a sus propios oficiales y promulgaron leyes.

IV Derecho Feudal

Las relaciones feudales fueron objeto de dos recopilaciones. Los ***Usatges***, producida en la segunda mitad del S. XI por el conde Ramón Berenguer I de Barcelona. La cual consta de costumbres, **disposiciones legales del propio conde y jurisprudencia del tribunal condal.** Junto a ese núcleo normativo, posteriormente se añadieron otras leyes de los **sucesivos condes**, así como las llamadas **constituciones de paz y tregua**. Eran estas últimas disposiciones conciliares de las diócesis catalanas (consensuadas con el pueblo), en las que se establecía la prohibición de actividades violentas en determinados lugares y momentos, con el fin de facilitar el pacífico desarrollo de la vida espiritual cristiana. Otra obra de suma importancia fue la llamada ***Libri Feudorum***, obra de carácter privado, la cual fue elaborada a mediados del S. XII mediante la compilación de ciertas **leyes** promulgadas por varios sacro-emperadores romano-germánicos[289]; y de textos que recogieron **costumbres**[290].

---

[287] Portela Comas, Jaume, *op. cit.*, pp. 94 y 95.

[288] A este respecto, cabe señalar como los estudios de *Ius Commune* darían lugar a la acuñación de un aforismo (*omnes urisdictiones emanant a domino rege*), el cual sería empleado para arrebatar (avocar) a los señores el entendimiento de ciertas causas civiles. Planas Roselló, Antonio, *La Real Audiencia de Mallorca en la Época de los Austrias (1531-1715)*, recuperado de: https://dialnet.unirioja.es/descarga/libro/436888.pdf. Moll, Antoni, *Oridinacions y Sumari dels Privilegis, Consuetuts, y Bons Usos del Regne de Mallorca*, Case de Pera Guasp, Mallorca, 1663, p. 188.

[289] El núcleo original de la obra consistió, fundamentalmente, en ciertas constituciones imperiales de los emperadores Conrado II y Lotario III, junto con las cartas del cónsul milanés Oberto de Orto dirigidas a su hijo, estudiante bolonio (las cuales recogieron las apuntadas costumbres feudales). Este núcleo es conocido como *Compilatio Antiqua* o Redacción Obertina. Más tarde, en sucesivas ediciones elaboradas en los S. XIII y XIV, la obra incorporó cierta constitución del emperador Federico I Barbarroja (*constitutio de regalibus*); y las glosas (jurisprudencia) de Pilius, Ardizone, Accursio y Baldo de Ubaldi.

[290] Merece mención el *Liber Papiensis*: obra elaborada en el S. XI, recopilación de leyes promulgadas por los reyes lombardos (Edictum Regum Longobardum cuyas leyes fueron produ-

V Fuentes del Derecho Medieval

5.1.- *Liber Iudiciorum*: La población **catalana** mantuvo vigente el *Liber Iudiciorum*, tanto durante la dominación musulmana como durante su integración en el Imperio Carolingio, sin perjuicio de que las disposiciones normativas imperiales (capitulares) derogaran algunos de sus preceptos. Por otra parte, consta que Alfonso II de Asturias, "reinstauró el Orden Gótico" tras la conquista de **Oviedo** en el año 825, es decir, que asumiendo la identidad del monarca visigodo devolvió su antigua vigencia al *Liber Iudiciorum*. Además, también se sabe que, al menos los mozárabes de **Toledo**, siguieron aplicando este código durante la dominación musulmana.

5.2.- Fazañas: Se trató de un Derecho de Creación judicial. Su origen está en la necesidad de dirimir las controversias en un clima cultural rudimentario y carente de leyes, en vista del cual, se determinó que los jueces de las localidades resolvieran los pleitos recurriendo **a su libre arbitrio**. Las decisiones generaban un **precedente que, en lo sucesivo, vinculaba** a todo juez local, de modo que, cuando se presentara un caso idéntico, habría de aplicar la misma sentencia. Este sistema es característico de Castilla, y nació oficialmente durante el S. X, bajo el gobierno del **conde Fernán Gonzalez**, a raíz de su condena del Derecho del *Liber Iudiciorum*[291]. La producción de las Fazañas sería abandonada en el S. XII.

5.3.- Fueros: Se trata del Derecho escrito que reguló las particulares relaciones de ciertas localidades. Surgió en el S. XI, presentando un doble origen: de una parte, las localidades, (que eventualmente podían contar con una carta puebla[292]), comenzaron a revisar sus **fazañas**, extrayendo los principios abstractos que las habían inspirado para ponerlos por escrito junto con sus **costumbres**, entre-

---

cidas en 643-755 por los reyes Rotario y Liutprando), de emperadores carolingios y germánicos. Si bien, su contenido excedió el Derecho feudal, se aprecia que tiene un contenido de gran trascendencia para las relaciones feudales. Pennington, Kenneth, *Medieval Law*, en *Medieval Studies: An Introduction, Second Edition*, Syracuse University Press, New York, 1992, pp. 333-352, p.336.

[291] Manuscrito 431 de la Biblioteca Nacional de Madrid (1360 *aprox.*). Conviene tener como punto de partida de la cuestión que, el *Liber Iudiciorum*, establecía al tribunal real como el idóneo para agotar la vía judicial. El señalado texto explica que los castellanos optaron por las Fazañas como mecanismo de resolución de controversias en consideración a ciertos inconvenientes: el viaje hasta el tribunal regio de León implicaba molestias en términos de esfuerzos físicos, de tiempo y de soportar el trato displicente de los leoneses. El texto también refleja que el nuevo sistema fue adoptado en un clima de animadversión hacia el código de la capital, siendo quemados los ejemplares castellanos en la englera de Burgos. De cualquier modo, Javier Alvarado Planas, recuerda que el recurso a árbitros como una instancia previa al tribunal regio, es un mecanismo reflejado en el propio *Liber Iudiciorum* (II, 1, 15 y II, 1, 27). Alvarado Planas, Javier; Oliva Manso, Gonzalo, *Los Fueros de Castilla*, BOE, Madrid, 2004. Conviene tener presente que el Reino de Pamplona también acogió la producción de algunas fazañas, algunas de las cuales fueron transcritas en el Fuero General.

[292] Esencialmente, normas tributarias y de régimen económico-señorial.

gando estas redacciones a los monarcas para su confirmación como leyes vigentes para la localidad en cuestión. Por otro lado, la reconquista de las ciudades emplazadas entre el Duero y el Tajo llevaron a los reyes y condes a concederlas ordenamientos jurídicos novedosos (*ex novo*), los cuales recogerían preceptos de todas las ramas del Derecho, cabiendo destacar aquellos que regulaban las particularidades de la vida urbana, es decir, normas de Derecho Municipal y Mercantil. El éxito de algunas de las redacciones resultantes, llevó a muchas poblaciones de diversas áreas geográficas a "copiarlas" con algunas modificaciones, siéndoles posteriormente también confirmadas por los monarcas. Este último fenómeno de propagación de determinados fueros dio lugar a las llamadas **familias de fueros**, término que engloba a todos los fueros cuyo articulado proceden de un texto original común.

Por último, cabe añadir que la redacción de los fueros conllevó la positivización de **costumbres de tipo germánico**. Tal cosa sucedió, especialmente, en los ámbitos procesal y penal[293]. Sin duda, este fenómeno supuso un triunfo de la conciencia moral popular, frente a la legislación del extinto reino visigodo-toledano, más cercana a un signo cultural romano-vulgar y cristiano. En efecto, a la luz de la normativa foral, se ha considerado que, tras la invasión musulmana, los gobernantes de los reductos cristianos del norte estuvieron hasta el S XII, demasiado ocupados en consolidar su poder y acaudillar sus fuerzas militares, como para continuar velando por la imposición de normas adversas a la cultura de sus súbditos visigodos[294]. Sin embargo, en la historiografía española, no han faltado voces que han moderado el impacto de las sensibilidades germánicas en el desarrollo del Derecho foral, señalando que, algunos de esos llamativos derechos "típicamente germanos", en realidad pueden ser un mero reflejo de un proceso de regresión cultural, tendente a inspirar normas comunes a todos los pueblos "primitivos"[295].

5.4.- *Ius Commune*: término con el que se alude conjuntamente al Derecho Romano Justinianeo y Derecho Canónico Clásico.

---

[293] Ordalías, (destacando el hierro candente y el duelo judicial); prenda extrajudicial; la venganza de la sangre y responsabilidad penal compartida (entre parientes, padres e hijos, cónyuges o habitantes de una población); y parientes como *cojuradores*. En cuanto a los derechos civiles, se aprecia la entrega de la *vissicitudo*; el pago de la dote por el varón a través del llamado "matrimonio por compra" (expresión análoga a la dote visigoda, llamada *pretium*); la formación de un consejo de familia que ostentó la tutela de los huérfanos, menores y mujeres grupo (como antes lo hiciera la sippe); y la comunidades de bienes maritales (o germanitas, hermandad, hermanamiento, o agermanament, régimen de administración análogo al de la marca). Hinojosa, Eduardo, *El Elemento Germánico en el Derecho Español*, recuperado de: https://core.ac.uk/download/pdf/288501434.pdf.

[294] Postura de Hinojosa, de la cual fue entusiasta seguidor Menéndez-Pidal.

[295] Postura de García-Gallo, la cual suscribo, en coherencia con las convicciones evolucionistas que presento en mi tesis doctoral.

VI Introducción al *Ius Commune*

El *Ius Commune* alude a los **ordenamientos jurídicos resultantes de la integración del Derecho Civil romano y del Derecho Canónico cristiano**. Tal integración fue fruto de una visión ideológico-política alumbrada en el seno de la inteligencia eclesiástica, y cuya articulación se produjo a lo largo de varios siglos, teniendo como punto de partida a San Agustín. Fue en atención a este origen que tal ideología fue bautizada por Arquillière como **Agustinismo Político**[296].

Esta visión plantea que la suma de todos los cristianos constituye una comunidad (**Ciudad de Dios** o Cuerpo Místico de Cristo) vinculada por el fin último de alcanzar la salvación de sus almas inmortales. A efectos de facilitar la salvación de todos sus miembros, Dios prescribió la existencia de dos entidades gobernadoras (**Dos Espadas**[297]) que habrían de cooperar, cada una dentro de su propio ámbito competencial, para lograr guiar a esta comunidad al dicho fin. De una parte, habría de haber un **poder temporal o político**, encarnado en un emperador[298], que debe adoptar las medidas necesarias (inclusive legislativas) para garantizar la paz social (ámbito de las relaciones civiles) y de la pureza de la fe (ámbito de las relaciones religiosas) y mandar a los poderes seculares para que ejecutaran sus designios tendentes a tales fines. De otra parte, habría de haber una **autoridad espiritual**, encarnada por el papa, que debe organizar al clero y aclarar el Evangelio de modo que inspire la acción del emperador. Cabe matizar que, esta particular doctrina cristiana se caracterizó por establecer los términos de la mencionada cooperación, subordinando el poder político a la autoridad espiritual papal, refiriéndose al emperador como el "**brazo secular**" de la comunidad[299].

---

[296] Arquillière, Henri-Xavier, *El Agustinismo Político: Ensayo Sobre la Formación de las Teorías Políticas en la Edad Media*, Universidad de Granada, Granada, 2005.Ciertamente, como reconoce el propio Arquillière, los planteamientos del llamado Agustinismo Político, hunden sus raíces en la doctrina asentada por los apóstoles Pablo, Lucas, Juan y Pedro y por los integrantes de la patrística. Sin embargo, cabe entender que el autor señaló a San Agustín como su punto de partida por cuanto postuló al orden político secular (la Ciudad Terrena), como un instrumento providencialmente establecido por Dios para condicionar la salvación de las almas de los fieles, ya fuera como un obstáculo al que vencer mediante el martirio o como un garante de un orden pacífico en el que vivir cristianamente.

[297] Alegoría de San Bernardo de Claraval en *De Consideratione.*

[298] La corriente agustinista no excluyó explícitamente la posibilidad de que hubiera más soberanos seculares legítimos, hasta las obras del obispo de Lyon Agobardo (principios S. IX) y del obispo auxiliar de Tréveris Thegan (836-837).

[299] La cooperación de ambas instancias en este fin es el fruto de la llamada función ministerial, que San Gregorio Magno atribuyó al emperador bizantino Mauricio en el 593; y en su obra *Moralia Sive Expositio in Job*, producida también a finales del S. VI, en la que, alegóricamente se refiere a la institución imperial bizantina como "rinoceronte". El carácter subordinado del emperador frente a los designios papales vino dado por la posibilidad que este último tuvo de

La puesta en práctica de esta visión comenzó a fraguarse en la alianza contraída entre la **monarquía franca** gobernada por Pipino el Breve, y el papa Esteban II, escenificada mediante la unción papal del monarca y la concesión del título de *patricius romanorum* (754). Esta alianza sería renovada por el papa León III con el monarca Carlomagno, llegando a coronarlo emperador cristiano en el año 800. Con el desmorone del Imperio Carolingio, el proyecto político agustinista no volvería a resurgir hasta la consagración del monarca germano Otón I el Grande, quien sería coronado en 962 como emperador de los romanos por el papa Juan XII dando lugar al nacimiento del **Sacro Imperio Romano Germánico**.

Por otra parte, hay que decir que, aquella visión universalista complació a algunos de los monarcas medievales que tuvieron la fortuna de hallarse firmemente asentados en sus tronos, imaginando la posibilidad de alcanzar la dignidad imperial y unificar a toda la cristiandad bajo su potestad política. Entre estos destacó Alfonso X el Sabio, rey de Castilla y León (1221-1284), quien, aspirando a la dignidad imperial con halagüeñas perspectivas, realizó un Código de Derecho de *Ius Commune*, con el que, probablemente, pretendió orientar tanto la vida mundana como la espiritual de toda la cristiandad[300].

Al mismo tiempo, otros monarcas feudales que detentaron un poder endeble, optaron por adulterar el planteamiento agustinista, de modo que su condición se asemejara a la del emperador, beneficiarse de su prestigio y, así, hallarse legitimados para impulsar un desarrollo legislativo análogo. Todo ello con la esperanza de poder legislar en un sentido que reforzara su delicada situación política. En esta dirección, destacó el planteamiento promocionado en Francia "el rey es el emperador en su reino" (*rex est imperator in regno suo*[301]). Bajo esta máxima, sendos monarcas occidentales asimilaron la identidad de un emperador e impulsaron el desarrollo de un sistema jurídico en sus dominios, cuya esencia también fue la del *Ius Commune*.

---

excomulgarlo acarreándole una notable pérdida de legitimidad en sus funciones (Teodosio I y Enrique IV); o bien, directamente, de deponerlo (Luis I el Piadoso).

300 La Ideología Agustinista asimiló explícitamente la idea de que la "Ciudad de Dios" debía estar regida por unas mismas leyes de un mismo emperador en la obra del obispo de Lyon Agobardo *Liber Adversus Legem Gundobadi*, escrita a principios del S. IX.

301 Los vestigios más antiguos de esta locución parecen hallarse en la decretal *Venerabilem* de Inocencio III 1202. No obstante, no comenzaría a ser explotada sino durante el reinado de monarca francés Luis IX. Fue entonces cuando fue esgrimida por los juristas franceses Jean de Blanôt entre 1255 y 1256, y luego por Guillermo Durante, entre los años 1276 y 1278. Torres Gutierrez, Alejandro, *Orígenes canónico-medievales del concepto de Estado*. recuperado de: https://core.ac.uk/download/pdf/83568828.pdf.

VII EL *IUS COMMUNE*

El desarrollo del *Ius Commune* fue posibilitado por el **redescubrimiento** del Derecho Romano. Ciertamente, tras la caída del Imperio, este había sobrevivido parcialmente a través de los códigos germánicos y de ciertas obras de Derecho Romano vulgar. No obstante, su influjo fue moderado, primero, por la costumbre germánica; y después, tras la fragmentación del imperio carolingio, fue en gran medida desplazado por las nuevas costumbres de ámbito señorial y feudal.

En este contexto, en 1088 fue fundada la **Escuela de Bolonia**[302], en la que se impartió privadamente el llamado *trívium* (gramática, retórica y dialéctica). Cuando había comenzado su andadura, uno de sus integrantes, llamado **Pepo**, accedió a un ejemplar del *Corpus Iuris Civilis* justinianéo, acometiendo su estudio. Su labor analítica fue seguida por **Irnerio**, quien adicionalmente se dedicó a la enseñanza de aquella obra, fundando a comienzos del S. XII, junto con sus discípulos[303], la llamada **Escuela de los Glosadores**. Estos glosadores recibieron su nombre por la actividad fundamental que desarrollaron, consistente en tomar fragmentos del *Corpus Iuris Civilis* (especialmente el Digesto) y añadirles **glosas** o anotaciones marginales con las que aclaraban o vulgarizaba el sentido de los preceptos. Además, también realizaron otras obras llamadas **sumas**, en las cuales exponían de manera didáctica el contenido de partes del código justinianéo.

En relación a las glosas, cabe destacar la recopilación de estas efectuada en la primera mitad del S. XIII por **Accursio**, llamada ***Glosa Ordinaria***. En cuanto a las sumas, procede destacar la efectuada por **Azo de Bolonia**, en fecha similar, titulada ***Summa Codicis***. Ambas obras devinieron en herramientas de referencia tanto para el estudio del Derecho Justinianeo como para la *praxis* jurídica.

Por otra parte, un maestro de teología de la Escuela de Bolonia llamado Graciano, realizó un **tratado de Derecho Canónico**, en el que exponían sus múltiples preceptos (contenidos en la Biblia, textos patrísticos, cánones conciliares y decretales) aclarando su sentido y procurando armonizar las aparentes contradicciones. La obra fue realizada entre 1140 y 1142, y recibió el nombre de ***Decreto de Graciano***. Esta obra tiene el mérito de exponer las normas canónicas de forma or-

---

[302] Su condición de universidad, es decir, de comunidad de personas definidas por desempeñar una actividad específica y estar dotadas con un estatuto jurídico propio, llegó en 1155 con la promulgación de la constitución *Authentica Habita* por el emperador Federico I Barbarroja. Esta garantizó a sus integrantes libertad de movimiento para acudir a sus centros de estudio; protección imperial ante cualquier daño o represalia; y jurisdicción propia, correspondiéndoles ser juzgados por el obispo de Bolonia o sus rectores.

[303] Sus principales discípulos fueron Hugo, Jacobo de Porta Ravennate, Martino de Gosia y Búlgaro.

denada y sintética[304], de modo que, en lo sucesivo, su conocimiento ya no requeriría del recurso a planteamientos teológicos. Por ello, se considera a Graciano como el artífice de la autonomía de la disciplina del Derecho Canónico respecto de la Teología. En cuanto a su dimensión práctica, hay que señalar que, si bien esta obra no alcanzó rango de ley, sí fue empleada para el estudio del Derecho Canónico, para la *praxis* judicial y, por último, fue inspiradora de la producción normativa posterior. Aun resta aclarar que, de manera similar a lo que sucedió con el Código de Justiniano, el Decreto de Graciano fue objeto de aclaraciones mediante glosas y de sumas, conformando los sujetos consagrados a esta tarea la **Escuela de los Decretistas**.

La continuidad de la producción de normas canónicas, y muy especialmente de decretales papales, dio lugar a una creciente masa legal, ajena a lo abordado en el Decreto de Graciano. A fin de facilitar el coherente estudio y aplicación de toda esa normativa novedosa, el papa Gregorio IX encargó a **San Raymundo de Peñafort** la realización de una **recopilación**, en la cual evitó repeticiones y las eventuales contradicciones. Esta recopilación, conocida como *Liber Extra Decretalium* o **Decretales de Gregorio IX**, entro en vigor como Derecho Canónico por el mencionado papa en 1234. La obra también fue objeto de sumas y glosas, en este caso por la llamada **Escuela de los Decretalistas**[305].

VIII COMENTARISTAS O POSTGLOSADORES

A finales del S. XIII, apareció un colectivo de juristas interesado en acrecentar la **dimensión práctica** de todos los estudios realizados por los glosadores del ***Corpus Iuris Civilis***. A tal fin, tomaron los principios generales que habían sido plasmados en las obras de los glosadores, para proceder a aplicarlos a las novedosas controversias que ofrecía la vida diaria de su época, derivadas de los fenó-

---

[304] La obra de divide en tres partes: 1º Distinciones, en donde ofrece definiciones relativas a las fuentes del Derecho Canónico y de los ministros de la Iglesia; 2º Causas, aborda sucesivamente áreas normativas, a las que individualmente se refiere como "causa", para lo cual plantea supuestos de hecho problemáticos (cuestiones), acerca de los cuales plantea interrogantes para luego proceder a responderlos; y 3º Consagraciones, en donde presenta definiciones de sendos ritos cristianos mediante citas de textos canónicos y de autoridades, añadiendo él interpolaciones personales que aclaran su sentido.

[305] Aun podría añadirse que, tras las Decretales de Gregorio IX, se sucedieron otras tres obras similares, las cuales también recopilaron la normativa canónica promulgada con posterioridad al referido código gregoriano. En este sentido, cabe destacar otras tres compilaciones: El Libro Sexto de Bonifacio VIII (1298), las Clementinas (1317) y las Extravagantes de Juan XXII (1317). Todas las mencionadas obras, junto con el Decreto de Graciano, fueron conjuntamente llamadas "*Corpus Iuris Canonici*".

menos municipales y señoriales[306]. Esta labor fue fundamentalmente acometida mediante la realización de nuevos escritos llamados **comentarios**, analizando tanto fragmentos del *Corpus Iuris Civilis* como de las glosas y *sumas* de los propios glosadores. El resultado fue un producto jurisprudencial que fue conocido como "Derecho Nuevo" o ***Mos Italicus***[307], cuya doctrina fue **alegada ante los tribunales de toda Europa**. Destacaron especialmente como jurisconsultos de esta escuela, Cino de Pistoia, Bartolo de Sassoferrato y Baldo de Ubaldi, quienes desplegaron su obra a lo largo del S. XIV.

BIBLIOGRAFÍA

Alvarado Planas, Javier (coord.), *El municipio medieval: nuevas perspectivas*, Sanz y Torres, Madrid, 2009.

Alvarado Planas, Javier; Oliva Manso, Gonzalo, *Los Fueros de Castilla*, BOE, Madrid, 2004.

Arquillière, Henri-Xavier, *El Agustinismo Político: Ensayo Sobre la Formación de las Teorías Políticas en la Edad Media*, Universidad de Granada, Granada, 2005.

Álvarez Borge, Ignacio, *Feudalismo y Señorío en Castilla: Estudios sobre señorío y feudalismo.* Homenage a Julio Valdeón, Estudios, 2010.

Boutruche, Robert, *Señorío y Feudalismo: 1. Los Vínculos de Dependencia*, Siglo XXI, España, 2004.

Díaz de Durana, José Ramón La familia en la Edad Media : XI Semana de Estudios Medievales, Nájera, del 31 de julio al 4 de agosto de 2000 : 253-284 (2001): *Linajes y Bandos en el País Vasco Durante los Siglos XIV y XV.*

Escudero, José Antonio, *Curso de Historia del Derecho: Fuentes e Instituciones Político Administrativas*, Madrid, 2003.

Foronda, François, *Patronazgo, Relación de Clientela y Estructura Clientelar Testimonio del Épilogo de la Historia de Don Álvaro de Luna*, Hispania, Revista Española de Historia, 2010, vol. LXX,núm. 235, mayo-agosto, págs. 431-460.

G. de Valdeavellano, Luis, *Señores y Burgueses en la Edad Media hispana*, Real Academia de la Historia, Madrid, 2009.

---

306 Ello redundó en el desarrollo del Derecho Municipal, Mercantil, Fluvial e Isleño.

307 Otras dos escuelas surgidas posteriormente fueron: la del *Mos Gallicus*, típica de Francia, caracterizada por acometer un análisis del *Corpus Iuris Civilis* junto con el de textos historiográficos y literarios romanos, con el afán de alcanzar un conocimiento más preciso del espíritu de su Derecho (destacando Jacobo Cujas y Uldarico Zazio); y el *Usus Modernum Pandectarum*, típica del Sacro Imperio Romano Germánico, caracterizada por integrar en sus razonamientos a las costumbres germanas (destacando Hermann Conring).

Hinojosa, Eduardo, *El Elemento Germánico en el Derecho Español*, recuperado de: https://core.ac.uk/download/pdf/288501434.pdf.

López Díaz, María, *La Administración Señorial de la Justicia en el Antiguo Régimen*, Anuario de Historia del Derecho Español, N° 76, 2006, págs. 557-588.

López Rodríguez, Carlos, *La Corona y la Jurisdicción en el Reino de Valencia Durante el Reinado del Magnánimo*, La España Medieval, 2003, n°26, pp. 127-166.

Marichalar, Amalio y Manrique, Cayetano, *Historia de la Legislación y Recitaciones del Derecho Civil de España, Tomo VII*, Imprenta Nacional, Madrid, 1863.

Moll, Antoni, *Oridinacions y Sumari dels Privilegis, Consuetuts, y Bons Usos del Regne de Mallorca*, Case de Pera Guasp, Mallorca, 1663.

Moxó, Salvador de, *Feudalismo, Señorío y Nobleza en la Castilla Medieval*, Real Academia de la Historia, Madrid, 2000.

Planas Roselló, Antonio, *La Real Audiencia de Mallorca en la Época de los Austrias (1531-1715)*, recuperado de: https://dialnet.unirioja.es/descarga/libro/436888.pdf.

Pennington, Kenneth, *Medieval Law, en Medieval Studies: An Introduction, Second Edition*, Syracuse University Press, New York, 1992, pp. 333-352.

Portela Comas, Jaume, *Cómo se Exporta el Feudalismo: El Caso de Mallorca, en L'Incastillamiento: Actes des Rencontres de Gérone* (26-27 novembre 1992) et de Rome (5-7 mai 1994), École Française de Rome, 1998, pp. 85-98.

Quintanilla Raso, María Concepción, *La Tenencia de Fortalezas en Castilla Durante la Baja Edad Media*, La España Medieval, 9°, 1986, 861-895.

Sánchez-Arcilla Bernal, José, *Historia del Derecho*, Reus, Madrid, 2008.

Sempere y Guarinos, Juan, *Historia de los Vínculos y Mayorazgos*, recuperado de: http://www.cervantesvirtual.com/obra-visor/historia-de-los-vinculos-y-mayorazgos-1-ed-1805–0/html/fef0d354-82b1-11df-acc7-002185ce6064_30.htm.

Torres Gutierrez, Alejandro, *Orígenes canónico-medievales del concepto de Estado*, recuperado de: https://core.ac.uk/download/pdf/83568828.pdf.

Torrent, Armando, *La Recepción del Derecho Justinianeo en España en la Baja Edad Media (Siglos XII-XV): Un Capítulos en la Historia del Derecho Europeo*, Revista Internacional de Derecho Romano, Abril-2013.

LEGISLACIÓN CONSULTADA

Fuero Viejo de Castilla.

Furs de Valencia.

Las Siete Partidas.

Privilegio General de la Unión otorgado por Pedro III en 1283.

Privilegio General de la Unión otorgado por Alfonso III en 1287.

Testamento de Enrique II de Castilla.

TEMA 8
EL DERECHO MEDIEVAL (III)

I Régimen Político

Los Reinos Cristianos fueron organizaciones políticas, cada una de ellas integrada por un entramado de órganos de entre los que destacó la figura del rey. Este asumió de manera preponderante los poderes ejecutivos, legislativos y judiciales. No obstante, durante el medievo, no llegó a alcanzar un poder absoluto en ninguno de aquellos ámbitos. Así, en lo tocante al poder legislativo, lo compartió en mayor o menor medida con las Cortes, ciudades y gobernadores territoriales inmunes; el judicial se restringió a determinados supuestos llamados "casos de corte"; y las órdenes ejecutivas, asimismo, chocaron con inmunidades señoriales, habiendo de respetar su ejecución conforme a los usos de sus titulares. Dicho esto, cabe recordar, como se vio en el tema 6, que la persona de ciertos monarcas constituyó un órgano común a varios reinos, dando lugar a las entidades políticas llamadas coronas.

II Fundamentos, Naturaleza y Límites del Poder Real

1. Fundamentación del poder real

Descansó en el especial vínculo que mediaba entre Dios y el rey. En efecto, hubo unanimidad en que el **monarca lo era por la gracia de Dios** (*gratia dei*), no obstante, esta gracia podía llegarle por vías directas o indirectas:

A) la legislación contenida en Las Siete Partidas de Alfonso X[308] y en el ordenamiento de las Cortes de Olmedo de 1445, afirmó que los reyes castellano-leoneses recibían su poder **de manera directa**.

B) Nicolas Eymerich, inquisidor general de la Corona de Aragón, defendió la teoría de la *Plenitudo Potestatis*, según la cual, cualquier príncipe, ya fuera rey o emperador, recibía la *potestas* **a través del papa**[309], del mismo modo que este se hallaba capacitado para retirársela o intervenir en sus labores de gobierno, ante el supuesto de que juzgase que el príncipe en cuestión comprometía la salvación de almas humanas.

Por último, cabe añadir que, si bien existió la teoría de que el monarca podía recibir el poder a través del pueblo, esta no recibió atención en la España Medieval[310].

2. Naturaleza del poder real

En un primer momento cupo distinguir entre los poderes detentados: a) en virtud de su condición propiamente regia, causante de un vínculo de naturaleza

---

308 Las Siete Partidas, II, 1, 5.

309 En España fue recogida en la obra de Eymeric *Tratactus de Potestate Papali*, elaborada en 1383. Hubo de ser la teoría que recibió mayor aceptación en la Corona de Aragón, habida cuenta de que desde 1068 los reyes de Aragón se reconocieron vasallos del papa. Los fundamentos jurídicos fueron: la **Teoría del Poder Implícito** (desarrollada por **Inocencio IV** en *Solicitae*), que versa que, quien recibió unos poderes concretos para realizar una misión, se entiende que eventualmente puede disponer de todas aquellas facultades extraordinarias que se revelen como necesarias para la consecución de tal fin. Conforme a este planteamiento, se razonaba que, como el papa había recibido la misión divina de velar por la salud de las almas humanas, podría intervenir en los asuntos de gobierno de cualquier reino siempre que peligrase la salvación de sus súbditos. Y la Teoría de la **Donación de Constantino**: según la cual, el mentado emperador romano habría donado todas las tierras del Imperio Romano Occidental al papa para que este las administrara, las entregara a terceros en calidad de soberanos y revocase las concesiones según su parecer. Bajo este preciso marco teórico, en 1179, el papa Alejandro III concedió el reino de Portugal a Alfonso I Enriques (bula *Manifestis probatum*).

310 Someramente recogida por Santo Tomás de Aquino en su obra *De Regimine Principium*, elaborada en 1284. Tal teoría sí recibiría, sin embargo, una gran atención en España durante la Edad Moderna, como se manifiesta en el Tema 11. A mayor abundancia, conviene aclarar que, para el aquinate, el régimen ideal era uno mixto, consistente en una monarquía en la que el pueblo tomaba parte en el gobierno mediante representantes electos, quienes asumirían magistraturas y cooperarían directamente con el monarca. Decimos que no se prestó atención a la teoría democrática del poder, pese a tener presente la teoría pactista, por cuanto: el Pactismo no alcanzó a negar frontalmente que el monarca lo fuera por la gracia de Dios; porque no negó la existencia de derechos sucesorios de los príncipes e infantes, al menos en sus tiempos de vigencia real (Jerónimo de Blancas sí llegó a hacerlo en 1588); y, sobre todo, porque el pacto mediante el cual se hacían efectivos aquellos derechos sucesorios, era contraído con unos representantes de los estamentos no necesariamente elegidos democráticamente, el clero y la nobleza.

pública sobre todos los súbditos (legislativa, judicial y ejecutiva), al que se conoce como ***Regnum***; y b) el poder detentado sobre ciertos súbditos con los que mantiene vínculos de índole privada, los cuales derivaron de relaciones contractuales señoriales, beneficiales y feudales, o bien de la reducción al estado de servidumbre. A este último conjunto de potestades derivadas de las relaciones privadas, se lo denominó ***Ius regale***.

Por otro lado, se puede añadir que, desde el S. XII, los monarcas comenzaron a relajar la exigencia de sus prestaciones señoriales, y a reclamar el cumplimiento de cualquiera de las obligaciones que les eran debidas, apelando únicamente a sus poderes públicos[311]. De este modo, se difuminó la distinción entre el *Regnum* y el *Ius Regale*, apareciendo una potestad mixta llamada Señorío Real o **Realengo**.

3. Límites del poder real

En España, durante el medievo, la **Teoría de la Resistencia al Tirano brilló por su ausencia** [312]. Sin embargo, sí continuó siendo conocida la máxima gótica de San Isidoro de Sevilla (*rex eres si recte facies, si non facies non eres*), concretada en los deberes de mantener la fe cristiana y de mantener la paz social mediante el respeto a los derechos de sus súbditos. De lo contrario, según las Siete Partidas de Alfonso X, el monarca habría de ser amonestado[313]. En relación a este precepto, el jurista catalán Ramón Llull precisó que este deber de amonestación recaía sobre su confesor. No contribuyeron a paliar aquel aparente margen de arbitrariedad las apreciaciones de los glosadores del Derecho Romano, quienes sacaron a relucir el planteamiento de que el monarca estaba por encima de la ley (*prínceps legibus solutus est*[314]); ni tampoco el clima cultural providencialista de la época, tendente a plantear al rey tirano como un castigo divino, ante el cual había que resignarse.

---

311 Esta cuestión, en España, reviste una gran complejidad. Puede comprobarse como, ya desde el mismo S. XI, hubo una tendencia a eximir a los sujetos sobre los que se proyectaba el Ius Regale y las potestades señoriales de algunas de todas sus cargas, comenzando por las restricciones a la libertad de movimiento. En este sentido, varios fueros urbanos (Cardona, Villavicencio, Sepúlveda y Cuenca), con la intención de repoblar las *extremaduras* a cualquier coste, permitieron establecerse en sus inmediaciones a siervos y a fugitivos de cualquier delito, e iniciar allí una nueva vida. A mayor abundancia, tales cartas forales, reconocieron a sus pobladores la plenitud de sus derechos civiles y una exclusiva vinculación con el monarca de índole pública. Muñoz y Romero, Tomás, *Colección de Fueros Municipales y Cartas Pueblas*, Tomo I, Imprenta de Don José María Alonso, Madrid, 1847, p. 129.

312 Desarrollada en el *Policraticus* de Juan de Salisbury hacia 1159. En ella se establecían ciertos supuestos en los que sería legítimo deponer al monarca e incluso darle muerte.

313 Tal cosa es afirmada por Escudero. Las Siete Partidas II; 2; 1, 2 y 4 (sobre conocer y servir a Dios). *Ibidem*, II, 5, 13-14 (sobre no codiciar o hacer cosa contraria a derecho). Ibidem, II, 1, 10 (sobre el tirano). No he podido identificar la concreta alusión al deber de amonestar al monarca.

314 Ulpiano, Digesto, I, 3, 31.

Una teoría limitadora de los poderes reales que sí halló vigencia en España, fue la del **Pactismo**. Conforme a esta, los poderes del rey sobre sus súbditos constituían un derecho resultado de un contrato con los tres estamentos, por el que el monarca había asumido, como contrapartida de su gobierno, la **obligación de respetar el Derecho** de sus nuevos súbditos, y no alterarlo sin el consentimiento de esos tres elementos sociales. Estuvo claramente vigente en los reinos de Navarra[315] y en la **Corona de Aragón**. En relación al reino de Aragón, se ha pretendido que, desde su misma fundación, existió la costumbre de que, en la ceremonia de coronación, se perfeccionase un contrato verbal, en el cual el rey se obligaba a *guardar* los fueros y libertades de los aragoneses[316]. En todo caso, las **Cortes de Ejea de los Caballeros de 1265, se creó la figura del Justicia Mayor del Reino**, cuya función, a la postre, sería velar por el respeto del Derecho de los súbditos maños[317]. Con esta misión, presidió las Cortes de Aragón, recibiendo las denuncias sobre posibles transgresiones del Derecho aragonés, para proceder a actuar como una instancia judicial entre el rey y los súbditos. A mayor abundancia, puede resaltarse que, en las Cortes castellano-leonesas de 1469 (en Ocaña), los súbditos del rey hicieron infructuosamente alusión a las obligaciones de este de guardar sus derechos en virtud de un *pacto* o **contrato *callado***, es decir, tácito[318].

Por último, cabe mencionar la mediación del concepto jurídico de **Carta Desaforada**. Su razón de ser se halla en la potestad legislativa que asumieron los monarcas medievales. Inspirados en los escritos de los legistas estudiosos del

---

[315] Fuero General de Navarra, en el prólogo de su amejoramiento efectuado en 1330, recoge el compromiso del rey de Navarra, Felipe III de Evreux, de *mantenerlos a dreyto et meyorarlis los fueros et nó apeyorar.*

[316] Esta creencia fue principiada por François Hortman en su obra *Francogallia*, y extendida en España por el cronista del Reino de Aragón Jerónimo de Blancas mediante su obra *Aragonensium rerum commentarii* (1588). Según él, a los magnates de Aragón correspondía enunciar ante quien había de ser coronado como monarca la siguiente fórmula: *Nos que valemos tanto como vos y juntos podemos más que vos, os hacemos nuestro rey y señor con tal que guardéis nuestros fueros y libertades, y si no, no.*

[317] Valencia, durante un breve periodo de tiempo, contó con su propio justicia mayor (1347-1348); además, puntualmente, sus leyes previeron la figura de un justicia, específicamente ocupado en denunciar los agravios padecidos por los señoríos que conservaron la vigencia de algún fuero aragonés en su territorio, resistiendo la concesión general de los *Furs* (ordenación de 6 de mayo de 1283 y nombramiento de justicia de 1289); y por último, en sus Cortes estuvieron presentes los llamados *jutges tractadores.* Por su parte, Cataluña tuvo en sus Cortes a los *reparadores de greuges.* Romeu Alfaro, Sylvia, *Los Fueros de Valencia y los Fueros de Aragón: Jurisdicción Alfonsina,* Anuario de Historia del Derecho, 1972, pp. 75-115, p. 86. Marichalar, Amalio; Manrique, Cayetano, *Historia de la Legislación y Recitaciones del Derecho Civil de España, Tomo VIII,* Imprenta Nacional, Madrid, 1865, pp. 20 y 21.

[318] Ya en las Cortes de Valladolid de 1442, se había logrado la aprobación de cierta ley, bajo la idea de que se había hecho en virtud de un contrato o pacto cívico. Mientras que, en las mencionadas cortes de Ocaña, quedo dicho que: *Vuestra Alteza si es obligado por contrato callado, a los tener y mantener en justicia* (a sus súbditos).

Corpus Iuris Civilis, los monarcas se postularon como emperadores de su reino, haciendo uso de un instrumento normativo **paralelo a la constitución imperial**, el cual recibió en Castilla el nombre de **pragmática sanción**[319]. Por medio de estas consagraron leyes de manera unilateral, las cuales en ciertas ocasiones violaban lo dispuesto en los fueros locales o en los ordenamientos de las cortes de reino, en cuyo caso recibieron aquella calificación de "**cartas desaforadas**". Tal supuesto pudo ser denunciado por las Cortes como un **agravio o contrafuero**, frente a lo cual, cupieron dos posibilidades.

En el Reino de **Aragón**, el justicia mayor, juzgaría si la denuncia tenían fundamento, y en caso de que así lo hallase, **la ley real se tenía por nula**, invitando al monarca a cejar en su empeño de hacerla valer, bajo amenaza de que, de lo contrario, las cortes se disolvieran sin atender sus pretensiones[320]. En el **reino castellano-leonés**, por su parte, era el propio rey quien resolvía unilateralmente si la denuncia de agravio tenía fundamento. No obstante, es de notar que, en las Cortes de Burgos de 1379, Juan I consagró el principio jurídico "**obedézcase pero no se cumpla**"[321]. En virtud de este quedó establecido que, ante el supuesto de denuncia de una carta desaforada, la dicha ley sería inaplicada, entrando en un **periodo de suspensión indefinido** hasta que el monarca juzgara libremente acerca del asunto.

III PUGNA POR EL PODER Y DELEGACIÓN

Al margen de las tiranteces que mantuvieron con las Cortes, los monarcas medievales hallaron en la nobleza a un estamento que, no solo trató de frustrar

---

[319] En Aragón fue referida como *ordinaçion.* También hicieron uso de la Real cédula y de la carta real, siendo la diferencia de la pragmática con las otras que, esta, incorporaba sus prescripciones al ordenamiento jurídico con carácter general. Por su parte, los otros dos instrumentos normativos, en ocasiones versaban acerca del establecimiento de privilegios particulares. Paradójicamente, cabe señalar que, las pragmáticas sanciones, habían sido una clase específica de constituciones imperiales estiladas, al menos, desde los tiempos de los emperadores romanos Honorio y Teodosio II (*pragmaticae sanctiones*), las cuales se habían caracterizado por tener como destinatarias a entidades locales (ciudades, oficinas o escuelas), a corporaciones (secretarios u otros colectivos funcionariales) o a particulares. Es decir, durante la antigüedad había sido un instrumento normativo con un impacto limitado. Normalmente, habían sido empleadas para conceder privilegios (también se contempló para casos de expropiaciones). *Código de Justiniano,* IV, 62, 12; proemio 4; I, 14, 7; I, 5, 15.

[320] En el caso del Principado de Cataluña, esta tarea recayó en los *reparadores de greuges.* En el Reino de Valencia, recayó en los *jutges tractadors.* El Reino de Mallorca careció de cortes, no obstante, tuvo un *Consell de las franquesas,* que operó como un tribunal fiscalizador de agravios.

[321] Reiterado en las Cortes de Briviesca de 1387.

las tentativas de aumentar sus poderes, sino que, en sendas ocasiones, también trató de sustraérselos. A fin de desembarazarse de aquella molestia, adoptaron dos estrategias:

1.- Frenar la proliferación de nobles poderosos. Para lo cual, en el **Ordenamiento de Alcalá de 1348** se prohibió que, en lo sucesivo, los monarcas enajenasen el patrimonio real para hacer otorgar nuevos donadíos; y en las **Cortes de Valladolid 1442**, se estableció que, en caso de que se produjeran nuevas enajenaciones del patrimonio territorial del monarca, sus habitantes tendrían el derecho de resistirse por las armas[322]. No obstante, ambas disposiciones fueron repetidamente violadas[323].

2.- Reducir el poder señorial existente. Para ello adoptaron diversas estrategias, siendo las más notables contraer **matrimonios con potenciales herederas de importantes señoríos**, a fin de que quedasen incorporados al patrimonio real[324]; **fomentar las discordias entre distintos linajes nobiliarios**[325], tomando partido por el bando más débil; y alentar ciertas asociaciones concejiles llamadas **hermandades,** las cuales armaban a sus miembros para hacer frente a las pretensiones nobiliarias de gravar con derechos señoriales a las ciudades y a sus burgueses[326].

En otro orden de asuntos, cabe señalar que los monarcas delegaron su poder en distintos magistrados. A partir del S. XIV, en la corona castellano-leonesa hubo monarcas que, o bien pudieron sentirse abrumados por la creciente complejidad de los asuntos a abordar, o bien prefirieron dedicar considerables momentos a indagaciones culturales o actividades lúdicas. Así, a fin de que sus responsabilidades no quedaran desatendidas, nació en este reino el oficio de **valido** o del **condestable**, que conllevaba asumir todos los poderes del rey en ausencia del mismo. En la Corona de Aragón encontramos figuras análogas desde el S. XIII, pero que se distanciaron de las anteriores, primero, en el motivo que las propició. En efecto, la existencia de varios reinos bajo el gobierno de un mismo monarca impedía que

---

[322] Lo establecido en las Cortes de Valladolid, fue confirmado en las Cortes de Córdoba de 1455. Sempere y Guarinos, Juan, *Historia de los Vínculos y Mayorazgos*, recuperado de: http://www.cervantesvirtual.com/obra-visor/historia-de-los-vinculos-y-mayorazgos-1-ed-1805--0/html/fef0d354-82b1-11df-acc7-002185ce6064_30.htm.

[323] El propio Juan II violó este acuerdo, lo cual dio pie a que en las Cortes de Nieva de 1473, revocase los donadíos y oficios otorgados desde 1465. *Ibidem.*

[324] Casos de los señoríos de Molina (matrimonio contraído entre Sancho IV de Castilla y María de Molina en 1282) y de Vizcaya (matrimonio contraído entre el infante Tello de Castilla y Juana de Lara en 1353).

[325] Enfrentamientos entre los linajes nobiliarios vasco-navarros conocidos como los parientes mayores, organizados en los llamados bandos gamboinos y oñacinos; entre linajes gallegos, como los Sarmiento y los Sotomayor; y entre andaluces, como la casa ducal de Medina Sidonia y la marquesal de Cádiz.

[326] Caso de Enrique IV de Castilla y de León durante las Guerras Irmandiñas y las Guerras de Bandos.

pudiera acudir a todos los procesos institucionales que requerían su presencia. Así, en la Corona de Aragón, en consideración a la lejanía que tanto el Reino de Valencia como el Reino de Mallorca mantuvieron respecto de las habituales residencias reales, aparecieron los **lugartenientes, más tarde llamados virreyes**[327]. Estos, como sus homólogos castellanos, asumieron el ejercicio de todos los poderes regios como representantes del monarca[328].

IV LAS CORTES MEDIEVALES

1. Origen

El origen de las Cortes Medievales reside en la llamada Curia Regia, órgano colegiado análogo al Aula Regia visigótica. No en vano, esta curia, que reunía a importantes nobles y eclesiásticos, asesoró al monarca acerca de su gestión en el gobierno y le asistió en las tareas legislativas y judiciales. Sin embargo, sucedió que en ciertas ocasiones en las que los reyes afrontaban la adopción de decisiones de extremada gravedad, consideraban conveniente recabar la opinión de más personas. Así, en ocasiones convocaron a nobles y a eclesiásticos que se hallaban lejos de la residencia real, dando lugar a la constitución de lo que ha sido llamado **curias extraordinarias** (o plenas), quedando para las anteriores el calificativo de **curias ordinarias**. Sería a partir de principios del S. XIII cuando en Europa, de forma generalizada, estas curias extraordinarias mutaron en las Cortes Medievales propiamente dichas. No obstante, cabe mencionar que es comúnmente admitido, tal y como lo hace la UNESCO, que las Cortes de León de 1188 fueron las primeras de la historia. Los requisitos que ha de cumplir una curia extraordinaria para alcanzar la categoría de cortes son, según Robert Howard Lord: a) que también sean convocados sujetos pertenecientes al **tercer estado**, es decir que no sean nobles ni eclesiásticos; b) que los sujetos convocados sean **consultados** acerca de los asuntos que motivaron la convocatoria; c) que la convocatoria de esta curia extraordinaria se consolide o adquiera una cierta **periodicidad**

---

[327] El primer precedente de esta suerte de cargo en la Corona de Aragón, fue el procurador, designados a comienzos del S. XIII para el gobierno subsidiario de Cataluña y de Aragón. Los lugartenientes, aparecieron a mediados del S. XIV, siendo de ordinario nombrados para Valencia y Mallorca. Asimismo, cabe precisar que, con las *Ordinacions* de 1344, Pedro III creo el oficio análogo de gobernador general, el cual, desde 1367, sería asociado al príncipe heredero. Pese al solapamiento de funciones con los lugartenientes, los gobernadores generales acabarían deviniendo en sus inmediatos inferiores jerárquicos. Asimismo, cabe decir que estos últimos nombrarían a sus propios representantes subalternos, los gobernadores.

[328] En Navarra, la frecuente ausencia de sus reyes, debido a la necesidad de encargarse de sus señorío franceses, fue suplida mediante la figura del gobernador del reino.

d) que quepa considerar a los asistentes plebeyos como **corresponsables** de las resoluciones adoptadas por el monarca, es decir, que las opiniones o preferencias emitidas sean tenidas en cuenta.

2. Causas

Los Motivos de la aparición de esta institución fueron, de una parte, las importantes **riquezas** acumuladas por los burgueses que vivían tras las murallas de las crecientes ciudades; y de otra, la necesidad de la monarquía de acceder a ellas para **financiar** sus empresas políticas, y muy particularmente las militares. De la conjunción de ambos factores resultó la convocatoria de burgueses con el fin de solicitarles contribuciones económicas, llamadas subsidios (*subsidium*) o peticiones (*petitum*). Tales motivaciones de índole práctica, no obstante, serían envueltas en un planteamiento ideológico que asumiría la propia monarquía. Se popularizó en Europa el principio ***Quod Homnes Tangit ab ómnibus approbari debet*** (lo que afecta a todos por todos debe ser aprobado), el cual sería recogido en el Espéculo y someramente en las Siete Partidas[329]. Sin perjuicio de esto, conviene matizar que, esta "aprobación por todos", se enmarcaba en el contexto de una sociedad estamental y elitista, en la cual se entendía que correspondía a las minorías de cada uno de los segmentos en los que se ordenaba la sociedad, el **representar** al resto de miembros de su segmento. En este sentido cabe aclarar que la sociedad se hallaba dividida en **estamentos**, diferenciados de las clases en que es difícil que un sujeto paseo de un segmento a otro, y de las castas, en cuanto a que sí existe una reducida posibilidad de que se produzca un cambio. Fueron estos estamentos: la nobleza (*bellatores*), el clero (*oratores*), y los llanos o plebeyos (*laboratores*)[330].

Consecuentemente, las cortes se dividieron en tres "brazos", integrados por lo general por los sujetos más importantes de cada estamento. En cuanto al brazo de los nobles, acudieron fundamentalmente funcionarios de palacio y condes territoriales; y en cuanto al de los clérigos, los obispos. En relación al estamento llano, acudieron aquellos burgueses que habían sido electos por sus conciudadanos (procuradores). En origen, fueron **elegidos** de manera directa por los vecinos, hasta la llegada del S.XIV, cuando se alternó entre a) un sistema de **designación** por parte de los regidores del concejo, o b) el sistema de elección por **sorteo** o insaculación. Estos sistemas novedosos, se desenvolvieron sin perjuicio de que los monarcas trataran de influir en las elecciones mediante el envío de **cartas comen-**

---

329 En el primer texto se recoge que: *Porque a todos tañe el fecho del rey e todos hi han parte.* Mientras que en las partidas, al tratar la obligatoriedad del servicio militar, se dice: *ca pues que el mal o el daño tañe todos.*

330 En Aragón, desde 1301 (año en el que se incorporó el clero), hubo cuatro estamentos, pues la nobleza estaba dividida en dos, el de los magnates y en el de los caballeros o infanzones.

daticias, con la esperanza de que fueran designados sujetos más dóciles ante sus pretensiones. En todo caso, hay que tener presente que los **mandatos** recibidos por los representantes electos fueron **imperativos**, y en caso de que se suscitaran cuestiones no previstas en el mandato, habían de consultarlo con sus electores antes de pronunciarse en algún sentido en las cortes.

3. Competencias

Las competencias de las Cortes fueron: a) la **aprobación del subsidio**; b) intervenir en el proceso legislativo **aprobando leyes** junto al rey, las cuales recibieron el nombre de **ordenamientos de cortes**; c) y **denunciar y solicitar** al monarca la **reparación de agravios** (transgresión de ordenamientos de corte y de fueros mediante "cartas desaforadas").

4. Funcionamiento

El acto que desencadenaba las actuaciones de Las Cortes era el envío de **cartas** por el rey a los magnates, obispos y a las ciudades que él juzgaba como más importantes del reino. En ellas, los convocaba para formar aquel órgano, expresando sucintamente el motivo de la convocatoria. Una vez reunidos, hacia la "**proposición**", por medio de la cual expresaba con mayor detalle el motivo de la reunión y proponía la adopción de medidas al efecto. Tras esto, se procedía a la **comprobación de los poderes** que acreditaban que los sujetos congregados habían sido debidamente legitimados para tomar parte en la asamblea. Finalmente, cada uno de los brazos procedía a deliberar el sentido en el que habían de votar, siendo el sistema para adoptar una resolución la **unanimidad** de los tres brazos[331]. Por otra parte, el sistema para que cada brazo adoptara una resolución, era la **mayoría simple** de sus integrantes[332]. A efectos de facilitar el acuerdo dentro de cada brazo, algunos sujetos asumían la función de **promovedores**, dirigiendo el debate; otros la de **tratadores**, estableciendo comunicaciones con el rey para tener conocimiento de sus respectivas posturas acerca de la marcha de las deliberaciones; y los de **embajadores**, que hacían lo propio manteniendo contactos con otros brazos. En cuanto a los asuntos que se comenzaban por abordar, cabe añadir que en la Corona de Aragón era costumbre comenzar por la **denuncia y solicitud de reparación de agravios**, quedando sometida la votación de otros asuntos

---

[331] El voto de cada uno de los tres brazos se decantaba una vez que, en su seno, se lograba la mayoría simple. No obstante, en Cataluña se apreciaron votos de calidad, y en Aragón, se ha sostenido con una cuestionable verosimilitud que fue preciso lograr la unanimidad de todos los integrantes del brazo.

[332] Tradicionalmente se pretendió que en Aragón regía la exigencia de la unanimidad en cada brazo.

a la condición de que se resolviera la eventual solicitud de reparación de manera satisfactoria; mientras que, en Castilla-León, fue costumbre dejar este tema para el final, sin que constituyera una condición para tratar otros asuntos. Una vez votados todos los asuntos, en la Corona de Aragón se procedía a la constitución de un órgano temporal, llamado **Diputación de Cortes**, el cual quedaba encargado de velar por el cumplimiento de todo lo acordado hasta que mediara la constitución de las próximas cortes.

5. Relevancia

El impacto de las Cortes en el sistema político ha sido objeto de numerosas controversias. Sin embargo, existe consenso acerca de que las Cortes ejercieron una **actividad efectivamente limitativa del poder real**. En este sentido, puede decirse que, durante el medievo, **el rey compartió con las Cortes un cierto grado de soberanía.**

V OFICIO PÚBLICO

1.- Definición y Criterios de Acceso: con oficio público se alude a aquellas labores desempeñadas por mandato del rey, las cuales se proyectaron sobre una generalidad de súbditos. Su ejercicio fue directamente **concedido por el monarca** en atención a criterios variables, como relaciones de parentesco, de amistad o retribución por los servicios prestados. Ahora bien, sucedió que, a medida que avanzó el periodo medieval, se fue haciendo más frecuente la **"patrimonialización"** de los oficios públicos (apropiación y transmisión hereditaria), y con ello se abrió la veda a que particulares accedieran a ellos mediante la contratación con sus titulares mediante **compraventa** o **arrendamiento**. Incluso fue posible acceder a los oficios mediante contratos de **subarrendamiento** (contratando con un arrendatario). En vista de esta deriva, los propios monarcas también se prestaron a sacar provecho de ella, concediendo oficios públicos a través de contratos de compraventa y de arrendamiento con sus súbditos[333].

2.- Mecanismos de Control: por otra parte, existieron mecanismos de control para verificar que el titular del oficio no lo ejerciera incumpliendo los límites del mandato regio. De entre estos mecanismos cabe distinguir:

A) mecanismos de control durante el ejercicio del oficio: como las pesquisa o **visita** castellano-leonesas, consistentes en que unos oficiales llamados pesquisi-

---

333 Juan II y Enrique IV, generalizaron la creación de oficios en estos términos. Sempere y Guarinos, Juan, *Ibidem.*

dores o visitadores, investigaran y recibieran las denuncias relativas al mal hacer de otros oficiales, dando conocimiento de las acusaciones al acusado y al correspondiente tribunal[334]; y la **purga de taula** de la Corona de Aragón, consistente en que los oficiales padecieran, cada uno o tres años, las diligencias inquisitivas de un oficial judicial llamado el *jutge de taula*, ante el cual se sustanciarían en juicio contradictorio las eventuales controversias que pudieran haberse derivado del ejercicio de su cargo, así como probar que se habían resarcido las eventuales irregularidades cometidas[335].

B) mecanismos de control tras el ejercicio del oficio: el **juicio de residencia** castellano-leonés, consistente en que el oficial cuyo mandato había finalizado, permaneciera en la localidad en la que se había ejercitado el oficio por un periodo de cincuenta días, ofreciendo así a sus ex-administrados la ocasión de demandarle ante el oficial llamado juez de residencia, quien juzgaría e impartiría justicia en el asunto[336]. De la sentencia dependía que pudiera ser renovado en el cargo o bien acceder a otro de mayores responsabilidades.

Cabe hacer notar que, en los sistemas castellanos de visitas y de residencia, ocasionalmente, tales cargos judiciales fueron asumidos por quienes estaban llamados a sustituir al oficial investigado, por lo que se dieron casos de falsas acusaciones interesadas. El cese en el oficio llegaba con el cumplimiento del término previsto en el título de concesión del mismo; y, al menos en el reino castellano-leonés, cuando el rey decidiera revocar unilateralmente el mandato.

VI Administración

Con administración aludimos tanto a los oficiales que ejercieron labores de interés para el común de los súbditos del monarca, conformado la llamada administración central; como a los oficiales que ejercieron labores de interés para el conjunto de los habitantes de una cierta circunscripción territorial, conformando la administración territorial.

---

334 Fuero Real, IV, 20, 12. Las Siete Partidas III, 17; y VII, 1, 11. Leyes del Estilo, 55; Cortes de Toro de 1371; y Cortes de Toledo de 1480.

335 Cortes de Monzón de 1289. En Valencia el proceso fue conocido como *tenir taula*. Durante él, los oficiales procesados entraban en "suspenso" de sus funciones y existía la expectativa de que las retomaran una vez acabado el mismo.

336 Las Siete Partidas, III, 4, 6; III, 5,12; III, 15, 2; y III, 16, 1. Cortes de Madrid de 1429 (?); Cortes de Madrid de 1438, petición 18; Cortes de Toledo de 1480, ley 66. Novísima Recopilación VII, 12.

1. Administración Central

En relación a este ámbito, procede comenzar hablando de la **Curia Regia**. Tal órgano, análogo al Aula Regia visigoda, y al que también nos hemos referido como curia ordinaria, estuvo compuesta por nobles que asistían personalmente al rey en sus necesidades privadas (oficiales de la casa del rey)[337], y por algunos oficiales públicos, condes territoriales y obispos que también se hallaban en la residencia real. Asumió las tareas ya expuestas en el apartado IV del presente tema.

A mayor abundancia, ahora procede añadir que este órgano, al igual que la curia extraordinaria, experimentó su propia evolución. En el reino castellano-leonés, la evolución definitiva acaeció por obra de las **Cortes de Briviesca de 1387**, en las que se acordó la creación de un nuevo órgano llamado el **Consejo Real o de Castilla**. Originalmente estuvo compuesto por 12 individuos que habían de ser elegidos por el monarca ajustándose a unos cupos prefijados, de tal modo que un número cierto de ellos fueran *caballeros* (nobles), otro *letrados* (juristas) y otro *prelados* (eclesiásticos). Al igual que su antecesor, la curia regia o curia ordinaria, asumió la competencia de **asesorar** al monarca en la adopción de sus decisiones políticas. También recibió la competencia exclusiva de regular junto con el rey algunos de los extensos temas que se trataban en su seno, recibiendo aquellas normas el nombre de **cartas del consejo**[338]. En Aragón, por su parte, Pedro IV de Aragón, mediante sus *ordinacions* de 1344, creo un único consejo para toda la Corona de Aragón. Este estuvo integrado por importantes personajes que detentaban oficios públicos y privados del rey[339] y también tuvo funciones asesoras y legislativas, produciendo en concurrencia con él las leyes llamadas cartas políticas, mandatos u **ordenanzas reales**[340]. Navarra también contó con un órgano similar[341].

En último lugar, encontramos a la **Cancillería**, órgano nacido a principios del S. XII durante el reinado de Alfonso VII. Fue presidido por un oficial llama-

---

[337] *Armiger* o alférez (jefe de la guardia real y en campaña de los ejércitos reales); mayordomo, camarero, maestre racional, despensero, copero, capellán, etc.

[338] También expidió, en concurrencia con el rey, reales cédulas por las que aquel concedían privilegios a particulares, (especialmente los oficios públicos). A mayor abundancia, las ordenanzas de Enrique IV de 1459, les atribuyeron ciertas competencias judiciales.

[339] un canciller, un vicecanciller y un maestre racional (oficiales públicos); y tres mayordomos y dos camareros (oficiales privados).

[340] García de Valdeavellano, Luis, *Curso de Historia de las Instituciones Españolas: de los Orígenes al Final de la Edad Media*, Revista de Occidente, Madrid, 1968.

[341] En Navarra, el rey tuvo la obligación de reunirse con 12 *ricoshombres* nativos, *de los más ancianos del reino*, para poder adoptar ciertas decisiones: Convocar Cortes, iniciar una guerra, hacer una tregua u *otro granado fecho o embargamiento de Regno. Fuero General de Navarra*, I, 1, 1. Este consejo, durante el S. XIV, evolucionó a la *Cort Mayor*, órgano consultivo y tribunal supremo del reino. Finalmente, en el mismo siglo, esta *Cort Mayor* quedaría reducida a un órgano judicial eclipsado por el Consejo Real de Navarra, el cual devendría en el supremo órgano asesor y judicial.

do canciller, quien era asistido por otros jerárquicamente inferiores, los notarios o escribanos[342]. Estos asumieron la tarea de **redactar** los documentos que recogían normas emanadas del rey y la **custodia del sello real**, con el que los marcaban, en señal de que habían sido realmente producidos por el monarca, en virtud de lo cual adquirían la debida eficacia jurídica. Este órgano se trasladaba junto con el monarca. En 1379 Juan I creo una cancillería paralela, exclusivamente dedicada a autenticar sentencias judiciales dadas por la Real Audiencia, la cual residiría entre Medina del Campo, Olmedo y Alcalá de Henares, hasta que los Reyes Católicos determinaron que hubiera una cancillería de esta especie en cada Real Audiencia[343]. Por su parte, en la Corona de Aragón, consta que, al menos desde 1234, el rey Jaime I contó con una cancillería para toda su Corona[344].

2. Administración Territorial

En relación a este otro ámbito, conviene comenzar expresando que, en un principio, hubo un elenco de oficiales públicos que fueron depositarios de poderes militares, judiciales[345] y tributarios en distintas demarcaciones territoriales. En la cúspide de esta organización se hallaron los **condes**[346], los cuales pudieron ser inmunes, en cuyo caso asumirían adicionalmente la potestad legislativa, pudiendo también nombrar directamente a sus inferiores jerárquicos, sin que mediara

---

342 En la corona de Aragón, hubo vicecancilleres, protonotarios, custodios del sello, regentes y escribanos.

343 Nueva Recopilación, Libro II, Título XV, Ley V. Guardia Herrero, Carmen de la, La Sala de Alcaldes de Casa y Corte, Un Estudio Social, recuperado de: https://dialnet.unirioja.es/descarga/articulo/66378.pdf.

344 Ministerio de Cultura del Gobierno de España, *Registro de la Real Cancillería*, recuperado de: http://pares.mcu.es/ParesBusquedas20/catalogo/description/1593584.

345 En toda la Corona de Aragón, a partir del S. XIII, comenzó a distinguirse entre el mero y el mixto imperio. El mero imperio consistió en la potestas jurisdiccional plena, abarcando los supuestos criminales y la posibilidad de dictar resoluciones punitivas que conllevaran la muerte, mutilación, reducción a la servidumbre o destierro. El mixto imperio, consistió en la potestad jurisdiccional limitada a casos catalogables como civiles-mercantiles, cuya resolución pendía de satisfacer una cuantía pecuniaria. Digesto II, 1, 3; Privilegio General de Aragón otorgado por Pedro III en 1283; y Las Siete Partidas III, 4, 1. Según el jurista valenciano Pere Belluga, el mixto imperio, al menos, también comportaría la potestad de crear derechos civiles. López Rodríguez, Carlos, *La Corona y la Jurisdicción en el Reino de Valencia Durante el Reinado del Magnánimo*, La España Medieval, 2003, nº26, pp. 127-166.

346 En el Reino de Aragón también fueron llamados señores. Allí no detentaron poderes judiciales, correspondiendo esta misión a los merinos con los que coexistieron desde principios del S. XI. Fuente, Vicente de la, *La Historia y el Derecho de Aragón*, Imprenta y Fundición de M. Tello, Madrid, 1885, pp. 165 y ss. En Navarra también hubo merinos, quienes, a las funciones típicas de estos, hasta mediados del S. XIV, sumaron las tributarias.

intromisión del monarca en el ejercicio de tales potestades[347]. Posteriormente, desde mediados del S. XI, sin perjuicio de que en algunas zonas se conservara la organización primitiva, la concesión de dignidades condales se fueron haciendo cada vez más raras[348], surgiendo oficios territoriales con potestades más reducidas, cuyo gobierno territorial acabaría por generalizarse en el S. XIII[349]. Así, en el reino de Castilla-León, cabría destacar la aparición de los **merinos**, quienes ejercieron labores de policía[350], militares y judiciales en circunscripciones territoriales llamadas merindades (mayores y menores). Paralelamente también aparecieron los **adelantados**, quienes ejercieron labores análogas en circunscripciones llamadas adelantamientos (mayores y menores), siendo aun objeto de debate la diferencia de labores entre uno y otro oficial[351]. En el caso de la Corona de Aragón, se puede destacar que, tanto en Cataluña como en Mallorca, existieron unos oficiales territoriales similares, llamados **vegueres**, los cuales asumieron poderes en unas demarcaciones territoriales llamadas veguerías[352]; y otros llamados ***batlles* o *bayles*,** quienes asumieron competencias tributarias y judiciales, estas últimas, normalmente restringidas a las controversias de naturaleza tributaria.

---

347 Los subalternos inmediatos de los condes fueron los vicarios, mayordomos, merinos y en Cataluña los vizcondes. Por debajo de estos, estuvieron los sayones.

348 Semejante tendencia, tuvo el claro afán de reducir los riesgos de "patrimonialización" asociados a las tradicionales concesiones condales. En el Reino de Aragón, no se presentarían problemas análogos hasta entrado el S. XIII. La descrita política de la monarquía castellano-leonesa sufrió un importante revés en el S. XIV, cuando a partir de las mercedes enriqueñas, aparecieron cuantiosos donadíos y beneficios territoriales con inmunidades, tanto bajo la titulación de conde como las de marqués y de duque.

349 Sáncez Arcilla Bernal, José, *La Administración de Justicia en León y Castilla Durante los Siglos X al XIII*, recuperado de: https://www.ucm.es/data/cont/docs/446-2013-08-22-3.pdf, p. 31. El Reino de Aragón y el recién conquistado Reino de Valencia sufrieron un proceso inverso. Las numerosas guerras, deudas y falta de legitimidad católica de sus monarcas, los llevaron a buscar el apoyo de la nobleza mediante concesiones territoriales con el título de barón. Fuente, Vicente de la, *op.cit.* Los beneficiarios de estas tierras adquirieron su propiedad privada y poderes ejecutivos, militares y judiciales.

350 En el sentido vulgar y corriente del término.

351 A mi parecer, es convincente la observación que hace Pérez-Prendes a partir del Espéculo: el adelantado detenta plena jurisdicción (*faze juzgando*), mientras que el papel jurisdiccional del merino, estuvo relegado a la ejecución de las sentencias de los adelantados (*faze por obra*). Por otra parte, a finales del S. XV, tales cargos también adolecerían de una patrimonialización, optando los Reyes Católicos por una nueva reforma del gobierno territorial. Quintanilla Raso, María Concepción, La Tenencia de Fortalezas en Castilla Durante la Baja Edad Media, La España Medieval, 9°, 1986, pp.861-895, p. 877.

352 En este ámbito, la figura del veguer suplantó a la del vizconde, la cual nacía como resultado de un contrato feudal. Figura análoga a los merinos, adelantados y vegueres, fueron en el Reino de Navarra los: almirantes, prebostes, justicias, merinos y submerinos. La circunscripción de estos pudo ser una pequeña villa, el barrio de una villa más grande o un cierto territorio.

VII GOBIERNO LOCAL

Con el renacer del fenómeno urbano en Occidente, especialmente notable a partir de la segunda mitad del S. XI, se generalizó un sistema de autogobierno urbano conocido como **Sistema de Concejo Abierto**. Tuvo como presupuesto unas condiciones de igualdad social, las cuales hacían ver como muy razonable que todos los ciudadanos del municipio participaran con su voz en la adopción de las decisiones cotidianas, y con su voto en la elección de unos magistrados locales. Fueron estos magistrados: los **regidores o jurados**, quienes adoptaron medidas ejecutivas y legislativas (produciendo ordenanzas concejiles[353]); y los **alcaldes ordinarios**, quienes ejercieron el poder judicial[354].

A partir del S. XIII, aquel sistema dejó paso al llamado **Sistema de Concejo Cerrado**, que tuvo como presupuesto una sociedad urbana densa y afectada por profundas diferencias de estatus socio-económico. Estas desigualdades motivaron que los oficios concejiles fueran monopolizados por el segmento más favorecido, el patriciado urbano, más conocido en la Corona de Aragón como los *prudhoms* (y en navarra *bons homnes*). El sistema de concejo cerrado dio lugar a la formación de unas instituciones de autogobierno concejiles particulares en cada reino.

Así, en Castilla-León comprobamos como el monarca Alfonso XI, en el periodo comprendido en 1345-1346, determinó que los **regidores** serían directamente designados por él. Además, creó el cargo **de corregidor**, un magistrado local concebido para representar los intereses del monarca en la villa, que consecuentemente también sería nombrado por el rey. Este gozó de las mismas potestades que un regidor, con los añadidos de que nombraba a un **alcalde mayor**[355], el cual se

---

[353] Cabe considerar a estas normas como revestidas de una cualidad jerárquica inferior a la de los fueros concejiles. No obstante, también hay historiadores que defienden su naturaleza como normas "adaptativas" o aclaratorias de los propios fueros a las nuevas realidades sociales bajomedievales, por lo que, en ocasiones, también habría sido posible forzar su valoración como normas forales ante los tribunales. Su irrupción en la historia se remonta, al menos, al S. XIII, por lo que, mayormente, se asocia al Sistema de Concejo Cerrado. Por último, cabe añadir que, Juan II de Castilla-León, en las Cortes de Ocaña de 1423, afirmó su valor vinculante para sus respectivos términos municipales; mientras que, en Aragón, Jaime II, produjo otra ley dada en las Cortes de Zaragoza de 1301, afirmando su juridicidad siempre que contaran con la aprobación regia y de las Cortes. Los enunciados términos aragoneses, fueron interpretados por los foralistas (Martín Díez de Aux y Pedro Calixto Ramírez), afirmando que era costumbre y acorde al Privilegio General que los jurados promulgasen ordenanzas, matizando que, dado que el monarca ostentaba un poder jurisdiccional superior, convenía suplicar la aprobación regia (personal o de su Consejo Real) para prevenir su eventual derogación. Chamocho Cantudo, Miguel Ángel; Ramos Vázquez, Isabel, *La Potestas Condendi Statutas o Potestad Normativa Municipal en los Territorios Hispánicos (SS. XIII. XVI)*, en *El municipio medieval: nuevas perspectivas*, 2009, págs. 221-268.

[354] También cabía que tuviera atribuida la jefatura de las milicias urbanas.

[355] Enciclopedia Universal Ilustrada Europeo Americana, Espasa-Calpe, Madrid, 1995, tomo 4.

situaba jerárquicamente por encima de los alcaldes ordinarios; y de que, además, él mismo constituyó la instancia judicial suprema del concejo.

En cuanto a la Corona de Aragón, los fueros otorgados por Jaime I[356] instituyeron un sistema de autogobierno por el cual, los **jurados o *jurats***, serían elegidos por cooptación, es decir, los jurados que finalizaban su mandato elegían a sus sucesores, facilitando así la continuidad de sus semejantes.

A mayor abundancia, conviene resaltar la creación del ***consell***, un órgano colegiado asesor cuyos integrantes eran elegidos por los jurados, quienes, a tal efecto, comúnmente también los seleccionaban entre los *prudhoms*. Estos *consells* acumularon un gran prestigio y autoridad y así, en la práctica, acabaron por asumir la entera dirección política del concejo en detrimento de los jurados[357]. En cuanto al **poder judicial**, los vegueres (Cataluña y Mallorca) y bayles territoriales (Cataluña, Mallorca y Valencia), fueron quienes se personaron en los concejos propios de su demarcación territorial para impartir justicia. La excepción a este último respecto, la constituyeron los concejos aragoneses y valencianos, en los que fueron directamente elegidos por los reyes, respectivamente, los zalmedinas y justicias[358]. En cuanto a Navarra, presentó un gobierno municipal similar al aragonés y al Valenciano[359].

---

356 Estatuto del Consell de Valencia 1245; estatutos de los consell de Mallorca y de Barcelona de 1249; y estatuto de Zaragoza de 1272.

357 Afirma escudero, que, en el Reino de Aragón, sus reuniones se fueron haciendo cada vez más infrecuentes. De lo que cabe entender que sus atribuciones no alcanzaron el grado de importancia que tuvieron en el resto de la Corona.

358 Santamaría, Alvaro, *Los Consells Municipales de la Corona de Aragón Mediado el Siglo XIII: El Sistema de Cooptación*, Anuario de historia del derecho español, Nº 51, 1981, págs. 291-364. En Valencia, fue similar el Justicia (inicialmente llamado curia), quien, nombrado por el rey dentro de la universidad de los prohombres, detentaba poderes judiciales, de policía y militares. Si bien, se entiende que desde el S. XIV, las sentencias del justicia eran dictadas de antemano por el *Consell*. Narbona Vizcaíno, Rafael, *La Justicia Municipal en el Reino de Valencia (SS. XIII-XV)*, recuperado de: https://rua.ua.es/dspace/bitstream/10045/68174/1/Historia_Medieval_18_12.pdf. Aun restaría por mencionar al *mustaçaf*, oficial electo por el propio justicia con los prohombres, a quien se confiaba el mantenimiento del orden público y resolución de las controversias mercantiles suscitadas en los mercados.

359 El sistema de concejo cerrado dio paso a: jurados, también electos por cooptación (en ocasiones eran posteriormente confirmados por el monarca); un alcalde municipal o mayor (que como el zalmedina) era electo por el rey, o bien por el gobernador designado por este, o bien por el obispo diocesano; y un consejo asesor de *boni homines* (*probi homines, consiljarij, cuarentena* o *sixentena*). A partir del S. XV, se difundió el sistema de elección de los cargos municipales por insaculación. Alfaro Pérez, Francisco y Domínguez Cavero, Begoña, *La Organización Municipal de Navarra en el Antiguo Régimen (1512-1841) El Sistema Inseculatorio y su Relación con Aragón*, Rev. Zurita, 75, pp. 7-36. Díaz Dávila, Miriam, *La Gestión Administrativa Municipal en los Concejos Urbanos Navarros Durante el Siglo XIII: Pamplona*, Trabajo Final de Grado, Universidad del País Vasco, Vitoria, 2016.

A finales del S XIV, los concejos de la Corona Aragonesa comenzaron a experimentar ciertos **cambios democráticos** en el sistema de elección de los cargos municipales, los cuales, en general, volvieron a ser de elección directa por los vecinos, o bien insaculados o bien sorteados (sistema mixto consistente en votar a una preselección de candidatos y un posterior sorteo de cargos entre estos) [360].

VIII JUSTICIA E IGLESIA

1. La justicia

1.1. Ordinaria

Fue originalmente impartida por el **monarca con su curia regia**. En su rudimentario sistema procesal destacaron las **ordalías**, pruebas tradicionales germánicas tales como invitar a alguna de las partes a sostener un hierro candente durante un tiempo o introducir el brazo en agua hirviendo, con las cuales, a la vista del resultado, se interpretaba a quien había dado la razón Dios.

En las **Cortes de Zamora de 1274** se consagró un cambio sustantivo en el sistema judicial, pues la justicia sería en lo sucesivo impartida de manera **autónoma**, es decir, sin la concurrencia del rey, recayendo la labor en un tribunal itinerante llamado **Tribunal de la Corte**. Este estuvo compuesto por los llamados **alcaldes de corte**, originalmente fueron 23[361], los cuales contaron con **formación jurídica romanista**. Otra novedad presentada por este órgano fue que pudo ejercer su labor procediendo de oficio (enjuiciar sin necesidad de denuncia de parte), siempre que mediara alguno de los llamados **casos de corte** (conjunto de supuestos tasados[362]). Adicionalmente, también resolvieron los recursos de sentencias dadas

---

[360] Tal "democratización", fue relativa, puesto que inmediatamente se establecieron requisitos elitistas para optar a copar los cargos municipales. Se exigía, por lo menos, la condición de "ciudadano honrado". Esto fue, de persona con hacienda en el municipio, casado, en posesión de bienes bastantes para sostenerse o pagar los tributos, poseer una montura y no haber ejercido oficios manuales. A partir de estas condiciones, se establecieron "manos", o clases de ciudadanos en atención a su extracción estamental, reservando cupos a cada una de esas "manos" para que pudieran acceder a los cargos municipales. Mínguez Marqués, *Agentes y Estructuras del Poder Municipal en las Grandes Ciudades de la Corona de Aragón Cismarina: Barcelona, Zaragoza y Valencia (Siglos XIII-XIV)*, trabajo final de Grado, Universidad de Zaragoza, 2015.

[361] Nueve castellanos, seis extremeños y ocho leoneses. Ordenamiento de las Cortes de Zamora, Ley 17.

[362] *Muerte segura, mujer forzada, tregua quebrantada, salvo quebrantado, casa quemada, camino quebrantado, traición, aleve, riepto.* Ordenamiento de las Cortes de Zamora, ley 46. El tribunal

por tribunales locales, siempre que el fuero de la localidad en cuestión previera este supuesto.

Las **Cortes de Toro de 1371** comportaron un nuevo cambio en el sistema judicial. El Tribunal de la Corte fue reformado, dando paso a la **Real Audiencia**, que debido a la proximidad y fluidas relaciones que mantuvo con la cancillería judicial, a efectos de que marcaran sus sentencias con el sello real, acabaría por ser conocida como "Real Chancillería"[363]. Esta Real Audiencia o chancillería estuvo integrada por siete jueces llamados **oidores**[364], quienes se encargarían colegiadamente de juzgar los **casos de naturaleza civil**; y por ocho llamados **alcaldes de corte** o de crimen, los cuales se ocuparon de los **casos de naturaleza criminal**. Asimismo, como sucedió con el Tribunal de Corte, le correspondió el entendimiento de los casos de corte, así como de cualquier recurso de sentencias dadas por tribunales locales, bajo los mismos términos. En cuanto al proceder de los oidores y alcaldes de crimen, estos **resolvieron** los casos que se sustanciaban ante su tribunal **colegiadamente**. Sobre su localización, cabe añadir que en 1442 se fijó su residencia en Valladolid[365]. Más tarde, en 1494 se decidió su desdoblamiento en dos Reales Chancillerías, manteniendo la sede de una en **Valladolid**, con jurisdicción para entender los casos suscitados al norte del río Tajo y fijándose la residencia de la otra en Ciudad Real, con jurisdicción para entender los casos suscitados al sur del río Tajo. Finalmente, en 1505 la audiencia de Ciudad Real se trasladaría a **Granada**[366].

En la Corona de Aragón también existió una Audiencia Real, cuyo primer precedente hallamos la **Ordenación de Huesca de 1286**, otorgada por Alfonso III.

---

sucesor, la Real Audiencia, contó, al menos desde 1395, con un fiscal para iniciar los procesos de oficio. Ministerio de Cultura del Gobierno de España, *Fiscalía del Crimen de la Real Audiencia y Chancillería de Valladolid,* recuperado de: http://pares.mcu.es/ParesBusquedas20/catalogo/autoridad/42552?nm. Los documentos en los que reflejaron las diligencias para iniciar los procesos de oficio recibieron, al menos desde la edad moderna, el nombre de "cabeza de oficio".

363 Como se dijo, en 1379 se creó una chancillería paralela para la autenticación de las sentencias de este tribunal.

364 3 prelados y 4 letrados. También puede añadirse que contó con: dos alcaldes de rastro (figura creada en 1351), que entendían de los pleitos criminales suscitados en un radio de 5 leguas en torno a la residencia de la Real Audiencia; y con un alcalde de los hijosdalgo que entendió de las controversias relativas al goce de esta condición.

365 Hasta entonces el tribunal fue itinerante. En 1387 las Cortes de Briviesca le asignaron residencias trimestrales, cambiando entre Medina del Campo, Olmedo, Madrid y Alcalá de Henares. En 1390 Juan I fijó su residencia en Segovia, hasta que Juan II lo asentara definitivamente en Valladolid en la apuntada fecha de 1442.

366 Colmeiro, Manuel, *Cortes de los Antiguos Reinos de León y de Castilla,* Sucesores de Rivadeneira, Madrid, 1883. Arribas González Soledad, *Los Pleitos del Archivo de la Real Chancillería de Valladolid, La administración de justicia en la historia de España:* actas de las III Jornadas de Castilla-La Mancha sobre investigación en archivos. Guadalajara, 11-14 noviembre 1997, 1999, págs. 311-324.

Esta audiencia adquiriría una estructuración estable con las *Ordinacions* de Pedro IV de Aragón en 1344[367]. Finalmente, entre finales S. XV y el S. XVI, se produciría la creación de audiencias independientes y particulares para cada uno de los territorios de la Corona de Aragón. En Navarra también apareció un órgano similar a la audiencia real[368].

1.2. Jurisdicciones Especiales

A) La eclesiástica, la cual se extendió, mediante el llamado ***privilegium fori***, al entendimiento de cualquier causa civil o penal que afectara a los clérigos[369].

B) La Inquisitorial. Con motivo de la propagación de la herejía cátara o albigense, tuvo lugar la implantación del tribunal de la Santa Inquisición en la Corona de **Aragón**. Ello sucedió en 1232 en virtud de una bula papal[370]. La inquisición asumió la tarea de descubrir a quienes profesaban y propagaban creencias

---

367 Hasta entonces las audiencias carecieron de una estructura fija. Se formaban *ad hoc* mediante la eventual concurrencia del canciller y de otros oficiales del consejo de la Corona de Aragón. Con la apuntada *ordinacion*, quedó integrada por: oidores, escribanos y poteros. En virtud de otra *ordinacion* dada en 1387, pasó a estar formada por: el canciller; los vicecancilleres (uno por cada reino); y por otros oficiales llamados vocales (cuatro por Aragón, cuatro por Cataluña, cuatro por Valencia y tres por Mallorca). Entre medias de este proceso de formalización orquestado por los monarcas, hubo sendos ordenamientos de cortes catalanas, aragonesas y valencianas, las cuales establecieron ciertos términos para su funcionamiento: los lugares y momentos en los que podía celebrarse sus sesiones, la interdicción de que los jueces recibieran salario de los ajusticiados o la necesidad de presencialidad del príncipe. Tatjer Prat, María Teresa, *La Audiencia Real en la Corona de Aragón*, Universitat Pompeu Fabra, 2009.

368 En Navarra, en el S. XIV, se produjo la evolución de la curia regia o consejo de los 12 ricoshombres a la cort mayor, máximo órgano judicial del reino integrado por: cuatro alcaldes, cuatro notarios, y los porteros de cort, además de otros sujetos subalternos. A su vez, mediante las ordenanzas de Carlos III dadas en 1413, quedó constituido un consejo real como órgano consultivo e instancia de apelación del anterior. Ministerio de Cultura del Gobierno de España, *Real Consejo de Navarra*, recuperado de: http://pares.mcu.es/ParesBusquedas20/catalogo/autoridad/152469?nm. Por último, aun cabe mencionar al procurador general o fiscal del reino, quien representaba los intereses del monarca en todos los procesos.

369 Las Siete Partidas, I, 6, 57. Código de Justiniano, novela 83. Decreto de Graciano, cuestión 15, causa 1, capítulo 10; y causa 11, cuestión 1, capítulos 17 y 3. Escudero afirma que esta inmunidad también alcanzó a los familiares de los clérigos. Tal circunstancia pudo ser fruto de una interpretación extensiva de los cánones VI y XIII del III Concilio de Toledo (mencionados en el Tema IV), dado que, según la Crónica de Alfonso III, este monarca restableció el orden gótico también en lo concerniente a la Iglesia Astur-Leonesa. Por otra parte, los monjes no ordenados, conforme al ordenamiento de las Cortes de León habidas en el año 1020, sí gozaron de este privilegio.

370 Mediante la bula *Jam Mundi*, el papa Gregorio IX exhortó al obispo de la diócesis de Tarragona a formar un tribunal inquisitorial con jurisdicción en la misma (Inquisición Episcopal). Sería en 1249 cuando el papa Inocencio IV, exhortó al prior de la provincia española de la Orden Dominica (que abarcaba territorios de la Corona de Aragón) a nombrar inquisi-

ajenas al credo oficial católico-romano, procurando su reconversión a la ortodoxia. Eventualmente podían "**relajarlos**" o ser entregados a las autoridades civiles para que aplicaran el castigo que hubiera dispuesto para aquel crimen (que iban desde el exilio hasta la pena de muerte)[371].

C) La Marítima-mercantil, en este caso detentada por los **consulados del mar**, cabiendo añadir que en 1401, en virtud de una pragmática del rey aragonés Martín I el Humano, el consulado del mar de Barcelona adicionalmente quedo facultado para entender sobre conflictos mercantiles de cualquier naturaleza (y no solo sobre los relacionados con el comercio marítimo).

D) La Señorial, ejercida por los condes y señores que habían sido dotados por el monarca de inmunidad frente a los oficiales territoriales (como merinos o sayones)[372]. Cabe decir que, en la práctica estos señores delegarían su potestad judicial en delegados locales (merinos o *villici*), quienes, presidiendo asambleas vecinales, impartían la justicia en el nombre del señor[373].

E) El Tribunal del Libro, el cual consta que funcionó entre los siglos X y XIII en León[374], atendiendo los pleitos presentados ante él, tanto en primera instancia como en cualquier clase de recurso, siempre y cuando las partes implicadas accedieran voluntariamente a ello. Resolvía los litigios mediante el *Liber Iudiciorum.*

2. La Iglesia

En cuanto a la Iglesia, procede comenzar destacando la aparición de **iglesias propias**, es decir, de iglesias fundadas privadamente por los repobladores de territorios deshabitados. Originalmente, las familias fundadoras de aquellas iglesias (normalmente nobles), se reservaron el derecho de **nombrar** a los sacerdotes que oficiaban los sacramentos en ellas, disputando por tanto esta facultad a los obis-

---

dores (jurisdicción asumible por dominicos desde la bula *Ille Humani Generis* dada por Gregorio IX en 1231).

[371] Si bien es cierto que la inquisición pontificia no aplicaba castigos en atención a la condición hereje del procesado, si es cierto que, desde la bula *Ad Extirpanda* dada por Inocencio IV en 1252, contó con la facultad de, durante los procesos, poder ordenar a oficiales no clericales que aplicaran el tormento como un medio de obtención de pruebas.

[372] En Aragón se distinguió en mero y mixto imperio. El mero imperio consistió en la potestas jurisdiccional plena, abarcando los supuestos criminales y la posibilidad de dictar resoluciones punitivas que conllevaran la muerte, mutilación, reducción a la servidumbre o destierro. El mixto imperio la potestad jurisdiccional limitada a casos catalogables como civiles-mercantiles, cuya resolución pendía de satisfacer una cuantía pecuniaria. Privilegio General de Aragón otorgado por Pedro III en 1283 y Las Siete Partidas III, 4, 18.

[373] Sánchez Arcilla Bernal, José, *La Administración de Justicia en León y Castilla Durante los Siglos X al XIII*, recuperado de: https://www.ucm.es/data/cont/docs/446-2013-08-22-3.pdf.

[374] Su extinción pudo estar relacionada con la concesión del Espéculo y luego del fuero Real a la ciudad legionense.

pos. Por otra parte, el parcial aislamiento del territorio castellano-leonés del resto de Europa, causado por la invasión musulmana, propició la pervivencia de la **liturgia visigoda o mozárabe**. Ambas circunstancias produjeron una perturbación en Roma, siendo solventadas ambas problemáticas en el **Concilio de Coyanza de 1055**[375]. En él, quedó establecido que los titulares del derecho de nombramiento de sacerdotes lo perderían en favor de los obispos ordenados por el papa[376], conservando sin embargo un cierto privilegio, el **derecho de presentación** ante las autoridades eclesiásticas. Asimismo, se acordó el **abandono del rito visigodo**.

Asunto Paralelo fue el reiterado nombramiento de obispos por parte del emperador romano-germánico Enrique IV, con la fuerte oposición del papa Gregorio VII. Las tensiones resultantes derivaron en un agrio conflicto conocido como la **Querella de las Investiduras**, resuelto por el papa Gregorio VII mediante la excomunión de aquel emperador, quien escenificó la renuncia a sus pretensiones mediante su peregrinación hasta la residencia papal de Canossa, en calidad de un humilde penitente que suplicaba el perdón del romano pontífice. Tras este episodio y en virtud de los concilios romanos de 1075 y 1080, los gobernantes no podrían ejercer más facultades que un **derecho de asentimiento** (*assensus*), consistente, esencialmente, en pronunciarse a favor o en contra del nombramiento de los obispos[377].

Otra eventualidad sobresaliente fue **el Cisma de Occidente**, producido por el nombramiento por la curia cardenalicia de dos papas simultáneos (1378)[378], llegando por momentos a coexistir hasta tres papas (1409). Ello dio paso a una ri-

---

[375] Otro concilio que contribuyó a limar más aun la influencia de los señores laicos sobre los clérigos fue el de Palencia de 1129. José Antonio Rodríguez Burgos, *Algunas iglesias de Patronato de la cuenca alta del Ucieza.* Publicaciones de la Institución Tello Téllez de Meneses, N°. 79, 2008, págs. 179-228.

[376] Canon III del enunciado concilio de Coyanza. Mariel Pérez, *Encuadramiento del Clero Local y Reorganización Eclesiásticas en la Diócesis de León (Siglos XI-XIII),* Studia historica. Historia medieval, Vol. 36, N° 1, 2018, págs. 57-84.

[377] Este Derecho fue recogido en España por *Las Siete Partidas* de Alfonso (X, I, 5, 18). Conforme a su redacción en aquella obra, constó de las facultades de: ser notificado de la muerte del prelado, recibir solicitud de permiso para proceder a la nueva elección, asentir u oponerse al nombramiento, retener los bienes temporales aparejados al servicio durante la vacante, proceder a su ulterior investidura en la persona del nuevo beneficiario. Olaechea, Rafael, *Las Relaciones Hispano-Romanas en la Segunda Mitad del XVIII: La Agencia de Preces,* Vol. 1, Universidad de Zaragoza, Zaragoza, 1965, p. 28. Guerrero Cano, Mª. Magdalena, *El Patronato de Granada y el de Indias: Algunos Aspectos, Andalucía y América en el siglo XVI: actas de las II Jornadas de Andalucía y América,* [celebradas en la] Universidad de Santa María de la Rábida, marzo, 1982), Vol. I, 1983, pp. 69-90.

[378] Tas el atentando de Anagni (1303), se hizo patente una cierta decadencia de la autoridad moral de los papas frentes a los príncipes occidentales. En este contexto, Felipe IV de Francia, se las arregló para lograr que una parte del colegio cardenalicio, en lo sucesivo, nombrase a papas favorables a las políticas francesas, y que estos residieran en Avignon. Esta tesitu-

validad que dejó un cierto vacío de autoridad espiritual en la comunidad católica, el cual no sería resuelto hasta el **Concilio de Constanza** (1414-1418). Durante este concilio se congregaron los obispos y representantes de los principales príncipes de la cristiandad[379] para promulgar el **decreto *Haec Sancta Synodus*** (1415), el cual proclamó que el concilio ecuménico de los obispos era el supremo intérprete de la voluntad divina, autorizado a pronunciarse en asuntos de fe y, por ende, para nombrar a un único y verdadero papa[380]. De conformidad con ello, los obispos nombraron como único papa a Martín V (1417).

IX HACIENDA Y EJÉRCITO

1. Hacienda

En el plano hacendístico, hay que destacar que, durante el medievo, no estuvo claro qué bienes fueron recaudados por el monarca en virtud de su **potestad pública** (*regnum*) y qué bienes fueron reivindicados en virtud de sus **derechos privados** (*ius regale*). Tan solo parece claro que el subsidio acordado por las Cortes sí tuvo una condición puramente público-tributaria. La otra característica fundamental del régimen hacendístico, fue su condición **discriminatoria**. En este sentido estuvieron, por lo general, exentos de tributar los nobles, clérigos y los paniaguados (individuos vinculados con estos por relaciones clientelares, a los que en ocasiones se les comunicaba su régimen tributario[381]).

---

ra, creó disensiones en el seno de la Iglesia, siendo, paralelamente, nombrados por otro bando del colegio cardenalicio otros papas, más sensibles hacia otros intereses.

379 De Inglaterra, Escocia, del Sacro Imperio Romano-Germánico, de Francia, España, Portugal, Italia, Hungría y Escandinavia.

380 El referido decreto también fue conocido como *Sacrosancta*, y fue confirmado por el Concilio de Basilea en 1439, el cual es más propiamente conocido con este vocablo. Durante el V Concilio de Letrán (1512), el papa Julio II emitió la bula *Pastor Aeternus*, mediante la cual afirmó que el referido decreto dado en Constanza, tan solo versaba acerca de la autoridad conciliar en supuestos en los que coexistieran varios papas aparentemente legítimos, y que el decreto *Haec Sancta Synodus* de Basilea había realizado una interpretación extensiva y errónea. Minnich, Nelson H., *The Decrees of the Fifth Lateran Council (1512–17): Their Legitimacy*, Routledge, New York, 2018.

381 El Fuero de Valladolid de 1265 tras hacer alusión a las exenciones tributarias de los paniaguados de los caballeros, enumera una serie de trabajadores que prestaban servicios económicos a estos últimos. Asimismo, el Fuero Romanceado de Sepúlveda, también alude a sus exenciones. Baró Pazos, Juan, *Fueros Locales de la Vieja Castilla (Siglos IX-XIV)*, BOE, Madrid, 2020, pp. 144 y 140. Por último, cabe decir que, en *Las Siete Partidas*, se dice de los *apaniguados* que son personas que *biven en su merced y han de fazer su mandado. Las Siete Partidas*, III, 16, 18.

La recaudación se nutrió de: a) el **pecho** o *marzadga*, consistente en el pago de una cierta cuantía anual de dinero o bienes en especie[382]; b) **regalías**, consistentes en tasas que habían de satisfacer los súbditos por explotar recursos del monarca (salinas, minas, montazgo, *herbazgo, llosol, fornático* y *maquila*); c) **pagos aduaneros**, como el almojarifazgo, el portazgo, el pontazgo, el barcaje o la lezda; d) impuestos a las **transacciones comerciales**, como la alcabala[383]; e) las **multas** o caloñas por transgredir ciertas normas; f) el mencionado **subsidio** aprobado por las cortes; y g) la **moneda forera** (o monedaje o *morabatí*), tributo acordado en las Cortes y abonado por las villas, para prevenir que el monarca devaluase la moneda mediante nuevas emisiones con aleaciones más pobres.

En Castilla-León, inicialmente, la administración hacendística estuvo dirigida por un individuo de la casa del rey, el **mayordomo**, el cual contó con subordinados repartidos por las localidades llamados ***villici*** (y *maiorinus* desde el S. XI[384]). A partir del S. XII, el mayordomo delegó las tareas de recaudación, custodia y administración de los recursos en el almojarife[385]. Este fue progresivamente ganando preponderancia en sus labores, hasta llegar a suplantar de hecho al propio mayordomo como cabeza de los oficiales tributarios. En el siglo XIV, la función pasó a recaer en los llamados contadores mayores. Estos, a comienzos del S. XV habían quedado agrupados en dos órganos: a) la **Contaduría Mayor de Hacienda**, compuesta por dos contadores mayores y un subalterno jerárquico, el lugarteniente, todos ellos encargados de la recaudación y administración de los caudales; y b) la **Contaduría Mayor de Cuentas** (1437), igualmente compuesta por dos contadores mayores y un lugarteniente, todos ellos encargados de revisar la correcta elaboración de las cuentas de la Contaduría Mayor de Hacienda, así como de cualquier otro ente que hubiera administrado caudales reales. Adicionalmente, ambas contadurías mayores fueron auxiliadas por oficinas especializadas en distintas ramas hacendísticas, las llamadas **contadurías menores**, compuestas cada una de ellas por una pareja de contadores menores (o "de los libros" o "de oficio")[386]. Por último, a efectos de recaudar los tributos de los contribuyentes, se

---

[382] frecuentemente un décimo de la producción en Castilla-León y un noveno en Aragón. Porres Martín-Cleto, Julio, *Breve Historia de las Instituciones, La Hacienda Pública*, recuperado de: https://realacademiatoledo.es/wp-content/uploads/2013/12/files_toletum_0048_05.pdf.

[383] Tributo de origen andalusí (*al-qabâla*), luego extendido por el territorio castellano-leonés. Su recaudación fue destinada a las arcas municipales, hasta que, en las Cortes de Alcalá de Henares de 1348, quedó establecida su conversión a una renta real.

[384] Sánchez Bernal, José, *op.cit.*

[385] Término proveniente del vocablo arábigo *al-mushrif*, empleado para designar a los tesoreros de las coras o provincias andalusíes. Por lo general, el cargo fue ocupado por judíos. Recogido en *Las Siete Partidas*, II, 9, 25.

[386] Por una ordenanza real dada en Segovia en 1433, las contadurías menores fueron: de rentas, encargadas de dar cuenta del estado de los ingresos y de expedir documentos acreditativos de los recaudadores; de sueldo, encargadas de los gastos salariales de militares; de tierras, encargadas de otros gastos militares; de quitaciones, encargadas de pagar los gastos de la admi-

generalizó el oficio de arrendador de rentas, al cual se accedió tras abonar a la contaduría mayor una cuantía monetaria fijada en subasta pública, la cual se estimaba supondría un ingreso superior a la recaudación originalmente esperada. Tras ello, este oficial adquiría el derecho de cobrar el tributo en cuestión con una plusvalía. La adjudicación de tal oficio era supervisada por la Contaduría Mayor de Hacienda y certificada por un escribano mayor de rentas[387]. En caso de no lograrse una adjudicación satisfactoria de este oficio, se procedía a nombrar a un oficial estrictamente recaudatorio, llamado "fiel".

En la **Corona de Aragón**, inicialmente, el gobierno de la hacienda también recayó en un mayordomo. A partir de 1283, su papel hacendístico fue asumido por un nuevo oficial, el **maestre racional**, quien sería asistido por: un **tesorero**, encargado de la custodia del tesoro y de registrar los ingresos y salidas rindiendo periódicamente cuentas al maestre; y por un **escribano de ración**, el cual recibía una renta periódica para distribuir los salarios de los oficiales. A su vez, los territorios de Aragón, Cataluña y Valencia, conformaron una región tributaria gestionada por un **bayle general**, al cual correspondía rendir cuentas ante el mencionado maestre, y coordinar a los heterogéneos recaudadores locales de cada reino (bayles o *batlles*, oficiales señoriales y publicanos); Paralelamente, el Reino de Mallorca junto con los condados del Rosellón y la Cerdaña, tuvieron al frente a un **procurador real** con sus respectivos dependientes (*batlles*)[388].

En Navarra, la dirección de la hacienda recayó en el recibidor general de las cuentas del reino, hasta que, a comienzos del S. XIV, fue sustituido por el tesorero del reino. Este, desde la segunda mitad del mismo siglo, probablemente, fue asistido por unos oidores o comisarios. Como funcionarios recaudadores subalternos, contaron con los merinos. Por último, hay que hacer mención de la Cámara de Comptos (1365), órgano fiscalizador de todas las cuentas y supremo tribunal de la hacienda navarra (compuesto por maestros oidores, notarios y porteros). A

---

nistración civil; y de mercedes, encargadas de los gastos derivadas de las mercedes regias con cargo a la hacienda real. En 1476 se crearon tres contaduría menores adicionales: de relaciones, encargada de las rentas de la corona cuya percepción había sido cedida o gravada; de extraordinario, encargada de los ingresos derivados de tales cesiones o gravámenes; y de tenencias, encargada de más gastos militares. Cabe añadir que, la terminología distinguió entre contadurías menores de data (relativas a gastos) y de cargo (relativas a ingresos). Cañas Gálvez, Francisco de Paula, *Burocracia y Cancillería en la Corte de Juan II de Castilla (1406-1454)*,Universidad de Salamanca, España, 2012, p. 129.

387 De este último fenómeno, análogo al de los publicanos romanos, dan fe los Cuadernos de Alcabalas, producidos por los monarcas para regular el procedimiento recaudatorio del nominado tributo (sucesivamente promulgados en los años 1377, 1430, 1462, 1491). El documento acreditativo del derecho de recaudar el tributo, era extendido por el escribano de rentas, y recibía el nombre de carta de recudimiento.

388 Sastre Moll, Jaume, *Les Rendes Reials i de la Porció de Gasto de Bearn*, en *Mayurqa, Revista del Departament de Ciències Històriques i Teoría de les Arts*, 27, 2001, p. 73.

esta última reforma vino asociada la supresión de las responsabilidades recaudadoras de los merinos, siendo sustituidos en esta labor por oficiales específicos, los recibidores[389].

De Otra parte, cabe señalar que la Iglesia también percibió un tributo, el **Diezmo**. Por lo general, su sujeto impositivo fue la parroquia (administrada por el párroco) o el monasterio (administrado por el abad) [390] y el sujeto pasivo todos los cristianos que habitaban en la circunscripción parroquial o señorío de abadengo, así como sus eventuales siervos musulmanes y judíos[391]. Los hechos imponibles, normalmente, fueron la circunstancial producción agrícola y los beneficios derivados de cualquier otra industria, y la cuota tributaria la décima parte de cada uno de aquellos hechos. Dado que su nacimiento estuvo localizado en el territorio franco[392], es natural que su irrupción en España tuviera lugar en Cataluña, al menos desde el S. IX. Mientas que en Castilla-León, Navarra y Aragón, apareció a mediados del S. XI[393]. Para concluir con este particular, se puede añadir que, el diezmo, devino en una fuente de ingresos indirecta para la corona castellano-leonesa, pues en 1247, el papa Inocencio IV, concedió al rey Fernando III *el Santo* un privilegio para los dos próximos años siguientes, consistente en el derecho de cobrar dos novenos de los diezmos recaudados en sus dominios. Esta recaudación fue conocida como impuesto de **Tercias Reales**, sucediendo que, la costumbre, permitió que el cobro de estos dos novenos se

---

389 Orella Unzue, José Luis, *Las Instituciones del Reino de Navarra en la Edad Antigua y Media: Las Insituciones de la Baja Navarra (1530-1620)*, Librería Carmelo, Donostia, 1991, p. 123.

390 Hasta la Reforma Gregoriana, fue común que los diezmos recaudados fueran a parar a las arcas de nobles. Tal cosa sucedió en Cataluña debido a que, algunos obispos, se convertían en señores feudales mediante la entrega de feligresías con sus diezmos en calidad de feudos. En el resto de España, vino a suceder lo mismo mediante contratos de prestimonio, y, además, porque muchas iglesias y monasterios fueron fundaciones propias de nobles. García de Cortázar y Gil de Aguirre, José Ángel, *De los Diezmos Señoriales al Diezmo Eclesiástico Y las Tercias Reales en Castilla en los Siglos X a XIII,* en Fisco, Legitimidad y Conflicto en los Reinos Hispánicos (Siglos XIII-XVII), Prensa de la Universidad de Zaragoza, España, 2019, pp. 31-66.

391 Las Siete Partidas establecieron la exención del clero para el clero castellano-leonés. Las Siete Partidas, I, 6, 50.

392 En los Concilios I de Braga (561) y XVI de Toledo (693), se hizo alusión a que las contribuciones voluntarias de los fieles de cada diócesis fueran destinadas: al obispo, al resto de clérigos de la diócesis y al sostenimiento de los templos. En un contexto de hambruna, los Concilios Merovingios de Macôn (567) y de Tours (585), fueron los primeros en hablar de una contribución decimal, recomendando el primero su satisfacción y el segundo obligando a ello. Durante el reinado de Carlomagno, tal obligación recibió sanción civil para todo el territorio imperial, mediante la capitular dada en Herstal en el año 779 y los cánones del Concilio de Frankfurt 794. La primera constancia del diezmo en territorio hispano, viene dada por un documento del obispado de Urgel en el año 839, con motivo de la consagración de su catedral. *Ibidem.*

393 Recogido en Las Siete Partidas, I, 20; y en el Fuero General de Navarra, III, 2, 1-5. Liber Extra Decretalium, III, 30. Cánones 53 y 54 del IV Concilio de Letrán (1215).

perpetuase durante todo el medievo, llegando tal estado de las cosas a ser legislativamente consolidadas por Alfonso X[394].

2. Ejército

El ejército estuvo integrado por todos los segmentos de la sociedad, alcanzándoles con carácter general los derechos-obligaciones de **fonsado** (o hueste) y de **apellido**. El primero consistió en acudir a las expediciones de invasión sobre el territorio enemigo; mientras que el segundo consistió en participar en la defensa del propio territorio. Sin embargo, cabe decir que los distintos fueros recogieron **supuestos de exención** de ambas responsabilidades ante casos como la viudedad, matrimonio recientes, enfermedad, pertenencia a alguna etnia, o de incluso el privilegio de exención general para toda la población, salvo que se diera el supuesto de que el rey se hallara cercado por un ejército enemigo.

La composición del ejército se repartió entre: a) la **mesnada real**, tropas conformadas por mercenarios extranjeros, por caballeros acostados o asalariados (germen de las guardias reales[395]), por hombres de señorío del monarca, por gobernadores territoriales como los merinos y por oficiales militarizados de la curia regia (*armiger* o alférez real y el condestable), todos los cuales quedaban bajo mando directo del príncipe; b) los **ejércitos señoriales** que habían sido formados por magnates o ricohombres y sus respectivos vasallos, quedando estos bajo el mando directo del correspondiente señor; c) las **milicias concejiles**, formadas por los distintos términos municipales, las cuales contaban con un compromiso de servicio restringido a lo establecido en sus fueros, las cuales quedaban bajo el mando directo de oficiales municipales llamados capitanes, alcaides o alcaldes; y d) la **Órdenes militares**, principalmente de Calatrava, Santiago, Alcántara y Montesa, bajo el mando directo del gran maestre de la correspondiente orden.

En relación a estas últimas, puede decirse que fueron unas particulares órdenes monásticas. Esto es, asociaciones de personas (monjes, frailes o cenobitas) que conviven en habitáculos llamados monasterios o cenobios, bajo una regla común. Todo ello con el fin de alejarse de las necesidades materiales, acrecentar su espiritualidad y emular los hechos más sacrificados de Cristo. A partir de 1118[396], algunas de estas órdenes, adoptaron una vocación guerrera, produciéndose en su seno un reparto de roles tripartito, a imagen y semejanza de la propia sociedad estamental, cabiendo así distinguir entre: a) frailes clericales, quienes asumían el rol principal de *oratores*; b) frailes caballeros, quienes asumían el rol principal

---

[394] *Las Siete Partidas*, I, 26. *Fuero Real*, I, 5, 3.

[395] En Navarra, fueron conocidos como mesnaderos o *remisionados*. Más allá de la terminología para referirse a estas tropas, un criterio aceptable es el carácter continuo del servicio de escolta, de guardar los reales sitios y de hueste que prestaban al monarca.

[396] Orden de San Juan de Jerusalén y la Recién creada Orden del Temple.

de *bellatores*; y c) frailes menestrales, quienes asumían la función principal de *laboratores*.

El uso de distinguir frailes guerreros en el seno de las comunidades monásticas, apareció en Tierra Santa, en donde monjes y sus demás allegados cristianos, comenzaron a sentir la amenaza de los musulmanes del sultanato selyúcida y del Califato Fatimí. A efectos de paliar tal peligro, fue fundada la Orden del Temple, la cual se propuso la protección de los peregrinos que fluían a Jerusalén; mientras que, la Orden Hospitalaria de San Juan de Jerusalén, que hasta entonces solo había desempeñado actividades asistenciales fuera del monasterio, comenzó a armar a algunos de sus frailes con la intención de proteger a los cristianos de la región[397]. Tal uso no estuvo exento de polémica, dado que, cabía pensar que, al empuñar las armas, se alejaban del ejemplo de Cristo. Esta inquietud fue despejada por: el concilio de Troyes de 1129, el Decreto de Graciano (1140-1142) y muy especialmente por la autoridad de San Bernardo de Claraval (*De Laude Novae Militae ad Milites Templi* 1220-1236).

Despejadas estas dudas, comenzaron a fundarse nuevas órdenes monásticas, en cuyas reglas se preveía la asunción de este rol por los frailes, al tiempo que se les otorgaba un papel fundamental en los fines de la orden. Así, en España, a partir de la segunda mitad del S. XII surgieron ciertas ordenes, las cuales asumieron combatir mediante una lucha armada a cualquier colectivo que amenazara a la Cristiandad desde cualquier punto de vista, ya fuera físico o espiritual (en este sentido hemos de pensar en peligros para la salvación de sus almas y la unidad de su fe). A mayor abundancia, puede decirse que tanto las crónicas como el contexto permiten afirmar que su fin fundamental fue combatir las amenazas provenientes de Al-Ándalus.

En relación a su impacto en España, como se vio en el tema 6, las órdenes militares fueron acreedoras de la distribución de tierras reconquistadas en las áreas ribereñas del Ebro, así como entre al Tajo y el Guadiana, principalmente con la esperanza de que pudieran defenderlas. Cabe destacar como el rey Alfonso I de Aragón y de Pamplona, embargado por su piedad, en 1131 testó dejando el dominio y soberanía sobre ambos reinos a las órdenes militares de: San Juan del Hospital, del Temple y del Santo Sepulcro. El testamento no fue respetado. No

---

397 Se aclara que la Orden del Santo Sepulcro de Jerusalén, constituida al producirse la conquista de la ciudad santa en 1099, fue inicialmente una orden de canónigos regulares. Ciertamente, al poco de quedar constituida, hubo caballeros que se pusieron al servicio del prior de esta orden, con el afán de dar protección al recinto del sepulcro (*milites sancti sepulcri*). Sin embargo, estos últimos sujetos, no formaban parte de la orden. Esta separación se perpetuaba aun en 1122, cuando Calixto II confirmó la regla de la orden que había sido previamente otorgada por el patriarca de Jerusalén en 1114, de suerte que se considera a la Orden del Temple como a la primera orden monásticas militar. Demurger Alain, *Chevaliers du Christ. Les ordres religieux-militaires au Moyen Age (XIe-XVIe)*, Editions du Seuil, Paris, 2002.

obstante, en las décadas subsiguientes sí se produjeron algunas donaciones favorables a tales órdenes en las inmediaciones pirenaicas. Por último, durante la conquista de Valencia y Baleares, también se produjeron algunas distribuciones a su favor.

Su condición de acreedoras de tierras peninsulares, dio lugar a tensiones en la política de las órdenes. Por una parte, estas se hallaron bajo la protección y autoridad papal, sin embargo, al mismo tiempo, su condición de acreedoras de aquellas distribuciones en ocasiones las condicionaba a adoptar la postura de vasallos de los monarcas hispanos.

Bibliografía

Alfaro Pérez, Francisco y Domínguez Cavero, Begoña, *La Organización Municipal de Navarra en el Antiguo Régimen (1512-1841) El Sistema Inseculatorio y su Relación con Aragón*, Rev. Zurita, 75, pp. 7-36.

Arribas González Soledad, *Los Pleitos del Archivo de la Real Chancillería de Valladolid, La administración de justicia en la historia de España*: actas de las III Jornadas de Castilla-La Mancha sobre investigación en archivos. Guadalajara, 11-14 noviembre 1997, 1999, págs. 311-324.

Aquino, Santo Tomás de, *Sobre el Reino de los Príncipes*, recuperado de: http://biblio3.url.edu.gt/Libros/gob_princ.pdf.

Baró Pazos, Juan, *Fueros Locales de la Vieja Castilla (Siglos IX-XIV)*, BOE, Madrid, 2020.

Chamocho Cantudo, Miguel Ángel; Ramos Vázquez, Isabel, *La Potestas Condendi Statutas o Potestad Normativa Municipal en los Territorios Hispánicos (SS. XIII. XVI)*, en El municipio medieval: nuevas perspectivas, 2009, págs. 221-268.

Cañas Gálvez, Francisco de Paula, *Burocracia y Cancillería en la Corte de Juan II de Castilla (1406-1454)*,Universidad de Salamanca, España, 2012.

Carrasco y Cifuentes, Lorena María, *Conflictos señoriales en Galicia. Enfrentamientos entre las casas de Sarmiento y Sotomayor en la segunda mitad del siglo XV*, Cuadernos Medievales 23 – Diciembre 2017 – 82-100.

Colmeiro, Manuel, *Cortes de los Antiguos Reinos de León y de Castilla*, Sucesores de Rivadeneira, Madrid, 1883.

Demurger Alain, *Chevaliers du Christ. Les ordres religieux-militaires au Moyen Age (XIe-XVIe)*, Editions du Seuil, Paris, 2002.

Díaz Dávila, Miriam, La Gestión Administrativa Municipal en los Concejos Urbanos Navarros Durante el Siglo XIII: Pamplona, Trabajo Final de Grado, Universidad del País Vasco, Vitoria, 2016.

Dios, Salustiano de, *El poder del monarca en la obra de los juristas castellanos (1480-1680)*, Universidad de Castilla-la-Mancha, España, 2012.

Fuente, Vicente de la, *La Historia y el Derecho de Aragón*, Imprenta y Fundición de M. Tello, Madrid, 1885.

Guerrero Cano, Mª. Magdalena, *El Patronato de Granada y el de Indias: Algunos Aspectos, Andalucía y América en el siglo XVI: actas de las II Jornadas de Andalucía y América,* [celebradas en la] Universidad de Santa María de la Rábida, marzo, 1982), Vol. I, 1983, pp. 69-90.

García de Valdeavellano, Luis, *Curso de Historia de las Instituciones Españolas: de los Orígenes al Final de la Edad Media*, Revista de Occidente, Madrid, 1968.

Guardia Herrero, Carmen de la, *La Sala de Alcaldes de Casa y Corte, Un Estudio Social*, recuperado de: https://dialnet.unirioja.es/descarga/articulo/66378.pdf

Escudero, *Curso de Historia del Derecho, Fuentes e Instituciones Político-Administrativas*, Madrid, 2003.

Enciclopedia Universal Ilustrada Europeo Americana, Espasa-Calpe, Madrid, 1995, tomos 4, 12 y 46.

López Rodríguez, Carlos, *La Corona y la Jurisdicción en el Reino de Valencia Durante el Reinado del Magnánimo*, La España Medieval, 2003, nº26, pp. 127-166.

Marichalar, Amalio; Manrique, Cayetano, *Historia de la Legislación y Recitaciones del Derecho Civil de España, Tomo VIII*, Imprenta Nacional, Madrid, 1865.

Minguez Marqués, *Agentes y Estructuras del Poder Municipal en las Grandes Ciudades de la Corona de Aragón Cismarina: Barcelona, Zaragoza y Valencia (Siglos XIII-XIV)*, trabajo final de Grado, Universidad de Zaragoza, 2015.

Ministerio de Cultura del Gobierno de España, *Fiscalía del Crimen de la Real Audiencia y Chancillería de Valladolid*, recuperado de: http://pares.mcu.es/ParesBusquedas20/catalogo/autoridad/42552?nm

Ministerio de Cultura del Gobierno de España, *Registro de la Real Cancillería*, recuperado de: http://pares.mcu.es/ParesBusquedas20/catalogo/description/1593584.

Ministerio de Cultura del Gobierno de España, *Consejo Real de Navarra*, recuperado de: http://pares.mcu.es/ParesBusquedas20/catalogo/autoridad/152469?nm

Minnich, Nelson H., *The Decrees of the Fifth Lateran Council (1512–17): Their Legitimacy*, Routledge, New York, 2018.

Montiel y Duarte, Isidro Antonio, *Tratado de las Leyes y su Aplicación*, José María Sandoval, México, 1877.

Muñoz y Romero, Tomás, *Colección de Fueros Municipales y Cartas Pueblas*, Tomo I, Imprenta de Don José María Alonso, Madrid, 1847.

Narbona Vizcaíno, Rafael, *La Justicia Municipal en el Reino de Valencia (SS. XIII-XV)*, recuperado de: https://rua.ua.es/dspace/bitstream/10045/68174/1/Historia_Medieval_18_12.pdf.

Quintanilla Raso, María Concepción, *La Tenencia de Fortalezas en Castilla Durante la Baja Edad Media*, La España Medieval, 9°, 1986, pp.861-895.

Orella Unzue, José Luis, *Las Instituciones del Reino de Navarra en la Edad Antigua y Media: Las Insituciones de la Baja Navarra (1530-1620),* Librería Carmelo, Donostia, 1991.

Pérez, Mariel, *Encuadramiento del clero local y reorganización eclesiástica en la Diócesis de León (siglos XI-XIII),* Studia historica. Historia medieval, Vol. 36, Nº 1, 2018, págs. 57-84.

Porres Martín-Cleto, Julio, *Breve Historia de las Instituciones, La Hacienda Pública,* recuperado de: https://realacademiatoledo.es/wp-content/uploads/2013/12/files_toletum_0048_05.pdf.

Rodríguez Burgos, José Antonio, *Algunas iglesias de Patronato de la Cuenca Alta del Ucieza.* Publicaciones de la Institución Tello Téllez de Meneses, Nº. 79, 2008, págs. 179-228.

Romeu Alfaro, Sylvia, *Los Fueros de Valencia y los Fueros de Aragón: Jurisdicción Alfonsina,* Anuario de Historia del Derecho, 1972, pp. 75-115.

Santamaría, Álvaro, *Los Consells Municipales de la Corona de Aragón Mediado el Siglo XIII: El Sistema de Cooptación,* Anuario de historia del derecho español, Nº 51, 1981, págs. 291-364.

Sánchez Arcilla Bernal, José, *La Administración de Justicia en León y Castilla Durante los Siglos X al XIII,* recuperado de: https://www.ucm.es/data/cont/docs/446-2013-08-22-3.pdf.

Sastre Moll, Jaume, *Les Rendes Reials i de la Porció de Gasto de Bearn,* en Mayurqa, Revista del Departament de Ciències Històriques i Teoría de les Arts, 27, 2001.

Sempere y Guarinos, Juan, Historia de los Vínculos y Mayorazgos, recuperado de: http://www.cervantesvirtual.com/obra-visor/historia-de-los-vinculos-y-mayorazgos-1-ed-1805–0/html/fef0d354-82b1-11df-acc7-002185ce6064_30.htm.

LEGISLACIÓN CONSULTADA

Código de Justiniano.

El Digesto.

El Fuero Real.

Fuero General de Navarra.

Las Siete Partidas.

Las Leyes del Estilo.

Novísima Recopilación.

Privilegio General de Aragón.

TEMA 9
EL DERECHO MEDIEVAL (IV)

I Derecho de León y de Castilla

1. El Fuero de León: habría sido el resultado de sucesivas concesiones de privilegios a esta ciudad, las cuales habrían tenido su origen en 1017 o en 1120, cuando el rey Alfonso V, probablemente en atención a las lagunas que dejaba el *Liber Iudiciorum*[398], dictó con su curia ordinaria los llamados ***decreta adefolsensis.*** Estos habrían consistido en una serie de disposiciones que, quizá, estuvieron inicialmente destinadas a establecer las condiciones de repoblación de todo el Reino de León[399], y no solo del concreto término municipal leonés. Las reformas posteriores habrían consistido en la **confirmación regia** de normas producidas por el propio ayuntamiento leonés[400].

Este fuero dio origen a una familia de fueros compuesta por los de: Villaviciosa, Pajares, Castrocalbón, Rabanal y Benavente. A su vez, el fuero de

---

398 Teoría de Sánchez Arcilla. Sánchez Arcilla Bernal, José *La Administración de Justicia en León y Castilla Durante los Siglos X al XIII*, recuperado de: https://www.ucm.es/data/cont/docs/446-2013-08-22-3.pdf.

399 Tras este hipotético establecimiento de un Derecho territorial, se habrían producido ulteriores concesiones forales en las sucesivas poblaciones reconquistadas, recortando su aplicación fuera del recinto urbano y alfoz legionense. Esta teoría dio lugar a una irreconciliable controversia entre Menéndez-Pidal y García-Gallo, a cuyo paso salió Martínez Díez con una interesante teoría ecléctica. Las fuentes principales para conocer los extremos relativos a este fuero y a los términos de su elaboración, son: *Liber Fidei Ecclesie Bracarensis* 1250 *aprox.*; *Liber Testamentorum* del obispo pelagius 1118 aprox.; *Crónica del Obispo Don Pelayo* 1132 aprox. Coronas González, Santos M., *Fueros Locales del Reino de León*, 910-1230, Antología, Boletín Oficial del Estado, Madrid, 2018, pp. Transcripción de los decretos pp. 62-83.

400 García-Galló subrayó este punto.

Benavente inspiró una nueva familia de fueros asturianos, compuesta por los fueros de Llanes, Luarca y Villaviciosa.

2.- El Fuero de Sepúlveda: concedido por el conde Fernán González en el S. X y confirmado por Alfonso VI en 1076 con algunas modificaciones. En él reluce la intención de propiciar la repoblación de la peligrosa localidad segoviana, expuesta a las razias musulmanas, con el singular método de: **extinguir responsabilidades penales** y civiles a quienes acudieran a vivir allí; de concederles la **libertad**, en el caso de que fueran siervos[401]; y de recurrir a una total exención tributaria para los que vivieran dentro el término urbano[402]. En otro orden de asuntos, el fuero **previene la aparición de posibles autoridades distintas de la del rey** de Castilla y del obispo del término[403], para lo cual recurre a explicitar que el estatuto jurídico de los nobles se equipara con el de los llanos[404], prohibiendo que ningún vecino se involucrase en las huestes ajenas a las del monarca[405]. Inspiró una familia integrada por los fueros de Morella y de Uclés.

3.- El Fuero de Sahagún: configurado a partir de tres concesiones reales, la primera, otorgada por Alfonso VI en **1085**[406], estuvo inspirada al mismo tiempo por el **espíritu cluniacense**, favorable a la **autonomía eclesiástica** frente a emperadores y monarcas, así como por el deseo de favorecer la actividad **mercantil**. Esta primera versión, determinó las condiciones de **presura** bajo las cuales podrían adquirirse las tierras del término del monasterio de Sahagún, fijando los **derechos señoriales** que este monasterio detentaría sobre las personas que se acogieran a tal posibilidad (cobro de un censo anual y de multas o caloñas por cometer determinados ilícitos). Asimismo, estableció la total **exención de prestar servicios**

---

[401] El título 12 determina que *christiano, moro, judío, yengo o siervo, venga seguramente e non responda (...) por otra cosa ninguna que fizo ante que Sepulvega se poblase.* El título 63 prevé que en caso de que caballero o escudero acuda a vivir en Sepúlveda con una mujer raptada, podrá hacerlo, quedando a la espera de que el rey en persona a alguien designado al efecto resuelva su caso. Fuero de Sepúlveda (versión romanceada), recuperado de: https://www.boe.es/biblioteca_juridica/abrir_pdf.php?id=PUB-LH-2020-165.

[402] Títulos 8 y 185.

[403] Se entiende que originalmente, se estableció lo mismo en relación al conde de Castilla.

[404] Títulos 11 y 12.

[405] Título 76.

[406] Este punto es objeto de debate, y se han ofrecido como fecha más probable 1074. Mientras que la fecha de 1085 nos remitiría a un primer documento transaccional, fruto de discordias entre los primitivos habitantes aburguesados y el monasterio. En relación a este episodio, parece que los desencuentros se habrían suscitado en relación a la pretensión de cobrar los derechos de luctuosa o nuncio, mañería y de fornático. Barrero García, Ana María, *Los Fueros de Sahagún*, Anuario de Derecho Español, 1972. Coronas González, Santos. M., *Fueros Locales del Reino de León*, BOE, Madrid, 2018, p. 93-121.

militares para sus vecinos[407] y de pagar tributos al rey; y negó cualquier clase de preeminencia señorial o de otro tipo a los nobles[408], por lo que, como el fuero de Sepúlveda, **equiparó el estatus jurídico de todos sus habitantes**. La segunda versión, de **1152,** estuvo motivada por las desavenencias habidas entre los vecinos del término del monasterio con su abad. Los habitantes de Sahagún habían adquirido una **sensibilidad burguesa**, resultándoles ya inapropiado el señorío que el monasterio ejercía sobre ellos. En atención a ello, Alfonso VII intervino realizando importantes cambios en el articulado foral en cuestión, los cuales pasaron por suprimir algunos delitos y por introducir una **jurisdicción municipal autónoma**, independiente del monasterio, para la elección de los oficiales encargados de perseguir los ilícitos (merinos)[409]. La última **modificación del texto en 1252**, inspirada por más desavenencias de idéntica índole, consistió en la ampliación de las facultades jurisdiccionales del ayuntamiento, en este caso en relación a la administración de ciertos bienes comunales cuya titularidad se le reconoció[410], y en realizar una **ampliación del texto**, la cual pasó por cubrir lagunas normativas derivadas de las nuevas relaciones sociales surgidas. En cuanto a la técnica con la que se produjo esa extensión del articulado, denotó una clara inspiración en el Derecho del ***Ius Commune***. Por último, estableció como ordenamiento supletorio al ***Liber Iudiciorum***.

Inspiró una familia integrada por los fueros asturianos de Oviedo (1145) y Avilés (1155), Santander (1187) Silos y Santillana (1209).

4.- El Fuero de Toledo: tras la conquista, varios fueros personales fueron concedidos a la población toledana: la llamada ***carta firmitatis*** concedida a los francos de Toledo; una ***carta castellanorum*** concedida a los repobladores castellanos; y la edición vulgata del *Liber Iudiciorum* que había sido conservada por los mozárabes toledanos, llamada ***Fuero Juzgo***, la cual fue confirmada al mismo colectivo. Posteriormente, probablemente en 1118, estos textos fueron refundidos en uno solo[411], el cual pasaría a ser el Fuero de Toledo propiamente dicho. Finalmente, el fuero recogería algunos preceptos adicionales, procedentes de los fueros de Escalona y del Castillo de Oreja, además de otros tantos otorgados al efecto por Alfonso VII o bien por Alfonso VIII[412]. De cualquier modo, este último monarca

---

[407] *a no ser cuando fuera el rey cercado o su castillo* (artículo 1), en cuyo caso habrían de formar hueste para acudir en su socorro. Coronas González, Santos. M., Fueros Locales del Reino de León, *op. cit.*

[408] Este punto, que está implícito en la primera versión, sería explicitado en el artículo 2 de la segunda versión de 1152. *Ibidem.*

[409] Artículo 7. *Ibidem.*

[410] Artículos 15, 16 y 30. *Ibidem.*

[411] Fueros del Castillo de Oreja y de Escalona. Chamocho Cantudo, Miguel Ángel, *Los Fueros del Reino de Toledo y de Castilla la Nueva*, BOE, Madrid, 2017, p. 43-51.

[412] Cabe la posibilidad de que la concesión de privilegios dados a Toledo por Alfonso VIII, fueran en realidad la confirmación de privilegios ya dados por Alfonso VIII. *Ibidem.*

fue el que dio validez al texto en la forma que llegó, incompleto, hasta nosotros. Sobre su contenido, puede decirse que: prohibió que tuviera vivienda allí quien no la **habitara** con su familia[413]; contempló **exenciones tributarias**, en general para todos los ciudadanos (anubda y libre edificación de molinos o pesquerías sin sujeción a régimen de regalías), y especialmente para los caballeros villanos (no sujetos al portazgo de caballos y mulas, sujeción a un solo fonsado anual[414]) y para los clérigos (exención de diezmo[415])[416]; determinó que habría un **tribunal** formado por diez de los habitantes más sabios de la ciudad[417], permitiendo, sin embargo, que los castellanos recibieran justicia en los términos contenidos en su antigua *carta castellanorum*[418]. Finalmente, consagró al ***Liber Iudiciorum*** como Derecho supletorio del propio fuero toledano. Este último hecho abrió la puerta a ulteriores modificaciones del ordenamiento, dado que, tal y como se disponía en el código visigodo, es potestad del monarca hacer y deshacer las leyes.

Dio lugar a la familia de fueros más extensa: Córdoba (1236), Jaén (1246), Sevilla (1248), Carmona, Arcos de la Frontera, Niebla y Murcia. El fuero de Córdoba, a su vez, inspiró los fueros de Cartagena y de Alicante.

5.- Fuero de Cuenca: compendio de ordenanzas municipales de fueros de la "extremadura leonesa". La obra fue posiblemente acabada en 1190, año en el que Alfonso VIII lo habría otorgado por primera vez a una población, la de Cuenca. Se trata de un fuero extenso, es decir, con un articulado notablemente dilatado, el cual establece un **régimen municipal de holgada autonomía**, como corresponde a un espacio aislado y peligroso en el que surgen contingencias imprevistas. Contrasta así con el modelo de Toledo, con un Derecho rígido, expresión de un afán controlador regio: **elección de oficiales** (competencia exclusiva de los vecinos); privilegios de caballería villana o de cuantía (reservados los oficios municipales); sistema judicial conformado por **tres instancias**, que resuelven conforme a las propias **normas municipales** (solo se acude en cuarta instancia al tribunal real si el objeto del litigio asciende a una determinada cuantía monetaria); y privilegios **fiscales**, (solo tributan para el sostenimiento de las murallas). El compendio "conquense" habría sido sistemáticamente otorgado a oblaciones giennenses mediante formularios: Úbeda Baeza (1233-1235) Sabiote (1245) Iznatoraf (1245).

Versión "latina" llamada parisiense o escurialense, efectuada y completada por juristas versados en el *Ius Commune*, Haro, Consuegra, Alcaraz, Alarcón, Huete y Teruel. Y una castellana, Zorita.

---

413 Artículo 36. *Ibidem.*

414 Artículo 8. *Ibidem.*

415 Artículo 3. *Ibidem.*

416 Por otra parte, conforme al artículo 37, todos los vecinos habrían de contribuir al mantenimiento de las murallas. *Ibidem.*

417 Artículo 1. *Ibidem.*

418 Artículo 38. *Ibidem.*

6.- El Libro de los Fueros de Castilla: recopilación privada, y aparentemente asistemática, de **costumbres, fazañas y de ordenanzas municipales** del ámbito territorial castellano (Burgos, La Rioja y Segovia). Realizada entre los años 1248 y 1252.

7.- El Fuero Viejo de Castilla o de los Fijosdalgo: recopilación de normas, mayormente relativas a los derechos del estamento noble castellano. Sus preceptos, tal y como nos ha llegado la obra, habrían sido extraídos del Libro de los Fueros de Castilla y del Ordenamiento de Nájera (1138 o 1185). Según su prólogo, su factura fue motivada por Alfonso VIII de Castilla, quien en 1212 habría ordenado que se hiciera una recopilación de las costumbres, fazañas y fueros de Derecho personal nobiliario, para luego revisarlas, enmendarlas y aprobarlas, sin que hubiera llegado a ejecutar tal aprobación. Luego, tras la concesión del Fuero Real a sendas villas castellanas (Burgos entre otras) los hijosdalgo habrían protestado, hasta llegado un punto en el que Alfonso X habría transigido en su aplicación para el estamento noble. Por último, Pedro I de Castilla-León habría emprendido una reforma, dando lugar a la última versión en 1356. Pese a este relato, la historiografía cuestiona que llegara a ser promulgada[419], atribuyéndole la condición de una recopilación privada.

II La Obra Legislativa de Alfonso X el Sabio, rey de Castilla-León

La obra legislativa del enunciado monarca estuvo guiada por el afán de **eliminar la dispersión normativa**, propiciada por la vigencia de tantos ordenamientos legislativos locales (fueros) en sus reinos. Con este fin, entre los años 1255 y 1265, "ofreció" insistentemente a diversas ciudades aceptar un mismo código de derecho llamado el **Fuero Real**, alcanzando un cierto grado de éxito[420]. Este código

---

[419] Es objeto de debate si este código fue legalizado por el Ordenamiento de Alcalá de 1348, en los términos en los que se hallaba redactado en aquel entonces. Tal cosa parece deducirse del tenor literal de su título 28 y ley primera.

[420] Recibido por Valladolid, Burgos, Palencia, Madrid, Guadalajara, Tordesillas, Aguilar de Campoo, Niebla, Requena o Almoguera. En ocasiones fue otorgado como ordenamiento supletorio del fuero ya vigente en la localidad en cuestión, como fue el caso de Sahagún. La concesión de este fuero a los territorios andaluz y murciano habría suscitado recelos autonomistas de algunos de sus concejos, impulsando así el desarrollo de ordenanzas municipales. El fenómeno últimamente mencionado es reflejado en: Chamocho Cantudo, Miguel Ángel; Ramos Vázquez, Isabel, *La Potestas Condendi Statutas o Potestad Normativa Municipal en los Territorios Hispánicos (SS. XIII. XVI)*, en *El municipio medieval: nuevas perspectivas*, 2009, págs. 221-268. Allí se cita como fuente la siguiente obra: González Jiménez, Manuel, *La Creación del Derecho Local y Territorial Andaluz, De Alfonso X a los Reyes Católicos*, Initium, Revista Catalana de Història del Dret, (9), 2004, pp. 128-141.

constituyó una síntesis de fueros castellanos[421] y de normas del *Liber Iudiciorum*. A mayor abundancia, consta que simultáneamente preparó un nuevo código, el **Espéculo** de las Leyes, al cual posiblemente planeaba convertir en el único código de Derecho vigente en todos sus reinos. Este fue confeccionado a partir de preceptos de *Ius Commune*, pero a la postre tan solo se han conservado cinco libros de los nueve que parece que habían de integrar esta obra, lo que ha dado pie a teorizar que el proyecto legislativo fuera abandonado por alguna razón, la cual se procede a exponer[422].

En este punto, toca hablar sobre **el Fecho del Imperio** (1256-1275). Con este término se alude al conjunto de eventos que tuvieron su razón de ser en la aspiración de Alfonso X por alcanzar el trono imperial. En efecto, en el año 1256 acudieron ante este rey embajadores de la república de Pisa proponiéndole que presentara su candidatura como sacro emperador romano germánico, manifestándole su apoyo político, económico y militar. Esta oferta le llegaba en consideración a su condición de hijo de Beatriz de Suabia, nieta y prima de los emperadores Federico I y Federico II, quienes habían sido la cabeza del partido político-europeo gibelino, el cual defendía el establecimiento de un Imperio Cristiano que redujera las interferencias del papa en los asuntos políticos a la mínima expresión. La idea de los pisanos era que Alfonso X fuera un emperador que asumiera aquel proyecto político. Parece que fue en este contexto cuando el monarca abandonó la confección del Espéculo, para en su lugar asumir una tarea más ambiciosa, elaborar un código de *Ius Commune* en plena consonancia con la idea del Agustinismo Político. Es decir, un solo ordenamiento jurídico para todos sus futuros súbditos europeos, el cual regulase tanto las relaciones ordinarias, (inspirándose en el *Corpus Iuris Civilis*); como sus relaciones de naturaleza espiritual, (inspirándose en el Derecho Canónico Clásica)[423].

Aquel código de *Ius Commune*[424], que sería elaborado entre 1256 y 1265, recibió el nombre de **Las Siete Partidas**. Se trató de una obra cuya naturaleza ha sido

---

[421] Especial influencia del Fuero de Soria. A mayor abundancia, cabe señalar que el texto también se inspirara en estudios de *Ius Commune*, o que, por lo menos, la comisión elaboradora fuera ducha en Derecho Canónico Clásico, en tanto que su estructura se acomodó a la propia de las recopilaciones decretalicias (a saber, en cuatro partes: *iudex*, *iudicia*, *connubia* y *crimen*). Pérez Martín, Antonio, *Fuero Real de Alfononso X el Sabio*, BOE, Madrid, 2015.

[422] Esta visión del Espéculo fue acuñada por Aquilino Iglesia Ferreiros y avalada por Gonzalo Martínez Díez, quien la calificó como "altamente verosimil".

[423] Esta hipótesis acerca de la motivación tras la elaboración de las partidas fue defendida por Rafael Gibert, con la oposición de Alfonso García-Gallo, quien señaló que de haber sido esta la motivación, deberíamos de haber hallado alguna edición en latín (lengua internacional del momento). Cosa que hasta ahora no ha sucedido.

[424] Pese a que reconoce la potestad del poder de los diversos monarcas como una realidad impuesta por el propio Orden Natural (*todas las cosas que son vivas traen consigo naturalmente lo que necesitaren, Libro II ley 7*), su inspiración en el Agustinismo Político se hace patente en

tildada de "**enciclopédica**", en tanto que sus preceptos normativos se hallan justificados mediante exposiciones que condensaban todo el saber filosófico-jurídico acumulado hasta la fecha. Sus preceptos de Derecho ordinario se inspiraron en el ***Corpus Iuris Civilis***, las obras de los glosadores (**glosas y sumas**). Asimismo, cabe destacar que, en lo tocante al Derecho Procesal, las Partidas se nutrieron de otras tres obras: la Margarita de los Pleitos[425], el Doctrinal de los Juicios y las Flores del Derecho[426]. Mientras que sus preceptos de Derecho Canónico se nutrieron de: la **Biblia**, la **Patrística**, la **Escolástica** y las **Decretales de Gregorio IX**. Por último, se debe añadir que también recogió normas de Derecho Feudal procedentes del ***Libri Feudorum***.

Su estructura, respondió al siguiente esquema: Partida I, fuentes del ordenamiento; partida II, Derecho Público; partida III, Derecho Procesal; partidas IV-VI, Derecho Privado; partida VII, Derecho Penal.

La política legislativa uniformadora de Alfonso X, encontró importantes obstáculos tanto en Castilla-León como en el panorama europeo. Primeramente, procede relatar el escollo que frustró su aspiración al trono imperial. Los siete príncipes electores[427] del imperio actuaron de manera irregular, dado que en 1256 mediaron **dos votaciones con resultados opuestos**. En la primera se produjo la elección de Ricardo de Cornualles por cuatro votos frente a tres; y en la segunda un resultado idéntico, pero aquella vez favorable a Alfonso X. Ante aquella rivalidad que dejaba al imperio como una entidad política inoperante, el papa, a quien correspondía refrendar la elección de alguno de los candidatos para que se hiciera plenamente efectiva, se abstuvo[428], beneficiándose en los sucesivos años de la inexistencia de emperadores que pudieran tratar de reprimir su labor orientadora de la política europea. Por otra parte, para conseguir un desbloqueo desfavorable, Alfonso X requirió obtener grandes sumas de dinero con las que

---

sendas afirmaciones. En el Libro II, título 1 se alude a la intervención providencial del Dios en el curso de la historia a la hora de instituir el sistema imperial: *Dios(...) convino en que un hombre fuese emperador y hubiese este poder en la tierra (...) por quitar el desacuerdo de entre las gentes y juntarlas en uno, lo que no podrían hacer si fuesen muchos los emperadores (...) para hacer fueros y leyes por las que se juzguen derechamente las gentes de sus señoríos (...) el emperador es vicario de Dios en el imperio para hacer justicia en lo temporal.* A mayor abundancia, hallamos otras dos alusiones claramente agustinistas. En el Libro I ley 1 se dice: *y a servicio de Dios y por comunal de todos hacemos este libro.* Libro I, ley 12: *emperador o rey puede hacer leyes sobre gente de su señorío y ningún otro no tiene poder de hacerlas en lo temporal (...) las que de otra manera son hechas no tienen nombre de leyes, ni deben valer en tiempo alguno.*

425 de Martínez de Zamora.

426 de Jacobo de las Leyes.

427 Rey de Bohemia, el margreve de Brademburgo, el duque de Sajonia, el conde palatino del Rin, y los arzobispos de Tréveris, Maguncia y Colonia.

428 En estos términos quedó abierto el periodo conocido como el Interregno del sacro imperio.

sobornar a electores y levantar ejércitos que lo situaran en una posición de fuerza frente a su rival inglés. No obstante, la **obtención de los subsidios de Cortes** no fue tarea fácil[429], dado que los burgueses no hallaban ventajas en financiar aquella aventura. Por último, se produjeron **rebeliones de nobles**, quienes estaban disgustados con la pretensión alfonsina de situar a todos sus súbditos bajo un mismo régimen jurídico. De entre estas revueltas destacó la acontecida en 1272, la cual fue encabezada por el propio hermano del rey Alfonso, el infante D. Felipe. En ella los magnates más importantes renegaron de su rey y abandonaron el territorio castellano-leonés para hacerse vasallos de monarcas extranjeros (del sultán nazarí y del rey navarro), hasta que D. Alfonso accediera a complacer sus exigencias[430].

Esta última dificultad condujo al monarca a convocar las **Cortes de Zamora de 1274**, en las que se llegó a un acuerdo. Se acuñó el concepto de **casos de corte** para designar a los supuestos que, por su particular temática, serían juzgados por el tribunal real o Tribunal de la Corte[431]. Este concepto, a su vez dio pie a distinguir entre aquellas controversias que se sustanciarían en el tribunal real, en lo sucesivo conocidas como **pleitos del rey**, las cuales serían resueltas aplicando el **Fuero Real**; y aquellas otras controversias que, quedando fuera de estos supuestos, se sustanciarían en los tribunales locales, en lo sucesivo designados como pleitos foreros, las cuales serían resueltas aplicando los fueros locales[432]. No obstante, sucedió que, en ocasiones, aun se suscitaron dudas acerca de qué tribunal era competente para resolverlas. A fin de resolver esa clase de problemas procesales y otros de variada índole, entre finales del S. XIII y principios del XIV, se promulgaron las llamadas **Leyes del Estilo**[433]. Por último, se determinó que, en caso de

---

[429] Consta que al menos se aprobó un subsidio en las Cortes de Toledo de 1259, en las que, sin embargo, se dejó notar el descontento castellano-leonés.

[430] En las Cortes de Burgos de 1272 se logró un importante avance, pues se determinó que los pleitos entre nobles podrían ser solventados mediante un sistema de arbitraje, en el cual, el árbitro elegido procedería a aplicar el viejo sistema de las fazañas ("Fuero de Albedrío"). Este acuerdo sería matizado en el Ordenamiento de Alcalá de 1348, donde se dice que en algunos lugares los hijosdalgo detentan este derecho. Alvarado Planas, Javier; Oliva Manso, Gonzalo, *Los Fueros de Castilla*, BOE, Madrid, 2004, p. 26.

[431] Fueron ocho: muerte segura, Camino quebrantado, mujer forzada, traición, tregua quebrantada, Aleve, Salvo quebrantado, Riepto y Casa quemada. Ordenamiento de las Cortes de Zamora, ley 46.

[432] Se previó la posibilidad de que los pleitos foreros, si así lo prevén los fueros locales que los regulan, fueran recurridos ante el Tribunal de la Corte. Para las controversias suscitadas en Castilla, se estableció una vía judicial compuesta por sendas instancias: 1º alcaldes de villas, 2º adelantados de alfoces, 3º alcaldes del rey, 4º adelantados mayores y 5º el rey (entiéndase su tribunal de la corte). Ordenamiento de las Cortes de Zamora, leyes 19 y 20.

[433] Reafirmaron la condición de pleitos del rey de los casos de riepto y camino quebrantado; y estableció que, en aquellos pleitos foreros para los que se contemplasen penas de muerte, mutilación de miembros (*tolimiento*) y ostracismo, así como en aquellos que tuvieran como partes a viudas, huérfanos y personas bajo tutela (*cuitadas*), cualquiera de las partes podría solicitar que el asunto fuera juzgado por el tribunal de la corte. Todo ello, siempre y cuando, aún

surgir controversias para las que los fueros no contuvieran normas aplicables, los jueces locales habrían de requerir al monarca para que dictara una adaptada a la particular naturaleza del litigio. Esta práctica normativa del rey dio lugar a una compilación de leyes elaborada a finales del S. XIII, las llamadas **Leyes Nuevas**.

Pese a todo esto, cabe concluir que su obra magna de *Ius Commune*, las Siete Partidas, no pudieron ser aplicadas ni en el imperio (a cuyo trono renunció en 1275[434]) ni, mientras vivió, a la Corona castellano-leonesa.

III EL ORDENAMIENTO DE ALCALÁ

En el año 1348, el rey Alfonso XI de Castilla y León presidió las Cortes de Alcalá de Henares. En ellas se aprobó un ordenamiento de Cortes que estableció el **sistema de prelación de fuentes de Derecho** para todos los tribunales del Reino de Castilla-León (incluido el Tribunal de la Corte y las futuras reales audiencias). Por sistema de prelación de fuentes, se entiende los criterios que determinan qué normas tienen prioridad en su aplicación, (ante el supuesto de que haya dos o más normas que ofrezcan soluciones contradictorias para una misma coyuntura). De conformidad con lo recogido en este ordenamiento, se determinó el siguiente sistema: la fuente prioritaria sería a) el propio **Ordenamiento de Alcalá**[435]; tras esto, procedería aplicar b) los **fueros locales**; y por último, c) las **Siete Partidas de Alfonso X**. La inclusión de las Partidas en aquel tercer puesto, comportó la definitiva recepción del *Ius Commune* en el Ordenamiento Jurídico Castellano-Leonés. Si bien esta obra quedó relegadas a un tercer lugar, a la hora de ponderar su grado de aplicación, conviene tener presente que los fueros locales solían contener leyes para un elenco muy reducido de casos, frente a la vasta riqueza de las Siete Partidas.

Por otra parte, en el mismo ordenamiento se afirmó el **derecho del monarca a producir nuevas leyes unilateralmente** mediante sus pragmáticas, dejando la puerta abierta a la conflictiva producción de cartas desaforadas. También se añadió que, en caso de que las normas de alguna de estas fuentes despertaran en los

---

no se hubiera dictado sentencia. Además, se determinó que el rey o reina podrían personarse en la localidad donde se librase un pleito forero, para librarlo según la legislación foral. Leyes del Estilo, 91 y 125. Se cree que las Leyes del Estilo fueron dictadas por Alfonso X y Sancho IV el Emplazado. Más allá de resolver la problemática jurisdiccional, puede destacarse la regulación de la tortura como medio procesal para la obtención de confesiones. Martínez Díez, Gonzalo, *La Tortura Judicial en la Legislación Histórica Española*, 1962.

[434] Alfonso X renunció al imperio ante el papa Gregorio X en mayo de 1275, en Beaucaire. El 25 de octubre siguiente, en Lausana, el mismo papa hizo efectiva la elección de Rodolfo I de Habsburgo, tomando su juramento como nuevo emperador.

[435] Cabe destacar que este recoge el Ordenamiento de Nájera I.

jueces dudas o problemas en su aplicación, que se requiriese al rey para que este interpretara o enmendara la norma en cuestión[436].

Por último, se puede señalar que, en **1427, Juan II** produjo una **pragmática** que también facilitó la recepción del ***Ius Commune*** por otra vía, pues **permitió la alegación** de la jurisprudencia de los glosadores y de ciertos comentaristas ante cualquiera de los tribunales del reino[437].

IV EL DERECHO DE LA CORONA DE ARAGÓN Y DE NAVARRA

1. Reino de Aragón

Los fueros locales aragoneses más destacados fueron: los de Jaca, Huesca, Zaragoza y Sobrarbe.

A) El Código de Huesca, de 1247 (también llamados Fueros de Aragón o *Compilatio Minor*)**:** de manera análoga a Alfonso X, con el fin de homogeneizar el Derecho Aragonés, Jaime I de Aragón ordenó realizar una **síntesis de los fueros** locales aragoneses. La ejecución de tal obra[438] habría recaído fundamentalmente en el obispo de Huesca Vidal Canellas, quien asistido por oficiales de la Cancillería Real, habría completado una obra compuesta por 9 libros[439] que recogían preceptos de Derecho Público, Procesal, Civil, Penal y Canónico[440]. Por disposición de las Cortes de Huesca, de 1247 tal código adquirió vigencia legal

---

[436] Ordenamiento de Alcalá, XVIII, 1.

[437] Pudieron alegarse, desde las obras producidas por los primeros jurisconsultos medievales, hasta las elaboradas por Bartolo de Sasoferrato (civilista) y las de Juan Andrés (canonista). Pérez de la Canal, Miguel Ángel, *La Pragmática de Juan II, de 8 de Febrero de 1427,* Anuario de Derecho Español, Nº 26, 1956, pp, 659-668. Cabe añadir que, en la propia pragmática se alude a la constante alegación de jurisconsultos del Ius Commune ante todos los tribunales del reino, redundando ello en el menoscabo de la seguridad jurídica y en el alargamiento de los procesos.

[438] Fuero Latino Extenso de Jaca; versión C del Fuero Extenso de Jaca; Fuero de Estella de 1164; Fueros d Aragón de las Cortes de 1208; documentos de la Cancillería de Jaime I; y documentos no identifiados, que compusieron un residual 11% del aludido código. García Edo, Vicente, *Los Orígenes del Derecho General Aragonés,* Aragón en la Edad Media, Nº 29, 2018, PP.91-126. p. 110.

[439] Siguiendo la estructura de la obra justinianea. Habrían sido reducidos a 8 libros por el justicia Pérez de Salanova, con el objeto de que el noveno tan solo se limitara a incluir las leyes otorgadas por Jaime II de Aragón. Pérez Martín, Antonio, *Legislación Foral Aragonesa,* BOE, Madrid, 2016, p. 25.

[440] Si bien las normas canónicas son escasas, un importante ejemplo lo constituye la prohibición de los "juicios de Dios".

en todo el reino, quedando abrogada la legislación foral o las costumbres que no quedaron reflejadas en él.

B) El Vidal Mayor de 1252 o *Compilatio Maior*: de cualquier modo, consta cómo el nominado obispo Vidal Canellas, sí elaboró el llamado Vidal Mayor. Se trató de una obra suplementaria del Código de Huesca, consiste en otros 9 libros en los que, como jurisconsulto, trató de aclarar el contenido del código oscense para facilitar su comprensión y aplicación por los tribunales. De capital importancia es que, en su prólogo, dispone que, ante la falta de preceptos resolutivos de las controversias suscitadas, se recurra al uso del sentido natural o de la **equidad**. Este último término aludía a la facultad de los jueces para realizar ellos mismos razonamientos con los que adaptar las normas existentes al caso concreto. Esta invitación, en aquel contexto, abría una vía a la aplicación de los estudios de *Ius Commune* (glosas, sumas y comentarios) que precisamente pretendían ofrecer esta clase de soluciones razonadas. No obstante, es ciertamente **controvertido** si esta obra, el Vidal Mayor, gozó de valor legal o si tuvo un valor meramente privado[441]. En este último sentido, una hipótesis plausible es su vigencia legal, hasta el desempeño de las Cortes de Ejea de los Caballeros de 1265[442].

C) Las Leyes Paccionadas: la libre actividad legislativa del monarca aragonés se vería interrumpida por ciertos acontecimientos que otorgaron a sus cortes un mayor poder de decisión, consagrando el sistema Pactista al que nos referimos en el tema 8. El principal desencadenante estuvo en los **ambiciosos proyectos de conquista** promovidos por Jaime I (Valencia, Murcia, Baleares y Túnez), y por su heredero Pedro III (Reino de las Dos Sicilias), quienes para acometerlos necesitaron de generosos subsidios facilitados por el brazo llano de las Cortes así como de los constantes servicios de la nobleza guerrera[443]. Además, la fragilidad de la posición regia se agravaría cuando en 1283 el papa Clemente IV **excomulgó** a este último monarca, por no haber respetado la concesión pontificia del Reino de las Dos Sicilias al francés Carlos de Valois. Y, por si fuera poco, aun podemos añadir que, al año siguiente, el romano-pontífice convocó una **cruzada** contra el dicho Pedro III, con todo lo cual, adicionalmente, adquirió la imperiosa necesidad de contar el apoyo del brazo clerical.

---

441 Pérez Martín y Martínez Diez han defendido su valor legar, mientras que Lalinde se lo ha negado.

442 Pérez Martín, Antonio, *op.cit.*

443 La nobleza aragonesa se sintió especialmente soliviantada por la realización del tratado de Almizra (1258), por el cual su rey renunciaba a conducirlos a la conquista y repartimientos de las tierras murcianas en favor del rey de Castilla-León. También fue decepcionante contemplar como la conquista de Valencia dio paso a la pretensión de implantar los llamados fueros de Valencia, dejando de lado la posibilidad de que recibieran tierras en régimen de inmunidad.

En este contexto tuvieron lugar sendas Cortes que añadirían nuevas normas al Código de Huesca, a las que podemos referirnos como **leyes paccionadas**. Como resultado de esta actividad legislativa, el dicho código sería ampliando en otros 4 libros, constando por tanto de 12. Una primera adición enormemente sustantiva fue fruto de las Cortes de Ejea de los Caballeros de **1265**, cuyo ordenamiento, llamado los Fueros de Ejea, consagró la figura del **Justicia Mayor de Aragón,** juez supremo del reino que pasó a dirimir las controversias entre la nobleza y el rey[444]. Otras dos adiciones destacables fueron frutos de las Cortes de Tarazona de 1283 y de Zaragoza de 1287, en las que quedaron consagrados los llamados **Privilegios Generales de la Unión**. Estos privilegios consistieron, entre otros puntos, en: a) la reunión anual de las Cortes aragonesas; b) **devolución de su antigua vigencia al Derecho foral y consuetudinario**, previo al Código de Huesca; c) la ampliación de funciones jurisdiccionales al justicia mayor, convirtiéndolo en el garante del respeto a los ordenamientos de Cortes y eventuales fueros vigentes[445]; d) Interdicción del procedimiento inquisitorial[446]; e) la prohibición general de aplicar tormento[447]; f) garantizar que los aragoneses serían juzgados en su tierra por jueces paisanos; g) **prohibición de aplicar pena de muerte o privación de libertad sin previa sentencia condenatoria del justicia mayor del reino**; h) renuncia de la justicia real a intervenir en los procesos judiciales de los señoríos[448]; e i) dar mayor peso a los nobles en el Consejo Real.

D) Las Observancias: a tenor de los dispuesto en los privilegios generales, los jueces del reino resolvieron las controversias que les fueron presentadas, aplicando con carácter prioritario la legislación foral local. Sin embargo, a tal efecto, cuando no hallaron ningún precepto idóneo para los casos presentados, resolvieron, tal y como se indicaba en el Vidal Mayor, recurriendo al sentido natural o a la equidad, es decir, empleando fundamentalmente los principios del *Ius Commune.* Tal recurso intelectual se estiló, muy especialmente, entre los justicias mayores. Estos últimos, procedieron a recopilar las sentencias resultantes junto con otros

---

444 Inicialmente solo como mediador entre el monarca y el brazo noble.

445 Además, se le atribuyó entender de casos de reversión de feudos y de procesos que implicasen prisión o pena de muerte.

446 Investigación procesal-penal sin acusación de parte, es decir, iniciada de oficio por una autoridad judicial.

447 Lalinde Abadia, Jesús, *Los Derecho Individuales en el Privilegio General de Aragón,* recuperado de: http://www.derechoaragones.es/es/catalogo_imagenes/grupo.cmd?path=101266&interno=S&posicion=5&presentacion=pagina.

448 Esta pretendida potestad regia, era conocida como en la Corona Aragonesa como el "mero y mixto imperio". El mero imperio consistió en la potestas jurisdiccional plena, abarcando los supuestos criminales y la posibilidad de dictar resoluciones punitivas que conllevaran la muerte, mutilación, reducción a la servidumbre o destierro. El mixto imperio la potestad jurisdiccional limitada a casos catalogables como civiles-mercantiles, cuya resolución pendía de satisfacer una cuantía pecuniaria. Privilegio General de Aragón otorgado por Pedro III en 1283 y Las Siete Partidas III, 4, 18.

escritos privados, en los que plasmaban las soluciones que hipotéticamente ofrecerían para resolver las lagunas restantes. Estas obras, que en definitiva reunían jurisprudencia judicial y jurisprudencia de jurisconsultos, fueron conocidas como "observancias". La primera en tener trascendencia histórica fue la elaborada entre 1371 y 1377[449] por Jaime del Hospital[450]. En efecto, en 1428 las Cortes de Teruel ordenaron a una comisión de juristas la elaboración de un compendio de observancias que, además, habría de añadir todos los ordenamientos de Cortes y costumbres aragonesas reconocidas. La obra, que aprovechó en gran medida el trabajo de Jaime del Hospital, fue acabada por el justicia Martín Díaz de Aux en 1437, siendo subsiguientemente legalizada.

Como resultado de la aprobación de esta última obra, en lo sucesivo el orden de **prelación de Fuentes fue el siguiente**: 1° fueros locales, 2° ordenamientos de Cortes posteriores a las Observancias de Díaz de Aux, 3° Observancias de Díaz de Aux, 4° ordenamientos de Cortes anteriores a las Observancias, 5° El Código de Huesca y 6° la equidad.

2. Reino de Valencia

El territorio castellonense recibió **cartas pueblas**, las cuales, en algunos casos, remitieron a la población musulmana a la aplicación de la *Sharía* y a la cristiana a la del *Liber Iudiciorum* (caso de Xivert). Otras poblaciones recibieron fueros **castellanos**, como el de Sepúlveda (caso de Morella); **aragoneses**, como el Fuero de Zaragoza (caso de Benicarló y Burriana); o **catalanes**, como las *Consuetudines Ilerdenses* (probable caso de Horta y Miravet[451]). Además, en esta zona la nobleza recibió importantes bienes territoriales con potestades **jurisdiccionales**, en las cuales los señores bien pudieron juzgar con cierto margen de arbitrariedad.

El fenómeno de mayor peso fue la confección, por orden del Jaime I de Aragón, de los **Furs** o *Costums* de Valencia, el primer código de *Ius Commune* peninsular, probablemente elaborado a partir de: un ejemplar del **Código de Justiniano**, cuya sistemática sigue en su exposición de los preceptos; y de la obra llamada ***Lo Codi***[452]. También cabe añadir que este código estuvo parcialmente informado por

---

[449] García-Gallo, Alfonso, *Sobre las Observancias Aragonesas de Jaime del Hospital*, Anuario de Derecho Español, N° 48, 1978, pp. 565-575.

[450] Consta de 9 libros. En cada uno de ellos sintetiza el contenido de cada uno de los 9 primeros libros del Código de Huesca; tras exponer cada precepto, enuncia las costumbres y fueros relacionados y vigentes en las distintas localidades del reino; luego expone las *observaciones* que se produjeron en relación a esos preceptos; y por último, plantea unas *quaestiones iuris*, o problemas de lagunas legales que pese a todo subsisten, a las cuales ofrece solución como jurisconsulto.

[451] Barrero García, Ana María, *Las Costumbres de Lérida, Horta y Miravet*, Anuario de Historia del Derecho Español, (N° 4) 1974, pp. 485-536.

[452] Tesis de Ana María Barrero.

Derecho Catalán (*Usatges* de Barcelona, *Consuetudines Ilerdenses* y *Liber Iudiciorum*). En cuanto al mérito de la obra, este reside en un grupo de *prudhoms* valencianos y en ciertos magnates laicos y eclesiásticos, entre los que habría tenido un mayor peso el nominado obispo **Vidal Canellas**[453]. El código fue otorgado a la ciudad de **Valencia** por Jaime I en algún momento entre los años 1238 y 1240, tras lo cual, el monarca procuraría unificar el Derecho de todo este reino mediante su **concesión a otras localidades**, tal y como luego haría Alfonso X con su Fuero Real.

En las **Cortes de Valencia de 1261**, el mismo monarca tuvo a bien confirmar los *Furs* de Valencia a la capital del reino, elevando esta obra a la categoría de Derecho irrevocable. Además, estableció su **aplicación para todo el reino**, de suerte que los fueros locales se convirtieron en normas supletorias del código. No obstante, hubo importantes reticencias nobiliarias, aspirando paralelamente a que sus señoríos se mantuvieran inmunes, o bien, que en ellos se aplicaran ciertos fueros como el de Zaragoza o incluso el Código de Huesca. En aquel contexto de tiranteces, el rey Alfonso IV de Aragón acudió a las **Cortes de Valencia de 1329** ofreciendo a todos los señores del reino garantías de gozar de ciertas **potestades jurisdiccionales** ("jurisdicción alfonsina"[454]) si se avenían en lo sucesivo a juzgar conforme a los *Furs*, oferta a la cual se acogió la gran mayoría, haciendo de este código el Derecho de aplicación preponderante en el Reino de Valencia (***"lex universalis et única"***).

Sobre el panorama jurídico resultante, restaría aun hacer otras dos precisiones. De una parte, el código previó la aplicación de la **equidad** en caso de preceptos insuficientes para atajar el litigio, por lo que, en la práctica forense, fue frecuente alegar razonamientos inspirados en obras de *Ius Commune*. Y de otra, los *Furs* estuvieron sujetos a modificaciones por las propias **Cortes,** en concurrencia con el monarca.

3. Principado de Cataluña

A) El punto de partida del Derecho Catalán estuvo en las **capitulares** carolingias, las cuales admitieron **al *Liber Iudiciorum*** como Derecho supletorio.

---

[453] También habría tenido un papel destacado el canónigo barcelonés Pere Albert.

[454] En lo sucesivo, los dichos señores que se avinieron a la aplicación de los *Furs*, adquirirían el mero y mixto imperio sobre los habitantes de sus señoríos cuando en ellos hubiera enclavados un número mínimo de *casats* o de hogares habitados. Estos términos dieron lugar a un régimen flexible en cuanto a la adquisición y pérdida de la potestad jurisdiccional. López Rodríguez, Carlos, *Nobleza y Poder Político en el Reino de Valencia*, Universitat de Valencia, Valencia, 2005, p. 33. Sin embargo, conviene precisar que, residualmente, algunos señores mantuvieron la vigencia de algún fuero aragonés junto con unos poderes judiciales absolutos, circunstancias que no cambiaría hasta la promulgación del ordenamiento de las Cortes de Monzón de 1626, en cuya ley 26 quedó establecida la "unidad de fueros" en todo el reino. Marichalar, Amalio; Manrique, Cayetano, *Historia de la Legislación y Recitaciones del Derecho Civil de España*, Tomo VIII, Imprenta Nacional, Madrid, 1865, p. 20.

Posteriormente, en el rudo ambiente que se respiraba en la Cataluña de finales de la Alta Edad Media, comenzaron a prosperar nuevas **costumbres** que contravenían al código visigodo. Estas fueron plasmadas en fueros breves otorgados por los condes y demás señores catalanes[455], a los que se conoció como **cartas de franquezas**. Asimismo, en aquellos documentos, añadirían algunas disposiciones de su propio cuño, con las que establecían ciertos privilegios con la esperanza de atraer a más repobladores. Por otra parte, en el ámbito del Derecho Público, comenzó a medrar el desarrollo de un Derecho Feudal, también con un espíritu ajeno a las capitulares de los emperadores y reyes de Francia. En estos términos, la decadencia del sistema legal franco se hizo notar intensamente a partir de mediados del S. XII.

B) Ya en **1251, las Cortes de Barcelona** pusieron fin a la "larga agonía"[456] del *Liber Iudiciorum,* pues se **prohibió su aplicación.** En virtud de estas Cortes, quedaron como fuentes del Derecho los *Usatges* y los fueros (*consuetudines* o *costums*)[457]. El fuerte clima feudal catalán, condicionó a el funcionamiento de la asamblea catalana, limitándose esta a abordar una tarea legislativa muy tímida, aun cuando los condados se habían unificado bajo el poder de un solo príncipe.

En medio de este panorama reformista, se produjo la redacción de **fueros** locales más copiosos que las primitivas cartas de franquezas, incluyendo ya preceptos del ***Ius Commune.*** En esta tendencia podemos enmarcar a los siguientes ordenamientos: a) ***Consuetudines Ilerdenses*** de 1228, recopilación realizada por un cónsul[458] de Lérida sobre las costumbres y privilegios otorgados por sus condes a la misma villa. Señalaba como Derecho supletorio a los *Usatges* y, en última instancia, aun al *Liber Iudiciorum.* Su vigencia se extendería a las poblaciones de Horta y Miravet. b) Las ***Costums de Tortosa* de 1273**, redactadas por dos notarios de la villa y presentadas para su aprobación a la Orden del Temple, que a la sazón detentaba su señorío. Establecía como Derecho supletorio los *Usatges,* y en último término indicaba el recurso al *Derecho Común.* c) Las *Consuetuts de Barcelona,* dentro de las cuales destaca la llamada ***Recognoverunt Proceres***, aprobada por Pedro III de Aragón en 1284, que consta de la redacción de las costumbres barcelonesas y de los privilegios que sus condes les habían otorgado hasta la fecha. Y, por último,

---

455 Ejemplo de esta prerrogativa de señores feudales catalanes lo constituyó el caballero normando Robert d'Aguiló, al otorgar una carta de franquezas a la población de Tarragona.

456 "Larga Agonía del Derecho visigodo".

457 *Allegationes secundum Usaticos Barchinonae et secundum approbatas constitutiones illius loci ubi causa agitatibur.*

458 Magistrados municipales del ámbito catalán (Vic, Cervera, Tárrega y Perpiñán), provenzal y lombardo. El gobierno consular fue concedido a Lérida mediante un privilegio otorgado por Pedro I de Aragón en 1197, determinando que habría cuatro y que su función sería la de *ordinare et gobernare civitatem.* A mayor abundancia, este privilegio estableció que serían electos por los prohombres. Turull i Rubinat, Max, *El Gobierno de la Ciudad Medieval: Administración y Finanzas en las Ciudades Medievales Catalanas,* CSIC, Barcelona, 2009.

de las ***Consuetudines de Gerona***, fruto de recopilaciones privadas de costumbres locales, entre las que se identifican preceptos feudales y de Derecho Romano. La colección más prestigiosa de las mentadas *consuetudines* fue la de Tomás Mieres, realizada en 1439.

C) Por otra parte, hay que subrayar la consolidación y agudización de la recepción del *Ius Commune* en Cataluña desde 1409, cuando el príncipe catalán manifestó que juzgaría las causas sustanciadas en su tribunal (Real Audiencia de la Corona de Aragón) recurriendo a ejercicios de **equidad** (*dret comú, equitat e bona rahó*), cuando el Derecho positivo no fuera suficiente.

4. Reino de Mallorca

Desde el comienzo del proceso de conquista (1229-1235), se concedieron sucesivas **cartas de franqueza** a sus islas[459], las cuales integraron: las **costumbres** que en cada una de ellas fueron desarrollando los repobladores catalanes (*consuetudines maiorcarum*), regulando el Derecho Civil; y los **privilegios concedidos por el monarca** a efectos de atraer a repobladores. Asimismo, en ocasiones estas cartas contemplaron la vigencia de los *Usatges* (regulando especialmente el Derecho Penal).

Posteriormente, durante el lapso de "autonomía" de Mallorca frente a la Corona de Aragón (1276-1344)[460], tuvo lugar una actividad legislativa regia mediante **pragmáticas**, por lo que estas leyes primarían como fuente de Derecho, junto con las **ordenanzas** de quienes fueron designando como gobernadores. Al mismo tiempo, aquellas pragmáticas dedicaron una escasa atención al Derecho Civil, optándose, en lo tocante a este ámbito, por acudir subsidiariamente a los preceptos del ***Ius Commune***.

En 1365, ya reincorporado el reino a la Corona de Aragón, Pedro IV otorgó el llamado **Privilegio de Sant Feliu de Guíxols**, por el cual se determinó que los baleares gozarían de la condición de súbditos catalanes, haciéndose extensivo todo su régimen de Derecho general al territorio isleño[461]. Con ello, se abrió una

---

[459] Carta del 1 de marzo de 1230, otorgada por Jaime I para la isla de Mallorca; Carta del 16 de enero de 1236 otorgada por el obispo de Tarragona Guillem de Montgrí, el infante Pedro de Portugal y Nuño Sanç, para las islas de Ibiza y Formentera; y carta del 30 de agosto de 1301 otorgada por Jaime II para la isla de Menorca. Planas Roselló, Antonio, *La Carta de Poblament d'Eivissa e Formentera, del 1236*, recuperado de: https://dialnet.unirioja.es/descarga/articulo/5337982.pdf. Santamaría, Álvaro, *En torno a la Institucionalización del Reino de Mallorca en el Siglo XIII*, Medievalia, Nº 2, 1981, págs. 101-144. Cateura Bennaser, Pau, *La Administración de Justicia en la Ciudad de Mallorca en la Época de Pedro el Ceremonioso, en La Ciudad Hispánica Durante los Siglos XIII al XVI 2*, pp. 1301-1319, Madrid, 1985.

[460] Durante este lapso el rey de Mallorca fue vasallo feudal del rey de Aragón.

[461] *Los mallorins siau ahuts e reputats per catalans (…) es agen alegar e observar les constitucions generals de Catalunya e usatges de la Ciutat de Barcelona.* Ferrer Vanrell, María Pilar, *La Aplicación*

etapa de recepción del Derecho Catalán, a la sazón regulado en los *Usatges*, en las sucesivas pragmáticas de sus príncipes y en los ordenamientos de sus Cortes (a las que los mallorquines comenzaron a concurrir). Esta etapa tocaría a su fin en 1439, cuando Alfonso V de Aragón concediera el llamado **Privilegio de Gaeta**, revocando esta decisión. Con ello desapareció el Derecho Catalán del territorio balear, en el cual quedó el siguiente sistema de prelación de fuentes: 1° pragmáticas del monarca y ordenanzas de gobernadores del Reino de Mallorca 2° cartas de franqueza y 3° *Ius Commune*.

5. Reino de Navarra

La aparición de fueros locales en Navarra estuvo, parcialmente, principiada por la recepción de fueros **aragoneses** (Jaca y Sobrabe) y **castellanos** (Soria y Medinaceli). Si bien, también puede hablarse de algunos fueros genuinamente **navarros** (Viguera y Val de Funes, Fueros de la Novenera y de Estella).

En 1238, con motivo de la reciente entronización de un príncipe francés en Navarra (acaecida en 1234 en la persona de Teobaldo de Champaña), se redactó el llamado *Fuero General de Navarra*. Se trató de la puesta por escrito de un conjunto de normas que no podrían ser transgredidas por ningún rey, sino tan solo alteradas con la anuencia de las Cortes (*amejoramiento*). Constó fundamentalmente de **costumbres, fazañas y de algunas leyes regias**.

Si bien no se contemplaban normas de *Ius Commune*, lo cierto es que se produciría su infiltración en el régimen navarro mediante los ejercicios de equidad de los jueces del tribunal supremo del reino, la *Cort Mayor*, integrada por cuatro jueces y cuatro notarios.

BIBLIOGRAFÍA

Alvarado Planas, Javier; Oliva Manso, Gonzalo, *Los Fueros de Castilla*, BOE, Madrid, 2004.

Barrero García, Ana María, *Las Costumbres de Lérida, Horta y Miravet*, Anuario de Historia del Derecho Español, (N° 4) 1974, pp. 485-536.

Cateura Bennaser, Pau, La Administración de Justicia en la Ciudad de Mallorca en la Época de Pedro el Ceremonioso, en La Ciudad Hispánica Durante los Siglos XIII al XVI 2, pp. 1301-1319, Madrid, 1985.

Castilla-León, Alfonso X de, *Las Siete Partidas*, Nobooks, 2016.

del Derecho como Elemento Reforzador de la Soberanía, Universitat de les Illes Balears, Palma, 2001, p. 30 y ss.

Coronas González, Santos. M., *Fueros Locales del Reino de León (910 -1230) Antología*, BOE, Madrid, 2018.

Chamocho Cantudo, Miguel Ángel, *Los Fueros de los Reinos de Andalucía: de Fernando III a los Reyes Católicos*, BOE, Madrid, 2017.

Chamocho Cantudo, Miguel Ángel; Ramos Vázquez, Isabel, *La Potestas Condendi Statutas o Potestad Normativa Municipal en los Territorios Hispánicos (SS. XIII. XVI)*, en El municipio medieval: nuevas perspectivas, 2009, págs. 221-268.

Chamocho Cantudo, Miguel Ángel, *Los Fueros del Reino de Toledo y de Castilla la Nueva*, BOE, Madrid, 2017.

Coronas González, Santos M., *Fueros Locales del Reino de León, 910-1230, Antología*, Boletín Oficial del Estado, Madrid, 2018.

Escudero, José Antonio, *Curso de Historia del Derecho, Fuentes e Instituciones Político-Administrativas*, Madrid 2003.

Ferrer Vanrell, María Pilar, *La Aplicación del Derecho como Elemento Reforzador de la Soberanía*, Universitat de les Illes Balears, Palma, 2001.

García Edo, Vicente, *Los Orígenes del Derecho General Aragonés, Aragón en la Edad Media*, Nº 29, 2018, PP.91-126.

García-Gallo, Alfonso, *Sobre las Observancias Aragonesas de Jaime del Hospital*, Anuario de Derecho Español, Nº 48, 1978, pp. 565-575.

Lalinde Abadia, Jesús, *Los Derecho Individuales en el Privilegio General de Aragón*, recuperado de: http://www.derechoaragones.es/es/catalogo_imagenes/grupo.cmd?path=101266&interno=S&posicion=5&presentacion=pagina.

López Rodríguez, Carlos, *Nobleza y Poder Político en el Reino de Valencia*, Universitat de Valencia, Valencia, 2005.

Marichalar, Amalio; Manrique, Cayetano, *Historia de la Legislación y Recitaciones del Derecho Civil de España, Tomo VIII*, Imprenta Nacional, Madrid, 1865, p. 20.

Pérez de la Canal, Miguel Ángel, *La Pragmática de Juan II, de 8 de Febrero de 1427*, Anuario de Derecho Español, Nº 26, 1956, pp, 659-668.

Pérez Martín, Antonio, *Fuero Real de Alfononso X el Sabio*, BOE, Madrid, 2015.

Pérez Martín, Antonio, *Legislación Foral Aragonesa*, BOE, Madrid, 2016.

Planas Roselló, Antonio, La Carta de Poblament d'Eivissa e Formentera, del 1236, recuperado de: https://dialnet.unirioja.es/descarga/articulo/5337982.pdf.

Sánchez Arcilla Bernal, José, *La Administración de Justicia en León y Castilla Durante los Siglos X al XIII*, recuperado de: https://www.ucm.es/data/cont/docs/446-2013-08-22-3.pdf.

Santamaría, Álvaro, En torno a la Institucionalización del Reino de Mallorca en el Siglo XIII, Medievalia, Nº 2, 1981, págs. 101-144.

Turull i Rubinat, Max, *El Gobierno de la Ciudad Medieval: Administración y Finanzas en las Ciudades Medievales Catalanas*, CSIC, Barcelona, 2009.

Valdeón Barque, Julio, *Alfonso X y el Imperio*, Alcanate, Nº IV 2004-2005, 243 – 255.

Legislación Consultada

Fuero de Sahagún.

Fuero de Sepúlveda.

Fuero de Toledo.

Fuero Viejo de Castilla.

Ordenamiento de las Cortes de Alcalá de 1348.

Ordenamiento de las Cortes de Zamora de 1274.

TEMA 10
EL DERECHO INDIANO

I INTRODUCCIÓN

El presente tema constituye un bloque en sí mismo, el cual está dedicado a familiarizar al lector con: los términos jurídicos bajo los que, inicialmente, se comenzó la ocupación española de las colonias de ultramar; la problemática sobrevenida en torno al trato recibido por los habitantes nativos, la cual amenazó con comprometer la legitimidad de tal ocupación; las respuestas tanto puramente legales como iusfilosóficas ofrecidas para paliar aquellas dificultades; las líneas maestras del sistema legal desplegado en aquel nuevo entorno; y el complejo proceso recopilador de las normas allí aplicables.

II LEGITIMIDAD DEL DOMINIO DE LOS MONARCAS ESPAÑOLES SOBRE LAS INDIAS

1.- Tratados y Bulas Papales: En 1479 medió el ***Tratado de Alcaçobas***, el cual tuvo como partes a Isabel I de Castilla-León y a Alfonso V de Portugal. Mediante este tratado, el monarca portugués reconoció a la castellana el dominio sobre las Islas Canarias; mientras que, por su parte, la reina de Castilla hizo lo propio de manera favorable al portugués con las islas de Cabo Verde, Azores, Madeira (incluidas las Islas Desiertas y Puerto Sancto) y, adicionalmente, con las tierras incógnitas que se descubrieran al sur de las Islas Canarias "contra Guinea". Por si aquel tratado fuera poca garantía, el rey portugués apeló a la ***Plenitudo Potestatis*** papal, solicitando del romano pontífice una bula confirmatoria de sus derechos de naturaleza divina sobre aquellos territorios, lo cual le fue concedido en 1481 por la bula ***Aeterni Regis***.

Cuando en 1492 se conoció el éxito de la expedición de Cristóbal Colón, navegando bajo mandato de Isabel I hacia occidente, quedó abierto un litigio entre ambos reinos. En efecto, pese a que en el *Tratado de Alcaçobas* se estableciera que el dominio portugués abarcaría lo hallado hacia el sur de las Canarias y "contra" la costa guineana, el monarca luso podía enrevesar la cuestión apelando a que, su mención de Guinea en el tratado, se había producido con la mera intención de hacer un énfasis accidental en el monopolio portugués de la ruta marítima hacia la India, bordeando la costa africana, siendo el dato descriptivo esencial para identificar el área total de dominio portugués: "el sur de las Islas Canarias". Ante las perspectivas de un conflicto armado que impidiera aprovechar las tierras americanas, los reyes españoles optaron por recurrir al papa de aquel momento, el español Alejandro VI, apelando a su *plenitudo potestatis* con la esperanza de que les otorgara el dominio de las nuevas tierras mediante una bula. La solicitud fue exitosa, y así en 1493 obtuvieron hasta cuatro bulas, las llamadas **Bulas Alejandrinas**[462]. Por ellas Alejandro VI les hizo entregó del dominio de todas las tierras americanas que se hallasen a 100 leguas hacia el Oeste de Cabo Verde, junto con el gobierno de las gentes que no estuvieran ya bajo el de un príncipe cristiano, con la sola condición de que convirtieran a sus habitantes a la fe cristiana católica.

A la vista de este giro de los acontecimientos, se celebró entre el monarca portugués (entonces Juan II) y la castellano-leonés, el **Tratado de Tordesillas** de 1494, por el cual, el primero aceptaban los términos de las Bulas Alejandrinas, con la excepción de que el meridiano a partir del cual se había delimitado el dominio castellano, se situara no a 100, sino a 370 leguas al oeste de Cabo Verde, quedando los territorios atlánticos situados al este de esta línea para Portugal[463]. Gracias a esta gestión, la monarquía portuguesa sería beneficiaria de amplios dominios en el territorio que hoy conocenmos como Brasil.

---

[462] *Inter Caetera I* del 3 de mayo, por la cual hace "investidura" a los reyes católicos las tierras halladas hacia occidente, con el gobierno de sus gentes, siempre que no estuvieran bajo el gobierno de príncipe cristiano, bajo condición de que estas sean evangelizadas; *Eximie Devotionis* del 3 de mayo, por la cual se otorga a los reyes de Castilla los privilegios de los que gozan los de Portugal en sus dominios de ultramar; *Inter Caetera II* del 4 de mayo del mismo año, por la cual se concreta que el dominio de Castilla comprende todas las tierras halladas hacia Occidente de un meridiano establecido a cien leguas de las Azores o Cabo Verde, confiriendo también el gobierno de sus gentes bajo príncipes no-cristianos y reiterando la obligación de evangelizarlas; y *Dudum Siquidem* del 26 de septiembre, por la cual se especifica que el dominio castellano también abarcará las tierras del índico que descubrieran y ocuparan siempre que no estuvieran ya en posesión de algún príncipe cristiano.

[463] Tales términos fueron confirmados por el papa Julio II mediante bula otorgada el 24 de enero de 1506.

2.- Controversias suscitadas por de las Casas y Montesinos y leyes resultantes: Bajo este panorama jurídico, desde 1496, Cristóbal Colón promovió la ocupación castellana de las tierras americanas mediante el sistema de **repartimientos**. Este consistían en la entrega a un conquistador de tierras en propiedad[464] junto con una comunidad indígena y su cacique, en calidad de siervos. Semejante régimen de esclavitud era contario a la concepción regia de los indígenas como súbditos semejantes a los españoles, por lo que tal sistema fue prácticamente abolido en 1501[465], exigiéndose en los sucesivo entablar relaciones laborales con los indígenas en términos contractuales, y en todo caso, habiéndose de pagarles un salario por sus labores de utilidad pública[466]. No obstante, dado el fracaso de aquel sistema por la negativa de los indios, en 1503, nuevamente se restauró el sistema de repartimientos (volviendo a ser forzosas sus labores), pero manteniendo la obligación de pagarles un salario en consideración a su condición de hombres libres[467].

Tales precauciones tomadas por los poderes públicos coloniales para prevenir el abuso de los indios no surtieron efecto. En vista de ello, en 1511, en un **sermón dado por el fraile dominico Antonio de Montesinos** a sus feligreses de Santo Domingo, realizó una célebre denuncia y condena de los malos tratos que los colonos dispensaban a sus siervos indígenas, indicando que pecaban gravemente al tiempo que comprometían la adecuada evangelización de los indios. Con ello, no solo se despertó el temor de los colonizadores por sus almas, si no que la propia corona castellano-leonesa sintió que peligraba la legitimidad de su soberanía en América, dado que esta se hallaba supeditada a la condición de acometer la conversión religiosa. Para resolver la preocupante situación, Fernando el Católico, en aquel entonces regente de Castilla-León, solicitó la reunión de un Concilio de

---

464 Este punto parece ambiguo. Lo más probable es la pretensión de propiedad de los colonos frente a la pretensión de entrega en precario de las autoridades políticas.

465 En 1503 se contempló la esclavitud de indios caribes por comisión de antropofagia y resistencia a la evangelización; en 1508 se autorizó a los habitantes de la Española, propietarios de esclavos capturados en "buena guerra", a volver reducirlos a la esclavitud; y en 1533, se autorizó a los habitantes del virreinato del Perú a comprar esclavos a una comunidad indígena que los entregara en tal estado de sometimiento. Sin embargo, en 1542, con las *Leyes Nuevas*, finalmente se consolidó la total abolición de la esclavitud de los indios, quedando imposibilitado su acceso a tal condición bajo cualquier pretexto. Lucena Salmoral, *Manuel, el ordenamiento jurídico sobre la condición, tratamiento, defensa y represión de los esclavos en las colonias de la América española, Tres grandes cuestiones de la historia de Iberoamérica : ensayos y monografías* : Derecho y justicia en la historia de Iberoamérica : Afroamérica, la tercera raíz : Impacto en América de la expulsión de los jesuítas, 2005. García-Gallo, Concepción, *Sobre el Ordenamiento Jurídico de la Esclavitud en las Indias Españolas*, Anuario de Historia del Derecho Español, N°50, 1980.

466 *Colección de documentos inéditos Relativos al Descubrimiento, Conquista y Organización de las Antiguas Posesiones Españolas de América y Oceanía*, Imprenta de Manuel G. Hernández, Madrid, 1879, p. 13 y ss.

467 Sistema de explotación también conocido como Encomienda Antillana. Cruz Barney, óscar, *Historia del Derecho Indiano*, Tirant, Valencia, 2012, p. 110.

teólogos y de juristas para que diesen su parecer acerca de la legitimidad del dominio castellano sobre América, y sobre los términos bajo los que habría de proseguir la ocupación de América para ser cristianamente aceptables. Finalmente, dos juntas tendrían lugar (en Burgos y Valladolid), cuyas conclusiones inspirarían, respectivamente, las **Leyes de Burgos** de 1512, aprobadas por Fernando el Católico; y las **Leyes de Valladolid** de 1513, aprobadas por Juana I de Castilla. De su contenido cabe destacar lo siguiente:

a) Asumieron la validez de las Bulas Alejandrinas como título de soberanía de los reyes de España sobre las tierras y sobre sus gentes, a los que trataron como súbditos libres en igualdad con los españoles[468]; **b)** establecieron como obligación que, antes de tomar posesión de un territorio y poner a los indígenas bajo la potestad regia, se les debía de leer el **requerimiento**, una declaración formal mediante la cual se les informaba de la venida de Cristo a la Tierra, de su designación del papa como su sucesor en la guía espiritual de los hombres, y la concesión que este último había hecho a los reyes de Castilla de sus tierras y de su gobierno; **c)** estableció el régimen de la **encomienda**[469], mediante el cual se produciría la explotación de los recursos americanos, consistente en la entrega de tierras a españoles junto con grupos de indios vinculados por la autoridad de un cacique nativo, los cuales, en lo sucesivo se hallaban obligados a trabajar esas tierras bajo ciertas condiciones que los beneficiarios habrían de cumplir. Fueron estas el respeto a ciertos derechos laborales y velar por que estos asimilaran la fe católica y la cultura española, todo lo cual era supervisado por un visitador[470]. Además, tales

---

[468] Ambos aspectos se hallan implícitos en su contenido, conforme a las conclusiones de las referidas juntas.

[469] Pergeñado en 1505 por Nicolás de Ovando para garantizar el cumplimiento de las exigencias regias en materia de libertad y buen trato a los indios. Su primitiva modalidad consistió en realizar los repartimientos fijando un término temporal, haciendo hincapié en que el dominio directo pertenecía a la corona, y controlando el uso que se hacía de todo ello por medio de pesquisidores. Mira Caballos, Esteban, *Algunas precisiones en torno al gobierno de Frey Nicolás de Ovando en la Española (1502-1509)*, Revista de Estudios Extremeños, Vol. 52, Nº 1, 1996, págs. 81-98.

[470] instruir a un joven por cada cincuenta indios encomendados a hablar, leer y escribir en español y en la fe católica y, en todo caso, hacer esto con los que sirven como pajes, para que ulteriormente estos puedan instruir en la fe a sus semejantes; limitar la carga que pudieran transportar; restringir el trabajo infantil al ámbito doméstico; facilitar una amaca a cada uno; alimentar con carne o pescado a los que trabajaran en las minas; hacera cada uno entrega de una casa con siembra de maíz y gallinas para que gocen del fruto (en concepto del salario prescrito por la Junta de Burgos); no emplear en las minas a las mujeres embarazadas a partir de los 4 meses de gestación y hasta que el hijo tengan 3 años; que los huérfanos sean puesto bajo la patria potestad de personas buenas y dispuestas a enseñar la fe cristiana y que puedan aprender el oficio que les plazca. La inspección de todos estos extremos y el censo de personas encomendadas fue atribuido a los oficiales "visitadores". *Las Ordenanzas para el Tratamiento de los Indios, Ordenanzas por los Reyes Católicos, Isabel I de Castilla y Fernando II de Aragón, V de España, recuperado de*: http://www.biblioteca.tv/artman2/publish/1512_306/Las_ordenanzas_para_el_tratamien-

encomiendas eran temporales (en principio vitalicias, si bien más tarde fue frecuente que fueran transmisibles mediante herencia "por dos o tres veces" y muy excepcionalmente a perpetuidad)[471].

Aun tendría lugar una segunda controversia adicional, motivada por las nuevas dudas que surgieron en torno al mismo asunto, en parte reavivadas por las **noticias que el fraile dominico Bartolomé de las Casas ofrecía de ciertas brutalidades cometidas por los colonizadores** españoles[472]. Este último fraile, defendió en una nueva junta que tuvo lugar en Valladolid entre 1550 y 1551, que tan solo la sumisión voluntaria de los indígenas justificaría el dominio sobre sus tierras y el gobierno de sus habitantes por parte de la Corona castellana. Como resultado de esta nueva junta, Felipe II dispuso las **Instrucciones de 1556**[473] **y 1573 para Nuevos Descubrimientos**, en las que se concilia la postura tradicional de que la

---

to_de_los_indios_o_1119.shtml. Leyes de Valladolida de 1513, Emitidas por la Reina Juana: recuperado de: http://www.biblioteca.tv/artman2/publish/1513_305/Leyes_de_Valladolid_de_1513_emitidas_por_la_Reina__1118.shtml.

471 Estas primeras encomiendas son llamadas "de servicio", en alusión al deber indígena de realizar servicios o prestaciones laborales favorables al encomendero. La naturaleza del régimen de encomienda se vio progresivamente trastocada: 1° mediante una real cedula otorgada el 26 de mayo de 1536, en la cual se estableció que los indios habría de abonar a los encomenderos tributos en especie o dinero, transmitiendo luego estos a la Hacienda Real un quinto del montante obtenido. 2° mediante real cédula en Valladolid el 17 de octubre de 1544 otorgada por Felipe II (por mandato de su cesáreo padre) quedó prohibido exigir trabajos personales a los indios, con lo que, teóricamente, desaparecieron las encomiendas de servicio y quedaron configuradas las encomiendas llamadas "clásicas" o "de tributos"; además, quedó establecida la libertad de movimiento de los indígenas (VI, 12, 17). Este nuevo régimen encomendero, (que vino acompañado de un espíritu regio reticente hacia la concesión de nuevas encomiendas y deseos de extinguir las vigentes), impidió a los terratenientes poder lucrarse del trabajo indígena por otros medios que no fueran relaciones voluntarias, contractuales y remuneradas, surgiendo así el llamado sistema de Peonaje (entre 1549 y 1632 aún cupo el obligatorio sometimiento a trabajos remunerados para los desocupados, sistema de Repartimientos también llamado *Mita* o *Coatequitl*, y en todo caso siempre hubo sorteos para trabajar en las minas). En relación a la Nueva España, una "junta para la administración del ramo de reales tributos", produjo unas ordenanzas, en cuyo capítulo 75 se precisó que la libertad para cambiar de residencia estaría supeditada a que hubiesen abonado los tributos devengados en su localidad. Esta última circunstancia, pudo ser aprovechada por los encomenderos y hacendados, quienes, como funcionarios tributarios auxiliares, estuvieron capacitados para lograr que los indios les adeudaran el pago de esos tributos y así retenerlos como una fuente de ingresos constante. Zavala, Silvio, *Libertad de Movimiento de los Indios de Nueva España*, El Colegio de México, recuperado de: https://www.jstor.org/stable/j.ctv3f8pvj.17. Cruz Barney, Óscar, *op. cit.*, p. 117 y 271.

472 Recogidas en su obra *Brevísima Relación de la Destrucción de las Indias*, facturada en 1552.

473 Estas primeras ordenanzas fueron dirigidas al virrey del Perú. *El punto más importante de las ordenanzas es, quizá, el capitulo 29, en que oficialmente se suprime el término «conquista» y, desde ese momento> se pretende que no se tome el asentamiento como penetración violenta.* Vas Mingo, Milagros del, *Las Ordenanzas de 1573, sus Antecedentes y Consecuencias*, Universidad Complutense de Madrid, 1985.

concesión pontificia es un título válido de la soberanía de las tierras americanas, con la intención de que, en los sucesivo, el contacto con las comunidades indígenas tenga lugar mediante misioneros que propicien la sumisión voluntaria de estos[474]. Además, es de notar que se contempla la posibilidad de que permanezcan como comunidades políticas independientes del poder de los monarcas hispanos (como luego sucedió con los indios araucanos o mapuches).

3.- Principio del Derecho Internacional Moderno: mientras tenían lugar las señaladas controversias, la **Escuela de Salamanca**, o Segunda Escolástica Española, buscaba ofrecer una solución paralela a la problemática americana. Tal escuela se caracterizó por complementar el **pensamiento teocéntrico** medieval con el desarrollo de **argumentos humanistas**, (el Humanismo es un sistema de pensamiento que parte del examen de la naturaleza humana como medio para conocer lo justo y proceder a enunciar reglas de Derecho).

La propuesta de esta escuela fue articulada y enseñada en la Universidad de Salamanca por su catedrático de teología (desde 1526) el fraile dominico **Francisco de Vitoria**. Puede decirse que tuvo como punto de partida un examen teológico de la cuestión, que indicaba que, en las sagradas escrituras, no se afirma que Dios hubiera otorgado el dominio del mundo a un emperador (menoscabo de la Teoría del Agustinismo Político en detrimento del emperador Carlos I de España y V de Alemania); o que el papa tuviera autoridad para ejercer su *plenitudo potestatis* sobre los no-cristianos, disponiendo de sus derechos reales y políticos[475]. A partir de aquí, recurrió a argumentaciones mayormente humanistas para ofrecer su particular solución de la cuestión, los llamados **Siete Justos Títulos** del dominio español sobre las Indias. Se trató de un conjunto de supuestos que, en caso de concurrir, otorgarían derechos soberanos a los reyes de España sobre los territorios y gentes americanas.

Planteó que es natural que el hombre: a) **transite libremente** por el mundo, contraiga libremente **relaciones comerciales**, sea recibidos como **huésped**, **ocupe** bienes vacantes (*res nullius*), se **otorguen derechos de ciudadanía** en la comunidad en la que se ha nacido (bajo ciertas condiciones determinadas por los locales). En vista de ello, sentenció que sería posible adquirir las tierras y la soberanía de **cualquier pueblo que negara estas facultades** o derechos naturales de los españoles, siempre que este fuera la única posibilidad de garantizar la tutela de tales derechos[476]. También señaló que b) podrían intervenir los españoles en la política

---

474 Vas Mingo, Milagros del, *op.cit,*. Postura que se vería confirmada mediante la Recopilación de Indias de 1680.

475 Más aun, llega a indicar ciertos versículos que afirmarían lo contrario: Evangelio de San Mateo, cap. 20, vs. 25 y 26; I Carta de San Pedro, cap. 5, vs. 3; Corintos I, cap. 5, vs. 12. Vitoria, Francisco de, Relecciones Teológicas del P. Fray Francisco de Vitoria, Bookvika, 2019, pp. 41 y 42.

476 Primer justo título.

indígena para **prevenir la muerte de indios inocentes por leyes contra natura**, es decir, injustas, aclarando que esta intervención podría traducirse en el dominio de tierras y gentes por los monarcas si fuera la única vía para eliminar tales prácticas tiránicas[477]. También afirmó que c) es natural que cuando una nación se encuentra en guerra con otra (en este caso indígenas), inviten a una tercera con la que tiene relaciones amistosas a que la auxilie, y que la entregue territorios y poderes soberanos sobre los vencidos como **premio**[478]. Y, finalmente, d) recogió como una institución natural que los ciudadanos de una república **escojan** por mayoría convertirse en monarquía y darse un soberano, como pudiera ser el monarca español[479].

Con todas estas argumentaciones, Vitoria hizo de **bisagra entre el Derecho Internacional Medieval y el Moderno**, pues fue el primer precedente de unos planteamientos jurídicos abiertamente independientes de los dogmas religiosos, y por ende no sujetos a observaciones del poder eclesiástico[480]. Sin embargo, no parece acertado el afirmar que su planteamiento sea netamente moderno[481], dado que:

A) Aunque a los apuntados derechos los hiciera ajenos a las sagradas escrituras, formalmente sí tuvo a estas como fuente prioritaria para conocer el Derecho, habiendo recurrido al examen de la **naturaleza tan solo bajo el pretexto de ausencia de unas leyes divinas expresas** para resolver la cuestión.

B) Aunque fuera accidentalmente, también procuró respaldar sus consideraciones humanistas con **citas de autoridad de obras teológicas**.

C) Además, y quizá esta observación sea la más determinante, más allá de los cuatro títulos apuntados, estableció **otros tres títulos** justificativos de dominio americano que sí tuvieron una raíz netamente religiosa. En este último sentido: a) apela al derecho, divino y respaldado por las escrituras, **de predicar libremente** el evangelio cristiano por el mundo, de suerte que su obstrucción, pueda, en caso extremo, llegar a justificar que los reyes de España asuman el dominio de las tierras e indígenas que violen este derecho, para así garantizar su ejercicio[482]; b)

---

[477] Quinto justo título.

[478] Séptimo justo título

[479] Sexto justo título.

[480] Cabe decir que, para la Escuela de Salamanca, y en particular para Vitoria, el orden natural se compone de leyes estatuidas por Dios. Por lo que, en puridad, las apuntadas consideraciones jurídicas humanistas eran concebidas como el fruto del estudio de una "revelación indirecta". Sin embargo, tal cosa no es óbice para apreciar a una obra como moderna, pues el Deísmo iusnaturalista parece un fenómeno totalmente ordinario en la Edad Moderna. Lo sustantivo respecto a esta cuestión parece ser el prescindir de la revelación evangélica.

[481] El primer exponente moderno fue el holandés Hugo Grocio, fundador de la Escuela Iusnaturalista Racionalista.

[482] Segundo justo título.

una vez **convertida** una cantidad significativa de una población indígena al cristianismo, afirma que estos quedan moralmente sometidos a la autoridad pontificia, siendo, ahora sí, eficaces las eventuales donaciones de sus tierras y las concesiones de su soberanía política a los monarcas españoles[483]; c) una vez convertidos ciertos indígenas al cristianismo, ante el supuesto de que sus congéneres paganos **entorpezcan el ejercicio de la nueva fe** de sus congéneres, los reyes de España, si fuera necesario, podrían asumir sus posesiones y soberanía política[484].

III DERECHO CASTELLANO, INDIANO E INDÍGENA

En las **capitulaciones de Santa Fe de 1492**, contrato perfeccionado por Cristóbal Colón de una parte, y por los Reyes Católicos de otra, se establecieron unas pautas mínimas para el gobierno de los territorios que el navegante pudiera descubrir y someter. Con ello quedó asentada, de manera implícita, una primera pauta relativa al régimen jurídico aplicable en los territorios americanos: el **Derecho de la Corona de Castilla sería inmediatamente aplicable** allí. A mayor abundancia de este criterio normativo, puede citarse una real cédula de 1501 que habla de los nativos como súbditos ordinarios de los reyes, sujetos a los mismos términos que los labradores de Castilla.

Sin embargo, la experiencia reveló que las particularidades culturales de los nativos de ultramar y las situaciones típicas que allí se daban, desaconsejaban tal aplicación directa del Derecho Castellano. Es por esto que se procedió al desarrollo de un Derecho especial para regular las relaciones jurídicas de aquel territorio, el llamado **Derecho Indiano**. Este Derecho, por una parte, continuaría estando informado por leyes producidas al efecto en España; y por otra, por normas de cuño americano (y eventualmente filipino). Sobre estas últimas, cabe distinguir un **Derecho Español**, fruto tanto de **leyes** producidas por oficiales nombrados al efecto por los reyes, (virreyes, gobernadores e intendentes), como de las **costumbres** que fueron surgiendo entre los españoles allí asentados; y un **Derecho Indígena**, válido siempre que no fuera contrario a la legislación española y a la moral cristiana[485]. Este último, estuvo fundamentalmente integrado por sus antiguas costumbres, y en algunos casos, por sus leyes[486].

---

[483] Cuarto justo título.

[484] Tercer justo título.

[485] Ley del 6 de agosto de 1555 estableció que por defecto se conservasen las normas jurídicas indígenas que cumplieran con estos requisitos. Recopilación de Leyes de los Reinos de Indias, II, 1, 4. Hugo Tagle Martínez, Curso de Historia del Derecho Constitucional: El Derecho Indiano, Vol. II, Editorial Jurídica de Chile, Santiago de Chiel, 1992, p. 11.

[486] Los mexicas y chichimecas tuvieron una escritura jeroglífica que plasmaron en telas y papiros hechas de cortezas de árboles, mediante la cual parece que habrían llegado a legalizar

Aquella dualidad presente en el origen normativo del Derecho, dio lugar a un **dilema** que exigió determinar el sistema de prelación de fuentes. En este sentido, hasta el **año 1614**[487], tuvo prioridad en su aplicación el Derecho Indiano formado en España. No obstante, a partir de la citada fecha, la regla daría paso a una tendencia inversa. Ello fue resultado de sendas protestas de las autoridades locales americanas, las cuales manifestaban que la legislación proveniente de España estaba inspirada en la ignorancia de las circunstancias que allí había[488], ante lo cual se resolvió que las autoridades de ultramar podrían acogerse al antiguo principio de Derecho Castellano ***obedézcase pero no se cumpla***[489] (consagrado en las Cortes de Burgos de 1379), suspendiendo la aplicación de las normas producidas en España. El único supuesto en el que las leyes españolas se impondrían al derecho elaborado en las colonias, sería que el rey las confirmara a tal efecto mediante validación del **Consejo de Indias**[490].

IV RECOPILACIÓN

El doble origen del Derecho Indiano y la multiplicación de sus normas recomendaron acometer una labor codificadora. Esta tarea fue promovida en varias ocasiones por el Consejo de Indias, y asumida por varios personajes, en su mayoría juristas.

---

algunas de esas antiguas costumbres. Noticias de ello fueron dadas por Juan de Tovar, en su *Códice Ramírez* (1585); por Fernando de Alva Ixtlilxóchitl, en su obra *Historia Chichimeca* (1640 aprox.); y Francisco de Burgoa, en su *Palestra Historial* (1670). Por otra parte, en relación a los incas, aun es objeto de estudio si sus quipus, o acarreos de cuerdas anudadas, además de constituir un sistema de contabilidad, también pudieron ser empleados para encriptar ideas legales.

[487] Ley del 15 de diciembre de 1614. Recopilación de Leyes de los Reinos de Indias, L. II., Título I, ley XXXIX.

[488] Primer precedente de la disconformidad de los americanos vino dado por la promulgación de las llamadas Leyes Nuevas de 1542, en las cuales se estableció que quedaban abolidas las condiciones serviles de los indígenas y que las encomiendas se extinguirían con la muerte de sus titulares del momento (disposición 30). La respuesta en Nueva España fue la suspensión de la extinción de las encomiendas, mientras que, en el Perú, lo fue una revuelta secesionista dirigida por Gonzalo Pizarro, la cual fracasó ante la pérdida de apoyos propiciada por la real provisión de Malinas dada por Carlos I el 20 de octubre de 1545, con la cual derogó la disposición conflictiva. Posteriormente, un ejército realista comandado por Pedro de la Gasca derrotó a Gonzalo Pizarro en Jaquijaguana.

[489] Recopilación de Leyes de los Reinos de Indias, (II, 1, 24) otorgada por Carlos I en 1528. Principio ya examinado en el tema 8. II. en relación a las cartas desaforadas o pragmáticas emitidas por monarcas contra los ordenamientos de cortes o fueros locales.

[490] Creado en 1524, como un nuevo consejo paralelo al Consejo Real, el cual se encargaría de aconsejar y legislar junto al rey temas americanos.

1.- Proyecto de Ovando: La tarea comenzó con el sumario de leyes elaborado por Juan López de Velasco. Esta obra, elaborada entre 1561 y 1563, recogía en orden cronológico extractos de las leyes que habían sido producidas por el Consejo de Indias. Pocos años después, en 1566, Juan de Ovando fue designado visitador[491] del Consejo de Indias y, a la vista de las conclusiones extraídas de su labor de control, asumió la tarea de hacer una nueva obra. Comenzó por reorganizar junto a López de Velasco el sumario de leyes de este último. En esta ocasión, compilarían todas las normas de Derecho Indiano promulgadas hasta la fecha (desde las capitulaciones de Santa Fe) y se cambiaría la ordenación cronológica de las leyes por una sistemática, empleando como criterio las materias reguladas. La obra resultante fue dividida en siete libros y sería conocida como **Copulata de Leyes de Indias 1569.** En cuando a su dimensión práctica, hay que decir que algunos de sus títulos fueron sucesivamente promulgados[492]. En una segunda etapa, Ovando asumió la tarea de elaborar un código legal propiamente dicho. Su proyecto no solo se limitó a recoger normas vigentes, sino también a purgar aquellas que habían quedado derogadas por otras más novedosas y a incluir preceptos que él consideraba necesarios para que la legislación indiana constituyera un cuerpo jurídico integral y plenamente coherente. Tal proyecto se vio frustrado por su muerte, acaecida en 1575, dado que parece que no hubo nadie capaz de igualar la gran capacidad de trabajo que èl tenía y que se requería para acometer la tarea[493].

2.- Recopilación de Leyes de los Reinos de Indias de 1680: la codificación fue retomada años después. En 1582 Diego de Encinas recibió aquel encargo del Consejo de Indias para continuar la labor de Ovando, ahora bajo la forma de una mera recopilación. Como resultado, en 1595 finalizó el llamado **Cedulario de Encinas**, obra que recogió de manera íntegra un gran número de leyes indianas (pragmáticas regias, disposiciones del consejo de indias y algunas bulas). La obra siguió un esquema cronológico y fue dividida en cuatro tomos[494]. Su dimensión práctica se limitó al uso privado de los miembros del Consejo de Indias, de la Casa de Contratación y de las Audiencias de México y Lima. Posteriormente, también consultarían su cedulario otros personajes que retomaron la tarea codificadora con notable mérito, como Diego de Zorrilla (1602-1609), Juan de Solórzano (1635-1636), Rodrigo de Aguiar (1624-1628) o Antonio de León Pinelo (1624-

---

[491] Oficiales que realizaban las visitas a las que se aludió en el Tema 8. V.

[492] El título del libro I referido al Consejo de Indias, fue promulgado en 1571 bajo el nombre de *Ordenanzas del Consejo de Indias;* otro título del mismo libro, relativo al Regio Patronato, fue promulgado en 1575 para los virreinatos de Perú y Nueva España bajo el nombre de *Ordenanzas del Real Patronato;* y otro título del libro II, fue promulgado en 1573 bajo el nombre de *Ordenanzas de Descubrimientos, Nuevas Poblaciones y Pacificaciones.*

[493] Macias Rosendo, Baldomero, La Correspondencia de Benito Arias Montano con el Presidente de Indias Juan de Ovando, Universidad de Huelva, Huelva, 2008.

[494] Encinas, Diego de, *Cedulario Indiano,* recuperado de: https://www.boe.es/biblioteca_juridica/publicacion.php?id=PUB-LH-2018-56&tipo=L&modo=2.

1660), quienes pese a no haber conseguido finalizar la tarea, allanaron el terreno para que, en 1680, una junta que había asumido esta tarea, sí lo lograra. En estos términos fue promulgara la Recopilación de Leyes de los Reinos de las Indias, que constó de 9 libros[495] y más de 5000 leyes, quedando abrogadas aquellas leyes que no hubieran sido incluidas.

3.- Comentarios (1685-1769): la subsiguiente producción de leyes indianas condujo al mismo problema que la Recopilación de 1680 había resuelto. Frente a esta tesitura, dada la dificultad de repetir la labor codificadora, se generalizaron los llamados comentarios a las leyes de indias. Con esta tarea, se evocaban fragmentos de la recopilación para proceder a satisfacer dos objetivos: por una parte, se señalaban los preceptos de la recopilación que habían quedado derogados, indicando los eventuales **preceptos sustitutivos**; y por otro, se procuraba **explicar el sentido de las leyes vigentes**, facilitando su comprensión y aplicación.

A) La primera obra a tener en cuenta son las ***Observaciones Theopolitikas*** (1689), del marqués del Risco. Se trató de unos comentarios específicamente dedicados a los preceptos de Derecho Canónico Indiano.

B) Los **Comentarios de Juan del Corral** (1735), por su parte, constituyeron un comentario integral del Derecho Indiano.

C) Las **Notas de Prudencio Antonio de Palacios** (1740) destacaron por su orientación y valor práctico para los profesionales del Derecho.

D) M. J. de Ayala, elaboró la **Historia de las Leyes de Indias** (1769). En origen deseaba realizar unos comentarios, pero dado que en 1767 un real decreto había prohibido los comentarios a las leyes de indias, dio un nuevo enfoque a la obra, presentándolo como un libro de naturaleza histórica.

E) Por último, **las Notas José Lebrón**, elaboradas hacia finales del S XVIII, en la que se limitó a reproducir extractos de las leyes de indias que habían sido promulgadas tras la adopción de la Recopilación de 1680, confrontándolas con este último texto. De este modo facilitaba al lector el conocimiento de las normas vigentes.

4.- Proyecto de Nuevo Código 1771-1820: en 1776 Carlos III encargó la realización de un nuevo código. Un jurista, Juan Crisóstomo Ansótegui elaboró lo que ha-

---

[495] La estructuración en nueve libros, fue introducida en el proyecto por Zorrilla, quien se inspiró en la Nueva Recopilación. Por otra parte, contribución de Pinelo fue recopilar, como señala Eduardo Martiré, siguiendo los "preceptos justinianeos": *quitar las prefacciones dejando solo lo decisivo, evitar semejanzas de disposiciones, evitar contrariedades y oposiciones de leyes, no poner leyes fuera de uso, añadir lo que fuera necesario para hacer leyes claras y llanas, no solo añadir, sino también quitar, mudar palabras o abreviarlas y por fin seleccionar las fuentes y distribuir las leyes por materias en títulos y libros.* Cruz Barney, Óscar, *op. cit.*, p. 39.

bría de ser el primer volumen, que, tras ser examinado y modificado por una Junta de Leyes, fue promulgado en 1792. En lo sucesivo, el desarrollo del proyecto se vio interrumpido por numerosas vicisitudes, que llevarían a su definitivo abandono.

BIBLIOGRAFÍA

Cruz Barney, Óscar, *Historia del Derecho Indiano*, Tirant, Valencia, 2012.

Escudero, José Antonio, *Curso de Historia del Derecho: Fuentes e Instituciones Político Administrativas*, Madrid, 2003.

García-Gallo, *Concepción, Sobre el Ordenamiento Jurídico de la Esclavitud en las Indias Españolas*, Anuario de Historia del Derecho Español, N°50, 1980.

Hugo Tagle Martínez, *Curso de Historia del Derecho Constitucional: El Derecho Indiano*, Vol. II, Editorial Jurídica de Chile, Santiago de Chiel, 1992.

Molino García, María Teresa, *La Encomienda en el Nuevo Reino de Granada Durante el S. XVIII*, CSIC, Sevilla, 1976.

Lucena Salmoral, Manuel, *el ordenamiento jurídico sobre la condición, tratamiento, defensa y represión de los esclavos en las colonias de la América española, Tres grandes cuestiones de la historia de Iberoamérica : ensayos y monografías : Derecho y justicia en la historia de Iberoamérica : Afroamérica, la tercera raíz : Impacto en América de la expulsión de los jesuítas*, 2005.

Macias Rosendo, Baldomero, *La Correspondencia de Benito Arias Montano con el Presidente de Indias Juan de Ovando*, Universidad de Huelva, Huelva, 2008.

Mira Caballos, Esteban, Algunas precisiones en torno al gobierno de Frey Nicolás de Ovando en la Española (1502-1509), Revista de Estudios Extremeños, Vol. 52, N° 1, 1996, págs. 81-98.

Sibaja, Luis Fernando, *La Encomienda de Tributo en el Valle Central de Costa Rica, 1569-1683*, Anuario de Estudios Centroamericanos, N° 9, 1983, pp. 68-86.

Vas Mingo, Marta Milagros del, *Las Ordenanzas de 1573, sus antecedentes y consecuencias*, Universidad Complutense de Madrid, N° 8, 1985, págs. 83-102.

Vitoria, Francisco de, *Relecciones Teológicas del P. Fray Francisco de Vitoria*, Bookvika, 2019.

Zavala, Silvio, *Libertad de Movimiento de los Indios de Nueva España*, El Colegio de México, recuperado de: https://www.jstor.org/stable/j.ctv3f8pvj.17.

LEGISLACIÓN CONSULTADA

Recopilación de Leyes de los Reino de Indias.

Reglamento y Ordenanzas que, con las Adiciones que se Expresan, Manda S. M. Observar para el Gobierno y Administración del Ramo de Reales Tributos en las Provincias del Virreynato de Nueva España.

TEMA 11
EL DERECHO DE LA EDAD MODERNA (I)

I Introducción

Este tema abre un nuevo bloque, en este caso, integrado por dos unidades. En la primera y presente, se abordan los conceptos esenciales que condicionaron el desarrollo normativo de la modernidad, el Estado Moderno y el Régimen Absolutista. Asimismo, se expondrán algunos episodios de resistencias ante aquellos ideales, los cuales sirven como hilo conductor para ahondar en ciertos accidentes jurídicos que dificultaron su consolidación. Por último, se aludirá a los elementos normativos que posibilitaron la eficaz realización de aquellos ideales: el fortalecimiento de una administración central dirigida por los monarcas; y los esfuerzos por facilitar la aplicación de sus normas mediante su recopilación.

En la siguiente unidad, se examinará el desarrollo normativo que apareció asociado al desarrollo del Régimen Absolutista español en cada ámbito social: económico, jurídico-civil (vínculos), funcionarial, social, gobernativo, territorial-local, judicial, hacendístico, militar y eclesiástico. El agolpamiento de todos estos múltiples y complejos contenidos en un solo tema, se debe a su condición de "no esenciales" para los programas de estudios de los actuales grados de Derecho, habiendo sido principalmente planteado como un cajón de sastre orientado a la consulta de investigadores ya iniciados en la materia.

II El Estado Moderno: el Absolutismo frente a la Iglesia y a la Nobleza

1.- Concepto: el Estado Moderno es un régimen de organización social caracterizado por tres notas: a) el **poder se halla concentrado** en un polo, el cual es susceptible de vencer cualquier resistencia[496]. Este poder irresistible, originalmente fue alcanzado por algunos monarcas, a los cuales conocemos como "monarcas absolutos" [497]. Además, b) este poder se proyecta sobre una **población cierta**; y c) sobre un **territorio con unos límites precisos**. Por otra parte, al Estado Moderno gobernado por un monarca absoluto, se lo conoce como **Régimen Absolutista**.

2.- Causas del Advenimiento del Estado: cabe considerar dos tipos de causas de este advenimiento. Unas serían ideológicas, es decir, consistentes en ideas que inspiraron a los príncipes a lograr aquel poder; y otras materiales, es decir, consistentes en las concretas acciones políticas que se emprendieron en aquella dirección.

A) Ideológicas: en este apartado, conviene comenzar hablando de la obra del italiano Nicolas **Maquiavelo**, *El Príncipe* (1513). En ella atribuyó a los **monarcas** un fin existencial, la **"Razón de Estado"**. Consistió esta en velar por la imposición y conservación de su poder absoluto. Además, transmitió la idea de que, para alcanzar tal fin, cualquier medio estaba justificado. Igualmente, a él corresponde el mérito de haber bautizado a las modernas entidades políticas, resultantes de los proyectos absolutista, como Estados (*lo stato*). La obra maquiavélica, repleta de frías consideraciones estratégico-políticas, fue considerada como el reflejo de la mentalidad que ya movía a algunos monarcas[498], y adquirió tal prestigio que devino en la guía de cabecera de los príncipes y potentados europeos[499].

Otro ideólogo del Estado, no menos importante, fue Jean **Bodin**, quien, ante la eclosión del poder absoluto, acometió un estudio sobre él en su obra *Los Seis Libros de la República* (1576). En ellos adjetivó a este poder incontestable como **soberanía**, definiéndola como un poder que solo está limitado por las fuerzas de la naturaleza y, en última instancia, por la voluntad de Dios (su titular tan solo había

---

[496] La mayoría de Estados Modernos actuales, ya no hallan el poder social concentrado en un monarca, sino que lo encuentran distribuido en tres colegios: consejo de ministros, parlamento y jueces.

[497] Algunos historiadores, en atención al hecho de que los primeros monarcas absolutos encontraron notables resistencias, prefieren referirse a ellos como "monarcas autoritarios", y a sus regímenes como "monarquías autoritarias". No obstante, cabe referirse a ambas realidades políticas bajo el mismo término de absoluto en atención a la esencial capacidad de vencer las eventuales resistencias.

[498] En particular, dados los elogios que el autor dedicó a Fernando el Católico, se ha considerado que la obra es representativa de sus principios políticos.

[499] En España: inspiró la elaboración de decenas de obras literarias antagónicas de los planteamientos maquiavélicos (género llamado "espejos de príncipes"), destacando la recepción de la Educación del Príncipe Cristiano de Erasmo de Róterdam; fue condenada por la inquisición; y fue incluida en el índice de libros prohibidos. Pese a ello, su innegable interés para la gestión pública motivó que Carlos I, Felipe II e importantes nobles, contaran con ejemplares suyos. Hernández Díaz, José María, *Maquiavelo y la Educación del Gobernante,* Revista de la Sociedad Española de Italianistas, Nº. 9, 2013, págs. 79-104.

de rendir cuentas ante Él). A mayor abundancia, hizo un desglose de los poderes que entrañaba la soberanía, iniciando así una división funcional que, andando los siglos (y tras las aportaciones de John Locke), retomaría Montesquieu para distinguir los **poderes ejecutivo, legislativo y judicial**.

Fuera del entorno hispánico, en los países protestantes, no solo se suscitó un radical rechazo hacia las injerencias del clero católico-romano en los asuntos de gobierno, sino que, además, fue calando una suerte de aversión hacia cualquier clase de autoridad espiritual con análogas pretensiones. Ello respondió al súbito nacimiento de sendas corrientes "heréticas" cristianas[500], las cuales empujaron a sus respectivos fieles a una aguda inestabilidad política, marcada por cruentas guerras civiles. Así, Thomas **Hobbes**, halló un terreno favorable para el desarrollo de una **teoría secular del Estado**, es decir, que no tuviese como fuente explícita de su poder a un Dios expuesto a tantas voces que, contradictoriamente, hablaban en su nombre. Su teoría fue plasmada en *Leviathán* (1651) obra según la cual, la existencia de un Estado regentado por un monarca absoluto quedaba justificada por la naturaleza malvada del hombre. Según él, antes de la existencia del Estado ("Estado de Naturaleza"), el hombre se comportaba como un individuo presto a someter y a abusar de los semejantes más débiles, desatándose con ello una dinámica de constantes guerras ("Estado de Guerra"). Para sintetizar este planteamiento, escribió su célebre frase: "el hombre es un lobo para el hombre". A partir de aquel **pesimismo antropológico**, afirmó que el Estado de Guerra despierta una inevitable inseguridad en la mayoría de los hombres, por la cual llega racionalmente a concluir la necesidad de renunciar incondicionalmente a todas sus pretensiones, causa de los conflictos, y de entregar sus modestas cotas de poder individual a un mismo protector, a un príncipe. Como resultado de la renuncia, el príncipe deviene en soberano, valiéndose de su incomparable fuerza para imponer la paz y dispensar, sin ningún control, una justicia esencialmente respaldada por la **coacción (monopolio de la fuerza)** [501].

B) Materiales: las causas materiales de este advenimiento, fueron la neutralización del poder de la nobleza y de la Iglesia. En cuanto a la nobleza (titular de eventuales relaciones feudo-vasalláticas, de inmunidades territoriales, de derechos señoriales), fue gracias a las políticas iniciadas por Enrique IV de Castilla-León, y proseguidas por los **Reyes Católicos**, que se logró su completa sujeción a la voluntad regia. Estas, consistieron esencialmente en, a) debilitarla militarmen-

---

[500] Calvinismo presbiteriano y congregacionista, Luteranismo, Anabaptismo, Arminianismo, Hussismo o Wiclifismo.

[501] A este convenio se refiere como Segunda Ley de Naturaleza, en alusión a la necesidad racional de concluirlo. Hobbes, Thomas, *Leviathán*, recuperado de: https://omegalfa.es/downloadfile.php?file=libros/leviathan.pdf.

te por medio de la constitución de Hermandades municipales[502] y mediante b) el empleo directo de las huestes reales en el contexto de ciertas guerras civiles[503]. Con la llegada de la dinastía Habsburgo (1516), debido a su sobresaliente vocación bélica internacional y a sus consecuentes **apuros financieros**, se generalizó la enajenación de derechos patrimoniales de la corona, tales como **tierras con su jurisdicción**, así como de **oficios públicos**, en favor de aquellos sujetos capaces de inyectar liquidez en las arcas del Estado. Ciertamente, esta eventualidad planteó la duda acerca de si el Estado Moderno pilotado por los Habsburgo había sido realmente tal cosa, o si, por el contrario, el fenómeno señalado implicó una nueva dispersión del poder. Sin embargo, la historiografía ha llegado al consenso de que, tales enajenaciones no empañaron la pervivencia de la monarquía absoluta, en tanto que, la élite beneficiaria, siempre ejerció sus poderes **sometida a las exigencias de la Corona**, es decir, como si de funcionarios del monarca se tratase[504]. El advenimiento de los **Borbones** (1701), por su parte, supuso la imposición de un absolutismo preclaro, en tanto que destacaron por una proactiva labor de **recuperación** de las prerrogativas otorgadas por sus inmediatos antecesores[505].

En cuanto a la Iglesia, según se desprende de la obra del propio Jean Bodin, la soberanía monárquica fue comúnmente concebida como una especie de poder, cuyo ejercicio continuaba supeditado a la voluntad de Dios. Es decir, persistió la posibilidad de que la **autoridad papal limitara** su ejercicio. Ante semejante perspectiva, los monarcas españoles tomaron ciertas precauciones, a las cuales conocemos como **políticas regalistas**. En España pudieron destacarse tres: a) la adquisición del gobierno de las Órdenes Militares Españolas; b) la Creación de la Suprema Inquisición; c) el control del mensaje del clero.

---

502 Guerras *Irmandiñas* y Banderizas. En relación al territorio catalán, la sujeción de la nobleza vino dada por la mediatización de las fuerzas de los remensa.

503 Se alude a conflictos que tuvieron como detonante la intención de entronizar a distintos miembros de la familia real, las Guerras de Sucesión Castellana sostenidas entre Enrique IV y Alfonso "XII" y entre Isabel I y Juana "I".

504 En este sentido, los Habsburgo determinaron que la mayoría de las sentencias judiciales señoriales fueran recurribles ante las novedosas Reales Audiencias territoriales. En Castilla esto ya sucedía con todas las sentencias al menos desde 1442. En cuanto al resto de reinos, ver pie de página correspondiente a la jurisdicción señorial moderna (Tema 12, VII).

505 En el curso de esta tarea, cabe destacar la creación por real decreto de 1706 de la junta de incorporación. Esta sería disuelta por real decreto en 1717, tras lo cual asumió su labor el Consejo de Hacienda. La creación de tal junta tuvo una clara vocación recaudatoria. Procedió requiriendo títulos justificativos de las prerrogativas ejercidas por los particulares, precisando el eventual precio de la egresión del patrimonio real y la posible cuantía devengada a la Corona en razón de su tenencia. En caso de hallarse las prerrogativas de los particulares como plenamente válidas, la junta gestionaba la expedición de una real cédula confirmatoria en favor de su titular. También puede destacarse un real decreto de 1707 por el cual se incorporaban a la corona todos los oficios de correo mayor del reino. Giuliani, Alessandra P., *Datos y Reflexiones Sobre la Junta de Incorporación (1706-17017)*, Anuario de Historia del Derecho Español, N°67, 1997, pp. 1026-1036.

En relación a las **Órdenes Militares** Españolas, los Reyes Católicos, conscientes de su poder ofensivo y de su obediencia al papa, se esmeraron en lograr su gobierno. Sus intenciones fructificaron mediante la concesión de sendas bulas favorables a sus personas. Posteriormente, Carlos I obtuvo nuevas bulas favorables. Finalmente, Felipe II logró que el gobierno de todas ellas quedara perpetuamente asociado a la Corona Española[506].

Por otra parte, los Reyes Católico impulsaron la creación de la **Suprema Inquisición o Inquisición Española**. Al igual que la medieval, esta nueva inquisición estuvo fundamentalmente compuesta por clérigos[507], quienes asumieron la tarea de velar por la pureza de la fe católica, detectando casos de herejía para corregir a los desviados y, eventualmente, entregarlos (o *relajarlos*) a las autoridades civiles para que, estas, aplicaran los castigos previstos en sus leyes. No obstante, esta nueva inquisición creada en 1478, se distinguió por estar a las **órdenes de los reyes españoles** en lugar de a las del Santo Padre. Tal cosa fue posible porque los monarcas españoles quedaron investidos con la potestad de nombrar y separar libremente a los inquisidores. Más adelante, en 1488, los Reyes Católicos crearon el Consejo de la Suprema Inquisición, órgano encargado de regirla, y a cuyo frente estaba el llamado inquisidor general. Con este sometimiento de los miembros de la Suprema, los monarcas se aseguraron de que solo fuera investigado y **perseguido como herejía aquello que ellos estimaran conveniente**, sin incurrir en el riesgo de que sus procesos pudieran limitar su margen de maniobra política.

Sobre el **control del mensaje del clero**, con este término se alude a las políticas tendentes a consagrar los llamados derechos de: a) Presentación (también llamado de Suplicación o Patronato Regio), b) Patronato Universal[508] y c) Pase Regio. Mediante estos, los monarcas ejercieron un importante control indirecto sobre las críticas que las autoridades eclesiásticas pudieran verter sobre su gestión. Sobre el primero de aquellos derechos, el de **Presentación**, hay que decir

---

506 Mediante una bula otorgada entre los años 1485 y 1487, el papa Inocencio VIII nombró administrador de la Orden de Calatrava a Fernando el Católico. Posteriormente, tras otras bulas similares, relativas a Alcántara y a Santiago, en 1501 Alejandro VI otorgó la *Dum ad Illos Fidei Constantiam*, mediante la cual confirmó conjuntamente la administración de las tres mencionadas órdenes a los Reyes Católicos, añadiendo que, a la muerte de uno, el otro podría continuar ejerciendo individualmente tal cargo. Fallecido el rey Fernando de Aragón, el papa León X por bula promulgada en 1515, concedió la administración de los maestrazgos de Calatrava, Alcántara y Santiago a su nieto Carlos I; finalmente, el papa Adriano VI mediante una bula dada en 1523, incorporó el cargo de administrador de las Ordenes de Calatrava, Alcántara y Santiago a la Corona Castellano-Leonesa, lo que en la práctica implicó que tal cargo sería intrínseco al de rey de España. En cuanto a la Orden de Montesa, la bula del papa Sixto V dada en 1587, anexionó su maestrazgo a la Corona Aragonesa.

507 Adicionalmente por personal secular, conocido como familiares del santo oficio.

508 Ambos derechos llevaban aparejadas facultades sobre el patrimonio anejo al cargo eclesiástico.

que ya había sido consagrado con carácter general para los habitantes del territorio castellano-leonés en el concilio de Coyanza de 1055, cuando se reconoció, en beneficio de los repobladores que habían fundado iglesias privadas o propias, la facultad de proponer a los clérigos que en ellas oficiarían los sacramentos. Los Reyes Católicos persiguieron aplicar este mismo principio a las diócesis de sus nuevos reinos, obteniendo así el reconocimiento de tal derecho para los territorios de Granada y las Islas Canarias en 1486[509] y para América en 1508[510]. Además, en 1523 Carlos I obtendría el reconocimiento adicional de este derecho para Navarra[511] y para los dominios peninsulares[512]. Los monarcas españoles llegarían aún más lejos en sus facultades controladoras, cuando en 1753 el rey Fernando VI y el papa Benedicto XIV signaron un concordato, por el cual este último delegaba en el primero la facultad de nombrar directamente los cargos eclesiásticos en las diócesis de sus reinos, adquiriendo así los reyes, el llamado **Derecho de Patronato Universal** sobre los obispados de todos sus dominios.

En cuanto al **Derecho de Pase Regio**, este alude a la práctica del monarca de someter a examen las bulas papales antes de permitir su publicación y difusión en sus dominios. Tal práctica fue condenada por la Iglesia, sin perjuicio de que monarcas como Carlos I y Felipe II, practicaran la censura en algunas de ellas[513].

Por último, cabe mencionar un célebre episodio, también inspirado por la misma inquietud preventiva que las políticas regalistas. Se alude a **la expulsión de la Compañía de Jesús** de los dominios españoles por Carlos III en 1767, muy probablemente relacionada con su hegemónico papel en la educación de los súbditos[514], combinada con su inquebrantable fidelidad al papa ante el supuesto de que este entrara en conflictos con el rey, así como con su profesión de la teoría de resistencia ante la tiranía (la cual se expone en el siguiente epígrafe).

---

509 Bula *Ortodoxae Fidei* de Inocencio VIII. Guerrero Cano, Mª. Magdalena, El Patronato de Granada y el de Indias: Algunos Aspectos, Andalucía y América en el siglo XVI: actas de las II Jornadas de Andalucía y América, [celebradas en la] (Universidad de Santa María de la Rábida, marzo, 1982), Vol. I, 1983, pp. 69-90. En relación a Granada, se otorgó aquel derecho con carácter previo a su conquista por entenderse que esta era previsible.

510 Bula *Universalis Eclesiae* de Julio II.

511 Bula *Dum Inter* y Breve *Nuper Nos* de Adriano VI.

512 Bula *Eximio Devotionis Affectu* de Adriano VI.

513 Derecho también conocido como *regium exequatur*. Felipe IV incrementó la frecuencia de empleo de esta herramienta. Sánchez-Arcilla Bernal, José, Historia del Derecho, Reus, Madrid, 2008, p. 286.

514 Al momento de su expulsión, en el territorio peninsular, eran titulares de 105 colegios, 12 seminarios, una universidad (Universidad de Gandía) y sendas cátedras de teología. Mientras que, en Ultramar, ostentaban 83 colegios y 9 seminarios. Recuperado de: universidad cervantesvirtual.com/portales/expulsión_jesuitas/jesuitas_educacion/. Gómez-Camacho, Alejandro, Vida, Escritura y Educación, Buigrafías de Maestros del Siglo de Oro, Uhu.es, Huelva, 2019.

III OPOSICIÓN

1. Tiranía y Derecho de Resistencia

Frente a aquellas ideologías que persiguieron la consagración del Estado bajo un sistema de gobierno absolutista, destacó la obra del teólogo español **Juan de Mariana**, *De Rege et Regis Institutione* (1599). Esta puede ser enmarcada dentro del género de Espejos de Príncipes, el cual persiguió compensar las faltas de escrúpulos morales de las propuestas maquiavélicas con planteamientos humanistas. Aquella obra destacó por combinar una novedosa **teoría democrática**, de ciertas reminiscencias escolásticas[515], con la del **Derecho de Resistencia** contra la Tiranía, acuñada por Juan de Salisbury. Combinando estos dos elementos, afirmó que la soberanía reside esencialmente en la comunidad cívica[516], y que esta es libremente delegada en un monarca bajo ciertos límites que coinciden con las expectativas de sus súbditos[517], que haga imperar la justicia y el pudor. En caso contrario, adquiriría la condición de tirano[518], cabiendo entonces el ejercicio del Derecho de Resistencia. El ejercicio de este derecho comenzaría por la reunión de una asamblea ciudadana que dirigiera una **amonestación** al monarca. Ante el supuesto de que la reprimenda fuera infructuosa, pasaría por **rechazar** su poder

---

515 Santo Tomás de Aquino planteó como régimen ideal a una monarquía limitada por su papel de delegado del pueblo y de dar cabida a consejos de representantes del pueblo democráticamente electos. Desarrolló el planteamiento en *Comentarios a la Política de Aristóteles* y en de *Regimine Principium.* Alzamora Valdez, Mario, *El Poder Político en la Filosofía de Santo Tomás de Aquino*, recuperado de: https://dialnet.unirioja.es/servlet/articulo?codigo=5110262.

516 La soberanía ciudadana se constituye en virtud de un *pactum societatis*, por medio del cual se establece una igualdad legal distribuidora del poder de las partes contratantes, en unas cotas equitativas. A su vez, el fundamento de esa facultad asociativa residiría en la libertad y racionalidad natural de todos los hombres, quienes se sabrían faltos de los beneficios que reporta la especialización del trabajo al tiempo que sufren las amenazas naturales consustanciales a la vida pre-cívica. Cabe señalar que, según Mariana, pese a que la civilización comenzara por la libre elección de las partes contratantes, esta habría sido alentada por la divina providencia. Mariana, Juan de, *Del Rey y de la Institución Real*, Empresa Literario-Editorial, Barcelona, 1880, pp. 59-66.

517 A esta clase de delegación, la escolástica se refirió como *pactum subiectionis.* Cierto es que Mariana presenta la adopción de la monarquía como un acto inmediato a la propia constitución de la sociedad, por lo que, en su relato historicista acerca del nacimiento de esta institución, no repara en él. Sin embargo, la idea está implícita en su obra, en tanto que habla de que la constitución monárquica es indisociable de la sujeción al parecer y al poder de sus súbditos que la constituyen. Añade de Mariana que, fue más tarde, una vez que ya se adquirió experiencia acerca de la corruptibilidad del príncipe, cuando se adoptó la decisión de proclamar unas leyes fundamentales que compensaran sus faltas. Mariana, Juan de, *op.cit.*, P. 69 y 70.

518 En términos generales, consistiría en practicar los vicios opuestos a las virtudes cardinales. En términos concretos, pasa por las prácticas de: rodearse de un consejo de aduladores; creerse exento de sujeción a la ley; valerse de mercenarios; y, en suma, hacer suyo el Estado.

considerándolo cesado de su oficio; y en caso de que este buscara imponer su poder por la fuerza, consistiría en resistirlo recurriendo al enfrentamiento armado, en cuyo caso, si para tener éxito fuera necesario arrebatarle la vida (**tiranicidio**), tal derecho lo ampararía[519].

2. Movimientos Opositores

La monarquía absoluta española, sin perjuicio de haber mantenido aquella esencia, hubo de hacer frente a varios momentos críticos en los que fue puesta a prueba.

A) Rebelión de las Comunidades y de las Germanías (1520-1522): Ambas revueltas fueron coetáneas. La primera de ellas tuvo su raíz en el desconsiderado trato que Carlos I dispensó a los castellano-leoneses desde que, proveniente de Flandes, llegara a la patria de estos en 1516. En efecto, desde el primer momento entregó cargos de la más alta responsabilidad a extranjeros, de su Flandes natal; convocó a las Cortes para exigirlas subsidios con los que perseguía alcanzar la dignidad imperial, sin ofrecer ninguna ventaja a cambio; y al partir a Alemania, para ocuparse de aquel asunto, hallándose ya sumidos los castellano-leoneses en un profundo descontento, designó como regente del reino al flamenco Adriano de Utrecht. Ante estos desaires, la **burguesía** del reino (especialmente la del área comprendida entre Burgos y Valladolid), promovió la creación de una alianza militar interurbana para deponer por la fuerza al regente y establecer un régimen en el que el brazo burgués de las **Cortes** y el monarca compartiesen el poder[520]. La nobleza no estaba mucho menos descontenta con el desprecio que se hacía a los "nacionales", pero tanto las pretensiones hegemónicas de la burguesía, así como la aceptación de los comuneros del auxilio de unas **tropas campesinas** que aspiraban a dotar a la revuelta de objetivos **anti-señoriales**, acabaron por ponerla en su contra. Finalmente, el ejército leal al monarca derrotó a los sublevados en **Villalar** y ajustició a sus tres líderes, Juan Bravo, Francisco Maldonado y Juan de Padilla.

Las Revuelta de las Germanías tuvo su origen en el derecho concedido por Fernando el Católico a los **gremios del Reino de Valencia**, para que estos se orga-

---

[519] No habría derecho a cometer el tiranicidio por medio de envenenamiento, por considerar la muerte resultante como un suicidio. Añade que el hecho de que el monarca se sepa vulnerable ante sus súbditos, es un condicionante beneficioso para su ética, pues le incita a alejarse del vicio en sus responsabilidades de gobierno. Rubio-Carracedo, José, *Ciudadanos y Príncipes: El Concepto de Ciudadanía Activa en Juan de Mariana*, Revista de Estudios Políticos, Nº 138, 2007, págs. 129-156.

[520] El órgano que dirigió la revuelta fue la Santa Junta o Cortes y Junta General del Reino, que pretendió identificarse con las propias cortes del reino, pese a no contar con la representación de algunas ciudades y carecer de representantes por los estamentos noble y clerical.

nizasen como **milicias**, de forma que pudieran hacer frente a los posibles ataques de la marina otomana en el litoral levantino. En ese contexto, se produjo un brote de **peste** que llevó a la nobleza de la urbe a abandonarla en un marco de agudas **dificultades económicas**. Ante el desgobierno y la carestía, los miembros de los gremios, los *germanos*, decidieron sublevarse para hacerse con el control de las ciudades, propugnando un sistema político **independiente y republicano**. Tal régimen tendría como condición de participación de sus ciudadanos la **pertenencia a algún gremio**, debiendo asumir los gobernantes la responsabilidad de velar por el monopolio comercial de los dichos gremios, así como establecer la prestación de ayudas sociales. Los agermanados formaron una junta de gobierno para coordinar sus acciones, la *Junta de los Trece*, la cual sería desarticulada tras la derrota sufrida ante los ejércitos reales en la Batalla de Gandía.

B) Rebelión de las Alpujarras (1568-1571): surgió como consecuencia de la promulgación de una **pragmática de 1567**, por la que se forzaba a los **moriscos** (musulmanes convertidos al cristianismo tras la conquista) a abandonar todos sus usos, desde la vestimenta a la lengua árabe y el uso de baños públicos[521]. Como respuesta, al año siguiente se produjo la proclamación de un **nuevo emir andalusí** y un alzamiento armado que provocó una guerra intestina en Granada, con el consiguiente peligro de agravarse la situación mediante un desembarco de tropas del Imperio Otomano para auxiliar a los insurrectos. El alzamiento sería frustrado por la dirección militar del hermano de Felipe II, Don **Juan de Austria**, resolviéndose con la **deportación** de toda la población morisca, que sería dispersada en pequeños grupos familiares por los pueblos del interior peninsular, padeciendo unas severas condiciones de pauperización, mortandad y acoso por la Inquisición.

C) Insurrección de Aragón (1591): uno de los secretarios de Estado de Felipe II, **Antonio Pérez del Hierro**, se implicó en una conspiración contra Don Juan de Austria, incitando al rey, con falsos pretextos, a **ordenar el asesinato del secretario personal** de aquel (Juan de Escobedo). Una vez que quedó al descubierto el engaño, el rey mandó que fuera hecho preso por los delitos de corrupción y revelación de secretos de Estado, no atreviéndose a acusarlo del asesinato del que había sido secretario de su hermano, por no ser que quedara al descubierto su propia implicación. Andando los años, Felipe II mandó hacerlo nuevamente preso, siendo sometido a tortura y confesando su culpa del susodicho asesinato. Ante las oscuras

[521] El malestar morisco se retrotraía a tiempos anteriores. Conforme al acuerdo de capitulación del Reino de Granda signado el 25 de noviembre de 1491, la población musulmana podría continuar rigiendo sus relaciones por el *Sharia*, respetándose a tal efecto la jurisdicción de los *qadíes*. No obstante, tras ciertos desórdenes, la reina Isabel, produjo una pragmática con fecha del 14 de febrero de 1502. Esta, conocida como Edicto de Conversión Forzosa, puso a la población mudéjar en la tesitura de elegir entre la conversión al catolicismo o abandonar el reino. Así fue como allí apareció una gran población de "moriscos", desde el principio incomodada por la vigilancia de la Inquisición.

perspectivas que le aguardaban, consiguió escapar de su cautiverio y llegar hasta el **Reino de Aragón**. Allí, tuvo ocasión de acogerse al **Derecho de Manifestación**, consagrado por sus Ordenamientos de Cortes[522]. Aquel derecho facultaba a cualquier sujeto sobre el que pesara la pretensión de privación de libertad, para interpelar al justicia mayor de Aragón, a fin de que este se hiciera su custodio y velara para que se realizara una **acusación formal** que le permitiera **organizar su defensa judicial**, y para que no sufriera **ningún daño**, previniendo especialmente la tortura. Ante las garantías procesales que Antonio Pérez adquirió en Aragón, el monarca lo acusó de hereje, ordenando a la **Inquisición Española**, con jurisdicción para prender y juzgar a todo aquel sospechoso de herejía en cualquier territorio de la Corona, que lo aprehendiera. Ante esta demanda, que llevaba aparejada la perspectiva de que fuera procesado sin acusación pública y que padeciera tortura, **el justicia mayor**, como defensor del cumplimiento de los ordenamientos de cortes aragoneses, **se negó**. Tras muchas tensiones, Felipe II resolvió el envío de un ejército con el que impuso su poder absoluto ante todos los estamentos e instituciones de aquel reino. No obstante, entre los tumultos, Antonio Pérez consiguió escapar a Francia, en donde hizo pública su versión de los hechos, descubriendo la implicación del Felipe II en el aludido asesinato y perjudicando gravemente su imagen.

D) Rebelión de Cataluña (1640): en 1626 y en 1632, el **conde-duque de Olivares**, con el beneplácito de Felipe IV, había planteado en las cortes de Cataluña la aprobación de la llamada **Unión de Armas**. Un proyecto de creación de un **ejército integrado por tropas de toda la monarquía para la defensa común de sus reinos**. En ambas ocasiones, las **Cortes catalanas rechazaron** tanto aportar tropas como subsidios con los que el rey pudiera contratar a particulares como mercenarios, dejando exentos de contraer aquel deber a los catalanes. En el mismo año, Francia declaró la guerra a España, acantonándose tropas reales en el principado catalán. Ante esta coyuntura, se enrareció el clima en la región, pues los locales percibían como una **molestia tener que alojar y alimentar** con sus propios recursos a las tropas, además de padecer el requisamiento de bestias de tiro para fines logísticos. La animadversión hacia los soldados, propició crecientes tensiones, derivando en algunos episodios de excesos por parte de estos, como el saqueo acaecido en Palafrugell en 1638. En 1639 **Cataluña sufrió una invasión francesa**, padeciendo la conquista de algunas plazas. La respuesta de la Monarquía Hispánica fue el envió de mayores contingentes, los cuales, junto con milicias catalanas, lograron rechazar al invasor. Finalmente, en 1640 la pobla-

---

522 Cortes de Teruel de 1428 y Cortes de Calatayud de 1461. Si bien, consta que los justicias mayores ya habían ejercido esta facultad tuitiva con carácter previo. El primer ejercicio conocido de este derecho, fui garantizado por el justicia Domingo Cerdá entre 1362 y 1391. Fairen Guillén, Victor, *La Defensa del Derecho de Libertad Personal en la Historia y en la Actualidad Española*, Revista de Administración Pública, Nº 69, 1972 pp. 9-58, pp. 33-36.

ción campesina, azotada por malas cosechas y crecientes dificultades económicas, irrumpió en Barcelona para efectuar una protesta contra las élites gobernantes en general. Ante su furia, la oligarquía local señaló como el foco de la problemática a los ejércitos acuartelados en Cataluña y a los artífices de aquella política. En vista de lo cual, la turbamulta decidió acometer contra las autoridades reales, **matando al virrey de Cataluña**, el conde de Santa Coloma. Temerosa de las represalias de la monarquía, esa oligarquía catalana se reunió para formar unas **Cortes** sin el monarca (Junta de Brazos), aprobando sucesivamente las propuestas del miembro del brazo eclesiástico, Pau Claris: primero, **constituirse como república** independiente aliada con Francia frente a la Corona Española; y después, ante la negativa francesa de entablar alianza, de ofrecer el **principado de Cataluña a Luis XIII** de Francia.

La rebelión se saldó con un largo conflicto bélico en tierras catalanas, que no dejaría paso a la **pacificación del territorio hasta 1652**.

E) Motín de Esquilache (1766): Desde 1760 venían promulgándose leyes que restringían la vestimenta de los madrileños y de los oficiales reales. No obstante, las autoridades no comenzaron a respaldar las prohibiciones mediante la aplicación de medidas coercitivas hasta la publicación del **bando del 10 de marzo de 1766**, en el cual se anunciaba la promulgación de una nueva real orden[523] por el **ministro marqués de Esquilache**. La medida fue percibida como un ataque a las costumbres españolas por parte de un ministro italiano, soliviantando aparentes ánimos **nacionalistas** en la población. Sobre este generalizado malestar de los madrileños, la historiografía coincide en señalar como otro importante detonante, la carestía de bienes de primera necesidad[524]. No obstante, sea como fuere, la población madrileña se precipitó a asaltar armerías, y mantuvo enfrentamientos mortales con las guardias reales valonas, **exigiendo a Carlos III** comprometerse personalmente ante el pueblo a: la erradicación de aquel cuerpo de valones; la destitución de sus ministros extranjeros y en particular el exilio de Esquilache; la **abrogación de las reales órdenes contrarias a la vestimenta**; y a intervenir el precio de los alimentos de primera necesidad para facilitar su acceso. Finalmente, consternado por la violenta determinación del pueblo, resolvió acceder a todo ello.

---

[523] *"la Real Orden es un documento redactado y expedido en el despacho del monarca. Una oficina sencilla, integrada por oficiales y secretarios que auxiliaban al rey en la tramitación de los papeles, sin el amparo de una entidad colegiada y sin asesoramiento jurídico alguno. La autoridad y el reconocimiento otorgado a la Real Orden procedía de su proximidad a la persona del soberano. De una forma ficticia o real, el tipo documental que aquí se analiza se definía en la época por transmitir una orden directa del rey, una voluntad real dada verbalmente, "a boca", al secretario o a la persona que en ese momento lo asistía en su despacho. Ese despacho era un espacio directo y sin intermediarios, que sólo unos pocos, los de su plena confianza, podían franquear".* Francisco José Pérez Ramos, *La Real Orden en el Despacho del Rey: Secretarios, Presidentes y Validos,* HID 39 (2012) 213-239.

[524] Provocada por las malas cosechas y una especulación de los precios del grano, esta última posibilitada por la abolición de la Tasa de Granos en 1765.

Tal acontecimiento es considerado, tanto por su éxito como por su tono imperativo dirigido directamente a un soberano, como un **evento prerrevolucionario**, que anunciaba la oleada de movimientos opositores al poder absoluto de los monarcas que traería la Revolución Francesa (1789).

IV ADMINISTRACIÓN CENTRAL DEL ABSOLUTISMO

La administración central del absolutismo (tanto de los Habsburgo como de los Borbones), se caracterizó por la implementación de reformas en el sistema de órganos públicos con tres objetivos: a) **reducir las competencias** de los órganos preexistentes que pudieran presentar resistencias al poder absoluto, b) **crear órganos** que canalizaran el nuevo poder absoluto de los monarcas, y c) **agilizar la toma de decisiones** de todos los órganos políticos.

1. Administración central de los Habsburgo:

A) Las Cortes de la Edad Moderna, en la práctica, se distinguieron de las medievales por ver sus competencias reducidas a la **aprobación de subsidios** económicos[525]. Asimismo, cabe destacar que, desde el año 1538, el **brazo noble cesó** en su comparecencia tanto en las Cortes valencianas como en las castellano-leonesas, siendo que en estas últimas, adicionalmente desapareció el brazo eclesiástico. Tal cosa parece lógica si se tiene en cuenta que ambos estamentos estaban exentos del pago de tributos. Así, en líneas generales, puede hablarse de unas Cortes esencialmente integradas por los representantes de las ciudades, cuyo número fue el de dos por cada una de ellas. Tales representantes procedieron del **patriciado urbano**, es decir, de las familias más acaudaladas y prestigiosas de su localidad[526]. Debido a las importantes ventajas que en esta etapa conllevaba asumir el mandato representativo, el acceso se producía tras haberse impuesto en un intrincado clima de rivalidades y negociaciones habidas en su término municipal. Tales **ventajas** fueron dispuestas por los monarcas con la expectativa de incitar a los procuradores a una mayor docilidad, proclive a la pacífica aprobación de sus solicitudes de subsidios. Las aludidas gratificaciones se concretaron en la concesión

---

[525] Esta circunstancia también se aplica a las Cortes de la Corona de Aragón, si bien, es cierto que merece atención su notable carácter irredento a la hora de oponerse a las intentonas transgresoras de los fueros y ordenamientos de sus territorios.

[526] Fueron frecuentemente reconocidos como nobles en su término municipal. Si bien, hay que tener presente que, aun cuando se daba este caso, los susodichos miembros del patriciado urbano acudían a las Cortes en atención a su condición burguesa, siendo su condición de noble algo puramente contingente y accidental en aquel contexto.

de hábitos de caballeros de las Órdenes Militares[527], o, en el caso de las Cortes Castellano-leonesas, en la percepción del 1,5 % de la recaudación del subsidio total aprobado (a dividir entre todos los procuradores). La práctica inoperancia de las Cortes se haría notar en el hecho de que, las castellano-leonesas, dejarían de contar con la propio presencia del monarca, siendo presididas por el **presidente del consejo de Castilla**[528]; y en el hecho de que, a partir del reinado de **Carlos II**, ninguna de ellas serían ya convocadas.

B) El Régimen Polisinodial, o de los consejos: como se vio (Tema 8.6.), durante el Bajo Medievo, tanto la Corona castellano-leonesa como la aragonesa contaron con sus propios consejos reales (sucesores de las curias regias y del aula regia visigótica), generalmente integrados por *caballeros, letrados y prelados*, quienes asumían funciones asesoras y colegisladoras en ciertos asuntos de interés del reino. En esta etapa, ciertos acontecimientos implicaron la multiplicación de esta clase de órganos. Primeramente, la política emprendida por los Reyes Católicos de conquistar o de unir mediante alianzas matrimoniales a distintos reinos, dio como fruto que, tanto ellos como sus sucesores, se vieran asistidos por múltiples **consejos territoriales,** propios de cada uno de esos reinos (Castilla-León, Aragón, Indias, Navarra, Italia, Portugal y Flandes). En segundo lugar, hay que aludir a ciertos "ideales universalistas"[529], los cuales despertaron el afán de crear nuevos

---

[527] Además del prestigio social adquirido, la obtención de un hábito de las Ordenes Militares conllevaba un público reconocimiento de la condición nobiliaria del individuo en virtud del cual tenía plenas garantías de exención fiscal. Además, quedaban exclusivamente sometidos a la jurisdicción del Consejo de Órdenes, quedando blindados antes la inquisición u órganos judiciales ordinarios de sus territorios.

[528] Ya el presidente del Consejo de Castilla y cardenal, Juan Pardo de Tavera, presidió las Cortes de Madrid de 1528 y 1534, las de Valladolid de 1537 y las de Toledo de 1538. Granda, Sara, *El Presidente del Consejo de Castila y el Generalato de la Suprema,* Revista de la Inquisición (Intolerancia y Derechos Humanos), volumen 15, 2011, pp. 27-83.

[529] Con este término se alude a un sucedáneo del viejo ideal político-agustinista que proclamaba la conveniencia de un solo gobernador y legislador para toda la cristiandad. Se trata del proyecto político humanista llamado "Monarquía Universal" acuñado por el canciller imperial Mercurino Gattinara. consistente en el afán por homogeneizar todos los órganos de gobierno y el Derecho de los dominios bajo el gobierno del emperador Carlos I de España y V del Sacro Imperio Romano Germánico. Tal fin, probablemente no fuera afrontado como un mero asunto de conveniencia, sino como una exigencia derivada de sus convicciones humanistas. Respecto a ese último apunte, sabido es el aprecio de Gattinara por la obra *De la Monarquía* de Dante Alighieri (*ca.* 1313), en la cual se postula que, si toda la Humanidad se orienta a un solo fin, es preciso que haya un solo monarca que la rija. Del planteamiento dantesco, se puede seguir que, si uno solo ha de dirigir hacia un solo fin a todos súbditos, no hay lugar para distintos consejos, en los que se presenten múltiples obstáculos regionalistas y procesales a la tarea. Cabe considerar que tal proyecto homogeneizador, también fue abordado como la creación de una herramienta institucional a partir de la cual someter a un mismo imperio a todo el orbe. Tal posibilidad infundió un agudo temor en la monarquía francesa, determinando que su Razón de Estado la condujera a oponerse a la Monarquía Hispánica, tanto en el terreno militar como en

consejos mediante los cuales poder gobernar al mismo tiempo a todos sus súbditos. La pluralidad de los consejos inspirados por tales ideales, vino dada por la creciente diversidad y complejidad de los asuntos a tratar[530], exigiendo esta la segmentación de los diversos asuntos de gobierno en áreas competenciales, para luego atribuir su gestión a consejos integrados por especialistas en las materias. De este modo, aparecieron los llamados **consejos de materias**, cuyos integrantes trabajarían para gobernar a todos los súbditos de la Monarquía Hispánica en su respectivo ámbito competencial. Frente a ellos, los consejos territoriales conservarían facultades residuales, es decir, aquellas que no habían sido absorbidas por los de materias.

Consejos de materias fueron los de: **Estado** (1523), encargado de la política internacional, de resolver los conflictos entre consejos y de la censura política; **Guerra** (1523) encargado de la dirección estratégica y logística de los conflictos bélicos, siendo sus miembros frecuentemente convocados junto a los de Estado[531]; **Inquisición** (1488), encargado de gobernar la estructura inquisitorial que descubría a los herejes de toda España e Indias, a fin de entregarlos a la justicia del rey para su oportuno castigo; **Hacienda** (1523), encargado de proyectar la recaudación tributaria, su ejecución y de la gestión de los recursos obtenidos; **de las Órdenes** (1489-1494?) encargado del gobierno de las Órdenes Militares integradas por sus caballeros y de la gestión de sus rentas; **de Cruzada** (1534) encargado de hacer las gestiones oportunas para obtener del papa la declaración de cruzadas con las que recuperar los Santos Lugares para la Cristiandad, y de obtener y administrar las donaciones que financiasen, tanto esos conflictos como la redención de los cristianos esclavizados por los musulmanes.

Como excepción a esta división entre consejos territoriales y de materias, encontramos a dos consejos que mantuvieron una **naturaleza mixta**. Los consejos de **Cámara de Castilla** y de **Cámara de Indias**, cuyas competencias se circunscribieron a los mencionados territorios, pero tan solo en relación a una materia específica. Fueron estas a encargarse de los nombramientos de oficios públicos con poder para esas circunscripciones, y de las gracias y mercedes que se estimara concederles.

En última instancia, hay que señalar que, todos los dichos consejos, asumieron adicionalmente ciertas **competencias judiciales**, cobrando así, cada uno de ellos, identidad funcional con sus precursores institucionales, las curias regias y el Aula Regia visigoda.

---

el propagandístico casi a cualquier precio (es célebre en este sentido la alianza contraída con los otomanos en 1536).

[530] Fenómeno acorde a la ley del progreso social enunciada por la sociología de Durkheim en su obra *La División del Trabajo Social.*

[531] Consejo dependiente del propio Consejo de Estado, hasta 1714. En ocasiones, tuvieron reuniones conjuntas, formando el Consejo Pleno de Estado y Guerra.

C) Secretarios. Ante la diversidad y complejidad de asuntos a afrontar, y ante la multiplicación de órganos del aparato estatal y de las reuniones requeridas para adoptar una decisión adecuada, los monarcas decidieron contar con la asistencia de varios secretarios que les auxiliaran, tanto en la organización de su agenda como en la correcta comprensión de la situación sobre la que habían de decidir. Siguiendo esta lógica, en primera instancia, puede hablarse de la existencia de unos secretarios **privados** del monarca.

Posteriormente surgirían los **secretarios de Estado**[532], un reducido número de secretarios (normalmente dos o tres) que se insertan en el aparato administrativo polisinodial para realizar su labor de asistencia con mayores garantías. Estos concurrían a las reuniones de los consejos, tomando nota de las pretensiones y propuestas de sus consejeros; posteriormente realizaban una síntesis escrita de lo que había sido manifestado en las reuniones, la cual remitían al monarca. Tras ello se producía el **despacho a boca**, consistente en una reunión con el rey para hacerle aclaraciones sobre el escrito que le había remitido y deliberar acerca de la decisión más acertada. Y, por último, el secretario de Estado en cuestión acudía a la próxima reunión del consejo para manifestar el parecer o decisión del monarca[533].

La figura del secretario del Estado desembarazó a los reyes de la necesidad de acudir personalmente a todos y a cada uno de los consejos, permitiéndole ser más selectivo y reservar tiempo para otros quehaceres, políticos u ociosos. También conviene tener presente que, gracias a ellos, los monarcas pudieron optar por ausentarse para así evitar ejercer una presión derivada de su reverencial figura, y de esta forma, permitir la libre y fluida expresión de los consejeros. Sea como fuere, lo cierto es que la presencia de los secretarios de Estado en los consejos se normalizó, adquiriendo, ***de facto*, la representación del monarca** en su seno y, por

---

[532] La terminología del cargo se debe a que, originalmente, sus funciones fueron asumidas por los secretarios propios del Consejo de Estado. Respecto a este particular, cabe aclarar que, los distintos consejos contaron con secretarios particulares, con independencia de los privados del monarca. Y que, a las reuniones de este consejo, por su especial importancia, acudieron personalmente los monarcas, contrayendo una estrecha relación con esta clase de secretarios, no en vano, minuciosamente enterados del panorama de la coyuntura política. Cabe añadir que, en 1567, tal secretaría fue fragmentada en dos, atribuyéndose a cada secretario el entendimiento de los acontecimientos de unas particulares regiones. Escudero, José, *Los Orígenes del Consejo de Ministros de España, Vol. 1*, Complutense, Madrid, 2001.

[533] Adicionalmente, cabría hacer mención de los secretarios de los consejos. Se trató de sujetos que recibían y examinaban las cartas remitidas por oficiales y particulares que interpelaban a los consejos con ruegos y opiniones acerca de asuntos de su preocupación. En base a estas comunicaciones, los secretarios del los consejos, en consenso con el secretario de Estado de turno y el monarca, establecían el orden del día a tratar en los consejos. John Lych, *Los Austrias 1516-1700*, Crítica, Barcelona, 2007, p.433.

ende, la presidencia de los consejos. Todo lo cual les reportó un gran poder e influencia.

En el S.XVII, los sucesivos reyes Habsburgo conocidos como los Austrias Menores, presentaron un acusado periodo de falta de implicación en el gobierno del Estado. En aquel contexto los secretarios de Estado, como funcionarios concebidos para realizar el "despacho a boca" con el monarca, devinieron en figuras inoperantes. A efectos de suplir la dejadez de funciones de los reyes, resurgió con notable fuerza la figura del valido (Tema 8.3.). En el año 1621, el valido conde-duque de Olivares, desprovisto de unos asistentes propios para para hacer frente a sus inconmensurables responsabilidades para con los consejos, creo el cargo del **secretario del Despacho Universal**. Se trató de un único secretario que en lo sucesivo habría de acudir a todos ellos para sintetizar la información relevante y, posteriormente, mantener un **despacho a boca con el valido** de turno, quien eventualmente podría tratar el asunto con el monarca para comunicarle la decisión que se disponía a adoptar en su nombre. De este modo, el Secretariado del Despacho Universal, a diferencia de los secretarios de Estado, fueron sujetos anónimos para los monarcas, por lo que nadie pudo entender que de ningún modo representaran al rey. Su tarea fue estrictamente de naturaleza burocrática y, por lo extremadamente tediosa que parecía, objeto de mofas entre los cortesanos. Consecuentemente, el cargo careció del prestigio del que gozaron los anteriores secretarios.

2. Administración Central de los Borbones

2.1.- Decretos de Nueva Planta: Ya en 1624, el conde-duque de Olivares había dirigido una carta a Felipe IV en la que le recomendaba que, a efectos de anular cualquier posible resistencia a su poder, redujera la diversidad de ordenamientos jurídicos de todos sus dominios a uno solo[534]. A tal efecto, propuso lo que ha sido llamado la ***castellanización***, proyecto consistente en lograr el señalado fin mediante la implantación del Derecho castellano-leonés al resto de reinos de la Corona Española. La estrategia respondió a la consideración de que este era el ordenamiento jurídico que ofrecía más garantías para el ejercicio de un poder irresistible, dado que no estaba afectado por la práctica política pactista (Tema VIII, 2, 3).

La oportunidad para realizar semejante pretensión no se presentó hasta el año 1701, cuando, como resultado de la muerte sin herederos directos de Carlos II, estalló la **Guerra de Sucesión Española**. Aquel conflicto tuvo como candidatos y contendientes para heredar la Corona Española a Carlos de Habsburgo, archiduque de Austria; y a Felipe de Borbón, duque de Anjou. Felipe, beneficiado por el testamento de Carlos II, contó con el apoyo de Castilla-León, y ante sus progre-

---

[534] Gran Memorial o Memorial Secreto del Conde-duque de Olivares.

sivos avances militares frente a los partidarios de su rival, resolvió ampararse en el **Derecho de Conquista** para promulgar diversas leyes que recibieron el nombre de **Decretos de Nueva Planta**, mediante las cuales acometió, parcialmente, aquella antigua pretensión "castellanizadora" del Conde-Duque de Olivares.

En líneas generales, puede decirse que, los Decretos de Nueva Planta, se concretaron en las dos medidas que se exponen a continuación.

A) la reforma del Derecho público de los reinos de la Corona de Aragón. En relación a esta reforma, hay que destacar tres puntos: a) **abolieron las distintas Cortes de la Corona Aragonesa**, facultando a sus ciudades para enviar procuradores a las cortes castellano-leonesas, las cuales, por ende, quedaron configuradas como Cortes "nacionales" de la Corona Española. Además, cabe aclarar que, bajo los borbones, no se reunieron más que en tres ocasiones[535], siendo valorada su actividad como puramente formal. Por otra parte, b) se acometió una **reforma de las audiencias**, trasplantando el modelo castellano[536]. Y c) estableció como máxima instancia política, militar, tributaria y judicial de cada reino a un **comandante general (o capitán general) nombrado por el rey**[537], quien, con el acuerdo de los oidores de su correspondiente Real Audiencia, habría de nombrar a todos los cargos municipales del reino que gobernaba.

B) la derogación el Derecho Procesal de Valencia, de Aragón y de Mallorca; la derogación del Derecho Penal de Valencia y de Aragón; y solo la derogación del Derecho Privado (civil y mercantil) Valenciano[538].

A mayor abundancia sobre los Decretos de Nueva Planta, pueden hacerse las siguientes observaciones particulares:

— Decreto del 29 de julio 1707: Dirigido a los reinos de Valencia y Aragón, **aboliendo todo su Derecho** y determinando, sin mayores precisiones, la aplicación del ordenamiento jurídico castellano a todos los efectos.

---

535 En 1713, para aprobar la "ley sálica"; en 1760, para alterar el sistema de elección de los procuradores; y en 1789 para abrogar la ley sálica previamente aprobada y jurar como príncipe de Asturias al futuro Fernando VII.

536 En particular se trasplantó el modelo de la Audiencia de Sevilla.

537 Presidía la Real Audiencia, y había de estar informado de los nombramientos del personal, así como de los asuntos de trascendencia que en ella acontecieran. No obstante, no gozaba de voto en la resolución de las controversias. En cuanto a sus poderes tributarios, estos existieron tan solo en el Reino de Aragón.

538 Allí, a todos los efectos, el Derecho vigente se limitaría a lo contenido en la *Nueva Recopilación* y, con carácter supletorio, a *Las Siete Partidas*. Por otra parte, cabe destacar que en Barcelona y Mallorca pervivieron sus respectivos consulados del mar, aplicando las normas del Libro del Consulado del Mar. Serna Vallejo, Margarita, *Textos Jurídicos Marítimos Medievales*, BOE, España, 2018, p. 58.

— Decreto del 3 de abril de 1711: dirigido al Reino de Aragón, disponiendo que se vuelva a **aplicar su Derecho Civil,** conforme a como se venía haciendo antes del decreto del 29 de julio de 1707, y creando la figura del **comandante general**.

— Decreto del 27 de junio de 1711: dirigido al Reino de Aragón, acometiendo la "reestructuración técnica" de la **Real Audiencia de Aragón** conforme al modelo de la de Sevilla. Adicionalmente, otorgó jurisdicción al Consejo de Castilla para conocer los recursos a sus sentencias.

— Decreto del 28 de noviembre 1715: dirigido al Reino de Mallorca. Permitió la vigencia del Derecho Civil, Mercantil y Penal del archipiélago[539]. Como el decreto anteriormente mencionado, estableció al Consejo de Castilla como instancia conocedora de las apelaciones de sentencias. Cabe precisar que las disposiciones de este decreto no alcanzaron a Menorca, por estar bajo soberanía británica. (Solo deroga Público y Procesal)

— Decreto del 15 de enero 1716: dirigido al Principado de Cataluña, presentando las particularidades de permitir la pervivencia de su antiguo Derecho Civil, Mercantil, Penal y Procesal. En cuanto a esta última área del Derecho, se dispuso que la única lengua válida ante la Real Audiencia de Cataluña sería la castellana. (Solo derogó el Derecho Público)

2.2.- Debilitamiento del Régimen Polisinodial: Por otro lado, cabe destacar como ya desde los Habsburgo se había ido anunciado otra tendencia, que acabaría dejando paso a una importante reforma de la administración. Tuvo su razón de ser en el ineficiente sistema polisinodial, en parte motivado por su naturaleza colegiada, que conllevaba largas discusiones y laboriosos informes individuales de sus miembros antes de cada decisión[540].

---

539 Conforme a la Real Resolución del 11 de diciembre de 1717, a resultas de una consulta elevada al Consejo de Castilla por los oidores de la Real Audiencia de Mallorca, se aclaró que cuando en el decreto de nueva planta para el régimen de gobierno de Mallorca se dijo que: *en el modo de proceder en las causas civiles y criminales* (...) *se observarán las pragmáticas y estilos antiguos,* por ello, realmente se debía de entender que *los ministros de la nueva audiencia conozcan de las causas civiles y criminales, como lo hacían los de la antigua, y no al modo y demás circunstancias del juicio o autos judiciales. Novísima Recopilación,* pie de página nº1 añadido al precepto contenido en V, 10, 1, 4. Ejemplar recuperado de: https://books.google.es/books?id=oajlUfm6RJIC&printsec=frontcover&dq=nov%C3%ADsima+recopilaci%C3%B3n+libros+v&hl=es&sa=X&redir_esc=y#v=onepage&q=audiencia%20mallorca&f=false.

540 John Lynch apunta como mayor vicio de aquel sistema a la fijación de Felipe III y los sucesivos Austrias por atender los eventos ceremoniales de la Corte real, además de centrarse en otros quehaceres ociosos, como viajar. John Lynch, *Los Austrias (1516-1700)*, Crítica, Barcelona, 2007, pp. 434 y 435.

A) En vista de ello, a partir del reinado de Felipe II se constituyeron las llamadas **juntas**, órganos que se multiplicarían a partir del reinado de Felipe III. Se trató de órganos creados *ad hoc*, integrados por un reducido número de técnicos que habían de reunirse para orientar, o incluso directamente señalar, las decisiones que habían de adoptar los consejos en algún asunto particular. Respecto a esta novedad, Escudero señala que, en la práctica, algunas de aquellas juntas llegaron a alcanzar una entidad jerárquica superior a los propios consejos[541].

B) Sin embargo, **la verdadera reforma** orientada al desarrollo de una administración más ágil que la ofrecida por el Régimen Polisinodial, vendría también dada por Felipe V. Este monarca crearía las **Secretarías de Estado y Despachos**, predecesores de los actuales ministerios gubernamentales. Estas secretarías (o "ministerios" siguiendo con la analogía) fueron creadas a partir de la secretaría del despacho universal del Conde-Duque de Olivares, la cual, el 11 de julio de 1705, fue desdoblada en tres nuevas: la Secretaría de Estado y del Despacho de Guerra, la de Hacienda y la de "todo lo demás". El monarca nombró a un secretario para cada área competencial, y, como su predecesor *universal*, estos hubieron de acudir a los consejos que deliberaban sobre los asuntos de su área, para **resumir lo tratado e informar al monarca**. No obstante, se deben destacar dos importantes novedades que justifican señalar su similitud con nuestros actuales ministros gubernamentales:

En primer lugar, paralelo a su creación, comenzó a producirse la desaparición de algunos consejos, la mengua del personal de otros, y una progresiva sustracción de sus competencias en beneficio de los secretarios de Estado y despacho. Esto último sucedía en virtud de la apelación a la "**vía reservada**". Con esta última expresión, el monarca aludía a su deseo de que un asunto, hasta entonces competencia de un consejo, en lo sucesivo sería tratado personalmente por el rey con su secretario de Estado y del despacho correspondiente. Y, en segundo lugar, estos "ministros" a diferencia de los consejos, no operaban colegiadamente. En abierto contraste, cada uno de estos trabajaba asistido por un cuerpo de oficiales de carrera, organizados en escalafones conforme al **principio de jerarquía**[542], ejecutando todos ellos las órdenes que emanaban del secretario que se hallaba en la cúspide.

Cabe añadir que aquellas nuevas secretarías fueron objeto de sucesivas reformas, que culminaron en el año 1790, dando lugar a la cristalización de las Secretarías de Estado de los despachos de **Estado**, **Justicia, Hacienda, Guerra y**

---

[541] Escudero, José, *Curso de Historia del Derecho: Fuentes e Instituciones Político-administrativas*, Madrid, 2003, p.751.

[542] Cada una de las secretarías de Estado y del Despacho pudo contar con varias mesas, secciones o negociados. A su vez, cada una de esas subdivisiones, estaba integrada por oficiales especializados en una concreta área. Los oficiales establecían su jerarquía al adjetivarse sucesivamente como oficial "primero", "segundo", "tercero", etc.

Marina. Y que entre 1787 y 1792, por obra del secretario de Estado y del Despacho de Hacienda, José Moñino (conde de Floridablanca), todos los secretarios mantuvieron reuniones periódicas, conformando la llamada **Junta Suprema de Estado**, claro precedente del actual Consejo de Ministros.

Por último, hay que matizar que la aludida decadencia del Régimen Polisinodial no comportó la total desaparición de los consejos, procediendo destacar la supervivencia, con un papel aun considerable y acumulando un gran prestigio, de los **consejos de Castilla**, **Hacienda** y de **Indias**.

V RECOPILACIÓN

Al igual que sucedió con el Derecho Indiano, el Derecho de aplicación al Reino Castellano-Leonés iría creciendo exponencialmente, dificultando su conocimiento y adecuada aplicación. En vista de lo cual, durante los S. XV y XVI las Cortes castellanas hicieron repetidas recomendaciones de que se realizaran compilaciones recogiendo aquel Derecho. Conviene observar que, en virtud de los Decretos de Nueva Planta, los productos finales de este afán recopilador, tendrían una cierta aplicación en toda España.

1.- Ordenamiento de Montalvo de 1483 (u *Ordenanzas Reales de Castilla*), fue el primero de los compendios, siendo realizado por el legista Alonso Díaz de Montalvo. Este, recogió en ocho libros los **ordenamientos de Cortes y las pragmáticas** sanciones promulgadas desde el reinado de Alfonso XI, así como algunas disposiciones del Fuero Real de Alfonso X. Si bien no consta que fuera formalmente promulgado, se entiende que estuvo vigente, dado que han llegado hasta nosotros referencias de que los Reyes Católicos ordenaron que todas las ciudades, villas y lugares de Castilla, tuvieran el libro de Montalvo, y que por él se resolvieran los pleitos que no precisaran de la aplicación del Derecho Foral[543]. No fue una recopilación exhaustiva, habiendo sido algunas recogidas con alteraciones, faltando leyes vigentes y sobrando otras que habían quedado derogadas.

2.- Libro de las Bulas y Pragmáticas (1503): obra realizada por Juan Ramírez, escribano del Consejo Real de Castilla, quien fue comisionado por los monarcas a tal efecto. Contuvo las nuevas **pragmáticas** promulgadas desde 1483, añadiendo algunas **bulas** papales relativas a la jurisdicción de los reyes. Es considerado como un apéndice del Ordenamiento de Montalvo.

---

543 Afirmación hecha por el historiador Andrés Bernáldez, también conocido como Cura de los Palacios. Pedro Gómez de la Serna y Juan Manuel Montalbán, *Elementos del Derecho Civil y Penal de España, Precedidos de una Reseña Histórica de la Legislación Española,* Librería de Sánchez, Madrid, 1871, p.197.

3.- Nueva Recopilación (1567): Esta nueva recopilación tuvo como base al propio **Ordenamiento de Montalvo**, sobre el cual se practicaron ciertas correcciones e importantes adiciones. Entre estas últimas, cabe destacar a las llamadas **Leyes de Toro de 1505**[544], integradas por ochenta y cuatro disposiciones con las que se persiguió enmendar las lagunas que los tribunales se estaban encontrando como resultado de la aplicación de la recopilación vigente, especialmente en el ámbito del Derecho civil. Asimismo, reiteraban la vigencia del sistema de prelación de fuentes establecido por el **Ordenamiento de Alcalá de 1348**. A mayor abundancia de esta Nuevea Recopilación, cabe señalar que incorporó disposiciones del *Espéculo* y del *Liber Iudiciorum*. En total, contó con casi cuatro mil leyes recogías en 9 libros. Mantuvo su vigencia hasta la promulgación de la *Novísima Recopilación* de 1805, publicándose hasta entonces sucesivas ediciones en las que se iban incorporando las últimas leyes[545].

4.- Novísima Recopilación (1805): el jurista Juan de la Reguera de Valdelomar, tras haber acometido un suplemento en 1802 con el que actualizaba la Nueva Recopilación, presentó un informe en el que ofrecía un plan de elaboración de una *Novísima Recopilación* que sustituyera al código vigente. Proponía realizar un código de leyes dotado de una **ordenación sistemática, por materias, que facilitara su estudio y aplicación**. El resultado fue más bien un compendio que adoleció de algunos de los **vicios** del Ordenamiento de Montalvo, como incorporar leyes derogadas y omitir otras vigentes, siendo residuales -quizá para satisfacer pretensiones absolutistas de los monarcas- las disposiciones regulatorias de las Cortes[546]. Asimismo, en vista de la reciente publicación del Código Civil Napoleónico (1804), seguida del Código Civil Austríaco (1811), determinó que fuera objeto de descarnadas críticas. En efecto, aquellos códigos triunfaron en el afán de facilitar el estudio y compresión de sus preceptos, no solo tener sus preceptos ordenados por materias, sino porque, adicionalmente, su contenido se ajustaba a unos principios comunes, que respondía a una concepción más o menos unitaria del Derecho y del Hombre[547]. Frente a lo cual, la *Novísima Recopilación*, errores apar-

---

[544] Elaboradas por una comisión de juristas a petición de las cortes de Toledo de 1502. Pese a la iniciativa de las cortes, las Leyes de Toro no sería aprobado como un ordenamiento de cortes, sino en virtud de una Pragmática sanción otorgada por el rey católico Fernando de Aragón, como administrador de su hija, la reina Juana I. Se trató de un hecho sintomático de la voluntad regia de despojar a aquel órgano de su tradicional potestad legislativa. Sobre estas leyes puede precisarse que establecieron sendas disposiciones relativas al régimen de sucesión testada y de los mayorazgos.

[545] Ediciones de 1581, 1640, 1725 y 1745.

[546] Entre las excepciones cabe mencionar al celebérrimo Ordenamiento de Alcalá o el de las Cortes de Madrid de 1563. También acogió las peticiones o *petitum* de múltiples Cortes que fueron cursadas y legislativamente respondidas por los monarcas.

[547] El Código Civil Napoleónico parte de una concepción positivista del Derecho, con la que persigue aportar seguridad jurídica al ciudadano ante las posibles interpretaciones divergentes de los jueces; y de una concepción antropológica puramente individualista. Frente

te, quedaba desmerecida como un **"mero" acopio de las leyes** producidas desde el Medievo hasta la Edad Moderna, bajo diversos y contradictorios principios[548]. Constó de doce libros subdivididos en títulos, y estos en leyes. Por último, cabe añadir que no contó con una disposición derogatoria de la legislación previa, por lo que la **Nueva Recopilación pasó a ser el código de aplicación supletoria**.

BIBLIOGRAFÍA

Alzamora Valdez, Mario, *El Poder Político en la Filosofía de Santo Tomás de Aquino*, recuperado de: https://dialnet.unirioja.es/servlet/articulo?codigo=5110262.

Cabreiro Núñez, *La Administración Periférica Provincial*, INAP, Madrid, 2017.

Escudero, José, *Curso de Historia del Derecho: Fuentes e Instituciones Político-administrativas*, Madrid, 2003.

Ecudero, José, Los Orígenes del Consejo de Ministros de España, Vol. 1, Complutense, Madrid, 2001.

Fairen Guillen, Victor, *Consideraciones Sobre el Proceso Aragonés de Manifestación de Personas, en Relación con el Habeas Corpus Británico*, Revista de Derecho Procesal, 1963, N.1.

Fairen Guillén, Victor, *La Defensa del Derecho de Libertad Personal en la Historia y en la Actualidad Española, Revista de Administración Pública, N°69, 1972 pp. 9-58*

Fernández Llamazares, José, Historia Compendiada de las Cuatro Órdenes Militares de Santiago, Calatrava, pp. 134-143. Imprenta de Alhambra y Compañía, Madrid, 1862.

Ferrante, Ricardo, *los Orígenes del Modelo de Codificación entre los Siglos XIX y XX en Europa*, con Particular Atención al Caso Italiano, Revista de Derecho Privado, Universidad Externado de Colombia, vol. 25, julio-diciembre de 2013, pp.29-53.

Floristán, Alfredo (coord.), *Historia de España en la Edad Moderna*, Ariel, Madrid, 2011.

Granda, Sara, *El Presidente del Consejo de Castila y el Generalato de la Suprema*, Revista de la Inquisición (Intolerancia y Derechos Humanos), volumen 15, 2011, pp. 27-83.

---

a este, el Código Civil austriaco mantiene una concepción del Derecho anclada en postulados iusnaturalistas, optando por una normativa algo menos exhaustiva, y dejando margen al juez para valerse de criterios racionales para resolver las controversias; mientras que sus preceptos parten de una visión del ser humano algo más social, manteniendo algunas instituciones características de la sociedad medieval (como la enfiteusis). En todo caso, ambos códigos coinciden en mantener una estructura expositiva inspirada en las Instituciones de Gayo. Ricardo Ferrante, *los Orígenes del Modelo de Codificación entre los Siglos XIX Y XX en Europa*, con Particular Atención al Caso Italiano, Revista de Derecho Privado, Universidad Externado de Colombia, vol. 25, julio-diciembre de 2013, pp.29-53.

548 Francisco Martínez Marina fue su más amargo crítico, vertiendo sus quejas sobre la Novísima Recopilación en su *Ensayo Histórico-Crítico* y en su *Juicio Crítico*.

Guerrero Cano, Mª. Magdalena, *El Patronato de Granada y el de Indias: Algunos Aspectos, Andalucía y America en el siglo XVI*: actas de las II Jornadas de Andalucía y América, [celebradas en la] (Universidad de Santa María de la Rábida, marzo, 1982), Vol. I, 1983, pp. 69-90.

Giuliani, Alessandra P., *Datos y Reflexiones Sobre la Junta de Incorporación (1706-17017), Anuario de Historia del Derecho Español*, Nº67, 1997, pp. 1026-1036.

Gómez de la Serna, Pedro y Montalbán, Juan Manuel, *Elementos del Derecho Civil y Penal de España, Precedidos de una Reseña Histórica de la Legislación Española*, Librería de Sánchez, Madrid, 1871.

Hermosa de Santiago, Fernando de, *El Nuevo Priorato de las órdenes Militares, Contestación a la Memorio que Publicó el M. I. Sr. Dr. Frey D. Pedro María Torrecilla y Navalón*, Imprenta de los Sres. Lezcano y Compañía, Madrid, 1880, 254-257.

Hernández Díaz, José María, *Maquiavelo y la Educación del Gobernante*, Revista de la Sociedad Española de Italianistas, Nº. 9, 2013, págs. 79-104.

Hobbes, Thomas, *Leviathán*, recuperado de: https://omegalfa.es/downloadfile.php?-file=libros/leviathan.pdf.

Iradiel Murugarren, Paulino, *Evolución de la Industria Textil Castellano en los Siglos XIII-XVI*, Universidad de Salamanca, Salamanca, 1974.

Llodrà i Grimalt, Francisca, *Sobre la Sucesión Intestada en Mallorca*, Universidad de las Islas Baleares, Palma de Mallorca, 1999.

López-Salazar Pérez, Jerónimo, *Mesta, Pastos y conflictos en el Campo de Calatrava durante el siglo XVI*, CSIC, 1987, Madrid.

Lych, John, *Los Austrias 1516-1700*, Crítica, Barcelona, 2007.

Marcos Martín, Alberto, *Evolución de la Propiedad Pública Municipal en Castilla la Vieja Durante la Edad Moderna*, Stud. hist., Hª mod., 16, pp. 57-100.

Marcos Martín, Alberto, *La Sociedad Española del Siglo XVI: Órdenes y Jerarquías*, en *Historia de España en la Edad Moderna*, Ariel, Barcelona, 2011, pp. 279-301.

Mariana, Juan de, *Del Rey y de la Institución Real*, Empresa Literario-Editorial, Barcelona, 1880.

Martínez Roda, Federico, *El Derecho Común y la Supresión de los Fueros de Valencia*, Revista de Estudios Políticos (nueva época), Núm. 163, Madrid, enero-marzo (2014), pp. 101-124.

Ministerio de Cultura del Gobierno de España, *Consulado de Burgos*: recuperado de: http://pares.mcu.es/ParesBusquedas20/catalogo/autoridad/157418.

Morales Arrizabalaga, Jesús, *La Derogación de los Fueros de Aragón*, Instituto de Estudios Altoaragoneses, Huesca, 1986.

Pareja de Alarcón, Francisco (coord.), *Faro Nacional. Revista de Jurisprudencia, de Administración, de Tribunales, de Notariado y de Instrucción Pública*, Vol. 4., Núm 227, Madrid, 1861.

Pérez Ramos, Francisco José, *La Real Orden en el Despacho del Rey: Secretarios, Presidentes y Validos,* HID 39 (2012) 213-239.

Pérez Sáenz de Urturi, Juan-Eusebio, *La Minería Colonial Americana Bajo la Dominación Española,* Boletín Millares Carlo, Nº 7-8. 1985, pp. 53-120.

Rubio-Carracedo, José, *Ciudadanos y Príncipes: El Concepto de Ciudadanía Activa en Juan de Mariana,* Revista de Estudios Políticos, Nº 138, 2007, págs. 129-156.

Torres Sánchez, Rafael, *Crecimiento y Expansión Económica en el Siglo XVIII,* pp. 661-689, p 665, en *Historia de España en la Edad Moderna,* Ariel, 2011, Barcelona.

Vicens Vives, Jaime, *Historia Social y Económica de España y América,* Teide, Madrid, 1957.

Villarroya, Joseph, *Real Maestrazgo de Montesa: Tratado de Todos los Derechos, Bienes y Pertenencias del Patrimonio y Maestrazgo de la Real y Militar Orden de Sta. María de Montesa y S. Jorge de Alfama, Tomo I,* Oficina de Benito de Monfort, Valencia, 1787.

LEGISLACIÓN CONSULTADA

Novísima Recopilación

TEMA 12
EL DERECHO DEL ESTADO MODERNO (II)

I Economía

Con el surgimiento del Estado Moderno, los monarcas se vieron en la necesidad de poder coordinar, eficazmente, los recursos económicos repartidos en vastas extensiones territoriales. Así, los gobernantes comenzaron a interesarse en las nacientes teorías que simplificaban las circunstancias que atravesaban los diversos reinos y que procuraban orientar la gestión crematística hacia unos resultados satisfactorios. Todo lo cual, propició los primeros pasos de la disciplina científica llamada Economía Política.

Las medidas económicas de los Reyes Católicos y de la dinastía Habsburgo, se enmarcaron en una particular corriente llamada **Mercantilismo**. Las políticas mercantilistas apenas estuvieron respaldadas por una teoría plenamente sistemática, no obstante, cabe considerar como a algunos de sus más principales representantes a Luis de Ortiz (*Memorial para que no Salgan Dineros del Reino,* 1558), a Barthélemy de Laffemas (*Memorial para Establecer las Manufacturas del Reino,* 1596) y a Thomas Mun (*Un Discuro de Comercio de Inglaterra a las Indias Orientales,* 1621). Tal corriente presentó como común denominador: el intervencionismo de la monarquía en el mercando, con el fin de acumular los metales preciosos; medidas proteccionistas de la industria del reino, como impulsar el desarrollo de fábricas y dificultar la introducción de productos extranjeros; lograr una balanza comercial positiva, es decir, que las exportaciones superen a las importaciones; y que las exportaciones tengan como objeto a las manufacturas, evitando hacer lo propio con las materias primas.

1. Reyes Católicos

Los Reyes Católicos adoptaron las siguiente medidas económicas:

A) en el ámbito **minero**, en virtud del principio de traslación del Derecho castellano a América, todos los yacimientos devinieron en regalías[549]; en cuanto al oro y a la plata, controlaron la extracción, su embarque y desembarque, limitándolo a puertos específicos; en 1480 prohibieron la exportación de ambos metales fuera de la Corona de Castilla[550]; por otra parte, en 1503 prohibieron las exportaciones de vena de hierro en los territorios de Vizcaya y Guipúzcoa[551].

B) En cuanto al **comercio**, lo estimularon mediante la mejora de la red de comunicaciones, procuraron fomentar las exportaciones españolas fortaleciendo al sector de los armadores[552]; desde 1494, protegieron a la industria textil mediante la prohibición de importaciones de manufacturas de esta índole[553]; y, en 1501, fundaron en Sevilla la Casa de Contratación para controlar el tráfico de personas y de mercancías a América.

C) En el ámbito **ganadero**, en 1511 Fernando V fortaleció los privilegios del Honrado Concejo de la Mesta mediante el establecimiento del "privilegio de posesión", consistente en que las tierras arrendadas por uno o más ganaderos mesteños, podrían seguir siéndolo siempre que así los deseara la parte arrendataria, habiendo de volver a perfeccionarse el contrato en los mismos términos[554].

---

549 Principiado el desarrollo del Derecho Indiano, en 1559, Felipe II emitió una pragmática por la cual incorporó a la corona las minas de oro, plata y azogue del virreinato del Perú. Pérez Sáenz de Urturi, Juan-Eusebio, *La Minería Colonial Americana Bajo la Dominación Española*, Boletín Millares Carlo, Nº 7-8. 1985, pp. 53-120.

550 Pragmática otorgada por los Reyes Católicos el 28 de enero de 1480, en las Cortes de Toledo. Extendía la prohibición a las vajillas y a otros artefactos. Cortes de Jerez de 1268, pragmática de Juan I dada en las Cortes de Palencia de 1388, Cortes de Valladolid de 1442 y Cortes de Córdoba de 1456. Pino Abad, Miguel, *Persecución y Castigo de la Exportación Ilegal de Bienes en Castilla (Siglos XIII-XVIII)*, Dykinson, Madrid 2014, pp. 37 y 38.

551 Sobrecarta de 5 de septiembre de 1503. *Colección de Cédulas, Cartas-Patentes, Provisiones, Reales órdenes y Otros Documentos Concernientes a las Provincias Vascongadas, Tomo 3*, Imprenta Real, Madrid, 1829.

552 Promulgaron leyes marítimo-mercantiles que prohibieron las exportaciones de mercancías en naves extranjeras, mientras que hubiera españolas disponibles; y se ofrecieron primas a los armadores de bajeles de más de 600 toneladas. Con esta última medida se estimulaba la creación de una flota mercantil con amplia calidad de carga y capacidad para el servicio militar. Vicens Vives, Jaime, *Historia Social y Económica de España y América*, Teide, Madrid, 1957, p. 474.

553 La prohibición fue dirigida a los tejidos de seda (pragmática del 2 de septiembre de 1494 otorgada en Segovia). La prohibición se reiteró en 1496 y en 1499, excepto cuando la actividad exportadora tuviera por objeto a caballeros *que usan del oficio de la cavalleria* y a los habitantes de Vizcaya, Guipuzcoa, Asturias y Santillana, *que tienen los mismos derechos que los cavalleros.* Iradiel Murugarren, Paulino, Evolución de la Industria Textil Castellano en los Siglos XIII-XVI, Universidad de Salamanca, Salamanca, 1974, p. 9.

554 Ordenanzas de la Mesta elaborada por el jurista Juan López de Palacios y Rubio. La primera noticia de estos derechos aparece en un contrato de arrendamiento del año 1499, por lo que cabe considerar que se tratara de derechos consolidados mediante costumbre. López-

D) En cuanto al sector **agrario**, perjudicado por los privilegios mesteños, en 1502 previnieron el auge de los precios del grano de trigo, del centeno y de la cebada mediante el establecimiento de la Tasa de Grano, consistente en la fijación de unos precios máximos.

E) En relación a la **industria**, en 1494 atrajeron mediante privilegios fiscales a obreros textiles flamencos e italianos, con la expectativa de que profundizaran en el desarrollo del sector[555], en la consolidación de los gremios y en la regulación de la producción con vistas a mejorar su calidad.

2. Habsburgo

A) En el ámbito **comercial**, las colonias americanas fueron parcialmente concebidas como un mercado paralelo, en el cual posicionar cómodamente los productos hispanos. En esta línea, encajaron las políticas proteccionistas de la agricultura española, como la prohibición de viñedos y olivares en el Perú. Sin embargo, en ocasiones, hubo desviaciones respecto de los cánones mercantilistas, fomentándose la competencia directa entre los productos textiles peninsulares y los de ultramar, como denotan los incentivos al desarrollo de la industria textil mexicana[556]. Sin duda, el producto más valioso extraído de América fueron las masivas cantidades de plata y oro, respecto de las cuales hay que decir que, desde la segunda mitad del S. XVII, fueron sistemáticamente empeñadas para hacer frente a las deudas que la Corona Española, principalmente contraídas con banqueros genoveses y alemanes, para así hacer frente a los gastos derivados de las constantes guerras europeas. Por último, en relación al comercio transatlántico, hay que indicar que, si bien en virtud de las Bulas Alejandrinas, el comercio y navegación en América era un derecho exclusivo de la Corona Castellano-Leonesa, tal derecho, fue constantemente violado por contrabandistas y piratas ingleses y franceses. Ante ello, los Habsburgo regularon el tráfico marítimo de buques de guerra que asumieran labores de vigilancia y escolta de los cargamentos de mercancías. En cuanto a las exportaciones de grano, inicialmente fomentaron la salida del trigo castellano-leonés, hasta que, a mediados del S. XVI se produjo un vertiginoso auge de precios, momento en el cual, en 1548, Felipe II promulgó una pragmática prohibiendo las exportaciones, al tiempo que sí se permitieron las importaciones. En 1622, se retomaron medidas proteccionistas, cuando la llamada Junta Grande de Reformación, elaboró normas que alcanzaron a prohibir la importación de manufacturas. Por último, hay que destacar como, desde 1674,

---

Salazar Pérez, Jerónimo, Mesta, *pastos y conflictos en el Campo de Calatrava durante el siglo XVI*, CSIC, Madrid, 1987p. 133 y ss.

[555] *Ibidem*, p. 10.

[556] Mediante autorizaciones del virrey Luis de Velasco para la fundación de nuevas fábricas.

autoridades locales, territoriales y el propio monarca, crearon juntas de comercio[557], las cuales tuvieron como fin estimular el desarrollo de la industria y solvencia tributaria de los súbditos, fundamentalmente, mediante la captación de artesanos extranjeros y difusión de conocimientos técnicos.

B) En el sector **agrario**, la mencionada escalada de los precios reales del grano, provocó el interés de señores y burgueses adinerados por adquirir, a título particular, tierras comunales de los concejos para cultivarlos, asistiéndose así a un cierto proceso de privatización de aquellos predios[558]. Además, la citada subida del precio del grano, condujo a la monarquía a una honda preocupación social, la cual fue afrontada en 1548 refrendado legalmente a un órgano municipal surgido de la costumbre, los llamados Pósitos, almacenes de grano encargados de comprar por un justiprecio un porcentaje del grano producido en los alfoces, para luego prestárselo a los vecinos necesitados a bajo interés[559]. c) En el ámbito **ganadero**, las mencionadas subidas de precios del grano y el consecuente interés por invertir en su cultivo, comprometió la conservación de los pastos requeridos por los hermanos mesteños[560]. Ante ello, Felipe II procuró compensar la situación de estos ahondando en sus privilegios, para lo cual estableció la llamada Tasa de

---

[557] Junta de comercio de Aragón, por su virrey Juan de Austria; 1679 Carlos II Real y General Junta de Comercio, Moneda y Minas; Granada, Sevilla, Valencia y Barcelona.

[558] Muchos de aquellos bienes comunales (o *de propios*), en realidad eran bienes de *Ius Regale*, es decir, tierras que, tras haber sido conquistadas a los musulmanes, habían quedado bajo el dominio del rey. En tales casos, la legislación únicamente asistía al común con un más modesto derecho de usufructo o de enfiteusis. No obstante, la explotación de aquellas tierras durante siglos, sin que los monarcas estorbasen en forma alguna su actividad, había consolidado en muchos casos la sincera conciencia de que su dominio recaía en el común de los vecinos del término municipal. Sea el caso que fuere, estas tierras reputadas como comunales fueron objeto de una creciente disposición privativa del gobierno municipal, quien tuvo por costumbre cederlas en arrendamiento o venderlas a personas ricas y capaces de sanear las cuentas municipales. Por otra parte, los monarcas, convenientemente, sacaron a relucir la condición realenga de ciertos bienes explotados por concejos a título de comunales, para proceder a venderlos a otros particulares no menos adinerados. Por último, cabe mencionar que no solo los concejos usurparon el dominio de tierras realengas, sino que también algunos señores dotados de jurisdicción sobre ciertos términos municipales, pretendieron que sus poderes venían acompañados de aquellas tierras bajo explotación comunal. Marcos Martín, Alberto, *Evolución de la Propiedad Pública Municipal en Castilla la Vieja Durante la Edad Moderna*, Stud. hist., Hª mod., 16, pp. 57-100.

[559] Tal legalización aconteció en virtud de la pragmática otorgada por Carlos I el 2 de agosto de 1548 en Valladolid. A mayor abundancia, puede añadirse que esta ley fijó los intereses de los préstamos de los pósitos en un 4%. En virtud de otra pragmática otorgada por Felipe II el 15 de mayo de 1584 en Madrid, tal órgano fue establecido en todas las urbes de los reinos hispanos, fijando para todos ellos una regulación común. De los Reyes, Antonio, *El Pósito*, MVURGETANA, Nº 128, Año LXIV, 2013, 17-46.

[560] De esta coyuntura nos dejaron testimonio las respuestas dadas en los cuestionarios (1575 y 1578) para la confección del documento llamado Relaciones Topográficas de los Pueblos de España Ordenadas por Felipe II. También dio fe de ello Miguel Caxa de Leruela, en

los Pastos[561], consistente en fijar el precio máximo que el titular de un predio podría cobrar a un hermano mesteño para permitirle apacentar a su ganado en él. Asimismo, Felipe IV, por una pragmática de 4 de marzo de 1633, ordenó que todas las dehesas (públicas o privadas), que hubieran sido formadas desde 1590, a partir de tierras de pastos, fueran restituidas a su antigua condición, al mismo tiempo que prohibió que las tierras comunales de pastos fueran arrendadas con vistas a su explotación agrícola[562].

C) En el ámbito **monetario**, en 1599, con intención de retener los metales preciosos en el territorio de la monarquía, Felipe II, por medio de una pragmática ordenó la acuñación y puesta en circulación de una moneda de vellón únicamente facturada con cobre (sin plata).

D) En la **industria**, en el ramo de la producción armamentística, en 1573 Felipe II ordenó la creación de la Real Fábrica de Placencia[563]; en la producción de seda, en 1520, Carlos I ratificó las *Ordenanzas del Plantío y Arranque de Morales*, las cuales establecieron criterios que velaban por la calidad de la producción de Granada. Asimismo, en vista de la expansión de la producción sedera por otras provincias, y de la degradación general de su calidad, en 1684, la Real Junta General de Comercio produjo unas ordenanzas para regular la actividad de las fábricas de toda la Corona.

3. Borbones

La política económica de los **Borbones**, tuvo como punto de partida a la mencionada doctrina mercantilista. No obstante, a partir de ella incorporó otro importante elemento ideológico, la **Fisiocracia**. Teoría, principalmente desarrollada por los ministros franceses François Quesnay y Victor Riquetti marqués de

---

su obra *Restauración de la Antigua Abundancia en España* (1631). Anes, Gonzalo, *El Sector Agrario en la España Moderna*, Papeles de Economía Política Española, nº 20, (1984), pp. 2-19.

561 Tal cosa fue dispuesta en alguna de las pragmáticas promulgadas en los años 1566, 1580 o 1582. Elorrieta, Octavio, *Ordenación Económica de la Producción Agraria*, Instituto Forestal de Investigaciones y Experiencias, Madrid, 1941.

562 Para poder arrendarlas en este sentido, fue precisa la licencia otorgada del Consejo de Castilla. *Novísima Recopilación*, VII, 25, 9.

563 Desde comienzos del S. XVI, la villa albergaba diversos talleres dedicados a esta producción. La fundación de 1573, tuvo como detonante la preocupación de sus armeros ante la creciente competencia con los italianos de Brescia. Así, ofrecieron a la corona española contraer un acuerdo mutuamente beneficioso. Este desembocó en la fundación de la asociación gremial conocida como Real Fábrica de Armas Portátiles, de Fuego y Blancas de Guerra. Tuvo como elementos esenciales: la regulación de sus actividades productivas, el nombramiento de oficiales visitadores que habrían de comprobar su observancia, y en la adquisición por la corona de un almacén para depositar la producción. Posteriormente, las armerías de Eibar, Elgoibar, Mondragón y Ermua quedarían comprendidas dentro de este complejo productivo.

Mirabeau, autores de *Tableau Économique* (1758). Estos sujetos trasplantaron los postulados fundamentales de una corriente del Derecho Natural (Iusnaturalismo Deísta) al ámbito económico, siendo conducidos a observar que: a) la agricultura es la principal herramienta de subsistencia que la naturaleza ha dispensado al hombre para su prosperidad, por lo que sostuvieron que las políticas económicas habían de tener como columna vertebral su desarrollo; y b) considerando que, en el Estado de Naturaleza, aun no existía la regulación del comercio mediante la agencia de un Estado, tales estructuras políticas habrían de evitar entorpecer esta vía de enriquecimiento (al menos en el interior de los Estados), limitándose a respaldar los acuerdos privados. A mayor abundancia, los fisiócratas españoles como Olavide, Campomanes y Jovellanos, elaboraron informes en los que expresaban su desprecio hacia los grandes propietarios, consolidando la expresión "manos muertas" en consideración a su aparente ineficiencia en la explotación de sus recursos agrarios[564], al mismo tiempo que manifestaban su confianza en que una agricultura basada en minifundios mejoraría la productividad española. Por último, en la recta final de la Edad Moderna, ciertamente los ministros españoles también asimilarían ideas **capitalistas**[565], sin que estas alcanzaran a trascender claramente en la legislación. Todas estas ideas comenzaron a ser difundidas en las llamadas Sociedades Económicas, ciertas tertulias mantenidas mayormente por nobles, quienes, con el beneplácito y atención de la corona, asumieron la tarea de difundir sus conclusiones.

En este periodo destacaron las siguientes medidas:

A) en el ámbito **agrario**, Fernando VI ordenó la construcción de un canal de navegación y regadío, el llamado Canal de Castilla, siendo las obras culminadas por Carlos III; este último monarca, además ordenó finalizar, y vio finalizadas, las obras de otro canal de navegación y regadío, el Canal imperial de Aragón; por una pragmática de 1765, abolió la Tasa de Granos, sustituyéndolo por la libre compraventa; por una pragmática de 1766, determinó el reparto de tierras comunales de los concejos extremeños a vecinos necesitados; en 1767, Carlos III, produjo la Real Cédula de Instrucción y Fuero de Población, por la cual hizo entrega a centroeuropeos católicos (flamencos, alemanes y suizos) de la posesión de ciertas tierras desiertas en las inmediaciones de Sierra Morena, con el fin de que las explotaran y contribuyeran al desarrollo económico del país, al tiempo que, para la seguridad de los viajeros, poblaran honradamente unos parajes hasta entonces frecuentados por bandoleros; por último, Carlos IV, acuciado por estrecheces financieras, por real decreto de 19 de septiembre de 1798 emprendió una desa-

---

[564] El término se empleó especialmente para aludir a la Iglesia, y fue profusamente empleada por Campomanes en su *Tratado Sobre la Regalía de Amortización* (1765).

[565] Tales convicciones se aprecian en Campomanes, Olavide, Romà y Rosell, Arriquíbar o Enrique Ramos. Torres Sánchez, Rafael, *Crecimiento y Expansión Económica en el Siglo XVIII*, pp. 661-689, p 665, en *Historia de España en la Edad Moderna*, Ariel, 2011, Barcelona.

mortización popularmente conocida como la Desamortización de Godoy, por la cual la Corona se adueñó de una cierta parte de los bienes raíces propiedad de la Iglesia y de otros dedicados a obras piadosas, poniéndolos bajo la administración de la Real Caja de Amortización para que esta supervisara su pública subasta[566].

B) En la **ganadería**, en 1748, se asistió al último de los fortalecimientos de la Mesta, pues por un real decreto se prohibió la roturación de los pastos comunales de los concejos y de las dehesas; ya en 1758 se asistió a una real cédula por la que se suprimió el tributo mesteño de "servicio y montazgo", pudiendo transitar los pastores libremente por las cañadas[567], pero sufriendo como contrapartida la pérdida de la condición de órgano tributario de Estado; en 1786 se produjo la abolición del privilegio de posesión, de la tasa de pastos y de la prohibición de roturar las tierras comunales y dehesas, que hasta entonces, habían sido empleadas como pastos; otra real cédula de 1796 despejó la prohibición de cercar fincas rústicas y abolió la figura de los alcaldes entregadores[568].

C) En el ámbito **comercial**, las reformas fueron coordinadas por la Real y General Junta de Comercio, Moneda y Minas. Respecto a estas innovaciones, en 1714 se produjo la eliminación de los puertos secos catalanes, aragoneses y valencianos; la Real Instrucción de 1717, suprimió aduanas de todo el territorio español, exceptuándose poco después a las de la línea del Ebro, a raíz de ciertas protestas de los súbditos septentrionales; también se produjo la reforma en las comunicaciones terrestres, en este sentido, mediante unas ordenanzas de 1718, los caminos peninsulares fueron reorganizados mediante la implantación del sistema radial, conectando Madrid con todas las vías; más tarde, unas ordenanzas de Carlos III dadas en 1767, regularon las inversiones en obras públicas, fomentando su mejora; en 1763 fue creada la Diligencia General de Coches, organizándose caravanas protegidas de viajeros entre Madrid y otras urbes; por último, cabe destacar que en 1776 se creó la Superintendencia de Correos y Postas, como órgano

---

566 El término "desarmortización" alude a revertir el estado de "amortización" de un bien, o sea, de consumación de la vida útil de un elemento de valía económica. Tal término fue empleado por los abundantes ministros fisiócratas de la dinastía borbónica en el contexto de expropiaciones inmobiliarias, pues, para ellos, el dominio de bienes raíces por un gran propietario equivalía al fin de su deseable explotación. Así, cabe concluir que el término entrañó una connotación negativa para con aquellos propietarios. Los bienes raíces afectados por esta desamortización fueron los *pertenecientes a hospitales, hospicios, casas de misericordia, de reclusión y de expósitos, cofradías, memorias, obras pías y patronatos de legos.* Si bien, el decreto en cuestión especificó que, con los réditos obtenidos, el Estado se obligó a: atender *a la subsistencia de dichos establecimientos, y a cumplir todas las cargas impuestas sobre los bienes enagenados, sin que por esto se entiendan extinguidas las presentaciones y demás derechos que correspondan a los patronos respectivos.* Real decreto de 19 de septiembre de 1798 de Enajenación de Bienes.

567 Para compensar la pérdida de la recaudación, se aumentó la tasa de exportación de lanas.

568 Tales funciones fueron traspasadas a alcaldes ordinarios y corregidores.

estatal encargado de supervisar y garantizar los envíos de bienes de particulares. En ámbito de comercio exterior, en 1778 se produjo la liberalización del comercio con América para todos los puertos españoles.

D) En cuanto a la **Industria**, se fundaron sendas Reales Fábricas, con el fin de estimular la producción manufacturera y aspirar a enriquecer al reino mediante las exportaciones, destacando las de: Paños de Guadalajara (1718) Tapices de Madrid (1721) Cristales de la Granja de San Ildefonso (1727) Armas de Toledo (1761) o Algodones de Ávila (1787). El común denominador de estas fue la reglamentación de la actividad productiva y la designación de un oficial veedor como supervisor, pues en lo tocante a la titularidad de estas, algunas fueron de capital real y otras, como talleres preexistentes a la intervención de la Corona, fueron conservadas como compañías de capital privado.

II FIDEICOMISOS O VÍNCULOS

En el ámbito del Derecho Civil, cabe destacar la actualización de una institución jurídica romana ya mencionada en el Tema 2, la cual presentó un gran impacto tanto económico como social, el Fideicomiso. Esta fue definida anteriormente como: negocio jurídico (emprendido por un fiduciante), consistente en designar como heredero a un segundo sujeto (fiduciario), bajo el encargo de que, cuando se cumpla un cierto término, transmita su parte de la herencia a un tercer individuo (fideicomisario). En vista de ello, hay que destacar el efecto que presenta este negocio de imposibilitar la enajenación de los bienes gravados con aquella obligación de transmitirlos a un tercero. Esta circunstancia, en suelo hispano, daría lugar a que se hablase de bienes retirados del "comercio de los hombres" o de "bienes vinculares".

El Fideicomiso, con Justiniano admitió hasta cuatro sustituciones[569]. En Castilla-León, por su parte, apareció recogida en Las Siete Partidas de Alfonso X el Sabio, de modo que, allí, tan solo se contempló explícitamente la posibilidad de realizar una sola sustitución[570].

La institución habría de sufrir un gran impulso a raíz del testamento de Enrique II, formalizado el 29 de mayo de 1379. Pues, sin alcanzar a reformarlo, sí que procedió de modo que propició que aquellos linajes ávidos de asemejarse a la alta nobleza castellana, se valieran en un cierto modo del Fideicomiso. Este monarca, como se vio en el Tema 7, mandó que todas las mercedes con las que había retribuido a los numerosos caballeros que le habían auxiliado para alcanzar

---

569 Novelas, 159.

570 Las Siete Partidas, VI, 5, 14.

el trono, habrían de ser sucesiva y perpetuamente heredadas por los descendientes legítimos de los galardonados, dando siempre preferencia a los primogénitos. Este sistema de transmisión de los bienes, fue conocido como mayorazgo.

A raíz de aquel evento, se normalizó que, entre los linajes nobles, destacase un individuo dotado con un especial poderío patrimonial, al cual se conocía como el "pariente mayor". La existencia de este individuo, resultaría una estrategia beneficiosa para todo el linaje: por una parte, la concentración patrimonial en la persona del pariente mayor conllevaba la garantía de que, al menos uno de los miembros del linaje pudieran alcanzar una gran consideración social; y de otra parte, las ventajas no se agotaban en el beneficiario del mayorazgo, pues, normalmente, los demás parientes menores podrían presentarse en sociedad como familiares de alguien poderoso. De este modo, la nobleza y los ricos que deseaban asemejarse a ella, comenzaron a contemplar como un hecho apetecible la fundación de fideicomisos bajo unos términos transmisores acordes al sistema de mayorazgo.

Con este panorama, ya en el año 1505, se acometió una importante reforma en las leyes civiles de la Corona Castellano-Leonesa. En aquel año tuvieron lugar la Cortes de Toro, en las cuales se acordó que cualquier individuo podría fundar un vínculo de cualquier clase y con las sustituciones que quisiera, siempre que los bienes vinculados no alcanzase una cuantía que perjudicara los derechos de legítima sucesión de sus herederos forzosos[571]. Los Fideicomisos de tipo mayorazgo fundados bajo estas condiciones, fueron conocidos como Mayorazgos Cortos. Por otra parte, existió la posibilidad de que los reyes, mediante su Consejo de la Cámara de Castilla, concedieran licencias para fundar mayorazgos que sí perjudicasen los derechos de legítima sucesión de herederos forzosos. Para la concesión de esta última clase de vínculo, era preciso que el interesado se dirigiera al rey solicitando que se le concediera tal privilegio. A tal efecto, normalmente el solicitante alegaba sus méritos personales y los del linaje al que representaba. Esta última clase de mayorazgos fue conocida como "Mayorazgos Largos".

A partir de esta legislación, también se comenzaron a estilar otra suerte de vínculos, conocidos como **Capellanías Laicales**[572]. Estas, también consistieron en

---

[571] Los bienes que podían emplearse para fundar tales vínculos fueron el quinto de libre disposición y el tercio de mejora. La disponibilidad de tales fracciones del caudal hereditario hunde sus raíces en la tradición jurídica española: *Liber Iudiciorum*, IV, 5, 1; *Fuero Real*, III, *Leyes del Estilo*, ley 14; 5, 9; *Ley de Toro* 28; *Novísima Recopilación*, X, 6, 10. Otro sistema paralelo vino dado por las siguientes fuentes: *Novelas*, 18; *Las Siete Partidas*, VI, 1, 17.

[572] No confundir con las Capellanías de Colación, las cuales comportaban una enajenación del patrimonio del fundador favorable a la Iglesia, con el deber mínimo de que se destinaran a la prestación de ciertas misas en concepto de sufragios. Sin perjuicio de que esta clase de capellanías fueran gravadas con un patronato familiar (ya fuera activo o pasivo), corresponde enmarcarlas en la categoría de *Donationes pro Anima* aludidas en el tema 6, y no en el

la vinculación de un conjunto de bienes, bajo el expreso deseo de que fueran sucesivamente heredados por un cierto linaje. Ahora bien, la novedad radicó en que, los dueños, quedaban obligados por el mandato de emplear tales bienes para la realización de misas en concepto de "sufragios" por el alma del fundador de la capellanía. Sin perjuicio de que cupiera cargar a los dueños con el deber de velar por la realización de oficios religiosos de otra clase, por lo común se los investía con el derecho de patronato, por el cual contaban con la facultad de nombrar al clérigo (capellán) que habría de asumir la realización de tales oficios. Se habló de: "patronato de legos" cuando, el dueño, pudo nombrar directamente al capellán; y de "patronato laical" cuando, aquel, tan solo ostentaba el derecho de presentación ante la autoridad eclesiástica competente de la diócesis en cuestión. Aun cabe apuntar que, a menudo, en el instrumento notarial de fundación del vínculo, el fundador añadió como mandato que el patrono nombrase como capellán a otro de sus descendientes. Con todo esto, los linajes que contaban con patronos de capellanías, lograban prestigiarlo, por cuanto: hacían manifestación de su fe católica y de su deseo de alcanzar la salvación eterna de su alma; ponían sus recursos económicos a disposición del prójimo, obsequiándolos con oficios religiosos también provechosos para su salvación; y se aseguraban situar como clérigo y rentista a un miembro del linaje.

El monarca Carlos III, consideró que la vinculación y concentración de los bienes raíces se producía con meras vistas a fomentar la vanagloria de sus fundadores, redundando en una explotación ineficiente- cuando no en el abandono- de los recursos agrícolas de la Corona. En vista de lo cual, produjo la real cédula de 14 de mayo de 1789, prohibiendo la fundación de nuevos mayorazgos y de cualquier otro vínculo que impidiera enajenar perpetuamente bienes raíces[573]. Asimismo, Carlos IV, bajo la acuciante necesidad de hacer frente a las deudas contraídas en las guerras contra el Reino Unido y la Francia Revolucionaria, por el real decreto de 19 de septiembre de 1798 determinó que los bienes raíces pertenecientes a fundaciones pías (incluyendo las capellanías laicales) serían desamortizados, es decir, adquiridos por la Corona con vistas a su ulterior subasta[574].

Fideicomiso. González Ruiz, Manuel, *Las Capellanías Españolas en su Perspectiva Histórica*, Revista Española de Derecho Canónico, Vol. 5, Nº 14, 1950, pp. 475-501.

573 Sí contempló, sin embargo, la posibilidad de que él o algunos de sus reales sucesores, pudieran hacer excepciones ateniéndose a ciertos criterios de reducción de la lesividad para el interés público.

574 Cabe destacar que, la Corona, con los réditos obtenidos, se comprometía a satisfacer las cargas espirituales que había establecido el fundador del vínculo en cuestión (mediante el pago anual del 3% obtenido en la subasta), respetando los eventuales derechos de patronazgo y de administración. Sempere y Guarinos, Juan, Historia de los Vínculos y Mayorazgos, recuperado de: http://www.cervantesvirtual.com/obra-visor/historia-de-los-vinculos-y-mayorazgos-1-ed-1805–0/html/fef0d354-82b1-11df-acc7-002185ce6064_30.htm.

III OFICIO PÚBLICO

Durante este periodo, continuó produciéndose la venalidad de los oficios públicos, si bien, esta fue evitada en relación a aquellos que comportaban competencias jurisdiccionales (miembro de reales consejos, oidor, corregidor o alcalde). Tal circunstancia, según José Antonio Escudero, permitiría hablar de una tenue **distinción** conceptual entre los oficios de justicia y de gobierno[575]. Conforme a los estudios de Francisco Tomás y Valiente, los oficios públicos enajenables de este periodo, bien pudieron ser clasificados en tres categorías[576]: "de poder", en alusión a aquellos que reportaban poderes y un especial prestigio (regidores, síndicos procuradores generales y jefes de milicias urbanas como los alféreces mayores); "de pluma", en alusión a las escribanías reales, municipales y propias de los diversos órganos judiciales; y "de dinero", consistentes en la administración de caudales de las administraciones públicas, territoriales y locales (fieles, receptores o tesoreros).

En cuanto a la efectiva **titularidad** de un oficio, es clásica la exposición de requisitos presentada por Francisco de Alfaro en 1606: a) la recepción del título acreditativo, b) la aceptación del cargo y c) llegar a ejercerlo[577]. La **duración** del mismo varió según la modalidad de concesión recogida en el título, pudiendo darse en régimen de: precario; arrendamiento por un plazo fijo; enajenación vitalicia; enajenación por dos vidas; o enajenación por juro de heredad (o a perpetuidad).

En relación a los mecanismos de **control** del buen ejercicio de los oficiales, persistieron los medievales expuestos en el Tema 8, es decir, aquellos que tenían lugar durante la duración del mandato (pesquisa o visita y purga de taula), y aquellos que lo hacían al término del mismo. Sobre los de esta última clase, procede señalar: la profundización en el desarrollo del juicio de residencia[578]; la gran im-

---

[575] Esta idea se ve entorpecida por el hecho que apreció Villapalos, consistente en que, en Indias, se asistió a la proliferación de oficios cuyas atribuciones fueron enumeradas siguiendo un criterio notablemente casuístico, el cual habría dificultado saber a qué órganos correspondía el control jurisdiccional de los actos de los oficiales de gobierno. Ello, quizá habría abierto la posibilidad de excesos competenciales de estos últimos. Escudero, José Antonio, *Curso de Historia del Derecho*, Madrid, 2003, p. 739.

[576] Jiménez Estrella, Antonio, *Poder, Dinero y Ventas de Oficios y Honores en la España del Antiguo Régimen: Un Estado de la Cuestión*, Cuadernos de Historia Moderna, 2012, 37, pp. 259-272". Escudero, *op. cit.*, pp. 739-742.

[577] Alfaro, en aquel entonces, era fiscal de la audiencia de Charcas, si bien también se desempeñaría como consejero del Consejo de Indias y del de Hacienda. *Tratactus de Oficis Fiscalis.*

[578] En esta línea, cabe destacar que, a comienzos del S. XVI, se reiteró que los alcaldes mayores y corregidores habían de someterse a este proceso cada dos años. Novísima Recopilación, VII, 12, 1.

portancia que este presentó en Indias a efectos de controlar la gestión de alcaldes mayores, corregidores, oidores y virreyes[579]; y su penetración en los territorios de la Corona de Aragón a raíz de los Decretos de Nueva Planta.

IV CLASES SOCIALES

La sociedad mantuvo la estructura estamental. En cuanto a la **nobleza**, el estrato superior estuvo constituido por la nobleza titulada (señores, barones, vizcondes, condes, marqueses y duques). Esta, en el sur y centro peninsular, se caracterizó por el dominio de latifundios, mientras que, en el resto de áreas, detentó bienes raíces más moderados. Durante el reinado de los Habsburgo, tuvo acceso a los cargos de gobernadores territoriales y de generales de los ejércitos. El estrato inmediatamente inferior, vino conformado por aquellos individuos a los que podemos referirnos como "caballeros", en alusión a su fijación por acceder al estatus de caballero de las Órdenes Militares Españolas. Algunos pertenecían al patriciado urbano, enriquecidos mediante el comercio y el arredramiento de impuestos (generosos y ciudadanos en Valencia); mientras que otros, provenían del ámbito rural, en donde contaban con tierras que les procuraban cierta holgura. Este grupo se formó en las universidades, y tuvo acceso a los cargos de procuradores de Cortes, oficios municipales de las grandes poblaciones, y accedió a las altas esferas de la administración como miembros de los consejos y audiencias. Por último, podemos hablar de los "hidalgos simples", sujetos que, perteneciendo, al menos por su varonía, a un linaje noble, apenas contaban con recursos suficientes para mantener su economía doméstica. Siempre que pudieron, procuraron mantenerse al margen de los trabajos manuales, no obstante, cuando no hicieron fortuna en la guerra o ingresaron en el clero, sí se implicaron en toda suerte de tareas de esta clase. Tal implicación, no obstante, casi siempre comportó el riesgo de que su condición hidalga -culturalmente asociada a un guerrero nato- fuera confundida con la de un artesano o agricultor del estado llano, pudiendo perder sus privilegios[580]. Estos hidalgos "simples" abundaron en Asturias, Cantabria, Provincias Vascas[581], Navarra y en el pirineo aragonés.

---

579 *Nueva Recopilación de las Leyes de Indias*, V, 15.

580 La creciente presión fiscal de los S. XVI y XVII, asociados a un sistema de repartimientos que redundaba en que cuantos más vecinos sin privilegios fiscales hubiera en un término, menos tocaría pagar a cada uno, suponían un incentivo la negación maliciosa del estatus de hidalguía de aquellos a quienes sí les correspondía. Los hidalgos que perdían su tren de vida desahogado y que carecían de recursos para costear los procesos judiciales para pleitear su hidalguía, eran blancos vulnerables a estas prácticas.

581 En Vizcaya, con la promulgación del Fuero Nuevo en 1526, fue declarada la Hidalguía Universal de los naturales, vecinos y moradores de la provincia. En Guipúzcoa, entre 1608 y 1610 (real cédula de 3 de febrero de 1608 y real cédula de 4 de junio de 1610), ocurriría otro

Todos ellos, contaron con los derechos de: acceder a los puestos de cadetes [582] y de oficiales de los ejércitos[583], de portar espadas en público, de ser preferidos para los oficios públicos, en caso de que hubieran prestado tres años de servicio en los regimientos de infantería[584], de portar pistolas a lomos de un caballo[585], de ser juzgados por jueces de su propio estamento[586], de quedar exentos de la mayoría de los tributos[587]; y, por último, mantuvieron los privilegios procesales y penales examinados en el tema 6, salvo por algunas modificaciones. Sobre estos cambios, hay que precisar que, los duelos, tanto privados como judiciales, fueron prohibidos en 1480 por una pragmática de los Reyes Católicos[588]; mientras que, como añadidura a sus privilegios, fue ilícito apresarlos por deudas civiles, embargarles la casa, espada, armadura, caballo y joyas[589] y aplicarles penas "infamantes" como azotes o mutilaciones[590].

---

tanto, quedando así recogido en la recopilación foral de 1697 (I, 2). En Navarra, cabe mencionar a los valles de Aezcoa, Baztán, Larraun, Salazar y Roncal y a las villas de Aoiz y Betelu. En Aragón, en las Cinco Villas y en Sobrarbe y en la villa de Sos. En Asturias, cabe destacar la declaración de su diputación el 6 de febrero de 1756, haciendo alusión a una pretendida condición del principado de *solar conocido de la nobleza do todo el Reyno*, añadiendo que *todos los asturianos indistintamente gozaban de la calidad de nobles*. Huidobro, José Manuel, *Cien Hidalgos Claves en la Historia de España*, Visión Libros, Madrid, 2020, p.83.

582 Real Orden de 12 de marzo de 1722 y Real *Ordenanzas de S. M. para el Régimen, Disciplina Subordinación y Servicio de sus Ejércitos* de 1768, II, 18,1. Conforme a la señalada legislación, también bastaba con que el aspirante a la plaza acreditase ser hijo de oficial militar graduado como capitán.

583 Real Declaración de Milicias de mayo de 1767 (artículos 67-69), recogida en Novísima Recopilación, VI, 6, 1.

584 Ordenanza del 4 de julio de 1718 Para el Establecimiento de Instrucción de Intendentes, artículo 64.

585 Pistolas de "arzón". Pragmática del 26 de abril de 1761, recogido en Novísima Recopilación, XII, 19, 19.

586 Así lo determinaron algunos fueros y ordenanzas municipales, en los que se preveía la elección de jueves por el estado noble y por el estado llano. Asimismo, las Reales chancillerías contaban con una Sala de los Hijosdalgo al efecto (ordenanzas de Córdoba de 1485).

587 Igualmente, hubieron de contribuir en el monedaje o moneda forera, en la alcabala y en el diezmo. Asimismo, en Cataluña, contribuyeron por los inmuebles registrados en el catastro (creado en 1715). Por otra parte, en Navarra y las provincias vascas, se dio un singular fenómeno de reconceptualización del sistema fiscal, para hacerlo viable, al tiempo que se subrayaba que el cobro no implicaría una negación de la condición noble del sujeto pasivo del tributo: se postularon como a tales a las "casas censuarias" o "fuegos", y no a los hidalgos que las habitaban.

588 *Novísima Recopilación* XII, 20, 1. Prohibición reiterada en 1716 (*Ibidem*, XII, 2, 2), 1723 (*Ibidem*, XII, 20, 3) y en 1757 (*Ibidem*, XII, 20, 2).

589 Ordenamientos de las Cortes de Madrid de 1593 y de 1598, recogido en Novísima Recopilación, VI, 2, 13; y VI, 2, 14. La matización relativa a la posibilidad de apresarlos por deudas delictivas o cuasi-delictivas, se produjo en la ley 79 de las Leyes de Toro, recogidas en la Novísima Recopilación VI, 2, 11.

590 Pragmática 26 de abril 1761, VI, 6, 19.

El **clero**, continuó configurado como un estamento privilegiado, manteniendo su jurisdicción especial, sus exenciones tributarias y exenciones militares. En su seno, cupo distinguir entre quienes accedieron a la dignidad episcopal, en su gran mayoría personas pertenecientes a la nobleza (normalmente de los estratos medios y altos con los Habsburgo), a quienes se ponía en posesión de las siempre considerables rentas asociadas a sus diócesis; y quienes se limitaron a asumir la cura de almas (como canónigos, arciprestes, arcedianos o párrocos), en ocasiones accediendo a la administración de unos mucho más modestos bienes parroquiales. Durante esta época, las señaladas condiciones de vida, ejercieron un efecto llamado sobre individuos, más preocupados por mejorar sus economías y prestigio familiar, que por seguir los pasos de los apóstoles. Ello redundó en la degradación de sus servicios espirituales y en una cierta pérdida de crédito, ante lo cual se adoptó un canon en el Concilio de Trento, conforme al cual los aspirantes a ordenarse como clérigos habrían de acudir a seminarios[591] (escuelas en las que se impartían conocimientos preparatorios). En ciertos momentos del S. XVII, cuando la economía española sufría los mayores rigores, la población ordenada alcanzó un pico de 10% sobre el total.

En cuanto al Estado **Llano**, puede comenzarse hablando de una reducida **élite**. En los entornos rurales estuvieron los llamados "labradores", pequeños propietarios, enfiteutas o arrendadores de los albores de la Edad Moderna, quienes se enriquecieron a mediados del S. XVI gracias al alza de precios del grano y a una diligente actividad ahorradora. Algunos de estos, (mayoritariamente los de Galicia, Asturias, Cataluña, Valencia y Mallorca[592]), invirtieron sus beneficios en la compra de considerables tierras y de aparejos para su mejor explotación, mostrando un frecuente interés por privatizar las tierras comunales. Por otra parte, en los entornos urbanos, hubo sobresalientes mercaderes, banqueros e industriales, los cuales amasaron grandes fortunas; y en menor medida, individuos dedicados a profesiones liberales, como la abogacía, el notariado o la administración del patrimonio de los más acaudalados[593].

---

[591] Concilio de Trento, Sesión 23 (15 de julio de 1563), capítulo 18. Tejada y Ramiro, Juan, *Colección de Cánones de la Iglesia Española y de América, Tomo I*, Imprenta de D. Pedro Montero, Madrid, 1859, p. 23.

[592] En estas regiones, los propietarios cedían la explotación a los labradores a través de contratos de enfiteusis, los cuales conjugaban el pago de un censo moderador con una vigencia indefinida, incentivando a estos últimos a reinvertir su más holgado margen de beneficios. Marcos Martín, Alberto, *La Sociedad Española del Siglo XVI: Órdenes y Jerarquías*, en Historia de España en la Edad Moderna, Ariel, Barcelona, 2011, pp.278-301, p. 293.

[593] A este elenco de profesiones liberales, cabría añadir la incorporación tardía de la medicina, la cual no recibió un impulso dignificante hasta entrado el S. XVIII. Hasta entonces, la medicina, debido a su tradicional asociación a los profesos del judaísmo, fue evitada por los súbditos españoles. En su lugar, los barberos, por su destreza con la navaja, asumieron, complementariamente, las tareas sanitarias como cirujanos-barberos.

Los miembros de ambas élites, rural y urbana, también mostraron interés por la adquisición de bienes raíces de sus términos municipales. Asimismo, desplegaron estrategias para mimetizare con los "caballeros", para lo cual, procuraron: lograr enlaces matrimoniales con miembros de la nobleza (normalmente hidalgos simples), la compra de oficios públicos y de señoríos jurisdiccionales, procurar el ingreso y promoción de familiares en la carrera eclesiástica, la fundación de vínculos[594] y la obtención de declaraciones ejecutoriadas de su pertenencia al estamento noble[595].

Por último, en relación a los **estratos inferiores**, en el mundo agrícola se contaron los jornaleros. Se trató de individuos que, careciendo de unos bienes raíces bastantes para sostener su economía doméstica, arrendaban predios de grandes propietarios para lograr una estrecha subsistencia. En las regiones manchega y andaluza, la generalización de la explotación mediante contratos de arrendamiento, por naturaleza más inestables que los enfitéuticos, los dejó sin incentivos para implementar mejoras en sus predios. Asimismo, sus escasos réditos, se fueron reduciendo paulatinamente con la concentración de las propiedades y la privatización de las tierras comunales, pues redundaron en una subida de la renta que habían de satisfacer.

En cuanto al hábitat urbano, cabe hablar de los trabajadores manuales. Estos se agruparon en gremios, debiendo distinguir entre los gremios mayores, que aglutinaban a los trabajadores de las labores prestigiosas (plateros, joyeros o vidrieros); y los gremios menores, que hacían lo propio con los trabajadores de labores, por entonces, rayanas en la infamia (curtidores, carniceros o calceteros). Si bien, conviene matizar que, la condición de maestro de un gremio, era eficaz para posicionar inmediatamente tras los mencionados integrantes de la élite urbanita. El resto de integrantes de los gremios, los oficiales y aprendices, tuvieron unas ganancias decrecientes desde la segunda mitad del S. XVI[596].

Durante las sucesivas etapas de recesión económica, tanto los jornaleros como los trabajadores manuales, nutrieron un creciente número de pobres, entendidos como aquellos sujetos que no podían garantizar su subsistencia o la de sus dependientes familiares. En el caso de los trabajadores manuales, la hemorragia fue cortada mediante una respuesta gremial, consistente en restringir el acceso a sus profesiones. De este modo, redujeron la oferta de sus servicios y, por tanto, la empobrecedora caída de sus precios. Por otra parte, los ayuntamientos y el Consejo de Castilla procuraron contener ese creciente número de pobres, que

---

[594] Mayorazgos y capellanías, como era típico de los hidalgos adinerados.

[595] La pragmática de 10 de febrero de 1623, estableció que se tuviera por probada la nobleza de un particular linaje cuando, el interesado, lograse presentar tres actos positivos (o pruebas documentales refrendadas por la fe pública) relativas a tal nobleza. Novísima Recopilación, XI, 27, 12.

[596] Marcos Martín, *op.cit.*

se agolpaban en las grandes ciudades para pedir limosna, mediante ciertas leyes (ordenanzas municipales o cartas). Estas ofrecían criterios para dividir en categorías a los pobres[597], distinguiendo entre los verdaderos, merecedores de auxilio, y los fingidos. Para los primeros, se preveía la entrega de licencias efectuadas por los jueces locales o por los párrocos, consistentes en documentos acreditativos de su pertenencia al primer grupo (cédulas o medallas), al tiempo que se restringían sus actividades mendicantes a un perímetro delineado en torno a los municipios de los que eran naturales. Asimismo, se regulaba su conducción a los centros de caridad de las poblaciones para su pronta asistencia[598]. Sin embargo, estas políticas, pronto fueron percibidas como inapropiadas, pues en el ideario español estuvieron arraigadas las ideas de que: los grados de pobreza eran diversos, no siendo posible apreciar cuando era ilegítimo mendigar; de que la libertad de movimiento era un derecho natural; y, sobre todo, de que la pobreza de unos era la ocasión de los más poderosos para hacer méritos con los que ganar la salvación de sus almas[599]. Así, sobre todo si se tiene presente que la concesión de licencias dependió de personal clerical, parece que fue cosa rara la rigurosa observancia de esta clase de leyes. En cualquier caso, lo común fue que el pauperismo fuera paliado mediante la caridad privada de los sectores privilegiados, destacando entre sus obras el recurso a la fundación de hospitales y al reparto de limosnas mediante disposiciones testamentarias, en las cuales se especificaba que la administración de tales recursos quedara a cargo de las órdenes religiosas[600].

De difícil ponderación resulta el colectivo de desfavorecidos que lograron emplearse como criados y sirvientes o lacayos, debida a lo variables que fueron sus circunstancias. Estos, tuvieron como común denominador el hallarse bajo la autoridad de algún individuo adinerado, como consecuencia de haber contratado con él la prestación de sus servicios personales. No obstante, algunos de los empleados por individuos pertenecientes a la alta nobleza o clero (paniaguados), contaron con una considerable manutención, el acceso a múltiples bienes de lujo

[597] pobres vergonzantes, pobres de solemnidad, indigentes, mendigos, vagos o fingidos.

[598] Cabe destacar las leyes de 1540 (inspirada en las ordenanzas municipales de Madrid del mismo año y muy probablemente en las leyes de pobre de Ypres), de 1565 y de 1684. Novísima Recopilaicón, VII, 39. Antecedentes de estas fueron la petición 66 de las Cortes de Valladolid de 1523, la petición 47 de las Cortes de Toledo de 1525, la petición 45 de las Cortes de Madrid de 1528 y la petición 117 de las Cortes de Madrid de 1534.

[599] La divergencia de opiniones, fue especialmente escenificada en la controversia literaria mantenida entre Juan de Robles (o de Medina) y Domingo de Soto, siendo este último el que alcanzó una mayor difusión y aprobación con su obra *Deliberación en la Causa de los Pobres* (1545).

[600] Marcos Martín, Alberto, *op. cit.* Colmeiro, Manuel, *Historia de la Economía Política en España, Tomo 2,* Imprenta de D. Cipriano López, Madrid, 1863, pp. 19-42. Santolaria Sierra, *El Gran Debate de los Pobres en el Siglo XVI,* Domingo de Soto y Juan de Robles 1545, Ariel Historia, Barcelona, 2003.

cuya ostentación prestigiaba, e incluso pudieron ser apoyados por sus empleadores para que obtuvieran oficios públicos.

Por otra parte, cabe hacer mención de un sector de la población que contó con grandes dificultades para lograr su promoción social, el de aquellos sospechosos de no profesar la fe católica. Estos eran percibidos como un peligro público, por cuanto, al confraternizar con los fieles, propiciaban creencias religiosas que adulteraban la ortodoxia romana, "comprometían" la lealtad a los monarcas y la salvación de las almas hispanas. En España, este fenómeno estuvo esencialmente representado por judíos y musulmanes, y tras la expulsión forzosa de estos dos grupos (1492 y 1502), por los falsos conversos, llamados judaizantes o marranos en el caso de los judíos y moriscos en el de los musulmanes. Como ya se explicó, esta supuesta amenaza fue el pretexto para crear la Inquisición Española, organización responsable de destapar y promover el castigo de tales casos. No obstante, las élites dirigentes, tanto seculares como eclesiásticas, llevaron más lejos la prevención de aquellos peligros cuando, entre finales del S. XV y principios del S. XVI, se generalizó exigir que los pretendientes de casi cualquier responsabilidad pública o institución formativa superior[601], formalizasen expedientes de **limpieza de sangre**. Se trató de documentos en los que el interesado acreditaba, mediante testimonios y pruebas documentales, que sus ascendientes y parientes eran todos "cristianos viejos", ajenos a linajes "moros" o "judíos", y sin que alguno hubiera sido procesado por el Santo Oficio[602]. Con lo cual, todos aquellos que tuvieran una relación familiar conocida con un **converso o cristiano nuevo**, quedaron incapacitados para acceder a numerosos resortes de prestigio y de ascenso social. Sin embargo, también procede decir que, constan ejemplos de individuos que lograron ocultar tales vínculos, y valerse de su riqueza para lograr matrimonios que los mimetizasen con la élite de los cristianos viejos, e incluso con la nobleza.

De cualquier modo, el último estrato de la sociedad moderna española lo constituyeron los **esclavos**. Fueron estos mayoritariamente africanos, indígenas americanos y otomanos, empleados en diversas tareas. Estos se concentraron en Madrid, en las principales ciudades de Andalucía y en las Islas Canarias[603].

---

[601] Requerido para: ser nombrado consejero real y oidor de reales audiencias en la administración central; regidor, alcalde, procurador general síndico en algunos ayuntamientos; notario (S. XVI); canónigo (1547) y miembro del Santo Oficio en el ámbito eclesiástico; estudiante de alguno de los colegios mayores (1531) o del colegio de cirugía de San Carlos (1771); obtención de hábito de caballero de Orden Militar o licencia de casamiento con uno de ellos; obtención de pensión de viudedad del Monte de Piedad Militar (1763); avecindarse en Guipúzcoa (1527), Vizcaya (1527) o en ciertos valles de Navarra.

[602] Pragmática de 10 de febrero de 1623, asentó que se tuviera por probada la limpieza de sangre de un particular linaje cuando, el interesado, lograse presentar tres actos positivos (o pruebas documentales refrendadas por la fe pública) relativas que acreditasen tal limpieza. Novísima Recopilación, XI, 27, 12.

[603] Marcos Martín, Alberto, *op. cit.*

V GOBIERNO TERRITORIAL

1. Reyes Católicos y Habsburgos

Dentro del Reino Castellano-Leonés, Galicia constituyó un **virreinato**; lo mismo sucedió con cada uno de los reinos pertenecientes a la Corona de Aragón; y con el Reino de Navarra. Consecuentemente, al frente de estos, estuvieron los virreyes, quienes, por defecto, representaban a la autoridad regia en el territorio, y habían de realizar un seguimiento de cuanto acontecía en él. Adicionalmente, cuando eran nombrados **gobernadores** de tal virreinato, adquirían unas competencias legislativo-ejecutivas; cuando eran nombrados **presidentes de la Real Audiencia**, judiciales; y cuando eran nombrados **capitanes generales**, militares. A mayor abundancia, en el caso de los reinos de la Corona Aragonesa, se dio la particularidad de que, al presidir sus virreyes las reales audiencias, se apoyaron en ellas como si se tratase de una suerte de órgano consultivo "senatorial".

Ciertos territorios, contaron con órganos de gobierno llamados **Juntas Generales**: el Principado de Asturias (1444), el Señorío de Vizcaya (1452), las provincias de Guipúzcoa (1457) y de Álava (1463), y el Reino de Galicia (1528)[604]. Se trató de asambleas representativas de la voluntad de los vecinos de tales territorios. Contaron con múltiples competencias de gobierno, cabiendo destacar especialmente la funcionalidad de las juntas vascas, y la escasa repercusión de las gallegas. Dada la fugacidad de sus reuniones, estas formaron órganos con poderes delegados, llamadas **Diputaciones**, las cuales, mientras que las juntas no se hallaban constituidas, ejercían las labores de gobierno en el territorio conforme a lo decidido por estas. Asimismo, excluyendo a los gallegos y estableciendo importantes matices para los asturianos, todos estos órganos, junto a las Cortes del Reino de Navarra, a su diputación y al Consejo de Navarra, desarrollaron una *praxis* proteccionista de los fueros de sus territorios y de las normas que promulgaron[605]. En este sentido, como las Cortes medievales hispanas, asumieron la competencia de exigir la reparación de agravios, o el desistimiento del monarca, o de sus virreyes, en su promulgación de disposiciones contrarias a la legislación territorial consolidada. Una vez producida la correspondiente denuncia, tales órganos, teóricamente, aplicarían el principio *Obedézcase pero no se Cumpla.* Ahora

---

[604] El establecimiento de tales fechas para indicar el nacimiento de tales órganos es, ciertamente, convencional, pues tales asambleas existieron con anterioridad. El establecimiento de tales fechas ha sido efectuado atendiendo a dos criterios: momento en el que se regularizaron sus convocatorias y su confirmación por el monarca.

[605] Ordenanzas Generales del Principado de Asturias (compendiadas en 1659), Fuero de Vizcaya (compendiadas en 1452), Fuero de Guipúzcoa (compendiadas en 1457); Leyes y Ordenanzas de Álava (compendiadas en 1463); Leyes del Reino de Navarra (compendiadas en 1735).

bien, en este ámbito, tal función denunciante recibió el nombre de **Pase Foral** o de Sobrecarta, puesto que dichos órganos se atribuyeron la competencia de emitir leyes, o "cartas", por las cuales las disposiciones conflictivas adquirirían validez para el territorio bajo su jurisdicción[606]. Frente a estas prerrogativas, cabe mencionar que, los monarcas españoles, consumaron puntuales violaciones de aquellas normas territoriales, sin perjuicio de que, formalmente, se respetara el enunciado marco institucional[607].

A mayor abundancia, se destaca en el Reino de Mallorca, la existencia del *Consell General*, un órgano de gobierno propiamente municipal de la actual ciudad de Palma de Mallorca, cuya jurisdicción se extendió a amplios territorios del realengo isleño (parroquias foráneas).

Por otra parte, desde comienzos del S. XVI, todo el territorio del Reino Castellano-Leonés comenzó a ser dividió en demarcaciones llamadas **Encabezamientos**[608], contándose un número total de 40 para el año 1591. Estas tu-

---

[606] La Diputación del Reino de Navarra fue creada en 1576, y su primera objeción relativa a la foralidad de dos disposiciones virreinales se produjo en 1624, reservando el entendimiento de la cuestión a las Cortes. A mayor abundancia, consta que, en 1630 y en 1632, el Consejo de Navarra se disponía a promulgar sobrecartas, convalidando las disposiciones conflictivas. En el mismo año de 1632, una ley (nº 4) de las Cortes, precisó la necesidad de que las disposiciones conflictivas fueran previamente examinadas por los síndicos de la diputación y por el Consejo de Navarra. Tales exigencias fueron nuevamente recogidas en la Novísima Recopilación de las Leyes de Navarra (1735), conforme a lo establecido en la ley 38 de las Cortes de Estella de 1692. Salcedo Izu, J., Atribuciones de la Diputación del Reino de Navarra, Pamplona, csic, Madrid, 1974, pp. 359-371. *Ibidem, Historia del Derecho de Sobrecarta en Navarra*, Príncipe de Viana, Año nº 30, Nº 116-117, 1969, pp. 255-263. En cuanto a los asturianos, al menos durante el S. XVI, se instauró la costumbre, consistente en que la citada junta y el ayuntamiento de Oviedo se deliberara acerca de: los nombramientos de los corregidores del territorios, validándolos mediante sobrecarta (*contra legem* según lo dispuesto por el Consejo de Cámara de Castilla); las leyes relativas a conscripciones y servicios tributarios, sometiendo su aprobación al acuerdo favorable de la junta; y del cumplimiento de pragmáticas reales, sometiendo su aprobación al acuerdo favorable de la junta. Tales circunstancias contribuyeron a que algunas plumas ilustradas, como José Manuel Trelles y Villademoros Melchor Gaspar de Jovellanos y el marqués de Camposagrado, se aventuraran a afirmar la existencia de un derecho de reparación de agravios en el Principado. Fernández Hevia, José María, *El Ejército de la Fórmula "Obedecer y No Cumplir" por Parte de la Junta General del Principado Durante el Siglo XVI*, recuperado de: http://ria.asturias.es/RIA/bitstream/123456789/126/1/Archivo.pdf.

[607] Caño Moreno, Javier, Teoría Institucional del Estatuto Vasco, Universidad de Deusto, Bilbao, 1992, p. 42.

[608] El primer encabezamiento estable fue la provincia de Guipúzcoa, territorio que obtuvo el privilegio de serlo a perpetuidad en 1509. En las Cortes de Valladolid de 1536, se establecieron demarcaciones de esta clase para toda Castilla-León. Pérez Fernández José, El Encabezamiento de Alcabalas 1537-1546, en Estudios en Homenaje a Luis Ángel Rojo, Editorial Complutense, Madrid 2004, pp.3-14. Zabala Aguirre, Pilar, Las Alcabalas y la Hacienda Real en Castilla: Siglo XVI, Universidad de Cantabria, 2000, p. 56 y ss.

vieron una función netamente recaudadora (de servicio de Cortes, alcabalas y tercias reales), siendo cada una de ellas asociada a una ciudad con voto en Cortes, de modo que, los procuradores de tales ciudades, asumían los compromisos tributarios para su correspondiente demarcación. En cuanto a la recaudación de los tributos devengados por cada encabezamiento, desde 1536, recayó en la **Diputación de Cortes** de Castilla-León, creada en 1525. Posteriormente, sus competencias fueron compartidas con otro órgano, la junta llamada Comisión de Millones y Alcabalas (1608). El sistema fue simplificado en unos términos más acordes con el absolutismo regio cuando, en 1647, la junta fue asimilada al más dúctil **Consejo de Hacienda,** bajo la nomenclatura de Sala de Millones; y, en 1694, la diputación castellana desapareció bajo el pretexto de que, la mencionada sala, asumiría su representación. Para los territorios vascongados, Guipúzcoa, Álava y Vizcaya la recaudación siempre correspondió a sus respectivas diputaciones. Por último, ha de decirse que esta sala del Consejo de Hacienda, proyectó sus poderes sobre 21 provincias tributarias creadas por la real orden del 23 de julio de 1691, contando como funcionarios subalternos con otros 21 oficiales destacados en tales provincias, llamados **superintendentes** (coordinados y supervisados por el superintendente general creado en 1687).

Finalmente, en Castilla-León, existieron demarcaciones inferiores llamadas corregimientos. Se fueron gestando desde la década de 1480, como consecuencia de la expansión de los poderes que el **corregidor** municipal ejercía en el término, hacia los territorios limítrofes, en detrimento de los antiguos oficiales territoriales[609]. Estos oficiales regios, siempre fueron nombrados por los monarcas[610] y contaron con unas prerrogativas de gobierno local, en la práctica, absolutas. Supervisaban tributos, velaban por el orden público, comandaban las fuerzas militares, podían intervenir en el proceso legislativo[611], constituían la máxima instancia judicial de la localidad y convocaban y presidían las reuniones concejiles. Cabe señalar que, a raíz de un auto acordado del 9 de febrero de 1610, otorgado por el **Consejo de Castilla**, la inspección de la actividad de estos oficiales fue confiada a algunos miembros de tal consejo (integrantes de su sala de gobierno); y

---

[609] Fenómeno relacionado con una creciente desconfianza hacia los cargos de gobierno territoriales, como los de merinos y adelantados, debido a su "patrimonialización" y confusión con los intereses de ciertos linajes. Quintanilla Raso, María Concepción, *La Tenencia de Fortalezas en Castilla Durante la Baja Edad Media*, La España Medieval, 9º, 1986, pp.861-895. En este trabajo, se destaca como asumieron la tenencia de fortalezas, antaño confiadas a linajes nobles como un beneficio.

[610] Se distinguió entre los letrados (individuos reclutados en consideración a sus estudios de Derecho o por haber ejercido cargos en consejos o tribunales) y los de capa y espada (reclutados entre sujetos de destacada nobleza o que habían prestado servicios como oficiales militares). Para su nombramiento, el consejo de cámara correspondiente y el Consejo de Castilla realizaba un informe con su valoración del candidato. Álvarez y Cañas, María Luisa, *Corregidores y Alcaldes Mayores: La Administración Territorial Andaluza en el Siglo XVIII,* Universidad de Alicante, 2012.

[611] Para ello, habían de argumentar que el asunto a regular era un "negocio grave". Escudero, *op.cit.*, p. 770.

que, a tal efecto, los corregimientos fueron divididos en circunscripciones inferiores llamadas partidos, asignando la inspección de estos términos a un consejero. Asimismo, resta añadir que, los corregidores, fueron asistidos en sus tareas judiciales por dos alcaldes mayores, también conocidos como tenientes de corregidor. Y que también pudieron delegar en ellos la resolución de las controversias.

2. Borbones

Tras la entronización de la **dinastía borbónica**, se produjeron reformas con dos objetivos: a) **homogeneizar** el sistema de gobierno territorial de la Corona Española y b) extender por toda la geografía una red de gobernadores tributarios, **bajo las órdenes directas del monarca**.

En relación al primer objetivo, desde el 3 de abril de 1711, comenzaron a introducirse a los corregidores en la Corona de Aragón[612] (aboliendo a los merinos, bayles, vegueres y batlles); el 20 de noviembre de 1711, se reprodujeron las superintendencias provinciales para todo el territorio castellano-leonés, y mediante las ordenanzas del 4 de julio de 1718, se practicó la extensión de tal régimen al territorio de la Corona Aragonesa y a Navarra. Estos **superintendentes provinciales** (también llamados intendentes) asumieron atribuciones ejecutivas en el ámbito hacendístico y "policial"[613] y atribuciones judiciales en el ámbito hacendístico[614] (abarcando todo lo atinente a la logística militar de su región[615]). Asimismo, por auto acordado de 1 de febrero de 1717 del Consejo de Castilla, se acometió una reforma de las mencionadas demarcaciones llamadas partidos, estableciendo que habría 10 por cada corregimiento español (a excepción de Navarra)[616]. A partir de esta nueva distribución, fue frecuente que los intendentes destacasen en cada una de ellas a un "**subdelegado**" a quien ceder el ejercicio ordinario de sus propias funciones[617]. A su vez, estos subdelegados estarían acompañados por el contador y por eventuales receptores de partido. Tales competencias tributarias

---

[612] El real decreto de la indicada fecha los estableció en el Reino de Aragón. En valencia, por el Auto Acordado el 3 de abril de 1711; en Cataluña, por el Decreto de Nueva Planta de 16 de enero de 1717; en Mallorca, por ley de 10 de septiembre de 1717.

[613] Las funciones comprendidas en este concepto aparecen recogidas en las disposiciones 36-61: Gastos administrativos; obras públicas; estudios cartográficos; mantenimiento del orden público y seguridad de los caminos; fomento del comercio, de la industria, de las actividades agropecuarias y de la hostelería; supervisión de la normativa monetaria; y supervisión de los pósitos.

[614] Sus atribuciones judiciales son precisadas en la disposición 25. Asimismo, en la 26 quedó establecido que sus sentencias fueran únicamente recurribles ante el Consejo de Hacienda.

[615] Punto explicitado en la disposición 68.

[616] Cabrera Bosch, *El Consejo Real de Castilla y la Ley*, CSIC, Madrid, 1993, p. 23.

[617] Esta práctica se venía dando desde 1714, cuando los superintendentes nombraban a subdelegados para las villas bajo su circunscirpción. Cabreiro Núñez, *La Administración Periférica Provincial: Orígenes y Evolución al Final del Antiguo Régimen*, INAP, Madrid, 2017, p. 62.

de los intendentes, implicaron un cierto solapamiento de funciones con los corregidores, dando lugar a intermitentes reorganizaciones[618].

Asimismo, con la promulgación de los decretos de Nueva Planta (1707-1716), los diversos reinos de la Corona de Aragón, perdieron la particular condición de virreinatos, deviniendo en capitanías generales. Al frente del gobierno de cada demarcación, quedó un **comandante general** (o capitán general). Estos, ejercieron funciones de gobierno militar, civil y presidieron la real audiencia de su correspondiente territorio (en Aragón también asumieron el gobierno hacendístico).

En cuanto al derecho de pase foral ostentado por los anteriormente mencionados órganos de gobierno territorial, dada la fidelidad que mantuvieron a la nueva dinastía, no hubo pretexto para abolirlo. Sin embargo, aumentaron los agravios contra su legislación consolidada; y sí se alcanzó a abolir, tácitamente, tal derecho para el Consejo y la Diputación del Reino de Navarra por real orden dada el 1 de septiembre de 1796; produciéndose la definitiva abolición para ellos mediante la real orden dada el 14 de mayo de 1829[619].

En relación al segundo objetivo, mediante las mencionadas ordenanzas del 4 de julio de 1718, quedó establecido que los intendentes recibirían **órdenes directas de los secretarios del Estado y de los Despachos**[620].

VI GOBIERNO LOCAL

Desde 1476[621], en el Reino de Castilla-León, se produjo la irrupción del cargo de síndico procurador general. Se trató de un cargo consistente en la genérica labor de representar los intereses populares de los vecinos de concejo. Estuvo motivado por la sobresaliente oligarquización de los oficios de regidor y alcalde en

---

[618] El 25 de marzo de 1715, por un real decreto, fueron suprimidos; en febrero de 1719 fueron reintroducidos mediante sendos nombramientos regios; el 19 de julio de 1724, mediante un real decreto, fueron suprimidos los intendentes de provincia al ceñir sus competencias al ámbito militar; en 13 de octubre de 1749, mediante una real ordenanza, fueron reintroducidos, al dotar de esta condición a los corregidores; el 13 de mayo de 1766, mediante real cédula, se disoció nuevamente el cargo de intendente del de corregidor, reservando los menesteres tributarios a los primeros. Molas Ribalta, Pedro, El Estado Borbónico, en Historia de España en la Edad Moderna, Ariel, Barcelona, 2011, pp. 565-575. Calderón Ortega, José Manuel y Díaz González, Javier, Los Intendentes de Felipe V en Guadalajara, recuperado de: https://ebuah.uah.es/dspace/handle/10017/6133.

[619] Salcedo Izu, J., *Historia del Derecho de Sobrecarta en Navarra*, Príncipe de Viana, Año nº 30, Nº 116-117, 1969, pp. 255-263.

[620] Disposiciones 6 y 74.

[621] Comenzando por Vitoria.

los grandes y medianos municipios, la cual había producido una cierta brecha en su valor representativo a ojos de los dichos vecinos.

En otro orden de asuntos, en las Cortes de Toledo de 1539, se estableció que las ordenanzas municipales elaboradas por aquellos cargos municipales, tan solo alcanzarían validez jurídica tras ser examinadas y confirmadas por el Consejo de Castilla[622].

En cuanto a la Corona de Aragón, con la sucesiva promulgación de los Decretos de Nueva Planta, por lo general, quedaron abolidos los cargos municipales característicos de los reinos aragoneses[623]. Estos, fueron suplantados por los regidores, alcaldes y síndicos procuradores generales, todos los cuales habían de ser nombrados por el comandante general y la Real Audiencia, (cuando el monarca no intervenía personalmente con el Consejo de Cámara de Castilla[624]). Tal cosa no impidió la continuidad del sistema de insaculación, sorteos y de elección vecinal, con el matiz de que, tales procedimientos, tan solo desembocaban en una propuesta de designación, a confirmar o rechazar por las mencionadas autoridades. Asimismo, en virtud de la apuntada potestad confirmatoria de la que gozó el **Consejo de Castilla** sobre las ordenanzas municipales castellanas, este mismo órgano alcanzaría el mismo poder en la Corona vecina, llegando aquí incluso a atribuirse la potestad de introducir unilateralmente novedades en el régimen municipal[625].

En marzo de 1766, en un contexto de carestía de bienes de primera necesidad, se produjo la revuelta social conocida como el Motín de Esquilache [626]. Como respuestas a los desórdenes, el 5 mayo de 1766, un auto acordado del Consejo de Castilla instauró nuevos cargos municipales, los cuales asumirían velar por los intereses de los elementos más populares (*el público o común*). Se podría

---

[622] *Novísima Recopilación*, VII, 1, 8; y VII, 3, 2.

[623] Puede señalarse como los Decretos de Nueva Planta para el Principado de Cataluña y el Reino de Mallorca, determinaron la coexistencia de los corregidores con: en el primer caso, bailes, a quienes se atribuyó elaborar informes sobre el proceder negligente de los regidores y su remisión a las pertinentes fiscalías (*Novísima Recopilación*, V, 9, 1, 30); y en el segundo, vegueres y bailes, a quienes se atribuyó el conocimiento, en primera instancia, de la causas civiles y criminales (*Novísimas Recopilación*, V, 10, 1, 6).

[624] Tal cosa sucedió regularmente en las capitales de los reinos.

[625] como determinar la condición de los titulares de los cargos municipales era vitalicia ("perpetua") o temporal. En este sentido, es significativo el episodio histórico conocido como Pleito de los Regidores Perpetuos, acaecido en el municipio de Santa Cruz de la Palma en las décadas de 1760 y 1770. Esta controversia culminó con la provisión del 26 de diciembre de 1776, por la cual se abolió la titularidad perpetua de las regidurías locales.

[626] Enrique Llopis Agelán y Héctor García Montero, *Coste de la vida y salarios en Madrid, 1680-1800*, Documentos de trabajo de la Asociación Española de Historia Económica, N.º. 1, 2009, p. 22 y ss. Stanley J. Stein y Barbara H. Stein, *El apogeo del imperio: España y Nueva España en la era de Carlos III, 1759-1789*, Crítica, Barcelona 2005.

acceder a ellos con independencia de la condición noble o llana del candidato, y serían democráticamente elegidos para ejercer un mandato de dos años: a) el procurador síndico personero, vocal en las reuniones del ayuntamiento en calidad de representante de los intereses populares; y b) los **diputados del común** (o diputados), como regidores especializados en la administración de los abastos. Sin duda, el carácter de defensor popular del personero presentó una cierta duplicidad de funciones con respecto al procurador general, la cual se debió a que, desde la segunda mitad del S. XVII, este último cargo había sido progresivamente reservado a las élites oligárquicas y nobiliarias, menoscabando su pretendido valor representativo[627]. Asimismo, por real cédula de 13 de agosto de 1769, se introdujo en las villas sede de reales audiencias, un cargo ya existente en Madrid[628], los **alcaldes de barrio**. Estos asumieron la misión de mantener el orden público en ciertas demarcaciones urbanas (cuarteles), siendo inicialmente también elegidos democráticamente.

VII JUSTICIA

1. Reyes Católicos y Habsburgos

Durante el reinado de los Reyes Católicos y de los Habsburgo, se crearon nuevos tribunales reales para el **Reino de Castilla-León**: en 1479, la Real Audiencia de Galicia; en 1525, la Real Audiencia de Sevilla; y en 1526, la Real Audiencia de Canarias.

Como resultado, en líneas generales, quedó constituida la siguiente vía judicial tanto para el ámbito civil como para el penal: 1° alcaldes ordinarios, 2° teniente de corregidor o corregidor, 3° Reales Audiencias y 4° Consejo de Castilla.

Dicho esto, cabe introducir ciertas precisiones. Las Reales Chancillerías de Valladolid y de Granada y la Real Audiencia de Canarias, entendieron en primera instancia sobre los casos de corte. Algunas sentencias de la Real Audiencia de Galicia fueron recurribles ante la Real Chancillería de Valladolid; la Real

---

[627] En particular, la aludida norma determinó que los vecinos ejercerían un derecho de sufragio indirecto, eligiendo a unos "comisarios" a quienes correspondería la elección directa de tales cargos. Los diputados serían 2 en aquellos concejos con menos de 2000 vecinos y 4 en aquellos concejos en los que tuvieran un número igual o mayor de vecinos. Los procuradores síndicos personeros habrían de existir en aquellos concejos en los que el cargo de procurador general síndico se hallase enajenado en favor de alguna familia o asociado a alguna regiduría, y por ende carente de entidad propia. *Novísima Recopilación*, VII, 18, 1 y ss.

[628] Real cédula 6 de octubre de 1768. Otras ciudades también procederían a implantar este cargo, como San Sebastián (8 de julio de 1769).

Audiencia de Sevilla siempre actuó como un tribunal de apelaciones; algunas sentencias de la Real Audiencia de Canarias fueron recurribles ante la Real Chancillería de Granada, y más tarde ante la Real Audiencia de Sevilla.

Asimismo, la suprema instancia judicial de la **Corona de Aragón** (sin perjuicio de las competencias del justicia mayor del Reino de Aragón), la Audiencia Real, dejó paso a la constitución independiente de un tribunal "supremo" para cada uno de los distintos reinos: en 1493, la Real Audiencia de Cataluña; en 1507, la Real Audiencia de Valencia; en 1528 la Real Audiencia de Aragón; y en 1571, la Real Audiencia de Mallorca. Sin perjuicio de que algunas causas sentenciadas por los tribunales de Valencia y de Mallorca fueran apelables ante el Consejo de Aragón[629].

En consecuencia, para los territorios de esta Corona, la vía judicial ordinaria civil y penal quedó configurada en los siguientes términos: 1° zalmedinas o merinos (Aragón) o vegueres (Cataluña y Mallorca) o justicias (Valencia), 2° Real Audiencia, y 3° Consejo de Aragón (Valencia y Mallorca).

En cuanto a las **jurisdicciones especiales**, comenzando por la **tributaria**, en Castilla-León fue ostentada por el **Tribunal de Oidores de la Contaduría Mayor de Hacienda**, la cual quedó incorporada al Consejo de Hacienda en 1602 como Sala de Justica; mientras que, en el caso de los principados aragoneses, continuó la siguiente vía judicial: 1° los bayles o *batlles*, 2° el bayle general del reino y 3° el maestre racional de la Corona.

La jurisdicción **eclesiástica** continuó perpetuándose mediante el ya explicado "privilegio del fuero", el cual se extendió en 1527 a los caballeros de las Órdenes Militares, de tal modo que sus causas criminales hubieron de ser reservadas al Consejo de Órdenes[630].

La jurisdicción inquisitorial, la Inquisición Española, fue creada por los Reyes Católicos en 1478. Esta se distinguió de la anteriormente implantada en Aragón por estar a las órdenes de los reyes españoles,en lugar de a las del Santo Padre. Tal cosa fue posible porque, mediante la bula *Exigit Sinceras Devotionis Afecftus*

---

[629] Argensola, Lupercio Leonardo de, *Información de los Sucesos del Reino de Aragón en los Años de 1590 y 1591*, Imprenta Real, Madrid, 1808, p. 27.

[630] El privilegio del fuero para este colectivo fue establecido mediante la llamada Concordia del Conde de Osorno. Cabe precisar que, conforma a tal concordia, la exención frente a la justicia secular, no cubrió los casos de lesa majestad. Los términos del privilegio fueron alterados por el testamento de Felipe II (1594), en el cual se estableció que, en las causas civiles, sí estarían bajo la jurisdicción ordinaria, pero que materia criminal, todos sus asuntos serían resueltos por el Consejo de Órdenes. Estos últimos extremos serían confirmados por breve de Clemente VII y por reales cédulas de Felipe III y Felipe IV. Postigo Castellanos, Elena, *El Privilegium Fori*, en *Monarquías en Conflicto: Linajes y Nobleza en las Articulación de la Monarquía Hispánica*, Fundación Española de Historia Moderna-Universidad de Cantabría, Madrid, 2020, pp. 371-422.

(de Sixto IV), los monarcas castellano-leoneses quedaron investidos con la potestad de nombrar y separar libremente a los inquisidores. En 1485, Fernando el Católico llegó a un acuerdo con el papa Inocencio VIII para trasplantar este mismo sistema a la Corona Aragonesa, suplantando así a la antigua inquisición pontificia. Más adelante, en 1488, los Reyes Católicos crearon el Consejo de la Suprema Inquisición, órgano encargado de regir a la inquisición de toda la Corona Española, y a cuyo frente hubo un inquisidor general. Tras el fallecimiento de los Reyes Católicos, surgió como costumbre el derecho de presentación de los monarcas españoles para el nombramiento papal de los sucesivos inquisidores generales de España.

Acerca de la **jurisdicción mercantil**, se produjo la creación de consulados en la Corona de Castilla. Estos, fueron semejantes a los que habían medrado en la Corona de Aragón durante el Bajo Medievo. El primero de ellos fue el consulado de Burgos, el cual nació mediante una pragmática otorgada en 1494, por la que se otorgó al gremio de mercaderes de la localidad el derecho de dirimir cualquier suerte de controversia mercantil conforme a sus costumbres, así como la facultad de legislar mediante ordenanzas. Tras este primer hito, aparecieron otros bajo el mismo esquema, los de Bilbao (1511), Sevilla (1538), y Madrid (1632).

Sobre la **jurisdicción señorial**, esta pervivió. Sin embargo, en líneas generales, tal orden jurisdiccional perdió entidad propia, pues la gran mayoría de los tribunales señoriales se convirtieron en instancias judiciales ordinarias. Ello se debió al creciente número de supuestos en los que las novedosas reales audiencias podían casar las sentencias de los señores[631]. La única excepción generalizada a este respecto tuvo lugar en el Reino de Aragón.

---

[631] En Navarra, al menos desde el S. XVI, se reprodujo este fenómeno. En concreto, todas las sentencias señoriales fueron recurribles en última instancia ante el tribunal del Consejo Real de Navarra. *La apelación al rey era un derecho plenamente reconocido y llevado a la práctica siempre que hubo ocasión.* Orduna Portús, Pablo, *Preeminencias Sociales del Poder Señorial en Navarra Durante los Siglos XVI y XVII*, pp. 17-19, recuperado de: https://www.ehumanista.ucbs.edu/sites/secure.lsit.ucbs.edu.span.d7_eh/files/sitefiles/publications/momographs/orduna%navarra.pdf. *Si bien es verdad que en ellos* (los señores jurisdiccionales) *recaía el nombramiento de los jueces, su designación debía ser confirmada por el Consejo. Por otro lado, era también el supremo tribunal de Navarra la última instancia de apelación.* En el trabajo que recoge esta última afirmación, se realiza una remisión a las *Ordenanzas de Viejas*, recopiladas en 1557 por los licenciados Balanza y Pasquier. Usunáriz Garayoa, Jesús María, *Señores y Municipios el Juicio de Residencia señorial en Navarra y el Control del Poder Local*, Anuario de Historia del Derecho Español, Nº 68, 1998, pp. 491-522, p. 497. En Cataluña, a partir de la creación de la Real Audiencia, existió la posibilidad de que los oidores estimaran la conveniencia de aceptar apelaciones de sentencias señoriales. Marichalar, Amalio y Manrique, Cayetano, *Historia de la Legislación y Recitaciones del Derecho Civil de España, Tomo 7*, Imprenta Nacional, Madrid, 1863, p. 362. En Mallorca, al margen de la anecdótica concesión *ex novo* de algunos señoríos jurisdiccionales con *mero y mixto imperio* (S. XVII), La Real Audiencia, como regla general, ostentó la potestad de entender de las causas criminales bajo la competencia de tribunales señoriales, cuando apreciaba una negligencia en la persecución del delito

2. Borbones

En virtud de los Decretos de Nueva Planta, se produjo la reforma de las reales audiencias de la Corona de Aragón, siguiendo el modelo de la de Sevilla. Otra novedad fue la posibilidad de que las sentencias de la Real Audiencia de Aragón, en lo sucesivo, sí fueran apelables, ahora ante el Consejo de Castilla. Mientras que las sentencias de las reales audiencias de Valencia y de Mallorca, pasaron a serlo ante el mismo consejo castellano, en detrimento del extinto Consejo de Aragón[632]. Asimismo, se crearon nuevas audiencias territoriales: la de Asturias en 1717 y la de Extremadura en 1790.

Sobre las **Jurisdicciones especiales**, comenzando por la **tributaria**, las resoluciones judiciales de los novedosos intendentes, atinentes a rentas reales, fueron apelables ante el Consejo de Castilla, y eventualmente ante las reales audiencias[633], mientras que, las de los corregidores, continuaron habiendo de ser recurridas ante el Consejo de Hacienda[634].

Respecto a la **Mercantil**, procede decir que a partir de 1778, en virtud de la liberalización del tráfico entre los puertos españoles y América, otras ciudades

---

en cuestión. Planas y Rosselló, Antonio, *La Real Audiencia de Mallorca en la época de los Austrias (1571 1715)*, pp. 94 y 95, recuperado de: https://dialnet.unirioja.es/descarga/libro/436888.pdf. En Valencia, durante el medievo se habían consolidado ciertos supuestos que autorizaban al rey, y en su nombre, a los gobernadores del reino, a conocer las apelaciones de sentencias señoriales sometidas a la "jurisdicción alfonsina", e incluso a avocar algunas causas de los señores de esta clase (tema 7). Tales circunstancias, se perpetuaron a favor de la Real Audiencia de Valencia cuando esta fue constituida como tribunal supremo del reino. Las novedades más reseñables en torno a las potestades de este órgano, fueron: a) que el jurisconsulto Francisco Jerónimo de León, en sus *Decisiones*, defendió la posibilidad de que la Real Audiencia pudiera avocar todo pleito reservado a cualquier jurisdicción señorial valenciana, cuando la controversia versara sobre perjuicios ocasionados por un procedimiento de insaculación; b) en las Cortes de Monzón de 1626, se alcanzó la "unidad de fueros" del Reino de Valencia, determinando que las apelaciones y avocaciones que ya tramitaba el tribunal regio, fueran extensibles a los señores que, hasta entonces, se hallaban ajenos a los Furs de Valencia (bajo el "fuero o privilegio aragonés"). Verdet Martínez, Nuria, *Jurisdicción Municipal e Instancias Reales en la Valencia Moderna* (...), p. 63. recuperado de: https://revistas.uam.es/historiaautonoma/article/download/8538/8902/184556. Marichalar, Amalio; Manrique, Cayetano, *Historia de la Legislación y Recitaciones del Derecho Civil de España, Tomo VIII*, Imprenta Nacional, Madrid, 1865, p. 20.

632 *Novísima Recopilación*, V, 7, 2; V, 8, 1; y V, 10, 1, 4. En V, 7, 4 (real resolución del Consejo de Castilla de 15 de septiembre de 1711), se aclaró que tan solo serían recurribles ante el Consejo de Castilla las resoluciones civiles de la Real Audiencia de Aragón.

633 Real Ordenanza del 4 de julio de 1718, disposición 26.

634 Conviene aclarar que, el 13 de octubre de 1749, fue promulgada la Ordenanza de Intendentes Corregidores. Mediante esta, los intendentes, relegados al ámbito militar desde 1724, fueron reintroducidos en el sistema tributario al dotar a los corregidores de esta condición. En tal ordenanza, quedó determinando que sus sentencias serían únicamente apelables ante el Consejo de Hacienda. *Novísima Recopilación*, VI, 10, 7.

portuarias peninsulares experimentaron un auge de su tráfico comercial, excitando los deseos de contar con sus propios consulados. Así, lograrían adquirirlo las ciudades de: Coruña, Málaga y Santander en 1785; Sanlúcar de Barrameda, Granada y en Vigo en el S. XIX.

En cuanto a la **señorial**, con los decretos de Nueva Planta los tribunales señoriales de Aragón y de Valencia fueron homologados al sistema castellano. Es decir, fue posible recurrir todas las sentencias señoriales ante sus reales audiencias, y en última instancia, ante el Consejo de Castilla. Cataluña y Baleares, por su parte, conservaron los mismos términos procesales de la etapa de los Habsburgo, pudiendo aun, por lo general, ser casadas las sentencias señoriales por las reales audiencias de tales reinos (y en el caso de Mallorca, las sentencias de su real audiencia, casadas a su vez por el Consejo de Castilla).

VIII HACIENDA

1. Habsburgos

A) Oficiales: el 10 de julio de 1554, se retiraron los poderes jurisdiccionales hacendísticos a los contadores mayores de la contaduría mayor de hacienda y se formó, con letrados, el **Tribunal de Oidores de la Contaduría Mayor de Hacienda**[635]. Este mismo tribunal, también asumiría los poderes jurisdiccionales de la contaduría mayor de cuentas el 20 de noviembre de 1593[636].

Tras algunas reformas en la **Contaduría Mayor de Hacienda**, practicadas por Carlos I y Felipe II, las ordenanzas del Consejo de Hacienda del 26 de octubre de 1602, determinaron que, esta, y la **Contaduría Mayor de Cuentas**[637] fueran incor-

635 *Novísima Recopilación*, VI, 10, 1. Reiterado en la disposición 24 de las *Ordenanzas del Consejo de Hazienda, Contaduría Mayor della, oydores, y Contadores de la Contaduría Mayor de Cuentas fechas en 26 de Octubre de 1602.*

636 *Ordenanzas del Pardo, de Veinte de Noviembre de 1593*, disposición 38. Reiterado en la disposición 24 de las *Ordenanzas del Consejo de Hazienda, Contaduría Mayor della, oydores, y Contadores de la Contaduría Mayor de Cuentas fechas en 26 de Octubre de 1602.*

637 No se especifica como tal que la contaduría mayor de cuentas quede incorporada al Consejo de Hacienda, no obstante, sendas disposiciones otorgaron al presidente de este potestades sobre los contadores: la 18, le otorgó la faculta de deliberar con el monarca la concesión de cargos de contador de esta contaduría (en el marco de una junta que aunaba al presidentes del consejo real, al decano del consejo de hacienda, al consejero del consejo real de mayor antigüedad y que asistiera al consejo de hacienda y al secretario del consejo de cámara de castilla); la disposición 24 le otorgó la potestad de vigilar que sus contadores no tratasen pleitos; la disposición 28, le otorgó la potestad de convocar a sus contadores para que le rindan cuentas del estado de las finanzas; la disposición 29, le otorgó potestades disciplinarias sobre los contadores

poradas al dicho **Consejo de Hacienda**, de modo que, los consejeros tuvieron inmediación directa con los contadores de ambos órganos, quedando estos últimos como sus inferiores jerárquicos. Los consejeros tuvieron como intermediarios de los contadores a dos **contadores "de razón"**, a quienes correspondía tener conocimiento absoluto del estado de las finanzas de la Corona Española. A su vez, bajo estos dos contadores, los oficiales de las contadurías quedaron integradas por un escribano mayor de rentas y por ciertas parejas de contadores especializados en la contabilidad de actividades económicas delimitadas[638]. Asimismo, en virtud de las mismas ordenanzas de 1602, el Tribunal de Oidores de la Contaduría Mayor de Hacienda, quedó también incorporado al dicho consejo como una Sala de Justicia, específicamente dedicada a administrar justicia tributaria.

Por real decreto del 31 de enero de 1687, se creó el oficio de **superintendente general de la Hacienda Pública**, a fin de que dirigiera y supervisara el funcionamiento de las dependencias locales de la Hacienda. Por el real decreto del 23 de julio 1691, las dependencias castellano-leonesas comenzaron a ser agrupadas en demarcaciones territoriales llamadas superintendencias provinciales[639], al frente de las cuales, en la capital, quedaron destacados los **superintendentes provinciales**, asistidos por un contador (o interventor) y por un receptor (también llamado recibidor, administrador, tesorero, arquero o fiel), sin perjuicio de que las labores recaudatorias del receptor fueran atribuidas al arrendador de alguna renta.

B) Tributos y Mecanismos Financieros del Estado: El **Servicio** acordado por las Cortes. En cuanto a este tributo personal, tan solo afectó a la población perteneciente al estamento llano castellano-leonés (pecheros). Sin embargo, este colectivo también llegó a quedar exento en algunas ciudades (Granada, Toledo y Burgos). Al menos desde la década de 1530, las correspondientes cargas devengadas por las provincias tributarias, comenzaron a ser distribuidas o repartidas por los contadores mayores de la Contaduría Mayor de Hacienda, entre los partidos de cada circunscripción tributaria[640]. Ya en las Cortes de Toledo de 1538, el tri-

---

menores de los libros de tal contaduría. *Ordenanzas del Consejo de Hazienda, Contaduría Mayor della, oydores, y Contadores de la Contaduría Mayor de Cuentas fechas en 26 de Octubre de 1602.*

638 Dos contadores de mercedes, dos de relaciones, varios de las Órdenes Militares, varios de resultas de título y de arrendamiento y varios escribanos de cámara. Valladares de Sotomayor, Antonio, *Semanario Erudito* (...) *Tomo III*, Blas Román, Madrid, 1787, p. 180 y ss.

639 Se comenzó por establecer 21 provincias en Castilla-León. La reforma fue parcial, dado que, por real cédula dada en 1692, se determinó la supresión de las superintendencias territoriales en aquellos términos en los que los tributos hubieran sido arrendados mediante acuerdos (encabezamientos).

640 Las contribuciones correspondientes a cada población comprendida en un repartimiento, eran fijadas mediante cartas de receptoría, elaboradas por el corregidor y los vecinos pecheros de la localidad en cuestión ante notario. Para su elaboración, se tenían en cuenta los censos de vecinos. Novísima Recopilación, VI, 22, 11. Carretero Zamora, *Los Servicios de Cortes de Castilla en el Siglo XVI*, Cuaderno de Historia Moderna, 1998, nº 21, monográfico IV, pp. 15-58.

buto quedó asimilado al pecho, pasando a ser abonado anualmente y recibiendo el nombre de Servicio Ordinario de Cortes, para distinguirlo de las contribuciones adicionales que aprobasen las Cortes (Servicio Extraordinario de Cortes)[641]. Asimismo, las contribuciones ordinarias correspondientes a cada demarcación quedaron "congeladas", de modo que, las episódicas reformas de este tributo mantuvieron este carácter rígido. El cobro de tal tributo fue objeto de constantes arrendamientos por banqueros, cabiendo destacar a los genoveses.

El **Servicio de Lanzas**, tributo aprobado por real cédula del 22 de junio de 1631, por el cual los vasallos beneficiales-feudales castellano-leoneses, vieron suplantado su deber de prestar servicio de armas con sus subordinados por el pago de una cuantía pecuniaria.

Las **Medias Anatas**, tributo establecido por reales cédulas 18 de agosto de 1632, consistente en el deber de abonar una cuantía pecuniaria por la concesión de títulos nobiliarios y para la sucesión de los mismos.

Las **Contribuciones eclesiásticas**: más allá de las ya explicadas **Tercias Reales** (Tema 8), la monarquía absoluta española amplio sus derechos de percibir rentas eclesiásticas. En este sentido, destacaron tres tributos, los cuales fueron conjuntamente referidos como las Tres Gracias. a) La **Cruzada**, establecido por primera vez por el papa Sixto IV en 1482, consistió en el derecho de percepción de las limosnas ofrecidas con vistas a sufragar las cruzadas contra los infieles y la redención de los cautivos cristianos. Formalmente, era un derecho concedido por el pontífice por un plazo de tres años, si bien, tal derecho fue concedido con una constancia tal que, en la práctica, se llegó a considerar como un derecho propio de la monarquía, hecho reflejado en que su cobro fuera atribuido al mencionado Consejo de Cruzada. b) El **Subsidio,** establecido por primera vez por Pio IV en 1561, consistente en el derecho de cobro sobre el común de las rentas eclesiásticas. También fue conocida como la décima, por gravar el 10% de las rentas percibidas, y como subsidio de galeras, por aplicarse a la construcción de estos navíos la mayor parte de la recaudación. Y c) el **Excusado** establecido por primera vez por Pio V en 1567, consistente en el derecho de cobro del diezmo correspondiente a la finca más rica de cada parroquia.

En relación a los impuestos indirectos, hay que comenzar hablando de la **Alcabala**. Esta persistió alcanzando a gravar el 10% del precio de todos los bienes transaccionados, en principio, con independencia del estatus del adquiriente[642].

---

641 Leyes 1ª y 17ª del Ordenamiento de las Cortes de Toledo de 1538. El discernimiento se explicitó en la aludida disposición nº17.

642 Se dispensaron ciertos privilegios personales y territoriales. Algunos tributos análogos fueron: la Bolla, en Cataluña, quizá implementada durante la Guerra de Sucesión Española con el fin de ayudar a sufragar los gastos del candidato austracista (abolido en 1769); y la Renta de

Entre los años 1626 y 1664, las Cortes aprobaron ciertos recargos del 1% de la cuantía de los bienes transaccionados, recargos que fueron llamados **Cientos**.

El Servicio de **Millones**, tributo nacido como un servicio extraordinario establecido en 1588, con vistas a reconstruir la flota española, tras el desastre de la "Armada Invencible", fue regularizado en 1592, dando paso a la formación de un órgano específico para supervisar su recaudación y la de las alcabalas, la citada Comisión de Millones y Alcabalas. El impuesto afectó a las transacciones de vino, vinagre, aceite, carne, jabón y velas de sebo, gravándolas con un 12,5%.

Tasas, consistentes en las **Regalías** anteriormente mencionadas, (Tema 8), pasando a ser también conocidas como "Estancos", añadiéndose a las mismas: la pólvora (1571 o 1590), el papel sellado (1632), el tabaco (1632), la nieve (1632) y los naipes (1638).

En relación a los mecanismos financieros, procede comenzar hablando de los **Asientos**, que fueron operaciones crediticias simples, mediante las cuales la Monarquía Hispánica buscó financiar sus actividades. Ya durante el reinado de Carlos I, en vista de sus escarceos con la insolvencia, los prestamistas de la corona buscaron procedimientos garantes del cobro de su derecho de crédito, surgiendo así los **Juros**. Estos consistieron en que, el derecho de crédito del prestamista, se concretara en la percepción de una renta fija, sobre el montante recaudado de una cierta renta real. Entre los Juros, cupo distinguir los *juros al quitar*, que fueron aquellos cuya extinción estaba prevista con el fallecimiento del prestamista (juros de por vida) o con el fallecimiento de un cierto número de sucesores del prestamista (juros de heredad); y los *juros perpetuos*, que fueron aquellos que constituían un derecho indisoluble y por ende transmisible por vía hereditaria de forma ilimitada. Aun cabe matizar que, los *juros al quitar de heredad* y los *juros perpetuos*, también fueron transmisibles a terceros a título oneroso.

2. Borbones

A) Oficiales: con la llegada de los Borbones, en 1717, el aludido sistema de las **intendencias se extendió a todos los territorios** españoles (salvo en Navarra). Tales demarcaciones fueron subdivididas en determinado número de partidos, procediendo los intendentes a nombrar a **subdelegados**, para que ejercieran sus funciones características en tales territorios, acompañados por contadores y receptores de partido[643]. Estas reformas produjeron un cierto solapamiento de fun-

---

la Abuela, en Granada, implementada tras su conquista (1500), consistente en gravar la transacción de cal, yeso, tejas y ladrillo.

[643] Al menos desde la Ordenanza de 9 de enero de 1750, fue posible que en algunas poblaciones donde existían regalías (salinas o tabaco), se establecieran oficinas tributarias para su específica recaudación. En tales casos, el intendente nombraba, en vez de a un subdelegado, a

ciones de los oficiales tributarios con los corregidores, dando lugar a intermitentes reorganizaciones que delineaban sus labores[644].

Por real decreto del 30 de julio de 1760, bajo el pretexto de evitar el común sentir de una administración local corrupta, se constituyó la **Junta General de Propios y Arbitrios**, una junta que quedó bajo el gobierno del Consejo de Castilla, sin perjuicio de responder a los requerimientos del secretario de Estado del Despacho de Hacienda. Su misión fue: supervisar el desempeño de las haciendas municipales, en relación a sus dos principales fuentes de ingresos, los "propios" o rentas recaudadas en virtud de derechos perpetuos y los "arbitrios" o rentas recaudadas en virtud de un derecho precario o extinguible tras completarse un cierto término temporal; y recaudar un 2% de los ingresos que obtenían por ambos conceptos[645]. A tal efecto, la nominada junta pudo disponer de los servicios de los funcionarios de las intendencias, diseminadas por el territorio de la monarquía.

B) Tributos y Mecanismos Financieros del Estado: Con un claro afán racionalizador de la Hacienda Española, los Borbones persiguieron reducir el grueso de los tributos (Servicios, Alcabala y Cientos, Millones y Tercias Reales) a uno solo, generalmente referido como la "**Contribución Única**". Esta empresa, fue ensayada a partir de 1715 en los reinos de la Corona de Aragón[646], procediéndose a sumar el montante total regularmente recaudado en cada uno de ellos, para delegar en sus respectivos corregidores la tarea de dividir entre los vecinos la cuota que habrían de pagar, siguiendo criterios de proporcionalidad. Así, sin más indicaciones, las autoridades locales se aventuraron a implementar los repartos siguiendo métodos dispares. En Mallorca, tal contribución fue llamada la Talla; en Aragón, la Contribución Única; en Valencia, la Equivalente, la cual fue principalmente repartida en la capital mediante la implementación de impuestos tradicionales como el Portazgo; y en Cataluña, el Catastro, el cual consistió simultáneamente en un tributo real, gravando los predios rústicos y urbanos de todos los vecinos del principado, y en un tributo personal, que solo gravó las propiedades muebles y réditos comerciales de los miembros del estado llano.

Con el afán de implementar esta misma aspiración en el reino castellano-leonés, en 1745 se acometieron reformas análogas en las provincias tributarias de Guadalajara y de Murcia. Tras esto, en 1749, el secretario de Estado del Despacho

---

un administrador como agente recaudador y custodio de la renta (referido como receptor en caso de arriendo de tal oficio). Asimismo, administrador estaría acompañado de un interventor o contador.

[644] Cabreiro Núñez, *op. cit.*, p. 62.

[645] En 1790 era el 7% y en 1794 el 17%. García García, Carmen, *Haciendas Municipales y Bienes de Propios: Las Reformas de Carlos III*, Anales de estudios económicos y empresariales, N° 1, 1986, págs. 89-114.

[646] En un primer momento, este afán había adoptado la forma de reducir el derecho tributario aragonés al sistema castellano.

de Hacienda, el marqués de la Ensenada, decretó la confección de un estudio demográfico-económico, que había de preparar las condiciones de ese repartimiento equitativo. Los esfuerzos de la administración hacendística culminaron en 1760 con el documento llamado "**Catastro de Ensenada**". Pese a tales esfuerzos, la implementación de este sistema tributario fue frustrado por una pertinaz oposición enraizada en las oligarquías locales, que se lucraban del arriendo de aquellas "rentas provinciales" y del acceso a los correspondientes oficios hacendísticos.

Otras reformas tributarias fueron: la recaudación de un porcentaje de las rentas municipales conocidas como Propios y Arbitrios; la introducción de otras dos regalías, una en 1770 (prolongándose hasta 1778), las peleas de gallos y otra relativa a rentas y postas; la abolición del Servicio de lanzas, por Real Cédula 6 de septiembre de 1773; y la abolición del servicio de Cortes, por real decreto 20 de septiembre de 1790.

En última instancia, merece la pena señalar que, a raíz del elevado endeudamiento del Estado por las guerras contra el Reino Unido y la Francia Revolucionaria, el afán racionalizador-simplificador de los tributos hispanos fue interrumpido. Durante la recta final del Antiguo Régimen, las necesidades recaudatorias condujeron a idear algunas **figuras tributarias nuevas**, y así, durante el reinado de Carlos IV se asistió a la creación de: el impuesto de contribución extraordinaria de frutos civiles (1794), el cual gravó la percepción de rentas civiles de particulares; el impuesto sobre la constitución de mayorazgos (1795), el cual gravó este negocio con una contribución de 15% del valor de los bienes vinculados; el impuesto de herencias y legados en las sucesiones transversales (1798), el cual cargó con un impuesto progresivo (dependiendo del grado de parentesco del heredero), la adquisición de herencias, aun en los casos en los que estuvieran gravadas con fideicomisos; y la tasa llamada valimiento de oficios enajenados (1799), consistente en abonar una cuantía a la Real Hacienda para obtener la confirmación del título de.

En cuanto a los mecanismos financieros, en el contexto de la Guerra con el Reino Unido, por real cédula 20 de septiembre de 1780, la Corona puso en el mercado los llamados **Vales Reales.** Estos comportaron derechos de crédito válidos por 20 años, los cuales facultaban para el cobro anual de un 4% de su valor nominal. Además, tuvo condición de papel moneda, pudiendo emplearse para satisfacer toda clase de transacciones comerciales.

3. El Régimen Vasco-Navarro

A) Contexto Vasco-Navarro: Conviene matizar que, los sistemas hacendísticos de las Provincias Vascas y del Reino de Navarra, se mantuvieron prácticamente ajenos a las reformas aquí expuestas. Esta circunstancia, se debió al deseo de la monarquía de no soliviantar los ánimos de sus naturales, quienes siempre mostraron un gran apego a sus fueros -parlamentariamente elaborados-, al tiempo que, durante el gobierno de los Habsburgo, soportaron lealmente una considerable presión al hallarse en frecuente estado de movilización militar para sostener a los ejércitos franceses. Asimismo, cabe recordar que, el Reino de Navarra, había sido anexionado a la Corona Española en virtud de una conquista militar (ciertamente legitimada por el papa Julio II en 1513), por lo que existía el temor a que una excesiva presión en el reino pirenaico provocase un cambio de lealtades favorable a la dinastía originalmente legítima de los Albret-Borbón. Con el advenimiento de la dinastía borbónica al trono español, los nuevos monarcas decidieron moderar allí su afán homogeneizador del Derecho, como premio al apoyo que los vasco-navarros sí les prestaron durante la Guerra de Sucesión Española.

B) Sistema Tributario Vasco-Navarro: hechas estas aclaraciones, cabe reducir el sistema tributario **navarro** a tres conceptos: a) Ingresos de Tablas, impuestos indirectos integrados por las figuras de la saca y del peaje, que respectivamente consistieron en gravar con un 5% a las exportaciones de bienes y en con un 3,33% las importaciones hechas por extranjeros; b) Receptas, integradas por el Ordinario y Patrimonial y por las Penas de Cámara y Gastos de Justicia, consistiendo la primera figura en tasas por el aprovechamiento de bienes del patrimonio real (montes, molinos, etc.) y la segunda en tasas de costas judiciales y de multas; y c) el **Donativo** o Servicio de Cortes, consistentes en el tradicional *Petitum* bajomedieval satisfecho por las Cortes de los reino hispanos.

El concepto del Donativo englobó los Cuarteles y la Alcabala. Los primeros estuvieron integrados por pagos de dineros, abastos y hombres armados para los Reales Ejércitos. De esta contribución se vieron exentos los miembros de la familia real, los jueces del Consejo de Navarra, los dueños de "casas nobles" llamadas "palacios cabo de armería", los hidalgos y algunas villas, valles y señoríos privilegiados. Por su parte, la Alcabala, que en origen había consistido en una contribución del 5% del precio de todas las compraventas. Conforme a las Ordenanzas de 1524, quedaban exentos de satisfacerla los clérigos (cuando la compraventa estaba relacionada con su oficio), las partes que contratasen en ferias y mercados, las ferrerías de montaña, la nobleza y algunas poblaciones. Durante el mismo S. XVI, la Alcabala devino en una cantidad fija que habrían de satisfacer las localidades. En estas condiciones, las cuantías de Cuarteles y Alcabala que habría de pagar cada localidad eran fijadas atendiendo al número de vecinos y a su riqueza, siempre previa aprobación por las Cortes. Conviene subrayar que las Cortes de Navarra tuvieron el derecho, reconocido por el monarca, de establecer los donativos a voluntad, si bien, fue costumbre que, hasta 1648, se reunieran con este fin cada dos o tres años[647].

---

[647] Posteriormente, se reunirían con una cadencia decreciente, si bien aumentaron la cuantía de los donativos para compensar los años sin aprobar contribuciones.

En las Cortes reunidas en 1652-1654, se aprobó un nuevo servicio bajo nuevos términos. De estos, cabe destacar que se tuvo como unidad tributaria a la familia o "fuego", quedando únicamente exentas aquellas familias dueñas y residentes en "palacios cabo de armería", para lo cual se recurrió a elaborar censos llamados "fogueraciones". Las exigencias regias de abonar la cuantía con la máxima premura, empujó a la diputación a buscar fuentes de ingreso propias, estableciendo así las tasas llamadas Vínculo del Reino (tabaco, chocolate, exportaciones de lanas, exportaciones de madera, consultas en los archivos del reino y retenciones sobre los cuarteles otorgados al monarca)[648].

En cuanto al sistema **vasco**, en Vizcaya se dieron particularmente las siguientes figuras: a) Pedido de los Labradores o de las Casas *Censuarias*, consistente en el pago de un censo por el aprovechamiento de las tierras de propiedad (dominio directo) del señor de Vizcaya; b) el Pedido de las Villas, tributo exigido como compensación a la renuncia que hicieron los señores de Vizcaya de sus típicos derechos económico-señoriales al momento de su fundación; c) Rentas de las *Prebostades*, concepto que englobó las tasas relativas a costas judiciales y rentas señoriales del señor de Vizcaya, y las aduanas que gravaban la importación de los bienes de consumo con un 3% d) Derechos de las Ferrerías, por los cuales quedaba gravada la producción de útiles de hierro y su adquisición; e) y los Diezmos de los Monasterios, que se correspondían con el porcentaje de los diezmos que cobraba el monarca en calidad de patrón de iglesias propias.

En cuanto a Guipúzcoa y a Álava, cabe mencionar como común denominador: a) la Alcabala, encabezadas (o "fosilizadas") a comienzo de la Edad Moderna; y b) los Derechos de Ferrerías, consistente en una tasa a la producción de bienes de hierro y a su adquisición[649].

---

[648] *Novísima Recopilación de las Leyes del Reino de Navarra,* 17, 38; 2, 32; 2, 53; 2, 70. 2, 88 y 89; 2, 84 y 85. Solbes Ferri, *Los Servicios de las Cortes de Navarra,* recuperado de: recuperado de: www.accedacris.ulpgc.es/bitstream/10553/2614/5/%281993%29%20Los%20Servicios%20 de%20Cortes.pdf.

[649] Guipúzcoa contó adicionalmente con los Diezmos de la Mar (cobrados por "fieles"), un impuesto indirecto que gravaba la introducción de mercancías por vía marítima; y con las aduanas (cobradas por alcaldes de saca), establecidas a comienzos del S. XVII en vista de la escasa recaudación obtenida por el anterior tributo. Las aduanas se fijaron en la frontera del Ebro, sin afectar a las importaciones de bienes de consumo. Entre 1717 y 1722, las aduanas se trataron de desplazar a la frontera con Francia, gravando también a los bienes de consumo, pero tal medida fue abortada por las presiones del reino francés y por ciertas revueltas guipuzcoanas y vizcaínas (machinadas). En Álava, cabe mencionar al Pedido Forero o Vitoriano, tributo que englobó un cierto servicio ordinario, una tasa de escribanía y un primitivo yantar debido al monarca. Tal tributo había sido encabezado en 1428, siendo regularmente abonado por arrendadores. García-Zúñiga, Mario, *Hacienda Real y Haciendas Forales en el País Vasco (Siglos XVI-XVIII),* Iura Vasconiae, 6/2009, pp. 425-460. Echegaray, Carmelo de, *Compendio de las Instituciones Forales de Guipúzcoa,* FEDHAV, Donostia-San Sebastián, 2009, pp. 165-172. García

Comunes a las tres Provincias Vascas fueron los Donativos, cuya concesión era acordada por sus respectivas Juntas Generales bajo el mismo planteamiento de voluntariedad defendido por las Cortes del Reino de Navarra.

Por último, se debe destacar la existencia de ciertas tiranteces relativas a los oficiales encargados del cobro y administración de los tributos, dado que, la monarquía, procuró que recayese en oficiales bajo sus órdenes directas (superintendentes provinciales e intendentes), mientras que, las Cortes navarras y juntas vascas, que lo hicieran otros oficiales bajo las suyas (diputaciones y oficiales locales)[650].

IX EJÉRCITO

1. Reyes Católicos

Especialmente acuciados por las guerras por Italia contra Francia, consideraron conveniente contar con un ejército hispano permanente, bajo su particular mando unificado[651], y dotarlo de unos recursos logísticos, armamentísticos y de una organización homogéneos. El proceso comenzó con la promulgación de las reales cédulas del 5 de octubre de 1495 y de 18 de enero 1496. Mediante la prime-

---

Fernández, Ernesto, *La Vida Política y Financiera de Vitoria a Partir de las Cuentas Municipales de Fines de la Edad Media,* Studia Historica, Historia Medieval, Vol. 30, 2012, p. 125.

650 Con las Cortes de 1652-1654, mudó la forma de recaudación del donativo, dejando de ser dirigido por la Cámara de Comptos, y sus subalternos (recibidores de las merindades, depositarios o colectores y porteros) para serlo por la Diputación del Reino y sus subalternos (justicias locales). En 1717, la renta del tabaco comenzó a ser administrada por la Corona en virtud de su arrendamiento. Con las Cortes de 1724-1726, los oficiales reales pudieron disponer libremente de los fondos del servicio. En el ámbito local, cabe observar que, ya en el S. XVI, el Consejo de Navarra había comisionado a jueces de residencia para que examinaran la administración de los bienes de propios y arbitrios de los municipios navarros. Y que estos pretendieron poder producir documentos normativos (providencias) que modificasen los términos de los sistemas hacendísticos locales. Solbes Ferri, Sergio, *op.cit. Ibidem, Distribución y Consumo legal de Tabacos en Navarra: 1731-1779,* en El Mercado del Tabaco en España Durante el Siglo XVIII, Universidad de las Palmas de Gran Canaria, 2000, pp.245-286. Yanguas y Miranda, José, *Diccionario de antigüedades del reino de Navarra: A - F, Volumen 1,* Imprenta de Javier Goyeneche, Pamplona, 1840, p. 585.

651 Previamente, en Castilla-León, tal pretensión había redundado en la creación de ciertos cuerpos militarizados. Primero, una guardia real, llamada los Continos o Continuos, la cual fue notablemente engrosada por Juan II hasta alcanzar los 1000 efectivos y con Enrique IV los 3600. Otro elemento a tener en cuenta es la Santa Hermandad, unión de hermandades castellano-leonesas creada por Isabel la Católica en 1476, con el objetivo de luchar contra el bandolerismo. Esta última, alcanzó los 2000 efectivos, siendo empleada en las Guerras de Granada (suprimida en 1497).

ra, quedo establecido que, los varones y vecinos de las villas y lugares de realengo, abadengo y señorío (que no fueran musulmanes ni clérigos) habrían de dividirse en tres clases económicas, correspondiendo a cada una costearse un determinado equipo militar[652]. Mediante la segunda, tales sujetos quedaron constituidos en una reserva militar, la cual podría ser movilizada en caso de necesidad, de modo que, ante tal supuesto, se preveía que los resultantes ejércitos estuvieran acompañados por ciertos oficiales logísticos (contadores y veedores) y que fueran puestos bajo el mando directo de un capitán general. Pronto, el 22 de febrero de 1496, se limitó el número de vecinos a reclutar por localidad, determinando que sería 1 por cada 12, salvo casos de grave necesidad. Por último, en las ordenanzas publicadas el 26 de septiembre de 1503, se estableció, minuciosamente, el derecho estatutario de los militares bajo este nuevo régimen[653].

2. Habsburgos

Tras la consolidación del Régimen Polisinodial, y la consecuente creación del Consejo de guerra (1523), este último órgano devino en la cúspide de la organización militar. Tal cosa sucedió sin perjuicio de que mediaran ciertos solapamientos competenciales con otros consejos, como el de Estado, al que correspondía declarar guerras y paces; el de Hacienda, al que correspondió el nombramiento de los oficiales logísticos; y el de Indias, al que competía el entendimiento del común de los asuntos que concernían a los territorios de Ultramar.

Desde 1586, el consejo de guerra contó con dos secretarías, uno de tierra y otra de mar. En relación al ejército de tierra, la unidad de combate fundamental fue el **Tercio de Infantería Española**, unidades que estuvieron comandadas por un maestre de campo[654] y, en su ausencia, por su asistente, el sargento mayor. A su vez, los tercios se dividieron en una decena o docena de compañías, cada una comandada por un capitán, el cual contaba con un alférez o *tenente* como portaestandarte y eventual sustituto al mando, y con un sargento encargado de transmitir

---

[652] Cada clase habría de estar equipada, preferentemente, con un arma característica: la primera clase, con lanzas largas; la segunda, con ballestas o espingardas; y la tercera, con espadas. Ya mediante las ordenanzas de 1497, según la crónica de Zurita, se modificaron las armas a esgrimir por cada clase: picas, escudos y ballestas-espingardas. Asimismo, en la crónica se alude a cada una de estas clases como "tercios", motivo por el cual se cree que las clásicas unidades militares hispanas de los siglos XVI y XVII, recibieron esta designación en atención a su original división tripartita. Otra teoría apunta a que las primeras unidades militares que comenzaron a funcionar bajo esta organización administrativa, fueron tres los ejército: de Milán, Nápoles y Sicilia.

[653] Martínez Ruiz, Enrique, *El Ejército de los Austrias y sus Ordenanzas*, Revista de Historia Militar, Año LXI, 2017, nº extraordinario 1.

[654] Cargo contemplado en la ordenanza de 1534. Este estuvo jerárquicamente por debajo del capitán general.

las órdenes del capitán y de mantener la disciplina de la tropa. Normalmente, cada compañía estuvo integrada por una cifra de que osciló entre los 300 y los 250 soldados, y se dividió en, aproximadamente, 10 escuadrones, cada una bajo las órdenes de un cabo. Asimismo, cada tercio contó con sendos oficiales logísticos, conocidos como pagadores, auditores, comisarios o furrieles.

En cuanto a la Armada, a principios del S. XVI, la creciente amenaza constituida por el Imperio Otomano, recomendó fortalecer los efectivos mediterráneos. En vista de ello, se formaron cuatro escuadras, en parte financiadas por la Corona y en parte por particulares, hasta alcanzar unos efectivos de 60 bajeles. Tales navíos, a los que se unieron otros buques de guerra más pesados (galeones), fueron destinadas a las demarcaciones marítimas de: España, Génova, Nápoles y Sicilia. También cabe destacar que, fue común la confiscación de buques mercantes para su conversión en naves de guerra. Asimismo, en el marco del señalado fin defensivo, se acostumbró a cooperar con las flotas veneciana, maltesa, pontificia, genovesa y saboyana, siendo la máxima expresión de este compromiso la coalición naval llamada la Liga Santa, la cual debilitó considerablemente el poder otomano en la Batalla de Lepanto (1571). Igualmente, fue notable la amenaza que padeció el tráfico mercante con América, debido a cierto flujo de piratas europeos. La protección de aquel tránsito marítimo-americano o Carrera de Indias, corrió a cargo de la llamada Armada de Avería (1514). Por otra parte, en el "Nuevo Mundo", quedaron configuradas ciertas fuerzas defensivas llamadas la Flota de Indias, la cual se subdividió en: Armada de Barlovento; Galeones de Tierra Firme; y la Escuadra del Mar del Sur. También cabe considera que, tras la subida al trono inglés de Isabel I, el tráfico atlántico, en general, experimentó una mayor inseguridad, en vista de ello, se potenció la armada atlántica, procediéndose a la sucesiva construcción de una serie de 12 navíos llamados los 12 apóstoles (1567 y 1589). Un episodio especialmente llamativo de este último ámbito marítimo, vino dado por la creación de la enorme flota atlántica de 154 navíos, popularmente conocida en las fuentes inglesas como la "Armada Invencible" y en las españolas como "Grande y Felicísima Armada", la cual tuvo como fin primordial la invasión del país anglo-sajón y el destronamiento de su monarca. Fracasada esta empresa en 1588, el carácter naval atlántico-castrense, retorno a su vocación esencialmente defensiva.

La artillería, debido a su alto grado de especialización, quedó constituida como una fuerza con una organización propia. Así, se creó el cargo de capitán general de artillería como grado superior de este cuerpo.

Pese a la posibilidad de realizar ciertos reclutamientos forzosos en Castilla-León, allí pronto arraigó la costumbre de que las plazas destinadas a servir fuera del reino, fueran cubiertas con voluntarios[655]. A tal efecto, el Consejo de Guerra

---

655 Real Cédula del 25 de enero de 1598.

autorizaba a un capitán a "enarbolar bandera" en una villa, en la cual procedía a ofertar las retribuciones que obtendrían quienes accedieran a prestar el servicio de armas. En el resto de los principados aragoneses, el reclutamiento estuvo restringido a los supuestos contemplados en los fueros de sus múltiples localidades. Estos, como norma general, obstaculizaban severamente el levantamiento de ejércitos apropiados, siendo preciso recurrir, principalmente, al sistema de conscripciones voluntarias. Así, en vista de los crecientes conflictos de envergadura internacional que afrontaba la monarquía española, el Conde-Duque de Olivares proyectó la creación de un ejército permanente formado por tropas de todos los principados de la Corona Española (Unión de Armas), y a fin de completar este proyecto en los principados aragoneses, recurrió a sus respectivas Cortes, obteniendo unas concesiones inferiores a los objetivos propuestos.

En cuanto al acceso a las plazas de oficiales, de ordinario, los grados fueron dispensado de la siguiente manera: los de capitán general, maestre de campo, sargento mayor y capitán, fueron otorgados por el Consejo de Guerra; los grados de alférez y de sargento por los capitanes, con la anuencia del capitán general o del Consejo de Guerra[656]; y los cabos por los capitanes. Para postularse para cada uno de estos cargos, se exigía poder acreditar ciertos años de experiencia en el servicio militar, siendo lo norma comenzar la carrera con el grado de simple soldado. No obstante, pese a la importancia del mérito personal en los ascensos, la conciencia imperante fue que la ocupación de tales puestos correspondía a la nobleza. En este mismo sentido, cabe mencionar que se contemplaron ascensos a capitán para aquellos que protagonizaran acciones de guerra extraordinarias, siempre que estos gozaran de la condición de "caballero de sangre ilustre en quien observaron virtud, ánimo y prudencia"[657]. En última instancia, desde finales del S. XVI, se normalizó la práctica de que, aquellos que entraban en competencia para optar a la plaza de capitán, solicitasen licencia para trasladarse a Madrid, sede del Consejo de Guerra, para hacer valer todas sus influencias sociales sobre él y así

---

[656] Ya en las instrucciones del capitán general de Milán marqués del Vasto, dadas el 28 de agosto de 1538, se hizo constar que esta clase de jefes podría denegar una alferecía o sargentía otorgada por un capitán. Con las Ordenanzas Militares de 17 de abril de 1611, se estableció que no se tenga por válido ningún nombramiento de esta clase que no gozara de la aprobación del Consejo de Guerra o del capitán general. Martínez Ruiz, Enrique, *op.cit.* pp. 126. En cuanto a los sargentos y alféreces del Tercio de Infantería de la Armada de la Carrera de Indias, habían de ser nombrados por la Junta de Guerra de Indias. *Recopilación de Leyes de los Reinos de las Indias*, IX, 12, 9.

[657] Ordenanzas militares de 1589, 1603 y 1611. Al menos en estas últimas ordenanzas, se expresó la conveniencia de que los maestres de campo fueran personas "ilustres", siendo preciso que para un nombramiento distinto por el Consejo de Guerra, se consultara al monarca. Rodríguez Hernández, Antonio José y Díaz-Ordóñez, Manuel, El Reclutamiento Militar en España a Comienzos del Siglo XVII (1600-1625): Problemas y Soluciones, Conmemoraciones e Identidades (trans)nacionales, entre España y América Latina, 2020, nº 50, fascículo 2. Martínez Ruiz, Enrique, *op. cit.*

obtener el ascenso[658]. Por todo ello, fue raro que entre la oficialidad se contasen sujetos del estamento llano[659].

En lo tocante a las fuerzas navales, se debe señalar que, sobre todo en el ámbito mediterráneo, las dotaciones de los navíos fueron completadas con la incorporación de esclavos y reos de crímenes (*chusma*). Con respecto al reclutamiento de los oficiales, destacaron tres prácticas: a) el sistema de asientos, consistente en incorporar una flota privada y a su jefe como oficial real, a cambio de la percepción de una retribución en concepto de gastos de mantenimiento de sus fuerzas; b) otorgar el grado de oficiales de navíos de guerra a los armadores que sufrían la confiscación de sus buques mercantes; c) como contrapartida a préstamos y donativos a favor de la Real Hacienda, fue frecuente la concesión del grado de oficial de las armadas americanas. El motivo de este último proceder fue que, los agraciados con este cargo, estimaban que se trataría de una inversión lucrativa, pues proyectaban recuperar su contribución extraordinaria operando como comerciantes en aquel destino[660].

3. Borbones

Felipe V produjo la ordenanza de 10 de abril de 1702, por la cual reconfiguró el sistema del generalato, de mayor a menor graduación, en los siguientes términos: capitán general, teniente general, mariscal de campo y brigadier. Asimismo, sustituyó el sistema de Tercios Español por el del **Regimiento** francés. Inicialmente, cada regimiento, fue gobernado por un coronel, quien contó con un teniente coronel como segundo al mando, y con un sargento mayor para transmitir sus órdenes y mantener la disciplina general de la unidad. El regimiento, a su vez, estuvo integrado por tres escuadrones, cada uno de ellos compuesto por tres compañías. El primer escuadrón fue gobernado por el coronel, el segundo por el teniente coronel, y el tercero por el capitán de mayor antigüedad. A su vez, cada compañía estuvo mandada por un capitán, el cual tuvo como segundo al mando a un teniente, como tercero, a un alférez, y como ayudante a un sargento. En última instancia, cada compañía contó con un trompeta y con 48 soldados[661].

---

[658] A mayor abundancia, a comienzos del S. XVII, se hizo frecuente presentar memoriales de servicios al Consejo de Guerra, en los que se recogían los servicios prestados por familiares y antepasados del postulante.

[659] Rodríguez Hernández, Antonio José y Díaz-Ordóñez, Manuel, *op. cit.*

[660] Guirano de Vierna, Angel, *La Profesión del Mar. Reclutamiento, Nivel Social, Formación,* p. 107 y 108, recuperado de: https://armada.defensa.gob.es/archivo/mardigitalrevistas/cuadernosihcn/01cuaderno/05profesionalismomar.pdf.

[661] Con la Ordenanza del 28 de septiembre de 1703, cada escuadrón contó con 4 compañías y, como músicos, con un pífano y un tambor. Asimismo, se incorporó la figura del cabo, habiendo dos por cada compañía. Y con la Ordenanza del 8 de febrero de 1704, cada regimiento quedó integrado por dos batallones.

Mediante la Ordenanza del 31 de enero de 1734, fueron creados los **Regimientos de Milicias Provinciales.** Se estableció que cada regimiento estaba compuesto por un batallón y cada batallón por siete compañías de 100 hombre, incluyendo a cuatro suboficiales, los llamados cabos de escuadra. Además, cada compañía debía contar con ciertos oficiales; un capitán y un teniente, con dos suboficiales, los sargentos. Todo este sistema sería parcialmente reformado por Carlos III, mediante sus copiosas Ordenanzas del 22 de octubre de 1768 (divididas en cuatro tomos).

En cuanto a la Armada, como consecuencia de su desmembramiento durante la Guerra de Sucesión Española, se procedió a su profunda reforma. Se Comenzó por la promulgación de la real cédula del 21 de febrero de 1714, mediante la cual se creó la **Real Armada Española**, entendida como un cuerpo armado naval bajo una misma dirección. El 16 de junio de 1717, se promulgaban las Instrucciones de la Real Marina Española, profundizando en la homogénea regulación de su organización, y en particular de su escalafón[662]. El 14 de marzo de 1737, Felipe V proveyó el cargo supremo de almirante general de España en favor del infante D. Felipe, actualizando en cierta forma el entonces desfasado cargo de almirante de la flota castellana[663]. Sin embargo, este oficio caería en desuso cuando el infante devino en soberano de Parma, desentendiéndose de los asuntos españoles, por lo que el oficio sería eliminado con las Ordenanzas Generales de 1748. En 1807, tal cargo fue rehabilitado en la persona del valido regio, Manuel de Godoy. Por otra parte, mediante el Reglamento General de la Armada del 3 de febrero de 1738, se establecieron los grados de los oficiales y las dotaciones que habrían de operar las piezas de artillería.

En tercer lugar, hay que mencionar la Ordenanza de Artillería del 4 de enero de 1741, por la cual quedó sistemáticamente regulada la organización del cuerpo artillero. Y, por último, hacemos mención del Real Cuerpo de Ingenieros, el cual fue creado en 1711.

En cuanto al sistema de reclutamiento, por real cédula del 8 de febrero de 1704, Felipe V llamó a la nobleza a copar las plazas de oficiales, y, en su defecto, a quienes vivieran noblemente. Esta apelación a la nobleza a cumplir voluntariamente con su deber castrense, se mantendría constante durante el reinado de los borbones. Por otra real cédula del 8 de noviembre del mismo año, implementó el sistema de reclutamiento por **quintos** en Castilla-León. Este consistió en que, en las localidades afectadas por el reclutamiento, hubieron de censar a los vecinos

---

[662] En el mismo año se crearon las Comisarías de Ordenación y Contadurías de Marina, órganos internos encargados de la logística y de los caudales correspondientes. En ellos militarían ciertos oficiales logísticos de la propia armada, junto con algunos oficiales de la secretaría de Estado del Despacho de Marina.

[663] La existencia de este cargo ya era contemplada por el real decreto del 21 de febrero de 1714.

varones de un cierto intervalo de edades, siendo elegido 1 de cada 5 de ellos mediante un sorteo[664]. Tras la imposición de Felipe V en los territorios de la Guerra de Sucesión Española, el monarca procedió, ya libremente, a decretar también **levas forzosas en la Corona de Aragón**[665], ante lo cual, sus ayuntamientos, respondieron cubriendo las plazas, preferentemente, con *vagamundos* y gente sin oficios. Las ordenanzas de 1768 generalizaron este sistema para provisionar todas las plazas de soldados. Por último, cabe añadir que, otra ordenanza del 3 de noviembre de 1770, determinó que los soldados serían anualmente **remplazados** por nuevas remesas de sorteados.

En cuanto al reclutamiento para la armada, destacó el real despacho del 28 de enero de 1717, por el cual se fundó la **Real Compañía de Guardias Marinas**. Se trató de un cuerpo de jóvenes nobles que se formaban en todas las ciencias convenientes para devenir en oficiales de la Real Armada, accediendo a tales puestos con la conclusión de su instrucción. Con ello se garantizó que la Real Armada contase con oficiales excelentemente profesionalizados. Cuerpo análogo lo constituyeron los cadetes de la **Academia de Artillería de Segovia**, fundada en 1764.

X IGLESIA

La Edad Moderna Española estuvo inmediatamente precedida por manifestaciones de una severa degradación en las conductas de los religiosos. El alto clero había adquirido usos opulentos, y se presentaba en público con gran boato, al mismo tiempo que, tanto estos como el bajo clero y los monjes, incumplían el voto de celibato, esquivaban los hábitos rigurosos y abandonaban los ejercicios espirituales. Tales deficiencias fueron puestas de relieve en el Concilio de Aranda de 1473 y en el Concilio de Sevilla de 1482. Ya en 1493, ante el profuso interés de Isabel I por remediarlas, el papa Alejandro VI emitió una primera bula, *Quanta in Dei Ecclesia*, autorizando a los Reyes Católicos a emprender una reforma jerárquica de las órdenes monásticas, la cual fue principalmente ejecutada por el cardenal y arzobispo de Toledo, Francisco Ximénez de Cisneros[666]. Durante el reinado de

---

[664] El sistema previó importantes exenciones, destacando las relativas a los clérigos, nobles o casados.

[665] Ejemplo de ello vino dado en 1732, cuando el mismo rey produjo una Ordenanza de Leva.

[666] Esta primera bula, facultaba a los monarcas para la reforma de la Orden de San Francisco. Por otra de 1495, autorizó a Cisneros a visitar y a reformar todos los monasterios de su diócesis (procediendo allí con otras órdenes como la carmelita y la agustina); por otra de 1496, fue nombrado comisario general para visitar y reformar todas las casas franciscanas de la Observancia de Castilla-León y Aragón; por otra de 1496 y una breve de 1497, autorizó a Cisneros a reformar la orden franciscana y a Diego de Deza a hacer lo propio con la domi-

Carlos I, una segunda oleada de reformas monásticas fue desencadenada por la bula *Meditatio Cordis Nostri*[667], otorgada en 1531 por Inocencio VIII, la cual sería dirigida por el cardenal Juan Pardo de Távera. En relación a este despliegue de esfuerzos reformadores, también cabe considerar que estuvieron relacionados con el afán regalista de los soberanos, quienes, presumiblemente, tuvieron interés en aumentar los mecanismos de control sobre aquellos religiosos que estaban blindados frente a ellos por el mencionado "privilegio del fuero".

En el ámbito monástico femenino, destacó la reforma de Santa Teresa de Jesús, centrado en la Orden de Nuestra Señora del Monte Carmelo. En su seno, promovió la introducción de una nueva regla, dando lugar a la creación de la Orden de las Carmelitas Descalzas

Por último, cabe destacar que, ante la reforma protestante, se produjo un largo concilio ecuménico, el Concilio de Trento (1545-1563), que dio como fruto una reforma integral de la disciplina eclesiástica, cuyos cánones fueron adoptados y positivizados por el brazo secular español mediante la real cédula de 12 de julio de 1564[668].

Bibliografía

Argensola, Lupercio Leonardo de, *Información de los Sucesos del Reino de Aragón en los Años de 1590 y 1591*, Imprenta Real, Madrid, 1808.

Álvarez y Cañas, María Luisa, Corregidores y Alcaldes Mayores: La Administración Territorial Andaluza en el Siglo XVIII, Universidad de Alicante, 2012.

Anes, Gonzalo, *El Sector Agrario en la España Moderna*, Papeles de Economía Política Española, nº 20, (1984), pp. 2-19.

Cabreiro Núñez, *La Administración Periférica Provincial: Orígenes y Evolución al Final del Antiguo Régimen*, INAP, Madrid, 2017.

nica; por otra bula de 1499 y otro breve del mismo año, ambos fueron comisionados para la reforma de las órdenes mendicantes, en general. Pérez, Joseph, *Cisneros, el Cardenal de España*, Taurus, Madrid, 2014. García Oro, José y Pérez López, Segundo L., *La Reforma Religiosa Durante la Gobernación del Cardenal Cisneros (1516-1518): Hacia la Consolidación de un Largo Proceso*, recuperado de: http://www.annuariumsanctiiacobi.org/sites/annuariumsanctiiacobi.org/files/01_047_174_garcia_oro_reforma_cisneros_annuarium_sancti_iacobi_2012_01-separata.pdf. Escudero, *op.cit.*, p. 785.

[667] Expresamente concerniente a la reforma de las órdenes benedictina, cisterciense y premostratenses.

[668] Las reticencias presentadas por algunos cabildos catedralicios, condujo a que Felipe II convocara múltiples concilios provinciales, en los que fueron exhortados a jurar su aceptación. Sánchez-Arcilla Bernal, José, Historia del Derecho, Reus, Madrid, 2008.

Calderón Ortega, José Manuel y Díaz González, Javier, *Los Intendentes de Felipe V en Guadalajara*, recuperado de: https://ebuah.uah.es/dspace/handle/10017/6133.

Carretero Zamora, *Los Servicios de Cortes de Castilla en el Siglo XVI*, Cuaderno de Historia Moderna, 1998, nº 21, monográfico IV, pp. 15-58.

Caño Moreno, Javier, *Teoría Institucional del Estatuto Vasco*, Universidad de Deusto, Bilbao, 1992.

Colmeiro, Manuel, Historia de la Economía Política en España, Tomo 2, Imprenta de D. Cipriano López, Madrid, 1863, pp. 19-42.

Escudero, José Antonio, Curso de Historia del Derecho, Madrid, 2003.

Elorrieta, Octavio, *Ordenación Económica de la Producción Agraria, Instituto Forestal de Investigaciones y Experiencias*, Madrid, 1941.

Enrique Llopis Agelán y Héctor García Montero, Coste de la vida y salarios en Madrid, 1680-1800, Documentos de trabajo de la Asociación Española de Historia Económica, N.º. 1, 2009.

Fernández Hevia, José María, El Ejercicio de la Fórmula "Obedecer y No Cumplir" por Parte de la Junta General del Principado Durante el Siglo XVI, recuperado de: http://ria.asturias.es/RIA/bitstream/123456789/126/1/Archivo.pdf.

García García, Carmen, *Haciendas Municipales y Bienes de Propios: Las Reformas de Carlos III*, Anales de estudios económicos y empresariales, Nº 1, 1986, págs. 89-114.

García-Zúñiga, Mario, *Hacienda Real y Haciendas Forales en el País Vasco (Siglos XVI-XVIII)*, Iura Vasconiae, 6/2009, pp. 425-460. Echegaray, Carmelo de, Compendio de las Instituciones Forales de Guipúzcoa, FEDHAV, Donostia-San Sebastián, 2009, pp. 165-172.

García Fernández, Ernesto, *La Vida Política y Financiera de Vitoria a Partir de las Cuentas Municipales de Fines de la Edad Media*, Studia Historica, Historia Medieval, Vol. 30, 2012, p. 125.

García Oro, José y Pérez López, Segundo L., *La Reforma Religiosa Durante la Gobernación del Cardenal Cisneros (1516-1518): Hacia la Consolidación de un Largo Proceso*, recuperado de: http://www.annuariumsanctiiacobi.org/sites/annuariumsanctiiacobi.org/files/01_047_174_garcia_oro_reforma_cisneros_annuarium_sancti_iacobi_2012_01-separata.pdf.

González Ruiz, Manuel, *Las Capellanías Españolas en su Perspectiva Histórica*, Revista Española de Derecho Canónico, Vol. 5, Nº 14, 1950, pp. 475-501.

Guirano de Vierna, Angel, *La Profesión del Mar. Reclutamiento, Nivel Social, Formación*, recuperado de: https://armada.defensa.gob.es/archivo/mardigitalrevistas/cuadernosihcn/01cuaderno/05profesionalismomar.pdf.

Huidobro, José Manuel, Cien Hidalgos Claves en la Historia de España, Visión Libros, Madrid, 2020, p. 83.

Iradiel Murugarren, Paulino, *Evolución de la Industria Textil Castellano en los Siglos XIII-XVI*, Universidad de Salamanca, Salamanca, 1974.

Jiménez Estrella, Antonio, *Poder, Dinero y Ventas de Oficios y Honores en la España del Antiguo Régimen: Un Estado de la Cuestión, Cuadernos de Historia Moderna,* 2012, 37, pp. 259-272". Escudero, op. cit., pp. 739-742.

López-Salazar Pérez, Jerónimo, Mesta, pastos y conflictos en el Campo de Calatrava durante el siglo XVI, CSIC, Madrid, 1987.

Marichalar, Amalio y Manrique, Cayetano,*Historia de la Legislación y Recitaciones del Derecho Civil de España, Tomo 7,* Imprenta Nacional, Madrid, 1863.

Marichalar, Amalio; Manrique, Cayetano, *Historia de la Legislación y Recitaciones del Derecho Civil de España, Tomo VIII,* Imprenta Nacional, Madrid, 1865, p. 20.

Marcos Martín, Alberto, *La Sociedad Española del Siglo XVI: Órdenes y Jerarquías,* en Historia de España en la Edad Moderna, Ariel, Barcelona, 2011, pp.278-301, p. 293.

Molas Ribalta, Pedro, *El Estado Borbónico, en Historia de España en la Edad Moderna,* Ariel, Barcelona, 2011, pp. 565-575.

Orduna Portús, Pablo, *Preeminencias Sociales del Poder Señorial en Navarra Durante los Siglos XVI y XVII,* recuperado de: https://www.ehumanista.ucbs.edu/sites/secure.lsit.ucbs.edu.span.d7_eh/files/sitefiles/publications/momographs/orduna%navarra.pdf.

Martínez Ruiz, Enrique, *El Ejército de los Austrias y sus Ordenanzas,* Revista de Historia Militar, Año LXI, 2017, nº extraordinario 1.

Pérez Sáenz de Urturi, Juan-Eusebio, *La Minería Colonial Americana Bajo la Dominación Española,* Boletín Millares Carlo, Nº 7-8. 1985, pp. 53-120.

Pino Abad, Miguel, Persecución y Castigo de la Exportación Ilegal de Bienes en Castilla (Siglos XIII-XVIII), Dykinson, Madrid, 2014.

Planas y Rosselló, Antonio, *La Real Audiencia de Mallorca en la época de los Austrias (1571-1715),* pp. 94 y 95, recuperado de: https://dialnet.unirioja.es/descarga/libro/436888.pdf.

Postigo Castellanos, Elena, *El Privilegium Fori, en Monarquías en Conflicto: Linajes y Nobleza en las Articulación de la Monarquía Hispánica,* Fundación Española de Historia Moderna-Universidad de Cantabría, Madrid, 2020, pp. 371-422.

Quintanilla Raso, María Concepción, *La Tenencia de Fortalezas en Castilla Durante la Baja Edad Media,* La España Medieval, 9º, 1986, pp.861-895.

Rodríguez Hernández, Antonio José y Díaz-Ordóñez, Manuel, *El Reclutamiento Militar en España a Comienzos del Siglo XVII (1600-1625): Problemas y Soluciones, Conmemoraciones e Identidades (trans)nacionales, entre España y América Latina,* 2020, nº 50, fascículo 2.

Sánchez-Arcilla Bernal, José, *Historia del Derecho,* Reus, Madrid, 2008. Pérez, Joseph, Cisneros, el Cardenal de España, Taurus, Madrid, 2014.

Sempere y Guarinos, Juan, *Historia de los Vínculos y Mayorazgos,* recuperado de: http://www.cervantesvirtual.com/obra-visor/historia-de-los-vinculos-y-mayorazgos-1-ed-1805–0/html/fef0d354-82b1-11df-acc7-002185ce6064_30.htm.

Santolaria Sierra, El Gran Debate de los Pobres en el Siglo XVI, Domingo de Soto y Juan de Robles 1545, Ariel Historia, Barcelona, 2003.

Salcedo Izu, J., Atribuciones de la Diputación del Reino de Navarra, Pamplona, CSIC, Madrid, 1974, pp. 359-371.

Salcedo Izu, J., *Historia del Derecho de Sobrecarta en Navarra*, Príncipe de Viana, Año nº 30, Nº 116-117, 1969, pp. 255-263.

Solbes Ferri, *Los Servicios de las Cortes de Navarra*, recuperado de: recuperado de: www.accedacris.ulpgc.es/bitstream/10553/2614/5/%281993%29%20Los%20Servicios%20de%20Cortes.pdf.

Solbes Ferri, *Distribución y Consumo legal de Tabacos en Navarra: 1731-1779*, en El Mercado del Tabaco en España Durante el Siglo XVIII, Universidad de las Palmas de Gran Canaria, 2000, pp.245-286.

Stanley J. Stein y Barbara H. Stein, *El apogeo del imperio: España y Nueva España en la era de Carlos III*, 1759-1789, Crítica, Barcelona 2005.

Tejada y Ramiro, Juan, Colección de Cánones de la Iglesia Española y de América, Tomo I, Imprenta de D. Pedro Montero, Madrid, 1859, p. 23.

Torres Sánchez, Rafael, *Crecimiento y Expansión Económica en el Siglo XVIII*, pp. 661-689, p 665, en Historia de España en la Edad Moderna, Ariel, 2011, Barcelona.

Verdet Martínez, Nuria, *Jurisdicción Municipal e Instancias Reales en la Valencia Moderna* (...), p. 63. recuperado de: https://revistas.uam.es/historiaautonoma/article/download/8538/8902/184556.

Usunáriz Garayoa, Jesús María, *Señores y Municipios el Juicio de Residencia señorial en Navarra y el Control del Poder Loc*al, Anuario de Historia del Derecho Español, Nº 68, 1998, pp. 491-522, p. 497.

Vicens Vives, Jaime, *Historia Social y Económica de España y América*, Teide, Madrid, 1957.

Valladares de Sotomayor, Antonio, Semanario Erudito (...) Tomo III, Blas Román, Madrid, 1787, p. 180 y ss.

Yanguas y Miranda, José, *Diccionario de antigüedades del reino de Navarra: A - F, Volumen 1*, Imprenta de Javier Goyeneche, Pamplona, 1840, p. 585.

Legislación Consultada

Ordenanza del 4 de julio de 1718 Para el Establecimiento de Instrucción de Intendentes.

Real Declaración de Milicias de mayo de 1767.

Real Orden de 12 de marzo de 1722 y Real Ordenanzas de S. M. para el Régimen, Disciplina Subordinación y Servicio de sus Ejércitos de 1768.

Nueva Recopilación de las Leyes de Indias, V, 15.

Novísima Recopilación.

Colección de Cédulas, Cartas-Patentes, Provisiones, Reales órdenes y Otros Documentos Concernientes a las Provincias Vascongadas, Tomo 3, Imprenta Real, Madrid, 1829.

Novelas.

Real decreto de 19 de septiembre de 1798 de Enajenación de Bienes.

Recopilación de Leyes de los Reinos de las Indias.

Liber Iudiciorum.

El Fuero Real.

Las Leyes del Estilo.

Leyes de Toro.

Ordenanza del 4 de julio de 1718 Para el Establecimiento de Instrucción de Intendentes.

TEMA 13
EL RÉGIMEN LIBERAL (I)

I Introducción

Con el Régimen Liberal, se inicia el estudio del último bloque del presente manual, dividido este en dos temas. En el que aquí nos ocupa, se examinan los principios ideales del Liberalismo, así como sus dos productos normativos fundamentales, en tanto que principios ordenadores del Derecho: el Constitucionalismo y la Codificación. Sin perjuicio de ello, se aportarán ciertas notas acerca del concreto espíritu con el que, sucesivamente, se fueron elaborando estos productos formales (constituciones y códigos), en la historia española. Esto también dará pie a subrayar algunas de las novedades legales sustantivas que introdujeron, así como algunas de las resistencias que se encontraron.

Para el siguiente y último tema, se reserva el estudio de un conjunto de normas en las que destaca la cualidad material, es decir, que, sin pretensión de reorganizar el Derecho, se limitan a cambiar la regulación de ciertas dinámicas sociales, ajustándolas a los principios ideológicos del liberalismo. Los temas allí abordados son: las relaciones económicas, en las que cabe destacar las desvinculaciones, las desamortizaciones y la abolición del régimen señorial; la reforma del Sistema Foral Vasco-Navarro; y el desmantelamiento de ciertas jurisdicciones especiales, la señorial y la inquisitorial.

II Liberalismo

1.- Ideología: el Liberalismo es una ideología que jugó un papel fundamental en la ordenación político-jurídica española desde el 19 de marzo de 1812, cuando el Estado se organizó conforme a un primer texto constitucional[669]. Los principios ideológicos más distintivos fueron los siguientes:

A) Particularismo: sostiene que el fin de la sociedad es garantizar el goce de ciertos bienes a los individuos que la conforman, recalcando de este modo que los titulares de los derechos son esencialmente los particulares, antes que cualquier colectivo estamental, vecinal o gremial. Además, apunta que, para garantizar el ejercicio de tales derechos individuales, es preciso prevenir las eventuales injerencias de terceros individuos o de cualquier colectivo poderoso[670]. En este último sentido, se habló de la conveniencia de establecer la "**interdicción de la arbitrariedad**" de los príncipes absolutos o de tomar precauciones frente a los colectivos llamados **"facciones"**[671]. En el marco de este pensamiento, cada vez fue más frecuente referirse al ejercicio de cualquier derecho, sin que mediasen tales intromisiones, como "libertad"[672].

B) Búsqueda del bienestar: entendiendo esta, prioritariamente, como la satisfacción de intereses mundanos o materiales. Para ello, presenta a la **propiedad privada** como el vínculo jurídico idóneo para garantizar tales goces.

C) Exaltación de la Razón: preconiza la búsqueda del antedicho bienestar y de lo justo mediante ejercicios racionales[673], **relegando a la tradición religiosa**, en el mejor de los casos, a un segundo plano como fuente de conocimiento subsidiaria. Lo cual, no implicó necesariamente una negación de lo divino, cabiendo también posturas que planteaban que mediante el razonamiento se tenía un

---

669 Conocida como "La Pepa", con motivo de su "nacimiento" o promulgación en el día de San José del apuntado año.

670 Desde los albores del Liberalismo (*Carta Sobre la Tolerancia* de John Locke), la corriente alertó sobre la necesidad de proteger el fundamento del ejercicio de todos los derechos hasta entonces consagrados: las creencias y la voluntad del individuo. Así, se propició la concepción de una nueva clase de derecho, siendo conocido como la libertad de conciencia (*persuasión íntima del espíritu*). Este, a su vez, se desgranaría en los derechos de libertad de confesión religiosa y de opinión.

671 Para lo primero, se valoró como plenamente eficaz la separación de poderes (Montesquieu); mientras que, para lo segundo, se consideró conveniente la formación de grandes Estados Federales, como lo acabaría siendo Estados Unidos de América (Hamilton).

672 Frente a la concepción tradicional de la Escolástica, que definió la libertad como la capacidad de adaptar la conducta individual a los juicios que emanan de la propia razón, el Liberalismo, poco a poco, irá mutando esta definición a la apuntada concepción, más simplista. De la generalizada irrupción de esta última concepción en el área occidental, dio cuenta Benjamin Constant a comienzos del S. XIX en su obra *Sobre la Libertad de los Antiguos Comparada a la de los Modernos.*

673 Inicialmente, no presentó una predilección especial por el método racionalista-apriorístico, como el empleado por Pufendorf; ni por el empírico, empleado en mayor medida por Montesquieu. No obstante, a raíz de la obra de Kant, se fue asentando la creencia en que las ideas apriorísticas son infructuosas a la hora de ofrecer pautas éticas, por lo que, poco a poco, el método empírico acabaría siendo el método más explorado.

conocimiento más preciso de la voluntad de Dios y de lo que conduce al bienestar humano (Deísmo). El empleo prioritario de la razón para la satisfacción de las necesidades mundanas ya había sido prematuramente propuesto durante el Bajo Medievo por Marsilio de Padua en su obra *Defensor Pacis* (1324). Sin embargo, no comenzó a calar en el ámbito jurídico hasta la irrupción de la Escuela Iusnaturalista-Racionalista, cuyo primer adalid fue Hugo Grocio.

D) Igualdad: mediante sus indagaciones racionales, una de las observaciones fundamentales realizadas por los liberales, es que la humanidad está integrada por un conjunto de individuos dotados de unas características comunes, lo suficientemente relevantes como para justificar la elaboración de normas de alcance general para toda la población de un Estado Moderno. Además, cabe añadir que, el impulso por legislar en este sentido, vino acompañado de un sobresaliente afán de exhaustividad, produciendo una legislación copiosa[674]. A mayor abundancia acerca de esta empresa legislativa, los productos legislativos característicos de esta ideología fueron las **constituciones** y los **códigos legales**, los cuales procedemos a examinar en el próximo apartado.

2.- Corrientes: Presentada esta perspectiva general, se debe matizar que, el contenido normativo del Liberalismo no fue unívoco, cabiendo en su seno dos tendencias enfrentadas: la **progresista** (luego escindidos en doceañistas y demócratas-cimbrios) y la **moderada**. Las cuales disintieron acerca de: el **grado de igualdad** que se da en el género humano; y, por otra parte, de la función reservada a la **religión** en la vida pública.

Además, ante esta renovación ideológica, se posicionaron hasta **otras tres tendencias** distintas, cuyos partidarios influyeron en el juego político, tratando de adulterar la inspiración liberal de los sucesivos ordenamientos jurídicos del periodo, añadiendo, en ocasiones, algunas disposiciones jurídicas propias de su particular doctrina. Fueron estas: el **Tradicionalismo** (movimiento carlista y de pensadores como Donoso Cortés o Jaime Balmes), que preconizó el mantenimiento del Derecho Canónico y de la filosofía Escolástica como guía ética, al tiempo que presentó un visceral apego por el mantenimiento de ciertos elementos desigualitarios, como lo son los ordenamientos jurídicos de los Reinos Históricos y de los fueros locales; el **Conservadurismo** (ala puritana del Partido Moderado liderada por Pacheco y Cánovas del Castillo), transgresor del mentado particularismo, pues sostuvo que la actividad racional indica que los individuos son esencialmente parte de colectividades nacionales y que su bienestar depende de que la legisla-

---

[674] El apuntado hecho, inicialmente, derivó del "espejismo" racionalista, el cual inspiró a la escuela jurídica Iusnaturalisra Racionalista. Tras el triunfo del kantianismo, ese afán de exhaustividad se prolongaría debido al mero auge de la conciencia social, la cual, unida a un clima de creciente democratización, determinó el intervencionismo legislador del Estado como garantía de consolidación de las sucesivas conquistas de la clase obrera (esta sensibilidad fue mediatizada por el Utilitarismo y el Socialismo).

ción sea acorde a su Constitución Histórica[675], con lo que en la práctica está abierto a examinar y rescatar tradiciones nacionales, y está abierta al diálogo sobre la conservación de los fueros y privilegios estamentales; y el **Socialismo** (que se aprecia en el partido Republicano Democrático Federalista con José María Orense y Pi i Margall), el cual sostuvo que el particularismo llevado al extremo puede desembocar en oligopolios, de modo que un reducido número de propietarios emplee su poder para sojuzgar a una mayoría desfavorecida. Por ello, propugna la eventual asociación de los individuos desfavorecidos, para que organicen un sistema de violación del derecho de propiedad, consistente en redistribuir la riqueza de los más potentados.

3.- Causas: en cuanto a las causas del desarrollo y triunfo de esta ideología, suele citarse el creciente peso social de la clase "formal" o **burguesa**, es decir, de un segmento social que, tras desarraigarse de su comunidad rural natal, se concentraba en los entornos urbanos con la expectativa de poder alcanzar una vida individual tan próspera como celo pusieran en sus proyectos privados. Para explicar su auge, se apela a la **labor neutralizadora de la nobleza y del clero** llevada a cabo por los monarcas absolutos, habiendo convertido a los primeros en meros funcionarios del Estado, y a los segundos en predicadores sometidos a la censura regia. Sin embargo, es de señalar que, en la España de principios del S. XIX, el tejido burgués-liberal resultaba ínfimo en comparación con la población rural de un signo ideológico más próximo al tradicionalismo, y que el triunfo del ideario liberal parece responder en cierta medida al arraigo que este experimentó entre las viejas élites españolas, como resultado de una **política de ideologización emprendida por Carlos III**. En efecto, entre sus medidas, puede destacarse su impulso a la creación de las **Sociedades Económicas de Amigos del País**. Estas sociedades congregaron fundamentalmente a nobles y eclesiásticos, quienes asumían la tarea de difundir las teorías económicas en boga en el resto de Europa (Fisiocracia y Capitalismo), las cuales, en general, propugnaban la necesidad de que los individuos se relacionaran según sus deseos particulares, poniendo un metódico esmero en sus labores productivas[676]. Por otra parte, el mismo monarca

---

[675] Nótese el paralelismo de este concepto frente al *Volkgeist* de la Escuela Histórica. Antonio Cánovas del Castillo, en su discurso leído en el Ateneo el 31 de Enero de 1884, afirmó que la *nación es cosa de Dios o de la naturaleza, no de invención humana* (...) *no puede ser, por tanto, una nación producto de un plebiscito, ni de un asentimiento constantemente ratificado por todos sus miembros* (...) *el principio psicológico, el alma de una nación, consiste en la identidad de recuerdos, de sentimientos, de esperanzas y en la unidad del propio carácter.*

[676] Pedro Rodríguez de Campomanes y Pérez de Sorriba (I conde de Campomanes), quien fuera presidente del consejo de Castilla, leyó en este órgano las obras: *Discurso sobre el Fomento de la industria Popular* (1774) y *Discurso sobre la Educación Popular y su Fomento* (1775). En ellas, afirmó la conveniencia de crear nuevas sociedades de esta clase, para desterrar la percepción deshonrosa de los oficios manuales, y para educar a los súbditos españoles en las técnicas de producción agrícola e industriales. Tal obra obtuvo la aprobación del Consejo de Castilla y del propio Carlos III, siendo financiada por la monarquía su edición y distribución entre los

produjo la **real cédula del 18 de marzo de 1783,** por la cual ensalzaba todas las actividades económicas productivas, aclarando que su realización era acorde a la condición de noble y con el goce de las prerrogativas correspondientes (acceso a oficios públicos).

III CONSTITUCIONALISMO

1.- Características Generales: en un ejercicio de simplismo, podríamos decir que las constituciones políticas son documentos en los que se plasman las **leyes supremas de una comunidad política**, marcando las pautas a las que, en lo sucesivo, habrá de ajustarse el desarrollo de las normas jurídicas ordinarias. Sin embargo, siendo más específicos, conviene aclarar que para que estas herramientas jurídicas merezcan el nombre de constituciones, tales normas supremas han de estar mínimamente **inspiradas en el ideario liberal** anteriormente mencionado. Esta específica concepción de las constituciones, se inició con la redacción del artículo 16 de la Declaración de Derechos del Hombre y del Ciudadano de 1789, cuyo tenor literal aun nos permite concretar los requisitos adicionales que han de satisfacer:

> *Toda Sociedad en la que la garantía de los* ***Derechos*** **(individuales)**[677] *no esté asegurada, ni la* ***separación de poderes*** *determinada, no tiene Constitución.*

Conforme el referido artículo, se entiende que una constitución es un texto que asume la tarea de garantizar a cada ciudadano, individualmente considerado, el ejercicio de ciertos derechos, para lo que habrá de contar con un articulado que: a) **exprese** cuáles son aquellos derechos del ciudadano; y b) establezca una **separación de poderes** que impida a ningún órgano político reunir el poder suficiente como para amenazar el libre ejercicio de tales derechos (interdicción de la arbitrariedad)[678]. Adicionalmente, aun podría añadirse que las experiencias reformistas acumuladas a lo largo del S. XIX, demostrarían que para que una constitución pueda cumplir su misión garante de los derechos del ciudadano, ha de mantenerse de manera prolongada en el tiempo. Con lo que cabe entender que

---

órganos gubernamentales. En el primer discurso afirmó que habrían de alistarse en estas sociedades *la nobleza (…) los caballeros, eclesiásticos, y gentes ricas.*

[677] Es interpolación mía, y se justifica por el hecho de que en el texto referido tan solo se alude a derechos naturales de titularidad individual. Lo cual no obsta para que, de modo residual, se aluda la necesidad pública como presupuesto para proceder a la violación de la libertad de expresión (trastorno del orden público) o de la propiedad privada.

[678] Montesquieu, *El Espíritu de las Leyes*, Alianza, Madrid, 2003, Parte 2, Libro XI, Capítulo 6.

un tercer requisito adicional sería que: o bien prohíba su propia modificación (mecanismo nunca implementado en España), o bien c) que determine un **mecanismo de reforma** extraordinariamente dificultoso.

2.- Constituciones Españolas: en cuanto a las constituciones españolas de cuño liberal, cabe hablar de cinco, las cuales, *groso modo*, se sucedieron en el tiempo como expresión de las réplicas que los dos partidos liberales: progresista y moderado, se hacían bajo la forma de pronunciamientos militares[679]. Los puntos conflictivos que dieron lugar a cambios (la mencionada concepción de la igualdad humana y el papel de la religión frente al empleo de la razón), redundaron en una configuración dispar en torno a cuatro áreas: la titularidad del poder soberano, la configuración de las Cortes como órgano legislativo, la configuración del Derecho de Sufragio y la regulación del fenómeno religioso[680].

A continuación, se irá procediendo a exponer algunas de las notas contextuales y distintivas del articulado de cada uno de esos textos constitucionales (Constituciones de 1812, 1837, 1845, 1869 y 1876). Adicionalmente se tratará en los mismos términos, de otros cuatro documentos de vocación constitucional, los cuales, pese a no haber alcanzado la condición técnica de constituciones, también tuvieron un cierto impacto en el desarrollo jurídico español; Estatuto de Bayona de 1808, Estatuto Real de 1834, Constitución *Non Nata* de 1856, y Proyecto de Constitución de 1873.

A) Estatuto de Bayona de 1808: se trata del primer documento de vocación constitucional de la historia española. Tras producirse las Abdicaciones de Bayona, Napoleón Bonaparte cedió sus derechos a su hermano José, quien aceptó la corona española. Este último, convocó a una asamblea de representantes de sus nuevos dominios, con la intención de pactar con ella una constitución. El documento, que había sido de antemano redactado por Napoleón, fue escasamente modificado por tal asamblea, tras lo cual fue ratificada por ella y por José. En cuanto a la naturaleza del texto, hay que decir que estableció ciertos derechos individuales[681] y una cierta separación de poderes. Y que, si bien no estableció meca-

---

[679] Fenómeno que ha sido referido como la Ley del Péndulo.

[680] Otras propiedades divergentes de los textos constitucionales de este periodo, generalmente empleados por los constitucionalistas como criterios expositivos, son: la extensión del texto, el número de derechos individuales reconocidos o el sistema de reforma (rígido o flexible). Estos han sido obviados con el afán de abreviar el tema, toda vez que tales asuntos son detenidamente tratados en la asignatura de Derecho Constitucional I.

[681] El artículo 39 consagra los derechos de "libertad individual" y de imprenta, atribuyendo al senado velar por su salvaguarda. Los artículos que van del 40 al 44, para garantizar esa libertad individual, establecen mecanismos para prevenir detenciones arbitrarias por parte de las fuerzas de seguridad y órganos del poder judicial. Los artículos que van del 45 al 48, establecen mecanismos garantes de la mentada libertad de imprenta. Por último, el artículo 126 consagra el derecho de inviolabilidad del domicilio.

nismos de reforma, sí subrayó la naturaleza pactista del documento, sugiriendo la necesidad de un proceso paralelo y más gravoso que el ordinario. Sin embargo, la historiografía rechaza su valor como constitución, por cuanto habría carecido de la legitimidad y de la coerción precisa para su observancia. Piénsese en los acontecimientos referidos, como Guerra de la Independencia Española, así como de la consecuente juridicidad, en síntesis, el documento habría sido "papel mojado".

Estableció que la **soberanía** era compartida entre el monarca y la nación española[682]. Presentaba una **Cortes** unicamerales[683], de estructura medieval, divididas en tres estamentos[684]. Dejó abierta la posibilidad de un derecho de **sufragio** activo para los representantes del pueblo, dejando su desarrollo a una ley ordinaria[685]; en cuanto al sufragio pasivo, fue censitario, pues tanto nobles como los representantes del pueblo, hubieron de cumplir con requisitos patrimoniales, mientras que el clero hubo de haber alcanzado la dignidad episcopal. Por último, proclamó la **religión católica** como la oficial del rey y de la nación, no permitiéndose el culto de ninguna otra[686].

B) Constitución de 1812: fue promulgada por las Cortes Nacionales en el contexto de la Guerra de la Independencia Española. Dado el estado de retención de Fernando VII a expensas del emperador francés Napoleón I (no pudieron ser convocadas las Cortes ni dictar pragmáticas o decreto alguno), la convocatoria tan solo fue posible en virtud de un proceso revolucionario, similar al estadounidense de 1776, o al francés de 1789, consistente, en este caso, en la pretendida "reasunción" del poder soberano por parte de la nación española. El pueblo es-

---

682 José Bonaparte es presentado como rey de las Españas y de las Indias por la Gracia de Dios, al mismo tiempo que el particular régimen constitucional que adopta su monarquía, es presentado como el fruto de un pacto entre una asamblea representativa de la nación española, mediante el cual José limitó sus prerrogativas soberanas.

683 Sin perjuicio de lo apuntado, el artículo 32 estableció un senado integrado por los infantes de 18 años complidos; por 24 individuos nombrados por el rey entre los ministros, capitanes generales, embajadores y consejeros del Consejo Real y del Consejo de Estado que tuvieran los 40 años cumplidos (estos serían vitalicios); y por los consejeros de Estado en el ejercicio de sus funciones. No obstante, se trató de un órgano que asumía velar por el respeto de los derechos individuales, la regularidad de los procesos electorales y con la facultad de suspender temporalmente el imperio de la constitución por un tiempo y lugar determinados a propuesta del rey (artículos 38, 39 y 51).

684 Artículo 61.

685 Los representantes del Clero serían designados por el monarca; los de la Nobleza también, de entre quienes disfrutaran de una determinada renta y hubieran prestado largos servicios en la carrera civil o militar; los diputados del pueblo serían elegidos en circunscripciones electorales conformadas por 300.000 habitantes aproximados, por su correspondiente junta de elección conforme a lo establecido por una ley ordinaria. Provisionalmente, en los artículos 67, 68 y 87, se designa como electores a los regidores decanos de los ayuntamientos con 100 habitantes que se hallen comprendidos en cada circunscripción electoral.

686 Artículo 1.

pañol, entendió la renuncia de Fernando VII de la Corona de España a su favor, como un acto jurídicamente ineficaz, por cuanto la cesión se habría producido bajo **coacciones** que habrían viciado la voluntad del monarca[687]; y porque, aun suponiendo que su voluntad hubiera sido válidamente manifestada, la cesión de la soberanía **no había contado con el beneplácito de la nación española**, quien sería esencialmente su titular[688]. Conforme a estos postulados, surgieron las llamadas **Juntas Provinciales**, órganos asamblearios, integradas por notables provinciales que se esmeraron en coordinar las fuerzas de resistencia de sus respectivas regiones[689]. El 25 de septiembre de 1808 se reunieron dos representantes por cada una de las juntas correspondientes a las capitales de los antiguos "reinos" de España, para crear una **Junta Central Suprema** que asumiera formalmente la soberanía española, quedando constituida al efecto con residencia en Aranjuez[690]. Esta se

---

[687] Acta del Consejo de Castilla dada en Madrid el 11 de agosto de 1808, por la que se declaran nulas las abdicaciones de Carlos IV y Fernando VII en Bayona. Este mismo parecer fue también expresado por senda Juntas Provinciales.

[688] Teoría del Consentimiento, basada en el pactismo de Francisco de Suárez y Juan de Mariana.

[689] En virtud de la Teoría de la *Retroversión*, también basada en el pactismo de Francisco de Suárez y Juan de Mariana. Hay sendos ejemplos de juntas provinciales que asumieron facultades soberanas bajo semejante marco ideológico, pudiendo destacare los manifiestos emitidos por: la Junta de la Real Isla de León el 2 de junio 1808; la Junta de Asturias el 24 de mayo de 1808; la Junta de Sanlúcar de Barrameda el 24 de mayo; La Junta de Algeciras el 7 de Junio; la Junta de Sevilla el 29 de mayo. Si bien, también hubo otras juntas menos audaces, como la de la Coruña, que el 5 de junio de 1808 proclama su asunción de la soberanía bajo el comedido concepto de representante del rey Fernando VII. Cuestión espinosa es la que se suscitó en torno a qué entidad popular estaba facultada para asumir la soberanía vacante. En este sentido, parece intuirse que, en primera instancia, se produjo una situación caótica en la que esta fue íntegramente reclamada por algunas juntas provinciales sobre su término municipal, al mismo tiempo que las juntas de las capitales de los reinos hacían lo propio en relación a todo su territorio anejo. Sin duda, la creación de la Junta Central Suprema puso fin los desencuentros acerca de este punto, quedando fijada la idea de que la entidad esencialmente soberana, era la nación española, de modo que las juntas supremas de los reinos quedaron, teóricamente, bajo un cierto régimen federativo que las permitía ejercer los poderes que no se reservara expresamente la central. Asunto distinto fue lo acontecido en las colonias americanas, en donde se apeló a cierta interpretación de la ley 1ª, Título 1º, Libro III de la Recopilación de Leyes de Indias, conforme a la cual, la vacante regia habría anulado el vínculo de las Indias Occidentales con el resto de los súbditos españoles, no cabiendo sostener que la Junta Central Suprema tuviera poderes soberanos sobre ellas. Tal visión, abrió la veda a que la Junta de Gobierno de Caracas iniciara un proceso secesionista que culminó con la reunión de un congreso proclamador de la independencia de la Capitanía General de Venezuela (5 de julio de 1811). En términos análogos procedió la Junta de Gobierno de Buenos Aires, impulsando un proceso constituyente que culminó con la formación del Congreso de Tucumán y su proclamando la independencia de todo el virreinato del Río de la Plata en 1816.

[690] Trasladada a Sevilla el 16 de diciembre de 1808, tras la derrota española en la Batalla de Somosierra y consiguiente caída de Madrid bajo poder napoleónico. Y en enero de 1810 a la gaditana Isla de León, tras la derrota española en la Batalla de Ocaña.

valió de su poder para coordinar a las juntas conforme a su parecer, centralista y conservador. El 31 de enero de 1810, dada su impopularidad[691], se disolvería para dejar paso a la formación del **Consejo de Regencia de España e Indias**, órgano compuesto por cinco individuos que ejercieron sus poderes con un ánimo menos centralista[692] y con la misión adicional de convocar unas **Cortes Nacionales** que decidieran la forma política del reino[693]. Tras los pertinentes procesos electorales[694], las Cortes se reunieron en Cádiz bajo la idea de representar la voluntad soberana de la Nación Española, procediendo a hacer uso de este título para aprobar la Constitución de 1812.

En cuanto a esta, fue de signo progresista. Estableció que la **soberanía** reside esencialmente en la nación española; las **Cortes** son unicamerales y como representantes de la soberanía nacional ejercen la potestad legislativa; el **sufragio** activo es indirecto en cuatro etapas, siendo la primera de ellas de sufragio universal masculino[695]; y el sufragio pasivo es censitario, atendiendo a la renta anual del candidato; la **religión** católica es la oficial del Estado, quedando obligado a su protección y al impedimento de cualquier otro culto.

---

691 En palabras de Antonio Moliner Prada: *Las actuaciones de la Junta Central fueron claramente contra revolucionarias. Mantuvo al Consejo de Castilla en sus funciones aun en contra de la opinión de las juntas provinciales; reestructuró el Consejo y Tribunal Supremo de España e Indias a pesar de la oposición de las juntas; suspendió la venta de bienes de obras pías y nombró al Obispo de Orense inquisidor general.* Báez Osorio, Myriam, Reflexiones: *El Juntismo Hispano-americano y el Ideal Republicano de los Criollos*, Revista Historia y Memoria, vol. 2, 2011, pp. 177-210. También habría que añadir su infructuosa dirección de la campaña militar.

692 Esta cuestión fue saldada por un reglamento producido por las Cortes el 11 de marzo de 1811, en virtud del cual las juntas provinciales quedaban instituidas como órganos ejecutivos auxiliares del Consejo de Regencia. *Ibidem.*

693 Conforme al Real Decreto del 29 de enero de 1810. Coexistieron con las Cortes gaditanas, detentando las competencias que entendían como inherentes al monarca, por razón de su ausencia. Fueron estas competencias: *la publicación de las leyes y decretos de las Cortes; la firma o rúbrica de todos los documentos que precisasen la firma o rúbrica del Rey; la expedición de los decretos, reglamentos o instrucciones; la vigilancia del cumplimiento de la justicia; la firma de tratados de paz y de comercio; el nombramiento de los magistrados de todos los tribunales y la provisión de todos los empleos civiles y militares; la fabricación de moneda y la recaudación de rentas; la proposición de leyes; el nombramiento de los secretarios del despacho; el pase o retención de bulas, etcétera. Además, en todos los reglamentos se presta especial atención al despacho de los negocios de la Regencia con los secretarios del Despacho.* Síntesis recuperada de: http://pares.mcu.es/GuerraIndependencia/portal/archivo/fondos/JuntaCentralyConsejoRegencia.html.

694 En España, por regla general, tuvieron lugar con sujeción al *Real Decreto del 1 de enero de 1810, instrucción que deberá observarse para la elección de diputados de cortes.* En América, por su parte, tuvieron lugar con sujeción *al Real Decreto de 14 de febrero de 1810, conteniendo la instrucción para las elecciones por América y Asia.*

695 Los vecinos de las parroquias elegían a compromisarios parroquiales; los compromisarios elegían a los electores parroquiales; los electores parroquiales elegían a los electores de partido; y los electores de partido elegían a los diputados de las Cortes.

C) Estatuto Real de 1834: ejecutada la sucesión de la corona española en la persona de Isabel II, estalló la I Guerra Carlista. El conflicto cernía una grave amenaza para el trono de la joven reina, al tiempo que sus apoyos tenían unos cimientos frágiles, pues descansaba en unos liberales que exigían reformas políticas de su agrado. Ante la tesitura, la regente y madre de Isabel II, María Cristina de Borbón-Dos Sicilias y de Borbón, con el fin de dar alguna satisfacción a sus defensores, promulgó en nombre de su hija el Estatuto Real de 1834.

El texto, inspirado en la Carta Constitucional francesa de 1814, se limitó a rediseñar las Cortes españolas. A tal efecto, determinó su división en dos cámaras o "estamentos": la de los próceres, conformada por individuos electos por el monarca de entre la nobleza titulada, los obispos, altos cargos del Estado, propietarios, grandes propietarios territoriales e intelectuales[696]; y los procuradores, individuos beneficiarios de amplias rentas[697], quienes habrían de ser elegidos en representación de una provincia[698] conforme a los criterios fijados en una futura ley electoral[699]. A mayor abundancia, precisaba que, en lo sucesivo, estas Cortes españolas serían convocadas para jurar sucesor[700]; para consultarlas cuando *ocurra algún negocio arduo, cuya gravedad, a juicio del rey, exija consultarlas*[701]; y para la configuración de nuevos tributos[702].

En vista de lo cual, fácilmente se colige que el referido documento no tuvo el carácter de constitución, por cuanto carece de una declaración de derechos

---

696 Artículo 3.

697 Artículo 14.3.

698 Artículo 14.4. Desarrollado por el Decreto del 20 de mayo de 1834.

699 Artículo 13.

700 Articulo 27. A efectos de Las Siete Partidas, VII, 15, 5. *Quando el rey fuese finado: & el otro nuevo entrasse en su lugar* (...) *si no fuese desta hedad* (catorce años o más) *que fiziesen la iura por el aquellos que diximos en la ley ante de esta* (II, 15, 4, que alude a sus tutores) *que le han de guardar* (...) *e iurassen dos cosas de guardar. La una aquellas que tañe a el mismo: assy commo su vida & su salud & su onrra & su pro. La otra qde guardar sienpre que el señorío sea uno & que nunca en dicho nin en fecho consientan ni fagan porque se enaiene nin parta. E desto deben fazer omenaie los mas onrrados onbres del reyno que y fueren onrrados onbres del reyno que y fueren así commo los perlados & ricos onbres & los cavalleros & los fijos dalgo & los onbres buenos de las çibdades & de las villas.*

701 Artículo 30. Remite a los dispuesto en la Nueva Recopilación, VI, 7, 2, que recoge una disposición de las Cortes de Madrid de 1419: *sobre los tales fechos grandes y arduos se ayan de ayuntar Cortes; y se faga con consejo de los tres Estados de nuestros reinos, según lo ficieron los reyes nuestros progenitores.*

702 Artículo 34. Remite a lo dispuesto en la Nueva Recopilación, VI, 7, 1, que recoge una disposición de las Cortes de Madrid de 1523: *Los reyes nuestros progenitores establecieron por leyes y ordenanzas fechas en cortes que no se echasen ni repartiesen ningunos pechos, servicios, pedidos ni monedas ni otros tributos nuevos especial ni generalmente en todos nuestros reinos sin que primeramente sean llamados a cortes los procuradores de todas las ciudades y villas de nuestros reinos, y sean otorgados por los dichos procuradores que a las cortes vinieren.* El apuntado precepto de la Nueva Recopilación, también remite a una pragmática de Enrique III dada el 13 de junio de 1393 y a un ordenamiento de las Cortes de Valladolid de 1420, aprobado por Juan II.

individuales y de una clara separación de poderes (el monarca tan solo limita su potestad tributaria).

D) Constitución de 1837: en 1835, con la I Guerra Carlista enquistada, los ánimos de los liberales progresistas se encontraban en una dinámica de creciente exaltación y reivindicaciones políticas. En los entornos urbanos, comenzaron a reproducirse juntas insurrectas, al tiempo que cundían los episodios de violencia contra la Iglesia. Ante el peligro de una quiebra del bando liberal, la regente María Cristina, resolvió llamar a formar gobierno al progresista Juan Álvarez de Mendizábal. Este, logró un decreto de disolución de las Cortes, convocando unas elecciones favorables a sus sensibilidades. La columna vertebral de sus medidas fue la desamortización de los bienes de la Iglesia, medida que resultó enormemente controvertida. En vista de ello, la regente, en mayo de 1836, se apresuró a cesar a su gobierno. Tal medida, produjo una gran frustración en las filas progresistas, volviendo a formarse juntas provinciales y a mediar pronunciamientos militares que proclamaban la restauración de "la Pepa". El evento determinante para un cambio en el régimen constitucional, fue el llamado Motín de la Granja, suceso acaecido el 13 de agosto de 1836 en el cual varios suboficiales y tropa que guardaban el Palacio Real de la Granja, forzaron a la reina a sancionar la vigencia de la aludida Constitución de 1812. Tras esto, los progresistas fueron restaurados en el gobierno, convocando en octubre unas elecciones a Cortes constituyentes[703], es decir, con la intención de que facturasen una nueva constitución.

El texto resultante, fue de signo progresista, presentando el nuevo texto como una reforma del de 1812. Establece de modo implícito la **soberanía** nacional en el preámbulo; las **Cortes** son bicamerales, con un congreso, y un senado compuesto por tres quintas partes de los integrantes de la cámara baja y que cede en ciertos asuntos ante ella (bicameralismo imperfecto), además, tienen responsabilidades judiciales al corresponder al congreso las acusaciones penales de los ministros del gobierno y al senado acometer el juicio; el congreso es electo por **sufragio** censitario masculino, y el senado se compone en una parte de senadores natos (príncipe e infantes del reino) y de ciertos senadores electos por el rey a propuesta de los electores del congreso; la **religión** oficial del Estado vuelve a ser la católica, obligándose al mantenimiento de su culto, pero desaparece la prohibición de practicar otras confesiones.

E) Constitución de 1845: Bajo el paraguas de la constitución de 1837, la regente María Cristina, se limitó a llamar a formar gobiernos a los moderados. Esta situación se prolongó aun cuando, en las elecciones de 1839, el partido progresista había obtenido la mayoría simple. Durante esta última legislatura, en 1840, el gobierno del moderado Evaristo Pérez de Castro, promovió una controver-

---

[703] Conforme al Decreto del 21 de agosto de 1836.

tida Ley de Ayuntamientos[704], siendo esta promulgada en julio por la regente, pese a la vivaz oposición de los progresistas. La respuesta llegó en septiembre, cuando estallaron sublevaciones mediante la formación de juntas en Barcelona y Madrid. Ante lo preocupante de la situación, la regente llamó a formar gobierno al popular general progresista Baldomero Espartero (duque de la Victoria), quien, adicionalmente, se las arregló para lograr que aquella renunciara a su cargo[705] y así recibir él de las Cortes, el nombramiento como nuevo regente del reino. En estas condiciones, Espartero hubo de hacer frente a pronunciamientos militares de los moderados, los cuales fueron agravándose debido a tres factores: su talante autoritario, su adopción de un tratado librecambista con Inglaterra y el desmantelamiento del régimen foral de Navarra y las Provincias Vascongadas[706]. Para el año de 1843, el aludido carácter autoritario le había hecho perder el respaldo de algunos de sus compañeros de partido[707], colaborando estos con el general golpista Narváez. Este último logró en el mes de julio una rotunda victoria militar ante los esparteristas en la Batalla de Torrejón de Ardoz. Con el regente exiliado en Inglaterra, se resolvió proclamar la mayoría de edad de Isabel II a sus 13 años. Si bien el cambio de régimen fue obra de personas de los dos principales partidos, la situación fue eficazmente mediatizada por los moderados, y el 28 de mayo de 1845, unas Cortes ordinarias y marcadas por la ausencia de notables progresistas, promulgaron una nueva Constitución de signo moderado[708].

Conforme a esta; la **Soberanía** era compartida entre las Cortes y el rey, como consecuencia de un desarrollo histórico orgánico auspiciado por la divina Providencia; las **Cortes** fueron bicamerales, compuestas por un congreso y un senado de individuos ilimitados, vitalicios y pertenecientes a la nobleza tradicional, quienes adicionalmente vieron acrecentadas sus potestades judiciales. Tal bicameralismo fue prácticamente perfecto; el **sufragio** para elegir a los diputados del congreso fue censitario y directo, requiriéndose una renta anual superior a la de la anterior constitución, mientras que los senadores fueron directamente desig-

---

704 Esta contravenía la Constitución de 1837. Estableció que el nombramiento de los alcaldes correspondería al gobierno. Tal cosa fue percibida como un gran peligro para los intereses progresistas, pues los gobiernos eran generalmente moderados, y el alcalde municipal era responsable de la elaboración del censo electoral y del gobierno de la milicia nacional.

705 A su, ya de por si impopular gestión, se añadió la difusión de su matrimonio secreto con el suboficial de la guardia real Agustín Fernando Muñoz y Sánchez, violando el artículo 48,5 de la Constitución de 1837.

706 Ley Paccionada de Modificación de los Fueros de la Provincia de Navarra del 16 de agosto de 1841 y Real Decreto de Reorganización Administrativa de las Provincias Vascongadas del 29 de octubre de 1841.

707 Se alude a los progresistas trinitarios, quienes propusieron una regencia de tres personas para prevenir una excesiva concentración de poderes.

708 Fue objeto de dos modificaciones: el Acta Adicional del 15 de septiembre de 1856, de signo progresista y abrogada el 14 de octubre de 1856; y Ley Constitucional de Reforma del Senado de 17 de julio de 1857, de signo moderado y derogada el 20 de abril de 1864.

nados por el monarca. La **religión** quedó regulada en idénticos términos a los de la anterior constitución.

F) Constitución *Non Nata* de 1856: a raíz de la ecléctica Revolución Europea de 1848[709], la política hispana reaccionó oscilando hacia gobiernos de signo moderado. Estos fueron, primero, presididos por el general Pánfilo Narváez (duque de Valencia), y después, en 1852, por el civil Juan Bravo Murillo 1852. Este último, elaboró un proyecto de constitución de eminente carácter antiparlamentario, obteniendo la desaprobación de casi todas las alas de la política nacional. Tal episodio denotó la ausencia de cohesión y de un proyecto coherente en las filas del moderantismo español, circunstancia que no pudo compensar el presidente sucesor, Luis José Sartorius (conde de San Luís). En consecuencia, en el mismo año, estalló una revuelta militar de signo progresista conocida como la Vicalvarada. La gravedad de la situación inclinó a la reina a llamar nuevamente a Espartero, para que constituyera un gobierno afín a los sublevados. En estos términos, inició el periodo conocido como Bienio Progresista (1854-1856). Durante él, tuvo lugar una convocatoria de Cortes constituyentes, las cuales, en 1856, llegaron a elaborar un texto constitucional. En relación a su negativo carácter constitucional, se debe a que no llegó a ser promulgada, optándose en su lugar por restituir la constitución de 1845 con algunas modificaciones. Por ello, la carta de 1856 es apodad la *non nata*.

Entre sus características, cabe señalar: proclamó la **soberanía** nacional; estableció **Cortes** bicamerales; dejó el desarrollo del derecho de **sufragio** activo para una ley posterior, determinando que sería igualmente válido para los miembros del senado, en cuanto al derecho de sufragio pasivo, en el caso de los senadores, lo restringió al cumplimiento de requisitos económicos; y proclamó a la **religión** católica como la propia de la nación española, obligándo a proteger el culto y al clero, si bien permitió el culto privado de otras religiones.

G) Constitución de 1869: promulgada tras una revolución conocida como La Gloriosa. Tal revolución es considerada como la versión española de la europea acaecida en 1848. Pues, en efecto, por lo común, se entiende que la sociedad española tardó en "madurar", hasta que su cuerpo social produjo unas inquietudes y reivindicaciones parejas a las de sus vecinos del norte. La raíz del movimiento estuvo en la marginación que los progresistas puros sufrieron desde 1856, cuando se fundó el partido ecléctico o centrista llamado Unión Liberal, el cual aunó al ala más volátil del progresismo (templados o resellados) con la del moderantismo, procediendo a nutrir sucesivos gobiernos turnándose con el partido moderado. Paralela a la creciente inquietud progresista, se produjo el auge del partido de-

---

[709] Agrupó a elementos obreros y burgueses, quienes, violentamente, presentaron reivindicaciones soberanistas, democráticas, laicistas y de derechos de libertad de expresión y sociales.

mócrata y del movimiento obrero, los cuales ofrecieron su apoyo a los primeros para subvertir el orden. Los progresistas puros, liderados por Prim, acabarían por sellar una alianza revolucionaria tras sendos eventos. Primero, a) se produjo una crisis del prestigio de la reina, propiciada por: negarse a reconocer al naciente Estado Italiano por recomendación de sus confesores; sufrir la acusación de supuestos fraudes económicos (1865)[710]; y la respuesta del gobierno ante estas acusaciones con una desproporcionada represión (Noche San Daniel 1865[711]). A todo ello se sumó, b) la primera crisis económica financiera de la historia española (1866), la cual fue inmediatamente agravada por c) una crisis de subsistencia. En este contexto tan agitado, se sucedieron algunas Intentonas golpistas (rebelión de Villarejo de Salvanés de enero 1866 y "la Sargentada" del Cuartel de San Gil en junio del mismo año), seguidas de fuertes medidas represivas por el gobierno[712], lo cual se presentó incompatible con el talante de la Unión Liberal. Así, el 16 de agosto de 1866 unionistas, progresistas puros y demócratas acabaron por firmar su alianza, conocida como El Pacto de Ostende, por el cual, todas las partes se comprometieron a derrocar el régimen de Isabel II y a convocar unas cortes constituyentes mediante sufragio-activo universal masculino. Conforme al plan establecido, en septiembre de 1868, se formaron juntas insurrectas en el territorio andaluz, al tiempo que los generales Topete y Prim se sublevaron con las tropas bajo su mando. Tras la victoria de los sublevados en la Batalla de Alcolea, quedó abierto el periodo revolucionario conocido como el Sexenio Democrático.

La constitución resultante, se caracterizó por afirmar que la **soberanía** reside esencialmente en la Nación, de la cual emanan todos los poderes, si bien determinó que el Estado mantendría su forma monárquica; estableció unas **Cortes** bicamerales, constando de un congreso compuesto de individuos mayores de edad en el pleno goce de sus derechos civiles, y de un senado "a la estadounidense", integrado por 4 personas de cada provincia, siendo requisitos que hayan ocupado cargos de especial prestigio y que posean una importante renta anual; el **sufragio** para elegir a los diputados del congreso fue universal masculino y directo, mientras que para el senado fue universal e indirecto; la **religión** católica continuó

---

[710] Con motivo de que Isabel II mostrara su voluntad de subastar gran parte del patrimonio real, accediendo a que un 75% de los beneficios fueran para el Estado, en febrero de 1865, Emilio Castelar respondió publicando en el diario *La Democracia* los artículos *¿De Quién es el Patrimonio Real?* y *El rasgo*. Allí, el futuro presidente republicano desvirtuó esa voluntad, afirmando que se trataba del afán de lucrarse de la venta un patrimonio que, realmente, no era de su titularidad.

[711] Indiscriminadas cargas de caballería de la Guardia Civil en la Puerta del Sol, a fin de dispersar a manifestantes.

[712] Narváez asumió una política de: fusilamientos; destitución de sus cátedras de los profesores Castelar, Sanz del Río, o Salmerón; destierro de unionistas como Antonio de los Ríos Rosas y Serrano; cierre temporal de las Cortes y suspensión provisional de las garantías constitucionales.

siendo la oficial del Estado con obligación de su sostenimiento, pero se explicita el derecho de libertad de culto sin más límite que las "reglas universales de la moral y del derecho". Adicionalmente, procede hacer notar la consagración de una extensa carta de derechos individuales, entre los que se hayan dos que consagraron la libertad de expresión y de difusión de ideas, como lo fueron la de imprenta, asociación y de educación. Adicionalmente, cabe mencionar uno que anunció el advenimiento de las ideas socialistas: el derecho de la nación de expropiación forzosa en caso de utilidad pública debidamente justificada y procediendo a la indemnización[713]. Finalmente, puede añadirse que expresa la existencia de otros muchos derechos individuales que no llega a mencionar (lista abierta).

H) Proyecto de Constitución de 1873: el 16 de noviembre de 1870, las Cortes eligieron como rey de España a Amadeo de Saboya (duque de Aosta). Sin embargo, el 11 de febrero de 1873, renunció a la corona. Sus razones fueron poderosas, pues ante la coyuntura política, solo vio como una posibilidad viable para el efectivo gobierno de España la adopción de medidas autoritarias, las cuales juzgó incompatibles con el régimen constitucional y con su sentido de la honestidad. A mayor abundancia de la aludida coyuntura, ya desde el éxito de la Revolución Gloriosa, salió a flote la irreconciliable heterogeneidad de propuestas defendidas por sus promotores; al mismo tiempo, Amadeo hubo de hacer frente al recrudecimiento de la guerra secesionista de Cuba (iniciada en 1868); y al estallido de la Tercera Guerra Carlista. En vista de su renuncia, en el mismo día, las dos cámaras de las Cortes se reunieron en una sesión conjunta a la que se refirieron como "Asamblea Nacional" (violando el artículo 47 de la Constitución de 1869) y proclamaron el nacimiento de la Primera República Española.

Posteriormente se convocaron elecciones y, las nuevas Cortes de mayoría republicana, procedieron a elaborar un proyecto de constitución. El texto fue acabado el 17 de julio de 1873, no obstante, no fue promulgada debido al contexto de enorme inestabilidad y desacuerdos en el que había sido elaborada. En este sentido, las Cortes fueron escenario del pertinaz enfrentamiento entre los republicanos federalistas y los republicanos radicales (o unitarios), contando cada ala con algunos integrantes exaltados; al mismo tiempo, en julio, a los ya mencionados enfrentamientos civiles (carlista y cubano) se sumó el conflicto civil cantonalista (municipios que proclamaban su independencia reservándose el derecho de federarse en la I República Española).

En cuanto al documento, el artículo 42 hace una afirmación genérica, según la cual *la **soberanía** reside en todos los ciudadanos* (...), pero, a mayor abundancia, en los artículos 40 y 43 se precisa que el poder soberano está distribuido, conforme al principio de subsidiariedad, en la organización estatal (o federativa), en las

---

[713] Artículo 14.

organizaciones estatales regionales, en los municipios y en los individuos[714]; las **Cortes** son bicamerales, compuestas por un senado y por un congreso; el **sufragio** es universal masculino tanto en su dimensión activa como en la pasiva, exigiéndose únicamente como requisitos la ciudadanía española y cierta edad cumplida[715]; y se proclama la libertad de **cultos**, la separación de la Iglesia y del Estado y la prohibición de subvencionar directa o indirectamente a culto alguno[716].

I) Constitución de 1876: el caótico desgobierno de la I República Española, salpicado por varias guerras civiles simultaneas, fue imprimiendo un cariz cada vez más autoritario a sus presidentes. El último de ellos, Emilio Castelar, acabó suspendiendo las garantías constitucionales y gobernando mediante decretos, hasta perder el respaldo de las Cortes. Ante la previsible intención de las Cortes de sustituir ese severo pragmatismo por largas deliberaciones de tintes académicos, el general Pavía, desde la sensibilidad republicana unionista (o radical), dio un golpe de Estado para instaurar un "Gobierno de Salvación", o sea, a la dictadura personal del también radical general Serrano[717]. Este régimen produjo la defección de los republicanos federalistas, ofreciendo a la amplia mayoría de la población española una visión del régimen republicano como un experimento fracasado. En ese clima, el 29 de diciembre de 1874, el general Arsenio Martínez Campos ejecutó el llamado Pronunciamiento de Sagunto, por el cual proclamó la restauración de la monarquía en la persona de Alfonso XII (hijo de Isabel II). En estos términos, el pragmático conservador Antonio Cánovas del Castillo, asumió la dirección de un gobierno provisional, el cual impulsó la elaboración de una nueva constitución[718] y convocó unas elecciones a Cortes Constituyentes, con el objetivo de que estas aprobaran el texto. Tal cosa sucedió exitosamente en 1876, cabiendo destacar de la nueva carta magna, su afán por dotar de estabilidad al nuevo régimen monárquico, recurriendo nuevamente al mecanismo de dejar la regulación de puntos conflictivos a un ulterior desarrollo legislativo ordinario[719].

---

[714] Conforme al artículo 45, la representación del poder y de la nación españoles reside en el presidente de la república. Además, conforme a los artículos 49 y 82, el mismo detenta un cuarto poder del Estado federal, el llamado poder de relación, consistente en promulgar las leyes y en nombrara y separar al presidente del gobierno.

[715] Artículo 69.

[716] Artículos 34-36.

[717] Disolvió las Cortes.

[718] Nombramiento de una comisión de notables, integrada por 39 miembros, de entre los que destacó Alonso Martínez. Si bien, en el texto final se reconoce la influencia del propio Cánovas.

[719] Con esta última estrategia, se trató de prevenir la continuidad de la Ley del Péndulo. Otro mecanismo adicional, este de carácter extra-constitucional, fue el pacto "turnista" contraído entre el partido Liberal-Conservador (liderado por Cánovas) y el partido Liberal (liderado por Sagasta), por el cual convinieron en alternarse en las mayorías parlamentarias y formaciones de gobierno. Para ello, ambas formaciones recurrieron al Encasillamiento y al Caciquismo. El primer método, consistió en acordar, mediante negociaciones entre los gerifaltes de los dos principales

Conforme a las tesis conservadoras canovistas, la **soberanía** reside conjuntamente en las Cortes y en el rey[720]; las **Cortes** son bicamerales, manteniendo el congreso y el senado un equilibrio de poder perfecto; el derecho de **sufragio** activo no se concreta para las elecciones al congreso de los diputados[721], mientras que, para el senado, sí se precisa que una parte de la cámara será elegida por grandes contribuyentes y miembros de algunas corporaciones del Estado. El derecho de sufragio pasivo, para los senadores, se limita a individuos que hayan ejercido ciertos cargos públicos, eclesiásticos o que detenten unas concretas dignidades nobiliarias[722]; la **religión** católica es la oficial del Estado, este quedando este comprometido al sostenimiento de su culto y de sus ministros, pero permitiéndose el culto privado de otras confesiones siempre que este no atente contra la moral cristiana ni comporten manifestaciones públicas.

IV Codificación

Una vez que las constituciones comenzaron a asentar las normas fundamentales del Estado Liberal, surgió el afán por renovar de forma sistemática y exhaustiva todas las normas jurídicas ordinarias, para así configurar un ordenamiento integral en consonancia con los principios fijados por las cartas magnas. Inicialmente, el método empleado a tal fin fue un método racionalista, consistente en tratar de deducir el adecuado contenido de las normas jurídicas *a priori*.

Bajo este común paraguas, puede apreciarse como un primer modelo de codificación al Código de Napoleón de 1804, el cual fue el resultado de una pragmática síntesis de preceptos de costumbre germánica (del norte francés), de otros romanistas y de otros elementos dilucidados por el método racionalista. Este código sería admirado en el ámbito occidental y adoptado como modelo de código.

---

partidos, la composición de las próximas Cortes. En vista de ellas, el Ministerio de la Gobernación concretaba los nombres y se ponía en contacto con los gobernadores civiles para que velasen por unos resultados electorales acordes. Para ello, a su vez, los gobernadores civiles se ponían en contacto con los "caciques" locales, poniendo en marcha el siguiente método. El Caciquismo aludió al entramado de influencias que, en los entornos rurales, ejercían su élite social, y de la cual se valía para lograr unos resultados electorales conforme a lo proyectado en el dicho ministerio. Sus métodos oscilaban entre la autoridad moral, la compra de voluntades mediante favores, falsificaciones de censos electorales y coacciones. En cuanto a las falsificaciones, procede aclarar que, por lo general, detentaron cargos judiciales y políticos de ámbito municipal.

[720] Abrazó un teoría providencialista del desarrollo histórico de las instituciones españolas.

[721] Artículos 27-29. En virtud del aludido desarrollo legislativo ordinario, entre 1878 y 1890 el sufragio estuvo restringido, mientras que desde 1890 hasta 1931 fue universal y directo.

[722] Artículo 22.

Centrando la atención en el caso español, conviene hacer alusión al ideal que, desde las Cortes de Cádiz, mantuvieron todas las Cortes de signo liberal, consistente en ordenar todas las relaciones sociales conforme a unos mismos códigos. Si bien, hubo fluctuaciones en la radicalidad con la que se persiguió este objetivo, resulta destacable que fuera incorporado a todos los textos constitucionales elaborados a lo largo del S. XIX[723].

A) Codificación Penal: los dos pilares inspiradores de la codificación penal fueron el barón de **Montesquieu** (*Cartas Persas* 1761) y, especialmente, como continuador del anterior, el marqués de **Beccaria** (*De las Penas y de los Delitos* 1774). El francés planteó que en un Estado que tenga como fin último la libertad de sus ciudadanos[724], era preciso que: a) las penas solo se apliquen si están prescritas con carácter previo a la comisión del delito (principios de interdicción de la arbitrariedad y de **seguridad jurídica**); b) que los tribunales operen de forma **independiente** al resto de poderes del Estado; c) que las penas guarden **proporción** con los delitos cometidos; y d) que no exista la **tortura.** Mientras que el italiano, añadió que: a) las penas habían de estar inspiradas por principios utilitarios, esto es que la aplicación de las penas debían de justificarse en la **utilidad pública** y no en el ansia de venganza (prevención general y especial); b) en base a los planteamientos utilitarios, defendió que las función de las penas era la de disuadir de los crímenes; dado que juzgó que la capacidad de disuasión de una ley era la misma para todos, defendió la **igualdad de las penas**, sin distinción del estamento del reo; d) asimismo, sostuvo la **inutilidad de la tortura y de la pena de muerte**, y por ende su abolición. El primer apoyo explícito a estas perspectivas -a excepción de lo concerniente a la pena de muerte- vendría de **Lardizábal**, quien publicó en 1782 el *Discurso Sobre las Penas, Contrahido a las Leyes Criminales de España para Facilitar su Reforma.*

El primer código penal español llegaría en **1822**, a raíz de una comisión de redacción constituida a comienzos del Trienio Liberal, presidida por José María Calatrava. Según proclamó la propia comisión, la obra se inspiró *en los Códigos de mayor crédito y reputación de Europa*, a lo cual pueden añadirse las observaciones del jurista penalista de aquellos días, Pacheco, quien observó que se trataba de *algo de Fuero Juzgo y de las Partidas, envuelto en el Código de Napoleón.* Otras críticas notables, vinieron del propio artífice del utilitarismo, Jeremy Bentham, cuya doctrina pretendió seguir. Tuvo una vigencia efímera, pues en 1823, con el comienzo de la Década Ominosa, fue derogado.

---

[723] Las constituciones de 1812 (art. 258), 1869 (art. 91.3) y 1876 (art. 75), lo proclamaron, sin perjuicio de permitir que las leyes establecieran excepciones, en clara alusión a los territorios forales. Por su parte, las constituciones de 1837 (art. 4) y 1845 (art. 4), presentaron una afán liberal-radical en este punto.

[724] Concepto clásico, consistente en la capacidad de adaptar su conducta a sus juicios racionales.

El segundo código penal español fue promulgado en **1848**, como resultado de la labor de una comisión de redacción, instituida en 1843 por un gobierno moderado, y dirigida por el abogado Manuel Seijas Lozano. Tal código tuvo su fuente inspiradora directa en el código penal brasileño de 1830, y por ende, de manera indirecta, en el código penal francés de 1810. En esencia, estuvo guiado por un **espíritu transaccional** que trataba de conciliar el planteamiento utilitario de la intimidación con el puro "**retribucionismo**". Destacó su rigor a la hora de **castigar** los delitos religiosos, y muy particularmente el establecimiento de la pena de **argolla** como accesoria a la condena de cadena perpetua. Este código fue **modificado por varios decretos del año 1850, adquiriendo una severidad** que ha llevado a plantear si alteró su esencia hasta poderse hablar de un nuevo código[725].

Finalmente, puede hablarse de un tercer código penal, promulgado en **1870** como resultado de una comisión formada en 1869 y presidida por Nicolás María Rivero, con el objetivo de adecuar la normativa penal a la constitución de 1869. En consonancia con esto, en su articulado estuvo ausente el título de *delitos contra la religión*, figurando en su lugar los *delitos contra el libre ejercicio de los cultos.* También recogió con detalle la normativa que protegía las libertades individuales plasmadas en el texto constitucional, como la libertad de imprenta. Asimismo, incluyó un apartado de delitos contra las Cortes y el Consejo de Ministros, si bien mitigó la punibilidad de los actos de conspiración y de proposición.

B) Codificación Mercantil: la perspectiva igualitaria del Liberalismo, resultaba incompatible con la concepción del Derecho Mercantil como un Derecho personal y únicamente accesible a miembros de gremios (cambistas, artesanos y comerciantes), como venía sucediendo en el Libro del Consulado del Mar y en las ordenanzas de consulados castellanos. A mayor abundancia, la perpetuación de tal situación parecía inviable, debido a la intención de ilegalizar tales asociaciones que, en general, albergaban los liberales, pues entendían que negaban el principio de libertad individual. Por ello, en Francia surgió el afán de hacer una normativa mercantil aplicable a cualquier persona, hito que consagró el Código de Comercio napoleónico de 1807[726]. En virtud de este, la legislación mercantil sería aplicable a cualquiera que realizara un "acto mercantil". Este planteamiento, hizo descansar la aplicación del Derecho Mercantil en un presupuesto de alta volatilidad, pues sin la debida profundización en este concepto, no cabía su adecuada distinción de los actos civiles. Ello dio lugar a debates jurisprudenciales acerca de cuáles eran los caracteres esenciales de tales actos mercantiles, desarrollando la llamada "**concepción objetiva del acto de comercio**"[727].

---

[725] Profesora Sánchez González.

[726] Recopilación de ordenanzas de comercio y marina, emitidas en Francia bajo el auspicio de Colbert, re-sistematizadas.

[727] Paso importante en esta labor fue dado por Heck, en su obra "*Weshalb Besteht ein von der Bürgerlichen Rechtgesondertes Handelsprivatrecht?*" (1902), en la cual redefinió al Derecho

La misma tarea sería promovida por Pedro Sáinz de Andino, a quien en 1827 Fernando VII puso como secretario de una comisión de redacción al efecto. No obstante, sería en **1829** cuando presentó al monarca un anteproyecto personalmente elaborado de forma íntegra, el cual fue del agrado de Fernando VII, recibiendo la sanción real. Este tuvo el mérito de ser el segundo Código Mercantil de la historia, y se caracterizó particularmente por: estar inspirado en el código homólogo francés y en el Derecho de los tradicionales Consulados del Mar españoles; acabó con la vigencia del Libro del Consulado del Mar, pero postuló a los propios consulados como primera instancia judicial. La obra fue acompañada de una ley procesal-mercantil, centrada en aligerar el proceso y la presentación de pruebas en los procesos mercantiles[728]. No sería hasta 1868 cuando, con el Decreto de unificación de Fueros, que la jurisdicción mercantil ejercida por los consulados del mar desaparecería, pasando a hablarse de una jurisdicción ordinaria, integrada por tribunales de lo civil.

Tanto el fin del absolutismo, como la detección de ciertas deficiencias en el anterior código, motivaron que ya en **1834** se produjera la formación de una nueva **comisión** codificadora, al tiempo que se produjo la aprobación de **leyes especiales** mercantiles que fueron desactivando la proyección eficaz del código de 1829[729]. En 1869, el gobierno impulsor de la Revolución Gloriosa, en un decreto apeló a la necesidad de **adaptar la legislación mercantil a los nuevos usos y costumbres surgidos**, y ponerla en sintonía con el genuino espíritu industrial y de asociación, anunciando el encargo de nuevo código mercantil a la comisión codificadora que creaba al efecto. Para más señas, el código habría de estar informado por los principios de: libertad de comercio, **carencia de requisitos** necesarios para su ejercicio, mínimas exigencias en las formalidades de contratación y método de trabajo, eliminación de monopolios o privilegios, y de **agremiaciones forzosas**. El resultado fue la presentación de un proyecto ante las Cortes por Alonso Martínez y su aprobación en **1885**. Tal código mantuvo el acto de comercio como un acto objetivo especial propio del ámbito civil (volatilización de la esencia mercantil).

C) Codificación Procesal: rama del derecho reguladora de la sucesión de actos que realizan las partes y el órgano jurisdiccional, con el fin de que se produzca la emisión de una sentencia judicial resolutiva de una controversia. Se produjo

---

Mercantil como el "Derecho de los actos o negocios jurídicos ejecutados en masa". Vargas Vasserot, *La Evolución Mercantil del Derecho y su Concepto,* recuperado de: http://repositorio.ual.es/bitstream/handle/10835/1199/LA%20EVOLUCI%C3%93N%20HIST%C3%93RICA%20DEL%20DERECHO%20MERCANTIL%20Y%20SU%20CONCEPTO%20-%20Carlos%20Vargas%20Vasserot.pdf?sequence=1&isAllowed=y.

[728] Ley de Enjuiciamiento Sobre los Negocios y Causas del Comercio

[729] Ley de Bancos de Emisión de 1856 (creadora de la Bolsa y establecimientos Bancarios; ley de Sociedades Anónimas de 1869, determinando la libre creación de bancos y sociedades que tuvieron como objeto la promoción de empresas industriales o comerciales (liberalizando el régimen intervencionistas del código de 1829 y ley de sociedades de 1867).

la codificación paralela del Derecho Procesal civil y penal, hecho que se fundamentó en la observación de que, en el primer orden, en general, las partes se hallan en una situación de plena igualdad exponiendo sus hechos ante un **órgano judicial del Estado que es plenamente neutral**; mientras que, en el segundo, el propio Estado está presente en el **proceso como órgano judicial y parte acusadora** (a través de la fiscalía).

Hasta mediados del S. XIX, en España tan solo estaban vigentes ciertas leyes procesales civiles[730]. Notable fue la ley conocida como *Instrucción del procedimiento civil con respecto a la real jurisdicción ordinaria* de 1853, producida por el ministro de justicia marqués de Gerona, cuyo carácter renovador chocó con perspectivas tradicionales que llevaron a su derogación al año siguiente. En **1855** fue creada una comisión de codificación -que tras su elaboración de una ley de bases- dio lugar a la **Ley de Enjuiciamiento Civil** del mismo año. Esta, en cuya elaboración destacó Pedro Gómez de la Serna, presentando como particularidad el distingo entre la jurisdicción **contenciosa** de la **voluntaria**. Este hecho se fundamentó en accidentes que consagraron una particular *praxis* jurídica española. En efecto, durante el medievo y modernidad, los españoles no siempre tuvieron acceso a notarios que emitieran documentos en los que dieran fe pública de ciertas situaciones relevantes para el Derecho. Así, fue frecuente acudir subsidiaria y voluntariamente a los propios jueces, sin que aun mediasen controversias, para que cumplieran con esta función propia de los notarios. Así, se entiende que el expresado código distinguiera entre: la actividad característica de los órganos jurisdiccionales, (dirimir controversias entre partes) como jurisdicción contenciosa; y la actividad consistente en actos de otorgamiento de la fe pública, características del notariado, refiriéndose a ellos como jurisdicción voluntaria[731].

En 1877 nueva comisión codificadora presidida por Alonso Martínez, la cual produjo una ley de bases que estableció que la tarea habría de consistir en la reforma de la anterior, sin alterar su espíritu. Esta actividad dio como fruto la **Ley de Enjuiciamiento Civil de 1881**, la cual mantuvo la distinción entre los procesos contencioso y voluntario, y a la cual se la **achacó carecer de** unos principios inspiradores claros y de una redacción **sistemática**[732].

En cuanto al Derecho Procesal **Penal**, si bien la Constitución de 1812 había ordenado la regulación de los procesos de esta índole de modo breve, facilitando un pronto castigo y con prohibición de tormento (y de apremios), las primeras normas procesales-penales no llegaron hasta ciertas disposiciones contenidas en

---

730 Ley de Enjuiciamiento del Comercio de 1830, Reglamento para la Administración de Justicia de 1835, ley normas correspondientes a los juicios de menor cuantía de 1838.

731 Preámbulo de la Ley 15/2015, de 2 de julio, de la Jurisdicción Voluntaria. Recuperado de: https://www.boe.es/buscar/act.php?id=BOE-A-2015-7391.

732 A veces ciertas normas carecen de un precepto normativo autónomo, o bien que contengan varias disposiciones conceptualmente discernibles e individualizables.

el Código Penal de 1848. La Ley de **Enjuiciamiento Criminal de 1872** contuvo algunas disposiciones generales que merecen ser destacadas: estableció la distinción y formación de tribunales de instrucción y de enjuiciamiento[733]; dispuso el juicio oral y público para los procesos de enjuiciamiento; y previó el jurado como órgano judicial.

La Ley de Bases de 1881, asentó que habría de acometerse la reforma del proceso penal conforme a los principios de: brevedad, instancia única (eliminación de los juzgados de instrucción[734]), oralidad y publicidad, prisión reservada a delitos graves y creación de procesos especiales[735]. Su elaboración y aprobación fue culminada en **1882**. Respecto a su factura definitiva, destaca su **inspiración en el Código Austríaco** de Procedimiento Penal de 1873, identificada con el signo progresista. Entre sus aportaciones más destacables cabe contar que: estableció la posibilidad de recurrir las sentencias emitidas por todas las instancias (salvo las del tribunal supremo)[736]; el aseguramiento de la oralidad y publicidad de todos los juicios; establecimiento de procesos especiales-sumarios para delitos *in fraganti*, de injuria, calumnia y de imprenta; y notable sistema de garantías, destacando las relativas a la prestación de fianzas.

D) Codificación Civil: en 1820, iniciado el Trienio Liberal, Nicolás María Garelly junto a otros seis diputados, emprendió un proyecto de Código Civil, inspirado en los códigos prusiano, austriaco y francés, y en obras centrales de la tradición jurídica española. Tal proyecto fue abandonado en 1821. El siguiente proyecto, fue elaborado en **1851** por Bravo Murillo, García Goyena, Luzuriaga y Sánchez Puig. Adicionalmente, García Goyena, elaboró una obra explicativa del

---

733 Esto mismo ya había sido acometido por la Ley Orgánica del Poder Judicial de 1870. Esta ley también contempló la formación de tribunales de partido, en los cuales habría tres jueces, competentes para resolver en única instancia ciertos delitos castigados con penas, siempre cumpliendo con el requisito de oralidad y publicidad del proceso. Ministerio de Cultura del Gobierno de España, Juzgado de Instrucción nº 7 de Madrid, recuperado de: http://pares.mcu.es/ParesBusquedas20/catalogo/autoridad/46732

734 Debido a limitaciones económicas. No obstante, se conceptuó al sumario como una fase preparatoria del proceso, aclarando que las diligencias de esta fase no tendrían valor probatorio. No sería hasta el año 1973 cuando se produciría la vuelta de los juzgados de instrucción. *Ibidem*. Alonso Fernández, J.A., Tribunal Constitucional y Fines de la Prisión Provisional, Bosch, Barcelona, 2019, p. 87.

735 En virtud de esta exigencia, el código de 1882 dedicó su Libro IV a la configuración de procesos distintos para los senadores y diputados a Cortes, y de un procedimiento abreviado para los comisores de ciertos delitos. Real Decreto de 14 de septiembre de 1882 por el que se aprueba la Ley de Enjuiciamiento Criminal, recuperado de: boe.es/buscar/pdf/1882/BOE-A-1882-6036-consolidado.pdf.

736 Con este precepto, se aludió a la posibilidad de que ciertos tribunales sobrellevasen tanto la fase de instrucción como de enjuiciamiento. Los tribunales facultados para semejante desarrollo del proceso fueron los de partido, Audiencias y Tribunal Supremo (si bien, naturalmente no cabría recurrir las sentencias de este último tribunal.

mismo llamada *Concordancias, Motivos y Comentarios del Código Civil Español.* Aquella propuesta uniformadora consistió (nuevamente) en una síntesis de la tradición jurídica castellana[737] y de las soluciones aportadas por el código **napoleónico** de 1804. No obstante, presentó un **espíritu uniformador** del Derecho Civil español, claramente adverso a la pervivencia de los fueros y costumbres locales; y al mismo tiempo adoleció de un cierto **anticlericalismo**, al restringir a la Iglesia la facultad de adquisición de bienes y establecer injerencias en el ámbito canónico-matrimonial. Ambas posturas resultaron excesivamente radicales para una España en la que las guerras entre liberales y tradicionalistas comenzaban a resultar endémicas. Por lo que se concluyó que su promulgación resultaba inviable.

Así, se abrió un periodo marcado por la aprobación de **Leyes Civiles Especiales**, con las que se aspiraba a dotar, al menos, a ciertos ámbitos sociales de una normativa uniforme. De entre estas destacaron: la Ley Hipotecaria de 1861[738]; Ley de Notariado de 1862; Leyes de Aguas de 1866; y Ley de Matrimonio Civil de 1879; y Ley de Registro Civil de 1870.

A raíz de un real decreto producido el 10 de mayo de 1875, se formó una Comisión general de codificación, la cual, al amparo de los regímenes de 1869 y 1876, habría de buscar una solución **armónica** con el respeto al peculiarismo foral. En línea con lo dispuesto en este decreto, otro decreto del 2 de febrero de 1880, dio entrada en la comisión a juristas de las regiones **forales** para que redactasen memorias acerca de las instituciones que merecían ser conservadas.

Tras un proyecto fallido de ley de bases de 1881 propuesto por Alonso Martínez[739], Francisco Silvela presentó la suya en 1885, la cual fue aprobada por las Cortes el 11 de mayo de 1888. Esta determinó que el nuevo código habría de basarse en el **proyecto de 1851**, de modo que incluyera **apéndices** con las instituciones forales que convenía conservar, frente a las cuales el código mantendría

---

737 *Liber Iudiciorum*, Fuero Real, Las Siete Partidas, Ordenamiento de Alcalá, Leyes de Toro, Nueva Recopilación y Novísima Recopilación. Salinas Quijada, Francisco, Navarra en el Proyecto Isabelino de Código Civil de 1851 y en las Concordancias de García Goyena, recuperado de: https://dialnet.unirioja.es/descarga/articulo/15705.pdf.

738 El Derecho Hipotecario regula el régimen de disposición de los bienes inmuebles y los términos en los que tales actos han de quedar reflejados en el registro de la propiedad para que presenten efectos jurídicos.

739 En su base 17, establecía que el código podría incorporar las normas forales cuando *por su índole puedan y deban constituir, con ventaja común, el derecho general de los ciudadanos españoles.* Asimismo, para los casos en los que hubiera normas forales *muy arraigadas en las costumbres*, estas habrían de ser objeto de leyes especiales que garantizasen su conservación. No obstante, el punto más conflictivo estuvo en torno a la contrapartida establecida en esta misma base: *con la publicación del código civil quedarán derogados los Códigos romanos y las Decretales en las provincias donde hoy se aplican como derecho supletorio.* Ferrer Vanrell, María Pilar, *La aplicación del Derecho como Elemento Reforzador de la Soberanía*, Palma, 2001, pp. 103 y 104. Tal disposición, suponía desmembrar, especialmente, el Derecho foral balear.

un carácter **supletorio**[740]. Habiendo quedado el gobierno facultado para producir este código, a raíz del decreto del 6 de octubre de 1888, inició la promulgación paulatina de fragmentos del mismo, siendo estos sucesivamente publicados en la Gazeta de Madrid. En vista de los desajustes que presentó el código, con motivo de este heterodoxo método de promulgación, la ley de 26 de mayo de 1889 ordenó la elaboración de una segunda edición, la cual fue publicada en la Gazeta de Madrid por un decreto del 24 de julio de 1889. Acerca de la obra resultante, fue claramente deudora del proyecto de 1851, el cual había estado presidido por la idea individualista de **autonomía de la voluntad**, si bien presentó ciertas irregularidades que revelan falta de inspiración doctrinal homogénea, las cuales, sin embargo, no empañan su **valor práctico**.

BIBLIOGRAFÍA

Báez Osorio, Myriam, *Reflexiones: El Juntismo Hispano-americano y el Ideal Republicano de los Criollos,* Revista Historia y Memoria, vol. 2, 2011, pp. 177-210.

Czeguhn, Ignacio; Puértolas, Francesc, *La Constitución española de 1812 El comienzo del constitucionalismo europeo,* Rechstkultur Wissenschaft, Berlín, 2014.

Domínguez Nafría, Juan Carlos y Pérez Fernández-Turegano, Carlos, *Historia del Derecho Español,* Universitas, Madrid, 2009.

Ferrer Vanrell, María Pilar, *La aplicación del Derecho como Elemento Reforzador de la Soberanía,* Palma, 2001.

Molina Martínez, Miguel, *Pactismo e Independencia en Iberoamérica, 1808-1811,* Revista de estudios colombinos, Nº. 4, 2008, págs. 61-74.

Montesquieu, *El Espíritu de las Leyes,* Alianza, Madrid, 2003.

Salinas Quijada, Francisco, *Navarra en el Proyecto Isabelino de Código Civil de 1851 y en las Concordancias de García Goyena,* recuperado de: https://dialnet.unirioja.es/descarga/articulo/15705.pdf.

Ramos Santana, Alberto (*coord.*), *La Constitución de 1812: Clave del Liberalismo en Andalucía,* Junta de Andalucía, Sevilla, 2012.

Rodríguez de Campomanes, Pedro, *Discurso sobre el Fomento de la industria Popular, Imprenta de D. Antonio de Sancha,* Madrid, 1777.

---

740 *En las provincias y territorios en que subsiste el Derecho foral, seguirán por ahora en vigor las leyes, fueros y disposiciones forales, usos y costumbres y doctrina que en la actualidad constituyen excepción del Derecho Común de Castilla, de suerte que no sufra alteración su régimen jurídico actual por la publicación del código, teniendo este tan solo el carácter de Derecho supletorio en aquellas cuestiones en que no sean aplicables el Derecho Romano y el Canónico.* El apéndice aragonés fue elaborado en 1925, una "compilación" vizcaína y alavesa fue elaborada en 1959, una catalana en 1960, una balear en 1961, una gallega en 1963, una navarra en 1973 y una asturiana en 2007.

Vargas Vasserot, La Evolución Mercantil del Derecho y su Concepto, recuperado de: http://repositorio.ual.es/bitstream/handle/10835/1199/LA%20EVOLUCI%C3%93N%20HIST%C3%93RICA%20DEL%20DERECHO%20MERCANTIL%20Y%20SU%20CONCEPTO%20-%20Carlos%20Vargas%20Vasserot.pdf?sequence=1&isAllowed=y.

Legislación Consultada

Real Decreto de 14 de septiembre de 1882 por el que se aprueba la Ley de Enjuiciamiento Criminal, recuperado de: boe.es/buscar/pdf/1882/BOE-A-1882-6036-consolidado.pdf

Preámbulo de la Ley 15/2015, de 2 de julio, de la Jurisdicción Voluntaria. Recuperado de: https://www.boe.es/buscar/act.php?id=BOE-A-2015-7391

Estatuto de Bayona.

Estatuto Real.

TEMA 14
EL RÉGIMEN LIBERAL (II)

I Economía: Desvinculaciones, Desamortizaciones y Abolición del Régimen Señorial

Ciertos elementos liberales de signo "progresista", recogieron las tesis fisiocráticas-capitalistas, conforme a las cuales, los fideicomisos a perpetuidad y la condición terrateniente de la Iglesia, eran fenómenos que desincentivaban la productividad agrícola, así como la creación de un deseable mercado competitivo. Por este motivo, los gobiernos que admitieron a ministros de esta sensibilidad, hicieron por promulgar leyes contra ambas realidades.

1.- Desvinculaciones: En cuanto a los **Mayorazgos**, durante el Trienio Liberal, fueron por primera vez abolidos mediante una ley promulgada el 11 octubre de 1820, quedando por ende sus propietarios habilitados para enajenar libremente esta clase de bienes. Con la restauración del régimen absolutista, mediante real cédula dada el 11 de marzo de 1824, la anterior ley quedó abolida, retrotrayéndose los bienes desvinculados a su condición anti-comercial. No sería hasta la llegada al gobierno del progresista Juan Álvarez de Mendizábal, que fue promulgado el Real Decreto del 30 de agosto de 1836, por el cual volvió a entrar en vigor la mencionada ley de 1820. Pese a ello, su aplicación se encontró con grandes dificultes, por cuanto fue tachada por los elementos moderados y tradicionalistas de revolucionaria y de inconstitucional. No sería hasta la promulgación de la ley del 17 de agosto de 1841, durante la regencia del también progresista Espartero, que la desaparición del Mayorazgo devino en una realidad[741].

---

[741] Pese a la persistencia de ciertas disputas sobre la legalidad de esta norma en la doctrina. Escudero, José Antonio, *Curso de Historia del Derecho: Fuentes e Instituciones Político-Administrativas*, Madrid, 2001, p. 838.

2.- Desamortizaciones: al mismo tiempo, la propagación de la ideología liberal propició que la sociedad española, poco a poco, fuera examinando con un mayor espíritu crítico, e incluso hostil, el papel de la Iglesia. Y así, cuando aparecieron coyunturas hacendísticas de difícil solución, resolvieron recurrir a nuevas **desamortizaciones eclesiásticas**.

La primera ocasión se dio cuando el Estado se hallaba sumido en la cruenta I Guerra Civil Carlista[742], evento que, dada la condición profundamente religiosa del bando sublevado, propiciaba un ánimo enconado hacia el clero entre algunos progresistas. En este contexto, el 19 de febrero de 1836, el mencionado Juan Álvarez de Mendizabal, promovió un real decreto por el cual el Estado se adueñó de los bienes raíces de las órdenes religiosas extintas, y los puso en pública subasta junto con los demás bienes raíces que ya formaban parte del patrimonio nacional[743] (a excepción de aquellos edificios que el gobierno destinara al servicio pública o que fueran revestidos con la categoría de monumentos artísticos o patrióticos). Posteriormente, en relación con la anterior norma, las Cortes aprobaron la ley del 29 de julio de 1837, por la cual se declararon extintas todas las congregaciones religiosas que no se hallaren sujetas a las exigencias establecidas por la misma[744], quedando así el Estado en disposición de subastar cuantiosas pro-

[742] Ciertamente, en 1813, 1818, 1820 y 1822, se promulgaron normas que regulaban mecanismos desamortizadores de bienes raíces de propios municipales y de realengo, con vistas a su explotación por particulares. Sin embargo, de toda esta legislación, tan solo se han hecho constar ciertas enajenaciones acaecidas durante la etapa del trienio, las cuales fueron revocadas por una disposición de la regencia dada el 14 de junio de 1823. Pau, Antonio, *El Régimen Jurídico de los Bienes del Patrimonio Nacional*, AFDUAM, Nº 19, 2014.

[743] La expresión gozó de una difusa fundamentación jurídica para la época aludida. Tales fundamentos fueron principiados por el artículo 214 de la Pepa, en el cual, implícitamente, se esbozó un cierto deslinde entre los bienes del Estado y los del patrimonio privado de cada monarca (*pertenecen al rey todos los palacios reales que han disfrutado sus predecesores, y las Cortes señalarán los terrenos que tengan por conveniente reservar para el recreo de su persona*). Ya el 24 de marzo de 1814, por un decreto, se ordenó la creación de una comisión que deslindaría el patrimonio de la Corona de ese patrimonio privado que disfrutaría el rey, Fernando VII, como particular. Ya durante el Trienio Liberal, por un real decreto del 30 de mayo de 1820, se ordenó deslindar el patrimonio de la Corona del patrimonio de la Real Hacienda o del Estado, cosa que se hizo efectiva, hasta que se produjo su anulación por una disposición de la regencia absolutista dada el 14 de junio de 1823. Posteriormente, el proyecto de Código Civil de García Goyena (1851), habló de un patrimonio de la Corona, subsumiendo a este en el más amplio concepto de Propiedad Pública o del Estado, y atribuyó a aquellos bienes de la Corona la particularidad de hallarse vinculados bajo la forma de los ya abolidos mayorazgos. Esta última visión, fue parcialmente legalizada por la ley del 12 de mayo de 1865, pues esta sí que previó la posibilidad de que los bienes de la Corona fueran subastados, destinándose un 75% de los beneficios al patrimonio del Estado y el 25% restante al propio monarca (ley seguida por las de 1869 y 1876).

[744] Podrían subsistir: los colegios misioneros para las provincias de Asia establecidos en Valladolid, Ocaña y Monteagudo; las casas de escolapios señaladas por el gobierno, para que, bajo la consideración de órganos públicos, continuaran su labor docente; casas de conventos hospitalarios señaladas por el gobierno, para que, bajo la consideración de establecimientos

piedades. El también progresista regente del reino, Baldomero Espartero, promovió y promulgó el 2 de septiembre de 1841 otra ley de las Cortes por la cual se determinó la nacionalización de las propiedades y derechos del clero secular[745], incluidas sus fábricas y cofradías, todo ello bajo un régimen de ciertas excepciones[746]. Asimismo, por esta misma norma, todos estos bienes fueron puestos en pública subasta. Como resultado, desde la desamortización de Mendizábal, hasta el acceso al gobierno de los moderados en 1844, se produjo la subasta de tres quintas partes de las propiedades de la Iglesia Española[747]. Posteriormente, en virtud del concordato signado entre el gobierno conservador de Narváez y la Santa Sede en 1851, se restituyó a la Iglesia la titularidad de todos los bienes que no habían sido subastados.

En el marco del Bienio Progresista, con Espartero como nuevo presidente del consejo de ministros, las Cortes aprobaron la Ley General de Desamortización del 1 de mayo de 1855, conocida como la ley Madoz (en honor al ministro de Hacienda que preparó el proyecto). Mediante esta, quedaron nacionalizados y en subasta los bienes raíces[748], de: el Estado, el clero, las Órdenes Militares Españolas y de San Juan de Jerusalén, cofradías, obras pías y santuarios, del infante carlista D. Carlos María Isidro de Borbón, de propios y comunes de los pueblos, de beneficencia, de la instrucción pública, y pertenecientes a "manos muertas". Si bien,

---

civiles (reglamentados por el gobierno), continuaran con su labor asistencial; las casas de las Hermanas de la Caridad de S. Vicente de Paul y casas de beatas dedicadas a la hospitalidad y a la enseñanza señaladas por el gobierno, para que, bajo la consideración de establecimientos civiles (reglamentadas por el gobierno) continuaran con su labor asistencial con carácter provisional (mientras se adoptaban lo medios convenientes para suplir su falta); en todo caso, el gobierno quedaba obligado adoptar las medidas para la conservación y arreglo de los conventos y colegios de los santos lugares de Jerusalén y sus dependencias; los conventos o monasterios que contaran con 12 religiosas voluntarias, siendo posible para cada orden religiosa preservar un único convento de esta clase, cabiendo sin embargo, la posibilidad de justificar ante el gobierno la necesidad de que perdurasen dos o más, para que este resolviera lo que conveniese. Sin perjuicio de todo lo dicho, los monasterios y conventos dedicados a la cura de almas, podrían ser autorizados por el gobierno a continuar con aquella labor.

[745] Término alusivo al clero no perteneciente a una orden religiosa, o sea, a una corporación sujeta a una normativa canónica específica, como sucede con las órdenes monacales.

[746] *Primero, los bienes pertenecientes a prebendas, capellanías, beneficios y demás fundaciones de patronato de sangre activo y pasivo. Segundo, los bienes de las cofradías y obras pías procedentes de adquisiciones particulares para cementerios y otros usos privativos a sus individuos. Tercero, los bienes, rentas, derechos y acciones que se hallen especialmente dedicados a objetos de hospitalidad, beneficencia e instrucción pública. Cuarto, los edificios de las Iglesias catedrales, parroquiales, anejos o ayuda de parroquia. Quinto, el palacio morada de cada prelado y la casa en que habiten los curas párrocos y tenientes, con sus huertos o jardines adyacentes.*

[747] Escudero, José Antonio, *op. cit.*, p. 840.

[748] con sus derechos de créditos anejos, como censos y foros, y sin perjuicio de sus las servidumbres y gravámenes que pesaran sobre ellos.

igualmente se previeron excepciones[749]. Esta norma rigió el subsiguiente proceso de subastas que se perpetuo a lo largo de toda la segunda mitad del S. XIX, redundando en una desintegración del patrimonio nacional[750].

El proceso desamortizador, debido a que fue orquestado mediante subastas, fue especialmente aprovechado por ciertos elementos sociales, los cuales, habiendo experimentado un reciente enriquecimiento, deseaban coronar sus éxitos comerciales con la adquisición de grandes lotes de propiedades agrarias. De este modo, estos compradores, no solo tratarían de buscar oportunidades de un mayor enriquecimiento a través de una explotación más eficiente, sino que, además, lograrían participar del prestigio social de los antiguos terratenientes y mimetizarse con la nobleza. Como resultado, en general, se produjo un **trasvase de los antiguos latifundios** de titularidad eclesiástica y municipal, a particulares más atentos a rentabilizar sus tierras, redundando todo ello para el campesinado en un régimen de arrendamientos más oneroso y rígido que el que habían disfrutado con los anteriores titulares eclesiásticos y municipales.

3.- Abolición del Régimen Señorial: por último, en otro orden de asuntos, toca hablar de la **abolición del Régimen Señorial**. Procede señalar que en virtud del decreto del 6 de agosto de 1811 otorgado por las Cortes liberales de Cádiz, los señores territoriales podrían conservar sus bienes raíces[751]. Sin embargo, el nuevo régimen de explotación agraria ya no admitiría en el suelo español ninguna forma de servidumbre ni de reclamación a los cesionarios de las típicas prestaciónes señoriales, quedando estos fenómenos terminantemente prohibidos[752]. Si bien,

---

749 *Primero, edificios y fincas destinados, o que el gobierno destinare, al servicio público. Segundo, los edificios que ocupan hoy los establecimientos de beneficencia e instrucción. Tercero, el palacio o morada de cada uno de los MM. RR. Arzobispos y Obispos; y las rectorías o casas destinadas para habitación de los curas párrocos, con los huertos o jardines a ellas anejos. Cuarto, las huertas y jardines pertenecientes al instituto de las escuelas pías. Quinto, los bienes de capellanías eclesiásticas destinadas a la instrucción pública, durante la vida de sus actuales poseedores. Sexto, los montes y bosques cuya venta no crea oportuna el gobierno. Séptimo, las minas de Almadén. Octavo, Las salinas. Noveno, los terrenos que son hoy de aprovechamiento común, previa declaración de serlo, hecha por el gobierno, oyendo al ayuntamiento y diputación provincial respectivos.* Nótese que, en virtud de la novena excepción quedó establecido el distingo entre bienes de propios de los ayuntamientos y bienes comunales.Si bien estos últimos también fueron de titularidad municipal, se caracterizaron porque todos los vecinos del municipio gozaron sobre ellos de un *ius in res aliena.* Serna Vallejo, *Estudio Histórico Jurídico Sobre los Bienes Comunes,* Revista Aragonesa de Administración Pública, Nº 3, 1993, págs. 207-229.

750 *Ibidem.*

751 Siempre que se tratase de señoríos solariegos y territoriales, expresión con la que se aludía a que el señor en cuestión ostentara la propiedad del suelo (Artículo 5.). Tal precisión, privó de los solares a los señores que detentaban derecho en base a contratos feudales, dio lugar a pleitos donde los señores tenían cedidos los predios bajo contrato de enfiteusis. Martínez Roda, Federico, *Valencia y las Valencias, Su Historia Contemporánea (1800-1975),* CEU, Valencia, 1998, p. 64 y ss.

752 Artículos 6 y 7. Conforme al tenor literal del aludido punto sexto, tan solo se mantendría el pago de los censos que respondieran a un acuerdo contractual. Cabe añadir que, en

no es menos cierto que sí se contempló la posibilidad de que, las partes, haciendo uso de su libertad individual y de su derecho de propiedad, se comprometieran por su persona mediante los pactos que les placiera[753].

Tras la restauración absolutista, con el decreto del 4 de mayo de 1814, la apuntada legislación abolicionista fue genéricamente abrogada, propiciando indirectamente el resurgimiento de las prestaciones señoriales.

Con el advenimiento del Trienio Liberal, el 3 de mayo de 1823 fue promulgada una "ley aclaratoria", afirmando la vigencia del decreto abolicionista de las prestaciones señoriales dado por las Cortes de Cádiz, al tiempo que, para despejar las dudas que se habían suscitado sobre este, ofrecía un mayor desarrollo de aquella norma. En este sentido, cabe destacar que, en su artículo 8, especificó que se daba por finalizado para siempre un cierto elenco de prestaciones señoriales[754]. Con la Década Absolutista, por el decreto del 1 de octubre 1823, se produciría la última abrogación genérica de toda la legislación liberal, de suerte que las prestaciones señoriales volvieron a cobrar vigencia. La abolición final de tales prestaciones llegó con la nueva Ley Aclaratoria del 26 de agosto de 1837, la cual, en esta ocasión, se remitió tanto a lo establecido en el decreto de 1811 como a la anterior ley aclaratoria de 1823. Sobre esta última ley, cabe destacar que, en su artículo 11, tras expresar el cese perpetuo de una lista adicional de prestaciones señoriales, expresó que habían de entenderse los mismos efectos extintivos para cualquier otra prestación que denotase la existencia de una relación típica entre un señor y un hombre de señorío[755].

---

relación al pago de censos enfitéuticos, en virtud de dos leyes de 1801 y otra de 1805 (Novísima Recopilación, X, 15, 22 Y 24), fue posible redimirlos por cualquiera de las partes mediante el pago en forma de vales reales. Este extremo fue confirmado por el artículo 9 de la Ley Aclaratoria del 3 de mayo de 1823, a la que posteriormente hizo remisión la de 1837. Tal legislación continuaba vigente en 1867, conforme a la sentencia emitida por el Tribunal Supremo de Justicia en el día 26 de septiembre del corriente año.

753 Artículo 4: *Quedan abolidos los dictados de vasallo y vasallage y sus prestaciones, así Reales como personales, que deban su origen á título jurisdiccional, á excepción de las que procedan de contrato libre en uso del sagrado derecho de propiedad.*

754 *cesarán para siempre donde subsistan las prestaciones conocidas con los nombres de terratge, quistia, fogatge, jova, llosol, tragi, acapte, lleuda, peage, ral de batlle, dinerillo, cena de ausencia y de presencia, castillería, tirage, barcage, y cualquier otra de igual naturaleza, sin perjuicio de que si algún perceptor de estas prestaciones pretendiere y probare que tienen su origen de contrato, y que le pertenecen por dominio puramente alodial.*

755 *Cesen para siempre (...) también con respecto á las conocidas bajo los nombres de pecha, fonsadera, martiniega, yantar, yantareja, pan de perro, moneda forera, maravedises, plegarias, y cualesquiera otras que denoten señorío y vasallaje, pues todas las de esta clase deben cesar desde luego y para siempre.*

II REFORMA DEL SISTEMA FORAL VASCO-NAVARRO

El final de la I Guerra Carlista (1833-1839), alta en costes económicos y humanos, pudo lograrse a raíz del Convenio de Oñate o de Vergara, firmado el 29 de agosto de 1839 por los principales jefes de los ejércitos en liza[756]. Percibiéndose en Madrid que uno de los detonantes del conflicto había sido la perspectiva de que los vascos y navarros perdieran sus privilegios, el **25 de octubre de 1839, las Cortes produjeron una ley** por la cual se confirmó la vigencia de sus fueros, si bien se aclaró que esto sucedía sin perjuicio de que sus correspondientes territorios y gentes estuvieran también sometidos al régimen monárquico-constitucional español. Además, tal ley obligaba al gobierno a que, tan pronto como le fuera posible, escuchase a las Cortes y a las "provincias" vascas y a Navarra, para impulsar una modificación de los fueros, de modo que fueran armonizados en lo indispensable, con el interés general de la nación y de la constitución. Es decir, en virtud de esta ley, el gobierno español asumió reducir su afán igualitario-liberal a su mínima expresión, renunciando a trasponer en aquellos territorios, el régimen jurídico general.

El expresado compromiso comenzó a materializarse en el **real decreto del 16 de noviembre de 1839.** En esta norma se concretaron unas pautas mínimas para lograr homologar el sistema de gobierno territorial de las tres provincias vascas al sistema que, entre 1833 y 1835, había sido diseñado por el secretario de estado y del fomento, Javier de Burgos, para todo el territorio nacional. Este, estuvo basado en trazar unas provincias administrativamente gobernadas por subdelegados del Ministerio del Interior (o gobernadores civiles), quienes habrían de inspirar sus gestiones en las consultas mantenidas con unas diputaciones provinciales localizadas en cada capital de provincia[757]. Así, el mencionado real decreto, asentó que: a) las juntas generales de cada provincia podrían continuar reuniéndose para, conforme a su proceder tradicional, designar a sus diputados provinciales;

---

[756] El aludido convenio fue parco en alusiones al régimen foral, limitándose a decir que el capitán general Espartero se comprometió a recomendar con interés al gobierno el cumplimiento de su oferta de proponer a las Cortes la concesión o modificación de los fueros (artículo 1). Conviene tener presente que, por el mencionado acuerdo, su puso fin a la guerra al norte del Ebro, quedando un importante foco de resistencia carlista en el Maestrazgo bajo el mando del general carlista Cabrera, el cual no sería desmantelado hasta mayo de 1840. Pirala, Antonio, *Historia de la Guerra Civil y de los Partidos Liberal y Carlista, Tomo V,* Turner, Madrid, 1984, p. 482.

[757] Este régimen fue diseñado por los siguientes decretos: el del 23 de octubre de 1833, el cual creó la figura del subdelegado del ministerio de fomento (con antecedentes en la Pepa en los jefes superiores o políticos) como "autoridad superior administrativa", cargo que pasaría a ser conocido como gobernador civil por real decreto del 13 de mayo de 1834; el del 30 de noviembre de 1833, el cual dividió en 49 provincias todo el territorio del Estado Español; y el del 21 de septiembre de 1835, el cual restableció las diputaciones provinciales (también con antecedentes en la Pepa).

b) los corregidores vascos quedaron homologados con los subdelegados de interior, permitiéndoles adicionalmente mantener las competencias tradicionales de los corregidores, exceptuando las jurisdiccionales[758]; y c) que los vecinos de las tres provincias ejerciesen sus derechos electorales de diputados nacionales y senadores con arreglo a la legislación general del Estado.

El turno de Navarra llegó mediante la llamada Ley de Modificación de Fueros de Narrara, también conocida **como Ley "Paccionada" de 16 de agosto de 1841**. Esta fue adjetivada indicando que había sido fruto de un pacto, principalmente, porque su confección había sido el resultado de que el gobierno, conforme a su obligación, consultara los términos con la diputación de aquel territorio. No obstante, también fue frecuente argumentar que el adjetivo vino dado porque, hasta entonces, se perpetuaban ciertas circunstancias que permitían sostener que Navarra, aun estando subsumida dentro de la Corona Española, continuaba siendo un reino paralelo a la España unificada por los castellanizadores decretos de Nueva Planta, no siendo posible que los órganos de este último ente político, como lo eran sus Cortes, adoptaran normas vinculantes para Navarra. La única posibilidad para que las Cortes españolas promulgasen leyes para Navarra, habría sido la mediación de un previo acuerdo bilateral al efecto entre ambas entidades. A favor de esta tesis, cabe señalar que, ciertamente, hasta la señalada fecha, el marco institucional público navarro continuaba contando: con un virrey; con un consejo territorial que además operaba como tribunal supremo; y, formalmente, con sus propias Cortes (si bien no eran convocadas desde 1828).

Sea como fuere, la enunciada ley se caracterizó por: crear, en analogía con el resto de diputaciones provinciales, la llamada Diputación Foral de Navarra, la cual contaría con las misma competencias que aquellas, además de ostentar las económico-administrativas y militares que habían sido de la antigua Diputación del Reino; el sistema judicial quedó ajustado al régimen general del resto de España[759]; el sistema electoral para los cargos de las corporaciones municipales, quedó ajustado al régimen general del resto de España; en el ámbito militar, asentó que el servicio militar obligatorio también sería aplicable a este territorio, añadiendo que el mando supremo de las fuerzas allí destacadas recaería en una figura con las mismas competencias que los comandantes generales, sin que jamás ostentara el título de virrey; por último, en el ámbito tributario, ha de destacase la desaparición de las aduanas interiores del territorio, el establecimiento de ciertos

---

[758] En estos términos, se implantó el sistema judicial general español, diseñado por el *Reglamento para la Administración de Justicia en la Jurisdicción Ordinaria* del 26 de septiembre de 1835.

[759] En estos términos, se implantó el sistema judicial general español, diseñado por el *Reglamento para la Administración de Justicia en la Jurisdicción Ordinaria* del 26 de septiembre de 1835. Este particular también comportó la abolición del Consejo de Navarra.

privilegios tributarios en el ámbito de los impuestos indirectos[760], y se estableció el deber de que la provincia contribuyera con una aportación fija, permitiendo que un porcentaje fuera a parar a las arcas de la Diputación Foral[761].

Por último, cabe señalar que esta norma se refiere a Navarra como una provincia foral, siendo en lo sucesivo esa la denominación técnica para aludir al régimen jurídico público del territorio, en detrimento del tradicional de "reino". No obstante, persistió la tesis de que el pasado regnícola de Navarra continuaba justificando que la alteración de sus privilegios requería de nuevos "pactos" con la Diputación Foral. Tal visión no sería desafiada por el Estado central hasta 1876.

Más tarde, en octubre de 1841, los generales moderados O'Donnell y Narváez, con el objetivo de dar un golpe de Estado acorde a su sensibilidad política, lograron sublevar a las guarniciones militares de Vitoria, Bilbao y Pamplona. Una vez consumado su fracaso, el gobierno progresista de Espartero se decidió a implementar nuevas reformas del régimen foral de aquellas provincias en concepto de justas represalias a su deslealtad. En este contexto, fue promulgado el **real decreto del 29 de octubre de 1841**, por el cual: a) las diputaciones pasaron a constituirse en los mismos términos que en el resto de España, desapareciendo las juntas generales; b) los corregidores pasaron a denominarse jefes políticos, como en el resto de España[762]; c) las elecciones de las corporaciones municipales pasaron a efectuarse conforme a la legislación general; d) la organización judicial se homologó conforme a la legislación general; e) se abolió el pase foral; y f) se eliminaron las aduanas interiores[763] (línea del Ebro).

De todas estas medidas, cabe precisar que, habiendo alcanzado el moderado Narváez el gobierno, impulsó un real decreto con fecha de 4 de julio de 1844, por el cual quedaron restauradas las juntas generales vascas y su intervención en la elección de los miembros de las diputaciones.

Tras una III Guerra Carlista con un significativo seguimiento en Vascongadas y Navarra, se levantaron ánimos adversos a sus privilegios en las élites conservadoras y liberales de la capital, desembocando en una **real orden del 6 de abril de 1876**, por la cual se requirió a las cuatro diputaciones norteñas para que, cada una

---

760 Conforme a los artículos 17-23: Los impuestos del tabaco serían administrados por el Estado, pero la diputación obtendría una renta fija anual de 87.537 reales procedentes de la recaudación producida bajo este concepto; la renta de las salinas también pasaría a ser administrada por el Estado, no obstante, se indemnizaría a los propietarios de las salinas nacionalizadas, siendo los ayuntamientos abastecidos conforme a sus necesidades a precio de coste; se perpetuaron las exenciones al uso del papel sellado; y la renta de la pólvora permaneció funcionando en los mismos términos producidos hasta la fecha.

761 300.000 reales de los 1.800.000 que habría de recaudar la diputación (artículo 25).

762 Por el real decreto de 13 de mayo de 1834, se habían establecido los llamados gobernadores civiles, si bien, en 1836, esta figura fue rebautizada como jefe político. En 1849, sufrirían un nuevo cambio terminológico al pasar a llamarse gobernadores de provincia.

763 Sánchez-Arcilla Bernal, José, *Historia del Derecho*, Reus, Madrid, 2008, p. 324.

de ellas, enviase a dos comisionados a Madrid a fin de discutir los términos de una nueva reforma de sus respectivos regímenes forales, conforme a lo dispuestos en la ley de las Cortes del 25 de octubre de 1839. Tras las pertinentes consultas, se produjo la Ley Unificadora de 21 de julio de 1877, por la cual se determinó que las provincias vascas: a) quedaban sujetas al servicio militar obligatorio mediante el sistema de quintas[764]; b) quedaban sujetas a la obligación de abonar los impuestos ordinarios y extraordinarios contemplados en los presupuestos generales del Estado para sostener proporcionalmente los gastos públicos, si bien se especificaba que el gobierno podría proponer elementos extraordinarios que facilitasen el cumplimiento de este punto[765]; c) serían sometidas a los eventuales nuevos acuerdos alcanzados por el gobierno de la nación para la reforma del régimen foral, siendo meramente optativas las consultas a sus diputaciones, habiendo estas nuevas reformas de tener como fin último garantizar la seguridad de la nación, su buen gobierno y el bienestar de los vascos.

Los poderes de los que el gobierno quedó investido en aquella última real orden, fueron ejecutados mediante el Real Decreto del 13 de noviembre de 1877, por el cual se acordó la cuantía y forma de pago de los tributos que habrían de afrontar las diputaciones vascas. No obstante, dada la notable actitud de resistencia presentada por los miembros de la diputación (divididos en transigentes e intransigentes), la reacción del gobierno de Cánovas fue la disolución de tales juntas, la pérdida de sus prerrogativas extraordinarias (tributarias, administrativas y militares), su constitución conforme al procedimiento general[766], y la abolición de las juntas generales[767]. La relación con las nuevas diputaciones vascas se inauguró con la promulgación de ciertas leyes especiales llamadas **Conciertos Económicos**, las cuales les encargaban la recaudación y remisión a la Hacienda del Estado, de una cuota fija. Estas leyes especiales se fueron renovando sucesivamente, habiéndose promulgado conciertos en: 1878, 1887, 1894, 1906 y 1925.

III Supresión de algunas Jurisdicciones Especiales

El decreto del 6 de agosto de 1811 otorgado por las Cortes de Cádiz, proclamó la abolición de los **señoríos jurisdiccionales**. Además aclaró que, a efectos de

---

764 Se previeron exenciones para los veteranos de guerra que habían sostenido la causa de Alfonso XII.

765 En relación a la poblaciones que hubieran realizado sacrificios o padecido rigores por su lealtad a Alfonso XII, se previeron exenciones tributarias, sin que estas pudieran superar los 10 años de duración.

766 Inicialmente se constituyeron mediante designación directa del gobernador civil, haciendo uso de sus prerrogativas extraordinarias.

767 También por el gobernador civil, por resolución dada el 26 de abril de 1877.

sustituir el poder judicial del señor allí donde este había mediado, se habría de proceder a nombrar a jueces ordinarios como los que había en los territorios de realengo.

Tras la restauración absolutista, con el decreto del 4 de mayo de 1814, la apuntada legislación gaditana fue genéricamente abrogada, suscitándose indirectamente el resurgimiento de tales jurisdicciones. Sin embargo, esta situación no perduró por mucho, pues la real cédula del 15 de septiembre de 1814, hizo suya una parte del legado liberal al volver a privar, ya definitivamente, a los señores de sus potestades jurisdiccionales. En lo sucesivo, se produciría la promulgación de otras dos leyes que confirmarían esta nueva realidad[768].

Por otra parte, la **Inquisición Española** fue, por primera vez, abolida mediante un decreto de las Cortes de Cádiz promulgado el 22 de febrero de 1813. Pese a ello, el decreto señaló que, tal abolición, conllevaba el retorno a su vigencia de la legislación contenida en las Partidas, conforme a la cual: los obispos tenían la autoridad de formar tribunales diocesanos para conocer las causas relacionadas con la fe; mientras que, los tribunales seculares, conservaban su potestad para, en esta materia, aplicar los castigos previstos por sus leyes[769].

Con el retorno del absolutismo, la Inquisición Española fue indirectamente restaurada por el decreto del 4 de mayo de 1814, norma que abolió genéricamente toda la legislación de tales Cortes. Sin embargo, para despejar dudas acerca de este particular, Fernando VII produjo otro real decreto con fecha del 21 de julio del mismo año, haciendo su restauración expresa. Durante el Trienio Liberal, fue definitivamente suprimida por el real decreto del 8 de marzo de 1820, pues, cuando retornó el régimen absolutista en 1823, Fernando VII, se abstuvo de regenerarla. Su proceder estuvo inspirado por dos circunstancias: de una parte, la restauración de su trono absolutista había sido fruto del apoyo prestado por monarquías extranjeras, cuyo espíritu ilustrado era adverso a instituciones censoras y acreedoras de una fama brutal, como la Inquisición Española; y, de otra, adquiriendo el monarca una sensibilidad semejante, advirtió la progresiva formación de un revoltoso partido tradicionalista ("ultras" o "apostólicos"), apreciando que

---

[768] Con el advenimiento del Trienio Liberal, el 3 de mayo de 1823 fue promulgada una "ley aclaratoria", afirmando la vigencia del decreto abolicionista de jurisdicciones dado por las Cortes de Cádiz, al tiempo que ofrecía un contenido aclaratorio y desarrollador de aquella norma. Con la Década Absolutista, por el decreto del 1 de octubre 1823, nuevamente se produjo la abrogación genérica de toda la legislación liberal, de suerte que, la interdicción de las jurisdicciones señoriales volvió a estar vigente solo gracias a la real cédula del 15 de septiembre de 1814. La confirmación definitiva de tal clase de jurisdicción llegó con la nueva ley aclaratoria del 26 de agosto de 1837, la cual se remitía a los establecido en el decreto de 1814 y en la anterior ley aclaratoria de 1823.

[769] Artículo 3.

la regeneración del órgano, previsiblemente, sería una herramienta mediatizada por aquel grupo.

Sin perjuicio de ello, sendos obispos se acogieron a la legislación de las Partidas para formar los mencionados tribunales diocesanos, procesando a sospechosos del aun tipificado delito de herejía, para posteriormente proceder a relajarlos a las autoridades civiles, con la expectativa de que se les aplicara el castigo correspondiente. Ante esta realidad, el gobierno moderado de la regente María Cristina emitió el Real Decreto de 15 de julio de 1834, mediante el cual se produjo la definitiva supresión de esta clase de tribunales[770].

BIBLIOGRAFÍA

Escudero, José Antonio, *Curso de Historia del Derecho: Fuentes e Instituciones Político-Administrativas*, Madrid, 2001.

Martínez Roda, Federico, *Valencia y las Valencias, Su Historia Contemporánea (1800-1975)*, CEU, Valencia, 1998, p. 64 y ss.

Pau, Antonio, *El Régimen Jurídico de los Bienes del Patrimonio Nacional*, AFDUAM, N° 19, 2014.

Pirala, Antonio, *Historia de la Guerra Civil y de los Partidos Liberal y Carlista, Tomo V*, Turner, Madrid, 1984.

Sánchez-Arcilla Bernal, José, *Historia del Derecho*, Reus, Madrid, 2008.

Serna Vallejo, *Estudio Histórico Jurídico Sobre los Bienes Comunes*, Revista Aragonesa de Administración Pública, N° 3, 1993, págs. 207-229.

LEGISLACIÓN CONSULTADA

Decreto de las Cortes de Cádiz de 6 de agosto de 1811 de Supresión de los Señoríos.

Ley Paccionada de 16 de agosto de 1841.

Ley Aclaratoria de 26 de agosto de 1837.

Ley Aclaratoria de 3 de mayo de 1823.

Ley de 25 de octubre de 1839 de Confirmación y Modificación de los Fueros de las Provincias Vascongadas y de Navarra.

Ley General de Desamortización de 1 de mayo de 1855

Ley Unificadora de 21 de julio de 1877.

---

770 Si bien no se aludía directamente a los Tribunales de Fe, en aquel contexto, se entendió que la norma constituía una alusión directa a ellos.

Real Decreto de 15 de julio de 1834 de Supresión Definitiva del Tribunal de la Inquisición.

Real Decreto de 19 de febrero de 1836 Declarando la Venta de Bienes del Clero.

ley de 29 de julio de 1837 Sobre Extinción de Monasterios, Conventos, Colegios, Congregaciones y demás casas de Religiosos de Ambos Sexos en la Península e Islas Adyacentes.

Ley de 2 de septiembre de 1841 por la que se Declaran Bienes Nacionales Todas las Propiedades del Clero Secular.